사례분석을 이용한

경 영 통 계

박 철 민 · 조 용 한

탑 북 스

머 리 말

경영통계학은 일반적으로 수학과나 통계학과 등에서 다루는 통계학의 접근논리와는 다소 차이가 있음을 알아야 한다. 경영통계학은 복잡한 공식을 유도하고 정리하는데 초점을 두는 것이 아니라 기존의 정립된 통계적 논리와 기법을 이해하여 경영이나 경제 및 일반사회 문제에 그것을 어떻게 적용시키며 어떻게 분석하고 그 결과를 어떻게 해석할 것인가에 초점을 두는 응용과학이다.

경영통계학에 대한 올바른 이해를 바탕으로 한 체계적인 지식습득은 사회과학에서 매우 중요하다. 흔히들 경영이나 경제 및 사회문제에 대한 특성이나 현상을 분석하기 위해 많은 통계적 기법을 적용한다. 그러나 그 과정에서 많은 오류를 범하는 경우를 쉽게 발견할 수 있다. 이는 표본의 선정과정이나 분석방법의 선택과 같은 조사 설계상의 오류나 분석결과에 대한 해석상의 오류에 의한 경우가 대부분이다. 이는 경영통계학에 대한 기본 논리를 체계적으로 이해하지 못한데서 오는 결과이다. 이러한 관점에서 경영통계학을 처음 접하는 학생들이 보다 쉽고 체계적으로 경영통계학을 이해하고 공부할 수 있도록 이 책을 구성하려고 노력하였다.

본 교재의 기본 흐름은 먼저 이론을 전개하고 이에 대한 사례문제를 공식에 의해 풀이 해석한 다음, SPSSWIN패키지를 이용하여 데이터 및 변수입력에서부터 프로그램 수행절차에 대한 설명과 함께 분석결과를 산출해 내는 과정과 그 결과를 이해하기 쉽게 설명하는 것으로 하였다. 특히 각 분야별 기본적인 개념정립과 검정분야에 중점을 두었으며 기본적인 논리에 대한 구체적인 설명과 함께 SPSSWIN패키지를 이용하여 사례문제를 처리하는 과정과 그 적용방법 및 해석에 많은 할애를 하였다. 그리고 학생들이 배우는 경영통계학의 제반 내용들을 경영이나 사회문제에 직접 적용해 볼 수 있도록 이미 선험연구에 의해 입증된 설문조사서를 부록에 수록하였다. 학생들 study group을 편성하여 이들로 하여금 조사목적에 맞는 표본집단을 선정하고 이를 대상으로 직접 설문조사한 내용을 SPSSWIN패키지로서 분석하여 발표하고

토론하는 과정을 거치게 함으로서 이들은 경영통계학의 내용과 그 역할에 대해 올바른 이해와 인식을 하게 될 것이다. 나아가 이들은 기업경영이나 사회의 제반 현상에 대한 문제점을 분석하고 진단하여 그 해결방안을 모색하는데 필요한 통계분석기법의 적용능력과 응용능력을 배양하게 될 것이다.

공저자는 본 교재를 연구하면서 누구나 경영통계학을 쉽게 접하고 이해할 수 있도록 내용전개에 노력하였으나 여러 가지 면에서 부족함이 많을 것으로 안다. 앞으로 부족한 부분은 계속 연구하는 자세로서 수정 보완하는데 최선을 다할 것임을 밝혀두면서 선후배제현 여러분들의 값진 충고와 조언을 부탁드리는 바이다.

끝으로 본 교재의 출간을 허락해 주신 탑북스 김광식 사장님께 감사드리고 좋은 모양의 책이 되도록 애쓰신 편집부 직원들께 감사드린다.

2015. 7.

자자 씀

차 례

제1장 통계학의 개요

1. 통계학의 개념 ······ 2
2. 통계학 문제의 유형 ······ 4
3. 자료, 자료의 유형, 자료의 원천 ······ 5
4. 통계적 그래프 ······ 6
연습문제 ······ 11

제2장 자료의 분포

1. 도수분포 ······ 13
   1) 도수분포표의 작성 ······ 13
2. 누적도수분포 ······ 16
3. 히스토그램 ······ 18
4. 그래프에 의한 누적도수분포도 ······ 18
5. 컴퓨터 프로그램에 의한 자료분석 ······ 20
연습문제 ······ 26

제3장 기술통계

1. 집중화 경향치 ······ 29
   1) 평균 29
   2) 중앙값(median: Md) 31
   3) 최빈값(mode) 33

2. 산포도의 측정 34
1) 범위 35
2) 평균편차 35
3) 분산과 표준편차 37
4) 표준편차가 암시하는 것 40
5) 왜도 43
6) 변동계수(coefficient of variation) 44
3. 프로그램에 의한 사례분석 45
연습문제 48

제4장 확 률

1. 확률의 개념 51
1) 상대빈도법 52
2) 고전적 방법(동등발생 개념) 53
3) 주관적 방법 53
2. 확률의 특성과 확률계산 54
1) 조건 확률 56
2) 확률의 곱셈법칙 57
3) 독립사상의 경우 곱셈법칙 58
4) 베이즈 정리 59
5) 순열과 조합 61
연습문제 64

제5장 확률분포

1. 확률변수 67
2. 이산확률분포 68

1) 기대치(expected value) 69
2) 분산과 표준편차 69
3) 이항확률분포 70
4) 포아송 분포 74
5) 초기하 분포 76
3. 연속확률분포 …… 78
1) 연속확률변수에 대한 일반확률분포 79
2) 일양확률분포 81
3) 정규확률분포 82
4) 이항분포의 정규근사치 90
5) 지수확률분포 93
연습문제 …… 97

제6장 표본분포

1. 단순확률표본 …… 102
2. 모수와 통계량 …… 103
3. 표본통계량의 기대치와 분산 …… 104
4. 정규 모집단에 대한 표본평균의 분포 …… 106
5. 중심극한정리 …… 109
6. 유한모집단의 표본분포 …… 111
7. 표본비율의 분포 …… 111
연습문제 …… 114

제7장 추 정

1. 추정량 …… 117
2. 신뢰구간 …… 119

3. t-분포 122
4. 모비율의 추정 125
5. 표본의 크기 결정 127
연습문제 133

제8장 가설의 검정

1. 가설검정의 개요 135
2. 정규분포에 의한 모평균의 검정 138
3. t-분포에 의한 검정 142
   1) 양측검정 142
   2) 우측검정 144
   3) 좌측검정 146
4. 단일집단에 대한 가설검정 147
5. 두집단의 평균치차에 대한 검정(가설 $\mu_1 = \mu_2$ 의 검정)
   –독립표본에 대한 검정 154
   1) $\sigma_1 = \sigma_2 = \sigma$인 경우의 Ho : $\mu_1 = \mu_2$에 대한 가설검정 155
   2) $\sigma_1 \neq \sigma_2$인 경우의 Ho : $\mu_1 = \mu_2$에 대한 가설검정 162
   3) $\sigma_1^2 = \sigma_2^2$의 가설검정과 F-분포 167
6. 쌍체표본(대응표본) t-검정 170
연습문제 174

제9장 범주적 자료

1. 다항분포 177
2. 다항 모수에 대한 가설 178
3. 분할표(contingency table) 182
연습문제 193

제10장 분산분석

1. 분산분석의 개념과 그 계산 ······ 195
2. 다수의 동일 평균에 대한 가설검정 ······ 200
3. 표본의 크기가 다른 분산분석의 계산 ······ 203
4. 제곱합의 분할에 의한 분산분석 ······ 206
5. 이원분산분석(two-way ANOVA) ······ 216
   1) 확률화된 완전블록설계 문제의 분석 216
   2) 펙토리얼 설계 문제의 분석 224
연습문제 ······ 233

제11장 회귀와 상관

1. 단순선형회귀의 개요 ······ 237
2. 단순회귀식에서 제곱합의 분할 ······ 248
3. 추정치의 표준오차와 결정계수 ······ 251
   1) 추정치 표준오차 251
   2) 결정계수 253
4. β_1에 관한 가설과 추론 ······ 255
5. 상관관계 ······ 258
연습문제 ······ 266

제12장 다중회귀

1. 다중선형회귀 ······ 269
2. 다중회귀식에서 제곱합의 분할 ······ 273
3. 추정치의 표준오차와 다중결정계수 ······ 275
4. 다중회귀분석에 있어서 통계적 추론과 유의성 검정 ······ 278

5. 다중공선성 ········ 287
1) 다중공선성의 개념 287
2) 다중공선성의 진단방법 290
3) 다중공선성의 대처방안 291
6. 단계별 투입방식에 의한 다중회귀 ········ 292
7. 표준화된 회귀계수 ········ 299
연습문제 ········ 301

제13장 비모수법

1. 윌콕슨 부호 순위검정 ········ 305
2. 부호검정 ········ 312
3. 맨-위트니 검정 ········ 318
4. 스페어맨의 순위상관검정 ········ 325
연습문제 ········ 331

제14장 시계열 분석

1. 시계열의 개요 ········ 333
2. 시계열의 구성요소 ········ 335
3. 평활법 ········ 337
4. 추세분석 ········ 341
1) 년도수 n이 홀수일 때 342
2) N = $2n$: 연도수가 짝수일 때 344
5. 계절지수 ········ 350
연습문제 ········ 355

제15장 사회과학논문의 통계분석 기초

1. 요인분석 ······ 357
1) 제1단계 : 요인분석 대상변수들에 대한 상관행렬을 구한다. 357
2) 제2단계 : 요인추출과 요인수의 결정 358
3) 제3단계 : 요인의 회전 359
4) 제4단계 : 보고서의 작성과 결과의 해석 360
2. 신뢰성 검정 ······ 374
3. 상관관계분석 ······ 380
4. 회귀검정 ······ 380
1) 회귀모형의 가정 381
2) 다중공선성의 확인 381
3) 다중공선성의 진단방법 383
4) 다중공선성을 줄이는 방법 385
5) 회귀분석의 예 385
5. t-검정 ······ 388
6. ANOVA-검정 ······ 388
7. 군집분석 ······ 389
1) 요인분석의 실행 389
2) 군집분석의 실행 390
3) 요인분석과 군집분석의 결과를 이용한 집단간의 차이검정 392
4) 보고서작성과 해석 396
5) 각 군집간의 성과에 대한 차이검정 396
8. 판별분석 ······ 398
1) 변수입력 399
2) 판별분석 선택 400
3) 통계량의 선택 400
4) 방법(M)의 선택 400

5) 분류(C)의 선택 401
6) 저장(A)의 선택 401

부 록

부 록 1 ······ 403
A. 난수표 ······ 403
B. 누적이항확률분포표 ······ 404
C. 누적포아송확률분포표 ······ 406
D. 표준정규분포표 ······ 409
E. t분포표 ······ 410
F. F분포표 ······ 411
G. χ^2분포표 ······ 417

부 록 2 ······ 418
1. 관광호텔 노사관계에 관한 설문조사 ······ 418
2. 승용차 및 판매원에 대한 만족도 설문 조사 ······ 424
3. 보험서비스에 관한 설문지 조사 ······ 433
4. 그린마케팅에 대한 소비자의 태도에 관한 설문 조사 ······ 439

찾아보기 ······ 443

제1장 통계학의 개요

본 장에서는 경영이나 경제적인 문제에 통계적 방법을 적용하고 이해하는데 중요한 기본 개념들을 소개하고자 한다.

경영이나 경제적인 문제에 통계적 방법을 적용함에 앞서 먼저 통계학의 현대적 의미를 살펴보고, 다양한 형태의 경영이나 경제적 통계문제들에 대해 논의하고자 한다.

통계적 방법은 문제의 유형에 따라 기술통계학(descriptive statistics)과 탐색적 자료분석(exploratory data analysis), 확률(probability), 통계적 추론(statistical inference), 특수 통계학(special topics in statistics)과 같은 네 가지 영역으로 분류된다. 그런데 이들 영역은 서로 독립적이라기보다는 통계적 추론은 기술통계학과 확률의 이용을 필요로 하고, 특수통계학은 통계적 추론방법을 포함하는 등 서로 관련성을 지닌다.

통계학의 모든 영역에 대한 응용, 특히 통계적 추론 영역에서의 응용부문을 이해하는데 모집단(population)과 표본(sample)이 중요하기 때문에 이들에 대한 정의를 내리고, 자료(data)와 통계적 그래프에 대해서도 논의하고자 한다.

자료는 경영 및 경제적 문제에 대한 합리적 의사결정을 내리는데 필요한 기초가 되며, 통계 그래프는 통계방법들을 보다 이해하기 쉬운 형태로 나타내는데 사용된다.

본서의 나머지 장에서는 통계학의 네 가지 영역의 각각에서부터 경영 및 경제적 문제에 이르기까지 어떻게 통계방법들이 적용되는가에 대해 다루고자 한다.

1 통계학의 개념

통계학이란 자료를 수집하고 분석하며 해석하는 방법을 다루는 과학이다.

경영통계학의 기술은 경영의사결정을 지원한다. 경영의사결정을 하는 데는 항상 그 결론에 대한 불확실성이 존재하기 때문에 주어진 자료에 근거한 결론의 신뢰성을 평가하기 위해 확률의 개념을 사용한다. 이러한 이유 때문에 확률의 개념과 법칙은 경영통계학의 응용에 있어 중요한 역할을 한다.

통계적 기술은 많은 연구영역에서 이용될 수 있지만 본서에서는 경영 및 경제학 영역에 관련된 연구자들이 의사결정을 할 때 주로 이용하는 통계적 기술에 중점을 두고 있다. 의사결정자들은 통계방법들이 과학적 방법에 근거한 식별력이 있고 신뢰할 만한 의사결정을 할 수 있도록 그들이 필요로 하는 정보를 제공해 주기 때문에 경영통계학에 흥미를 느낀다. 관리자들은 그들이 다루는 특정 문제에 통계학을 어떻게 응용할 것인가에 많은 관심을 가진다. 의사결정자들이 현명하게 통계적 기술을 응용하기 위해서는 확률과 통계학의 원리 및 실행에 관한 충분한 기초지식을 가져야 한다. 경영의 기능적 분야에서 경영통계학의 중요성은 다음과 같은 예로서 설명될 수 있다.

첫째, 회계부문에서 회계사들은 재무비율분석 결과를 바탕으로 기업의 재무상태와 유동성 및 재고에 관한 의사결정을 한다. 이러한 기업의 재무상태와 유동성 등을 분석하기 위해 통계적 방법을 이용한다.

둘째, 경제부문에서 경제학자들은 생산성과 인플레이션, 소비자물가지수, 이자율, 실업률 등에 주로 관심을 가진다. 그들은 시간의 흐름에 따른 인플레이션을 측정하기 위해 소비자 물가지수와 생산자 가격지수와 같은 지수를 개발하는데 통계적 방법을 이용하고 있다.

셋째, 재무부문에서 일반적으로 투자자들과 관리자들은 단일주식이 아닌 증권에 투자를 한다. 재무분석사들과 투자자들은 그들의 투자 포트폴리오를 위해 주식이나 채권과 같은 자산의 조합을 선택하는데 포트폴리오 이론을 이용한다. 효율적

포트폴리오는 어떤 위험수준에 대해 가장 높은 기대수익률을 제공하는 포트폴리오이며 여기서 위험은 가능한 기대수익률의 가변성으로써 측정된다. 이러한 기대수익률을 측정하는데 통계적 원리가 이용되며, 포트폴리오 이론에서 위험을 측정할 때 이것은 기대수익률의 가변성에 대한 통계적 척도로 이용된다.

넷째, 경영부문에서 재화와 용역의 생산이 마켓에서 효과적으로 경쟁하기 위해서는 경영자들은 품질과 생산성을 지속적으로 향상시켜 나가야만 한다. 따라서 생산공정을 관리하고 지속적으로 개선하기 위해 현대 기업들은 통계적 품질관리 방법을 이용한다.

다섯째, 마케팅부문에서 소비재 생산자들은 재화와 서비스 마케팅에 관련되는 자료를 수집하고 분석하기 위해 시장조사를 실시한다. 시장조사는 흔히 시장잠재력과 시장점유율 연구뿐만 아니라 제품연구, 판매촉진연구, 유통연구를 포함한다. 흔히 기업들은 신제품 개발시점과 신제품을 출시한다면 언제 어떤 방법으로 해야 할 것이며, 신제품에 대한 시장점유율을 어떻게 늘리고 신제품에 의한 수익이 얼마나 될 것이며, 그 제품에 매력을 느끼는 소비자들의 개인적 특성과 태도, 관심사, 그리고 의견이 무엇인가에 대한 유용한 정보를 얻을 목적으로 시장조사를 한다. 조사방법은 일반적으로 질문지법과 메일이나 전화에 의한 조사 또는 개별 면접 등이 있다. 이렇게 하여 구한 자료를 정리하고 분석하고 해석하여 필요한 정보를 구하는데 통계분석기법들을 이용한다.

이상과 같이 경영통계학은 다양한 분야에서 활용되며 경영통계학에 대한 올바른 이해와 응용능력은 경영자들이 오늘날 글로벌시장에서 합리적 의사결정을 하는데 매우 중요하다.

위험과 가변성에 대한 지식을 가지고 불확실성의 조건하에서 효과적으로 생각하는 관리자들은 그들이 속한 조직의 수익성과 성과를 향상시킬 수 있을 것이며 나아가 그들이 경력을 쌓아 가는 동안 조직에서 보다 높은 위치를 확보할 수 있는 기회를 잡을 수 있을 것이다.

2 통계학 문제의 유형

앞에서 언급한 바와 같이 통계적 방법은 문제의 유형에 따라 네 가지 영역으로 분류될 수 있다. 그 첫 번째 영역이 기술통계학과 탐색적 자료분석이다. 수량적 자료를 적절히 구성하고 요약하여 나타내는 것이 이 영역에 해당한다. 기술통계학과 탐색적 자료분석에 대해서는 2장과 3장에서 다루기로 한다.

두 번째 영역이 확률이다. 확률문제는 모집단에서 표본을 추출하여 그 표본이 가지는 특성에 관하여 나타내고자 할 때 야기된다. 여기서 모집단과 표본의 정의는 다음과 같이 내릴 수 있다.

> ▶ **모집단**(population): 모집단은 통계적 연구의 대상이 되는 전체 집단
> ▶ **표본**(sample): 표본은 통계적 연구의 대상인 모집단에서 임의로 추출된 모집단의 하위 집단

전형적인 확률문제는 다음과 같은 경우이다.

어떤 소매점을 방문하는 고객 중에 40%가 하나 이상의 제품을 구매할 것이고 나머지 60%가 구매를 하지 않고 상점을 떠날 것이라는 사실을 고려할 경우, 확률표본추출(random sampling)로 선택된 10명의 고객 가운데 5명이 하나 이상의 제품을 구매할 확률은 얼마가 되는가? 이 문제의 경우 소매점을 방문하는 고객의 집단이 모집단이 되며 확률표본추출로서 선택된 10명이 표본이 된다.

세 번째 영역은 통계적 추론, 즉 추리통계학이다. 통계적 추론과 관련된 문제는 모집단에서 표본을 추출하여 그 표본의 특성을 파악한 다음 그 표본의 특성과 관련된 정보를 이용하여 모집단의 특성을 설명하고자 할 때 야기된다. 예를 들어, 어떤 회사 인사부서의 종업원 복지 담당자는 회사의료보험 계획의 변경안에 대한 종업원의 의견을 수렴하기 위해 전체 700명의 종업원 가운데 무작위로 100명을 선정하여 질문하였다. 의료보험 판매원은 이 회사 종업원의 80%가 적어도

이번 변경안에 찬성할 것이라고 주장하였다. 그러나 조사결과 100명의 표본 수 가운데 70명만이 변경안에 찬성하는 것으로 나타났다. 이러한 결과로 볼 때 보험 판매원의 주장이 참이라고 할 수 있겠는가? 만약 참이 아니라면 전체 종업원 중에 어느 정도가 변경안에 찬성하겠는가? 이 문제의 경우 회사의 종업원이 모집단이 되고 질의에 응한 100명이 표본이 된다. 통계적 추론상황에서 문제 해결자는 표본의 특성을 분석한 결과를 토대로 모집단의 특성에 대한 문제를 제기한다.

유한 모집단에서의 확률추출법(random sampling)은 동일한 크기의 모든 가능한 표본이 선택될 동일한 기회를 가지도록 모집단에서 표본을 샘플링하는 방법이다. 확률표본추출법으로 표본을 추출할 경우 충족되어야 하는 하나의 요건은 유한 모집단에서 각 개체가 동일한 확률로 표본에 포함될 수 있어야 한다는 것이다.

네 번째 영역은 특정 토픽을 다루는 분야로서, 경제적 수요예측에서부터 관리자가 생산 주문주기를 얼마나 크게 해야 할 것인가에 대한 의사결정에 이르기까지 광범위한 통계적 문제들을 해결하는데 이용되는 되는 응용통계분야이다.

통계학의 이들 네 가지 영역은 상호간의 바탕에서 구현된다. 예컨대, 확률통계는 기술통계학을 알지 못하고서는 이해가 되지 않으며, 통계적 추론문제 역시 확률을 이해하여야만 해결될 수 있다.

3 자료, 자료의 유형, 자료의 원천

자료의 집합(data set)은 자료 파일(data files)이라고도 하는데, 이는 자료 분석에 이용하기 위해 수집된 자료의 모음이다. 자료는 조사대상(사람, 회사, 제품 등의 관심의 대상)에서 수집된다. 변수(variable)는 조사대상 집합체에 대한 관심의 특성을 나타내기 위해 쓰이는 속성이다. 자료 값(data value)은 변수에 대한 측정치로서 많은 자료의 집합은 여러 가지 변수를 포함한다.

자료의 종류에는 양적자료(quantitative data)와 질적 또는 범주적 자료(qualitative or categorical data)가 있다. 양적자료는 온도, 몸무게, 판매가격 등이 해당되며, 질적자료는 성별, 교육정도, 직업 등과 같이 범주나 기호(남자: 1, 여자:2)로 나타내는 자료이다.

자료의 원천은 1차 자료와 2차 자료로 분류된다. 1차 자료의 원천은 조사자의 실험이나 관찰 또는 직접 조사에 의한 것이며, 2차 자료의 원천은 주가지수나 물가지수와 같이 이미 조사되어 있는 자료가 해당된다.

4 통계적 그래프

분석결과를 그래프로 나타내는 것은 효과적인 시각적 의사소통방법으로 이용될 수 있다. 통계적 그래프는 자료의 분석과 그 결과를 제시하는데 유용하다. 통계적 그래프는 선형그래프(line charts), 막대그래프(bar charts), 집단화된 막대그래프(grouped bar charts), 결합그래프(combination chart), 원그래프(pie charts) 등이 있다.

선형그래프는 시간의 경과에 따라 변수에 대한 자료의 크기를 나타내기 위해 자료의 위치와 위치 사이를 직선으로 연결시켜 나타낸다. 예컨대 [그림 1-1]에 나타낸 바와 같이 연도별 매출액의 변화추이를 선형으로 나타낸 것이다.

그림 1-1 선형그래프(년도별 매출액 추이)

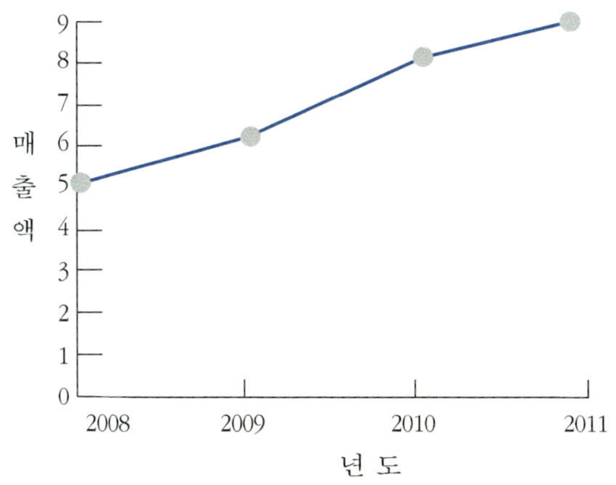

막대그래프(bar charts)는 서로 다른 질적 범주 또는 시간의 경과에 따른 자료의 크기를 나타내는데 사용된다. 막대의 길이 또는 높이로써 자료의 크기를 쉽게 비교할 수 있다. [그림 1-2]는 길이로 나타낸 막대그래프의 보기이며 [그림 1-3]은 높이로 나타낸 예이다.

그림 1-2 막대그래프 (길이)

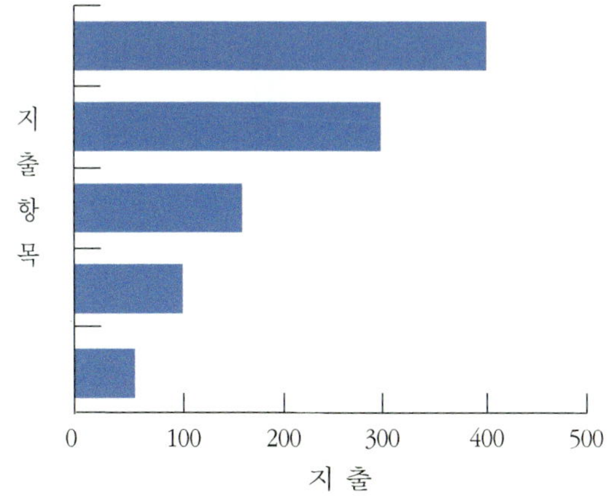

그림 1-3 막대그래프 (높이)

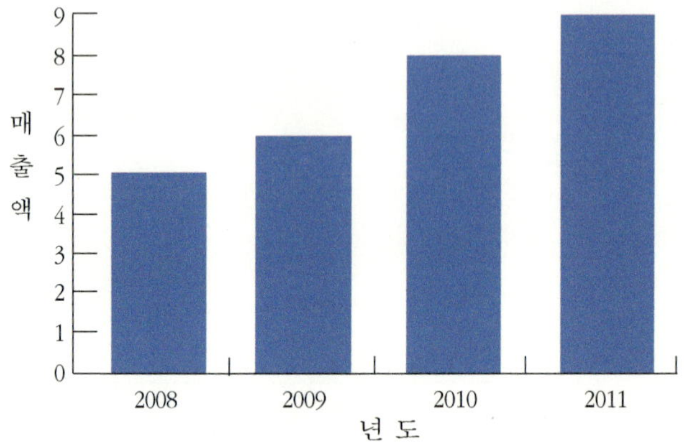

집단화된 막대그래프(grouped bar charts)는 서로 다른 질적 범주 또는 시간의 경과에 따른 둘 이상의 집단화된 자료 값의 크기를 나타내는데 사용된다. 예컨대 백화점의 연간 매출액의 예상치와 실제치를 동시에 나타내어 비교할 때 집단화된 막대그래프를 사용한다.

그림 1-4 집단화된 막대그래프(예측치와 실제치의 비교)

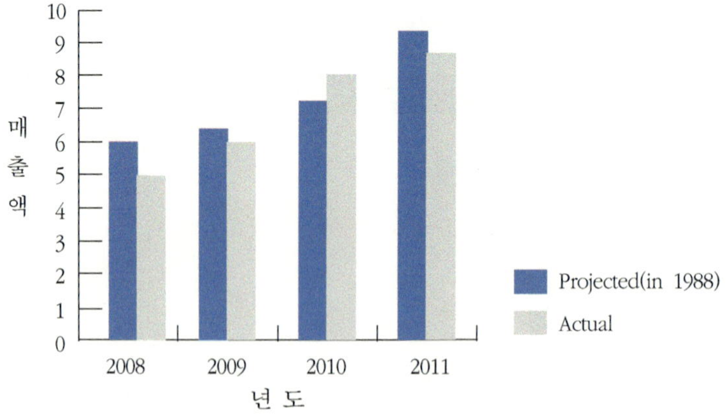

결합그래프(combination charts)는 선행그래프와 막대그래프를 동시에 이용하는 것으로 서로 다른 범주 또는 서로 다른 기간에 대해 둘 이상의 자료 값의 크기를 나타내는데 직선과 막대를 사용한다. [그림 1-5]에 나타낸 바와 같이 기간의 경과에 따른 실제치와 추정치를 동시에 나타낼 때 결합그래프가 사용된다.

그림 1-5 결합그래프(기간의 경과에 따른 추정치와 실제치)

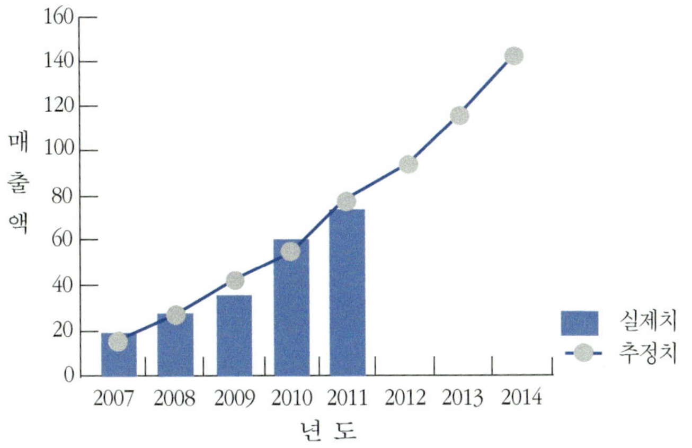

원그래프(pie charts)는 여러 가지 질적 범주에 해당하는 전체양의 비율이나 퍼센티지를 나타내는데 효과적으로 사용된다. 각 범주는 원에서 차지하는 부분으로 나타내어진다.

그림 1-6 원그래프

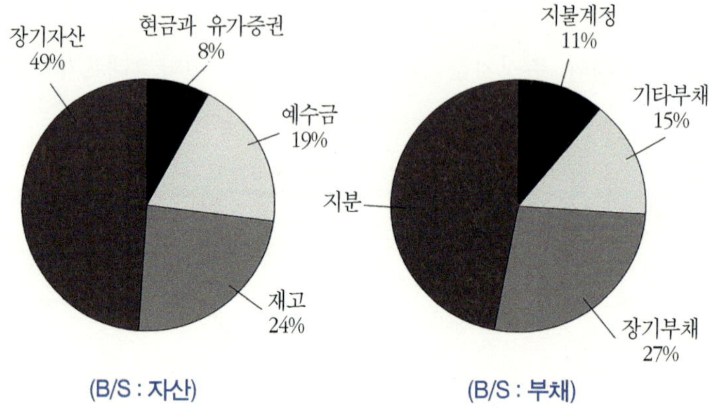
장기자산
49%
현금과 유가증권
8%
예수금
19%
재고
24%
(B/S : 자산)
지불계정
11%
기타부채
15%
지분
장기부채
27%
(B/S : 부채)

연습문제

1. 통계학의 개념과 그 기능과 역할에 대하여 설명하라.

2. 통계문제의 유형과 그 내용에 대해 설명하라.

3. 자료의 유형과 그 원천에 대해 설명하라.

4. 통계적 그래프의 종류와 그 용도에 대하여 설명하라.

제2장 자료의 분포

1 도수분포

어떤 문제에 대한 의사결정이나 추론을 하기 위해서는 반드시 정보가 필요하다. 예컨대 투자자가 자신의 투자 포트폴리오에 포함된 주식에 의해 지급 받게 될 배당금액을 알고자 할 경우 그에 대한 정보가 필요하다. 이때 필요한 정보를 입수한 관련 자료를 자료의 집합이라고 한다. 수집된 자료를 크기 순으로 배열하고 자료의 최대치와 최소치를 구하여 자료를 적당한 폭으로 구분한다. 이것을 계급(class)이라고 한다. 각 계급의 폭을 계급구간(class interval)이라고 하며, 이렇게 적절한 계급과 계급구간을 정한 다음 전체 자료가 이들 각 계급에 포함되도록 하여 각 계급에 속하는 도수를 표시한다. 이러한 것을 도수분포(frequency distributions)라고 하며 이렇게 나타낸 표를 도수분포표(frequency table)라고 한다.

1) 도수분포표의 작성

모집단에서 무작위로 측정한 자료를 일목요연하게 정리하여 나타내는 도수분포표는 다음의 순서에 따라 작성된다. 먼저 측정한 자료에서 최대치와 최소치를 구한 다음 계급의 수(number of classes)를 결정해야 한다. 일반적으로 자료분석가들은 5에서 20개 사이의 계급의 수를 이용하며 때로는 임의로 정하기도 하지만, 보다 효과적으로 자료를 요약할 수 있도록 고안된 계급의 수를 결정하는 공식을 이용하는 것이 바람직하다. 그 공식은 다음과 같다.

$$\text{계급의 수} = [(2)(\text{자료의수})]^{0.3333}$$

실제 계급의 수는 정수이므로 구한 계급의 수에서 소수점 이하 반올림하여 계급의 수로 정한다.

다음 단계는 계급구간(class interval or width)을 결정하는 것이다. 계급구간은 다음 공식에 의한다.

$$\text{계급구간} = \frac{\text{자료의 최대치} - \text{자료의 최소치}}{\text{계급의 수}}, \text{ (소수점 이하 한자리 올림)}$$

다음으로 계급의 경계치(class boundaries)를 구한다.

계급의 경계치는 자료의 최소치에서 최대치까지의 모든 측정치가 각 계급에 포함되도록 하기 위한 것이다. 다음의 공식에 의해 구한다.

계급의 하경계치(The lower boundary)

$$= (\text{자료의 최소치}) - \frac{(\text{계급의 수} \times \text{계급의 폭}) - (\text{자료의 최대치} - \text{자료의 최소치})}{2}$$

계급의 상경계치(The upper boundary)

$$= (\text{자료의 최대치}) + \frac{(\text{계급의 수} \times \text{계급의 폭}) - (\text{자료의 최대치} - \text{자료의 최소치})}{2}$$

다음은 각 계급의 중앙치를 구한다. 이는 다음의 공식에 의한다.

$$\text{각 계급의 중앙치} = \frac{(\text{각 계급의 하한값} + \text{상한값})}{2}$$

그리고 각 계급에 해당하는 도수를 는다.

필요한 경우에 상대도수분포(relative frequency distribution)를 구한다.

$$\text{상대도수분포} = \frac{\text{각 도수}(f_i)}{\text{전체 도수}(N)}$$

예제 2-1

다음의 〈표 2-1〉은 지난 106일 동안 K기업의 종업원 결근 수를 나타낸 것이다. 이 자료를 기초로 하여 도수분포표를 작성하여라.

〈표 2-1〉 K기업 종업원의 결근 수(106일 동안)

146	141	139	140	145	141	142	131	142	140
144	140	138	139	147	139	141	137	141	132
140	140	141	143	134	146	134	142	133	149
140	143	143	149	136	141	143	143	141	140
138	136	138	144	136	145	143	137	142	146
140	148	140	140	139	139	144	138	146	153
148	142	133	140	141	145	148	139	136	141
140	139	158	135	132	148	142	156	145	121
129	143	148	138	149	146	141	142	144	137
153	148	144	138	150	148	138	145	145	142
143	143	148	141	145	141				

먼저 자료의 최대치와 최소치를 구하면 Xmax = 158, Xmin = 121이다.

계급의 수 = $[(2)(106)]^{0.3333} = 5.96 \fallingdotseq 6$이 된다.

$$\text{계급의 범위(계급구간)} = \frac{X_{max} - X_{min}}{\text{계급의 수}} = \frac{158 - 121}{6} = 6.17 \fallingdotseq 7$$

$$\text{계급의 하경계치} = \left(X_{min} - \frac{(\text{계급의 수} \times \text{계급의 폭}) - (X_{max} - X_{min})}{2}\right)$$

$$= \left(121 - \frac{(6 \times 7) - (158 - 121)}{2}\right) = \left(121 - \frac{5}{2}\right) = 118.5$$

$$계급의\ 상경계치 = \left(X_{max} + \frac{(계급의\ 수 \times 계급의\ 폭) - (X_{max} - X_{min})}{2}\right)$$

$$= \left(158 + \frac{(6 \times 7) - (158 - 121)}{2}\right) = 160.5$$

따라서 도수분포표는 다음 〈표 2-2〉와 같이 된다.

〈표 2-2〉 K기업 종업원의 결근 수에 대한 도수분포표

급의 한계	급의 경계치	계급 중앙값	도수	상대도수
119 - 125	118.5 - 125.5	122	1	1/106
126 - 132	125.5 - 132.5	129	4	4/106
133 - 139	132.5 - 139.5	136	26	26/106
140 - 146	139.5 - 146.5	143	59	59/106
147 - 153	146.5 - 153.5	150	15	15/106
154 - 160	153.5 - 160.5	157	1	1/106
			106	1.0

2 누적도수분포

앞서 제시된 도수분포는 측정된 자료를 적절한 크기의 폭으로 구분하여 전체 자료가 각 계급에 포함되도록 하고 각 계급에 속하는 도수를 표시한 것이다. 가끔 어떤 주어진 값 이하 또는 이상을 갖는 관찰 수에 대한 정보를 알고자 할 때가 있다. 예컨대 펀드매니저가 수익률이 30 이하가 되는 증권거래소의 주식 수에 관심을 가질 수도 있으며, 판매원이 연간 매출액이 일정액 이하가 되는 회사의 수에 관심을 가질 수도 있다. 이러한 정보는 누적도수분포표에서 찾을 수 있다. 누적도수는 각 도수의 합으로 나타내며 다음의 〈표 2-3〉과 같이 나타낼 수 있다.

도수분포표에서 각 계급의 도수를 $f_1, f_2, f_3 \ldots\ldots f_i$라고 하면 각 계급의 누적도수는

$F_1 = f_1, F_2 = f_1 + f_2, F_3 = f_1 + f_2 + f_3 \ldots,\ F_n = f_1 + f_2 + f_3 + \ldots + f_n$ 이 되

며 $F_n = N$이 된다. 또한, 누적도수와 전체 도수와의 비를 상대적 누적도수(relative cumulative frequency)라고 한다.

〈표 2-3〉 누적도수분포

급의 경계치	계급중앙값	도수	누적도수	상대적 누적도수
$C_0 \sim C_1$	$(C_0 + C_1)/2$	f_1	$F_1 = f_1$	F_1/N
$C_1 \sim C_2$	$(C_1 + C_2)/2$	f_2	$F_2 = f_1 + f_2$	F_2/N
$C_2 \sim C_3$	$(C_2 + C_3)/2$	f_3	$F_3 = f_1 + f_2 + f_3$	F_3/N
⋮	⋮	⋮	⋮	⋮
$C_{n-1} \sim C_n$	$(C_{n-1} + C_n)/2$	f_n	$F_n = f_1 + f_2 + .. + f_n$	$F_n/N = 1$
계		N		

예제 2-2

〈예제 2-1〉에서 다룬 K기업 종업원의 106일 동안 결근 수에 대한 자료에 의해 누적도수를 다음 〈표 2-4〉와 같이 구할 수 있다.

〈표 2-4〉 K기업 종업원의 결근수에 대한 누적도수분포표

급의 경계치	계급의 중앙값	도수	상대도수	누적도수	상대적 누적도수
118.5～125.5	122	1	1/106	1	1/106=0.009
125.5～132.5	129	4	4/106	5	5/106=0.047
132.5～139.5	136	26	26/106	31	31/106=0.292
139.5～146.5	143	59	59/106	90	90/106=0.849
146.5～153.5	150	15	15/106	105	105/106=0.991
153.5～160.5	157	1	1/106	106	106/106=1.00
	계	106	1.0		

3 히스토그램

히스토그램은 도수분포를 그래프로 나타낸 것으로서 횡축에는 계급의 경계치를, 종축에는 도수를 표시하여 수직 막대로 그려 놓아 상호 비교가 용이하게 만든 그림이다. [그림 2-1]은 앞의 예제에서 다룬 K기업의 종업원이 106일 동안 결근한 자료를 이용하여 히스토그램으로 나타낸 것이다.

그림 2-1 K기업 종업원 결근분포

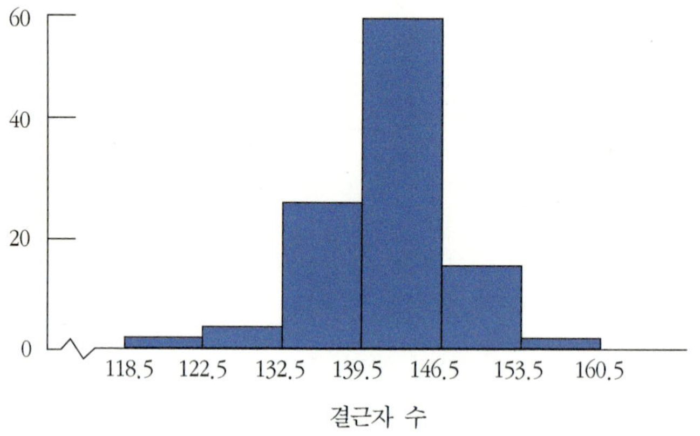

4 그래프에 의한 누적도수분포도

히스토그램으로 도수분포를 나타낼 수 있는 바와 같이 누적도수분포 역시 그래프로 나타낼 수 있다. 누적도수분포도를 작성하기 위해서는 먼저 횡축에다 계급의 경계치를 표시하고 각 계급의 경계치 위에다 그 계급의 경계치까지 해당하는 누적도수에 일치하는 위치에다 점을 찍는다. 그리고 각 점을 직선으로 연결하면 [그림 2-2]에 나타낸 바와 같이 된다. K기업의 종업원 결근에 대한 누적도수분포에서 예를 들면 종업원의 결근 수가 150명 이하인 날은 106일 가운데 98일간 임을 알 수 있다.

전체 자료의 수(106)로써 각 누적도수를 나누어 누적도수를 상대적 누적도수로 전환하면 상대적 누적도수분포가 된다. [그림 2-2-a]는 누적도수분포를 나타낸 것이고 [그림 2-2-b]는 상대적 누적도수분포를 나타낸 것이다.

상대적 누적도수분포를 이용하는 기본 목적은 백분위수를 추정하기 위한 것이다. 전체를 100으로 하여 4등분한 것을 4분위수(quartiles)라고 하는데 전체 측정 자료 가운데 100분의 25에 해당되는 것을 제1사분위수라고 하며, 100분의 50에 해당하는 것을 제2사분위수, 100분의 75에 해당하는 것을 제3사분위수라고 한다. 결과적으로 제2사분위수가 자료의 중심 경향치이다.

그림 2-2-a 누적도수분포

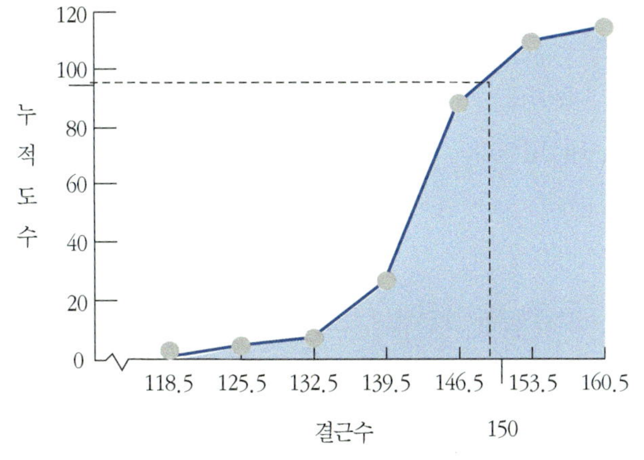

그림 2-2-b 상대적 누적도수분포

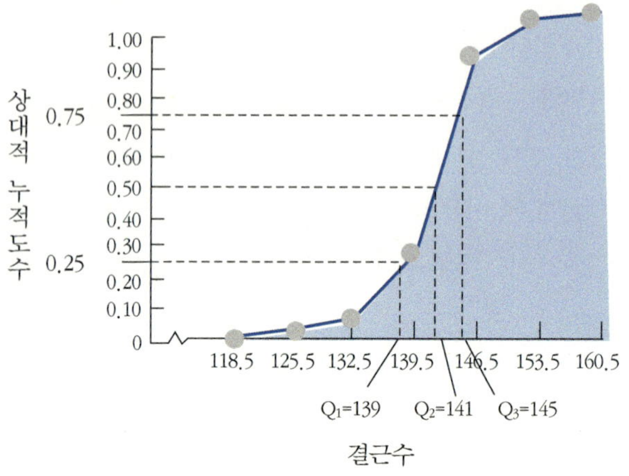

[그림 2-2-b]에 나타낸 바와 같이 K사의 종업원 결근수에 대한 제1사분위수가 Q_1=139, 제2사분위수가 Q_2= 141, 제3사분위수가 Q_3= 145이다. 즉 전체 결근 수의 25%가 139명 이하이며 결근자료에 대한 50%에 해당하는 수가 141명이고 75%에 해당하는 수가 145명이다.

5 컴퓨터 프로그램에 의한 자료분석

SPSSWIN 통계패키지를 활용하여 K기업종업원의 106일 동안의 결근수에 대한 빈도분석을 하고자 하면 먼저 〈표 2-1〉의 자료를 [그림 2-3]과 같이 데이터와 변수를 입력한다. 여기서 x는 결근자 수이고 class는 계급을 의미한다. 도수분포표 작성을 위해 각 자료의 계급을 구분해 주어야 한다. 이미 앞에서 설명한대로 계급의 수는 6개로 하고 계급구간은 7로 하여 변수 X의 값이 125 이하이면 1을, 126 이상 132 이하이면 2를, 133 이상 139 이하이면 3을, 140 이상 146 이하이면 4를, 147 이상 153 이하이면 5를, 154 이상 160 이하이면 6을 입력한다.

[그림 2-3]은 화면의 제약으로 일부만 나타나 있지만 오른쪽 스크롤바에 있는 이동단추를 마우스로 이동시키면 전체 106개의 자료가 입력되어 있는 것을 확인할 수 있다.

그림 2-3 K기업 종업원 결근자 수 데이터 및 계급값의 입력

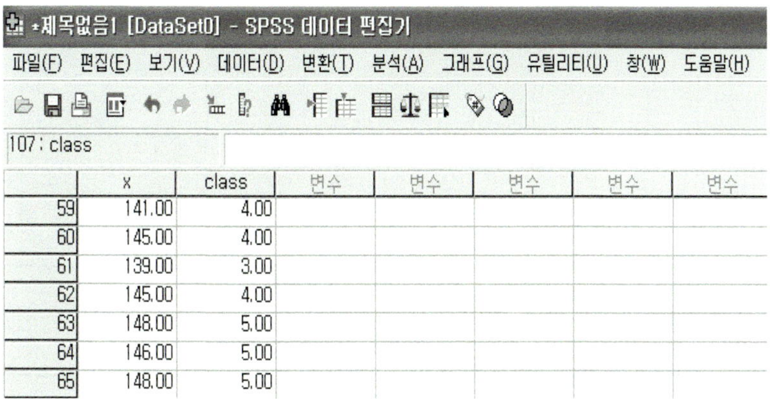

다음으로 빈도분석을 위한 변수를 [그림 2-4]와 같이 선택한다.

그림 2-4 빈도분석을 위한 변수선택

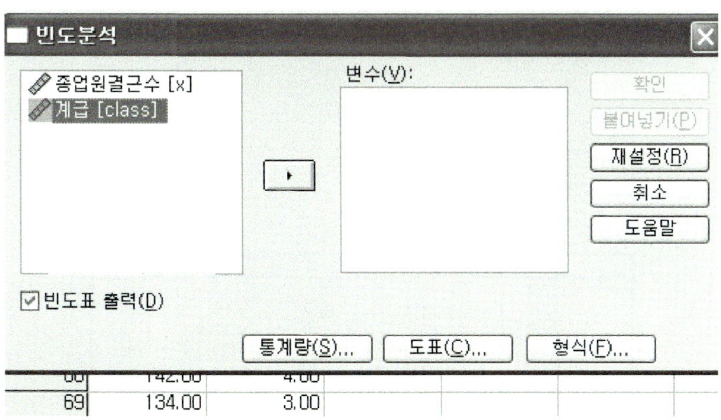

선택한 변수를 오른쪽 변수 창에다 옮기면 [그림 2-5]와 같이 선택된 화면이 된다.

그림 2-5 변수가 선택된 화면

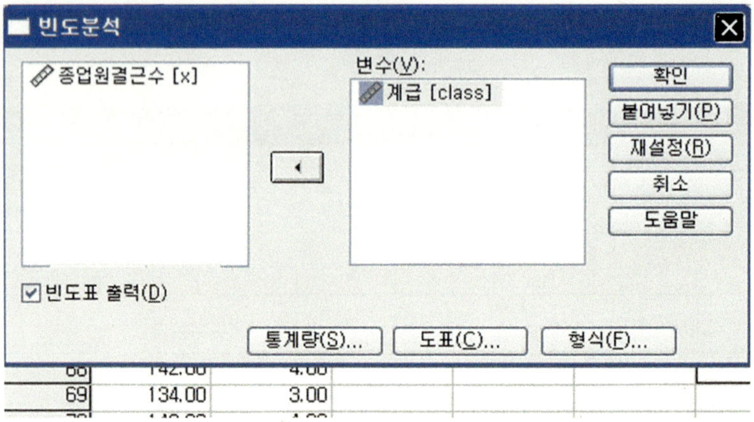

여기서 화면의 오른쪽 상단에 있는 확인버튼을 누르면 [그림 2-6]과 같이 분석결과가 나타난다.

그림 2-6 분석결과의 출력

➡ **빈도분석**

[DataSet0]

통계량

계급

N	유효	106
	결측	0

계급

		빈도	퍼센트	유효 퍼센트	누적퍼센트
유효	1.00	1	.9	.9	.9
	2.00	5	4.7	4.7	5.7
	3.00	25	23.6	23.6	29.2
	4.00	59	55.7	55.7	84.9
	5.00	14	13.2	13.2	98.1
	6.00	2	1.9	1.9	100.0
	합계	106	100.0	100.0	

이와 같은 분석결과를 그래프로 출력할 수 있다. 빈도분석과 동일순서로 먼저 분석메뉴를 선택하여 도표메뉴를 선택하면 다음의 [그림 2-7]과 같은 화면이 나타난다.

그림 2-7 그래프종류 선택메뉴

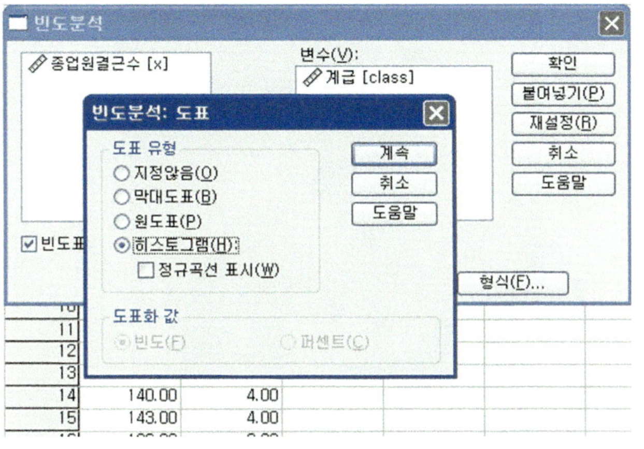

여기서 막대그래프에 의해 분석하고자 하면 막대그래프를 선택하고 계속 단추를 누르고, 확인버튼을 클릭하면 [그림 2-8]과 같이 나타난다.

그림 2-8 막대그래프의 출력 결과

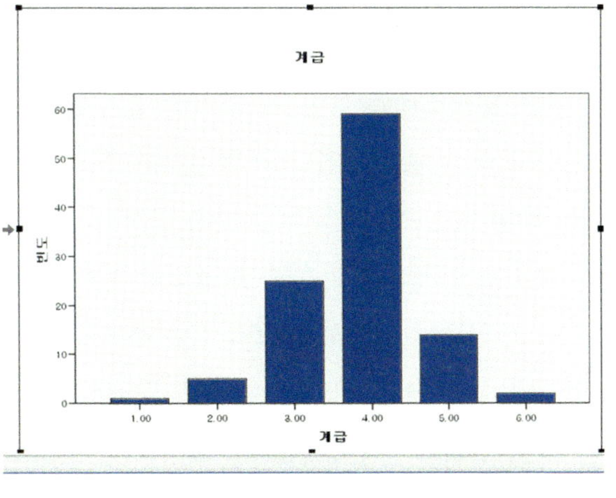

원그래프에 의해 분석하고자 할 경우 원그래프를 선택하고 계속 단추를 누르고, 확인버튼을 클릭하면 [그림 2-9]와 같이 나타난다.

그림 2-9 원그래프에 의한 출력 결과

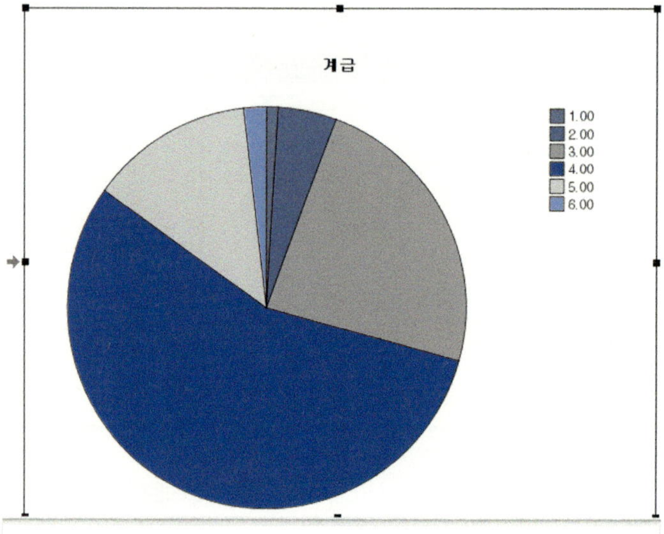

히스토그래프에 의한 결과를 분석을 하고자 하면 히스토그램 메뉴를 선택하고 계속 단추를 누르고, 확인버튼을 클릭하면 [그림 2-10]과 같이 나타난다.

히스토그래프에 의한 분석결과를 보면 계급 119-125(계급 1)에 해당하는 도수는 1일이며, 전체 가운데 0.9%에 해당한다. 126-132(계급 2)에 속하는 도수는 4일로서 전체의 3.8%에 해당하고, 133-139(계급 3)에 속하는 도수는 26일로서 전체의 24.5%, 140-146(계급 4)에 속하는 도수는 59일로서 전체의 55.7%, 147-153(계급 5)에 속하는 도수는 15일로서 전체의 14.2%, 154-160(계급 6)에 속하는 도수는 1일로서 전체의 0.9%에 해당한다. 이러한 결과로 볼 때 K기업 종업원이 지난 106일 동안 결근한 일수 가운데 140명에서 146명에 속하는 결근자 수가 59일로서 제일 많아 전체 결근일수의 55.7%에 해당하며, 다음은 147명에서 153명에 속하는 결근자 수가 15일로서 전체의 14.2%에 속하는 순으로 나타나는 것을 알 수 있다.

그림 2-10 히스토그램에 의한 출력 결과

계급

		빈도	퍼센트	유효 퍼센트	누적퍼센트
유효	1.00	1	.9	.9	.9
	2.00	5	4.7	4.7	5.7
	3.00	25	23.6	23.6	29.2
	4.00	59	55.7	55.7	84.9
	5.00	14	13.2	13.2	98.1
	6.00	2	1.9	1.9	100.0
	합계	106	100.0	100.0	

히스토그램

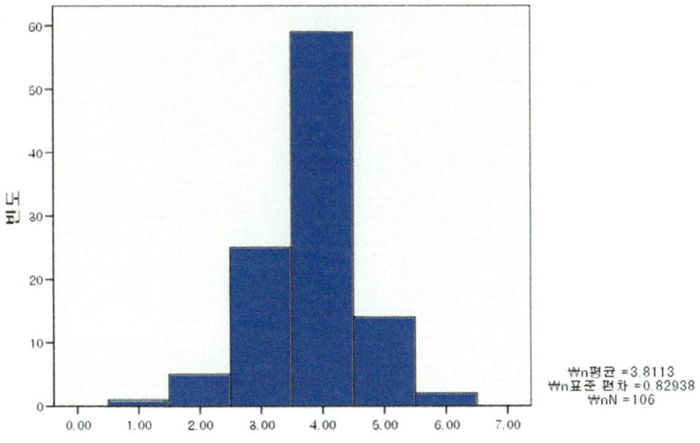

연 · 습 · 문 · 제

1. 다음의 자료는 40명 경영통계학 기말고사 성적을 나타낸 것이다.

58	70	59	72
72	86	84	75
84	92	80	78
86	98	83	70
70	59	79	65
64	98	83	68
75	74	92	82
79	85	93	84
80	86	90	88
95	90	49	80

이 자료에 대한 다음의 결과를 구하라.

1) 자료의 최대치와 최소치
2) 범위
3) 계급의 수
4) 계급의 구간
5) 계급의 하경계치와 계급의 상경계치
6) 각 계급의 중앙값
7) 도수분포표를 작성하라.
8) 위의 자료를 이용하여 SPSSWIN패키지를 활용하여 도수분포를 구하고 파이차트와 히스토그래프로 그 결과를 도출하라.

2. 다음의 자료는 K은행 창구에서 고객이 서비스를 받는데 걸리는 시간을 고객 30명을 대상으로 측정한 결과(시간 : 분)이다.

4.3	2.4	1.5	4.5	4.2	2.0
3.9	2.6	2.7	3.0	3.6	3.0
4.2	3.2	3.4	2.4	3.0	2.5
5.2	4.0	3.0	2.0	3.9	3.4
5.3	3.5	4.2	1.5	3.1	4.0

이 자료를 이용하여

1) 계급의 수
2) 계급의 구간
3) 도수분포표를 작성하고 히스토그래프를 작성하여라.
4) SPSSWIN패키지를 활용하여 도수분포를 구하고 Bar차트에 의한 결과를 도출하여라.

3. 다음을 간단히 설명하라.

1) 계급구간　　2) 계급의 중앙값

제3장 기술통계

본 장에서는 자료의 분포에 대한 중요한 특징을 나타내는 평균, 가중평균, 중앙값, 최빈치와 같은 집중화 경향의 척도와 범위, 평균편차, 분산, 표준편차, 변동계수와 같은 산포의 척도로 이루어지는 기술 통계학(descriptive statistics)에 대해 다루고자 한다.

1 집중화 경향치

수량적 자료와 도수분포를 다룰 때 그 자료의 특성을 나타낼 수 있는 어떤 중심값을 갖는 경향을 볼 수 있는데 이때 그 중심값은 분포의 중앙에 위치한다는 의미에서 이러한 현상을 집중화 경향(central tendency)이라고 한다. 이러한 목적으로 계산하는 통계량을 집중화 경향치(measures of central tendency)라고 한다.

1) 평균

평균의 개념에 대해서는 누구나 잘 알고 있으며, 평균 타율이 얼마이며, 년간 평균 강우량이 얼마이고, 석탄차의 평균 무게가 얼마인가 등등 우리가 흔히 말하는 평균이란 산술평균(arithmetic mean)을 의미하는데 이것을 간단히 말해 평균(mean)이라고 한다.

◆ **모평균(population mean)**

모평균은 주어진 모집단의 수 N에 대한 관측치 $X_1, X_2, X_3, \ldots X_N$에 대한 산술평균으로써 μ로 나타낸다.

$$\mu = \frac{1}{N}(X_1 + X_2 + \ldots + X_n) = \frac{1}{N}\sum_{i=1}^{n} X_i$$

(여기서 $\sum_{i=0}^{n} X_i = X_1 + X_2 + X_3 + \ldots + X_n$ 이다)

예컨대 석탄을 실은 3대의 화차로부터 석탄을 받을 경우 각각의 무게가 10, 13, 16톤이라면 3대 화차의 평균 석탄 무게는 $\mu = \frac{1}{3}(10 + 13 + 16) = \frac{1}{3}(39) = 13$톤 이 된다.

◆ **표본평균(sample mean)**

조사대상이 되는 전체 모집단에서 임의로 n개를 추출할 경우 이 n개의 집단을 표본이라고 하며, n개의 관측치 $X_1, X_2, X_3, \ldots X_n$의 산술평균을 표본평균이라고 하며, $\overline{X}$로 나타낸다.

$$\overline{X} = \frac{1}{n}(X_1 + X_2 + \ldots + X_{n)} = \frac{1}{n}\sum_{i=1}^{n} X_i$$

예컨대 제2장에서 다룬 K기업의 종업원의 106일 동안의 결근 수에 대한 자료를 이용하면 1년 중에서 106일을 표본일수로 선정하여 종업원의 결근자 수를 조사한 것이므로 이때 작업일수당 종업원의 평균 결근자 수를 구하면 다음과 같이 된다.

$$\overline{X} = \frac{1}{106}(146 + 141 + 139 + \ldots + 142) = \frac{1}{106}(15{,}005) = 141.6$$

이것은 106일 동안에 하루 평균 141.6명의 종업원이 결근을 하였다는 것을 의미한다.

◆ **가중평균(weighted mean)**

단순 산술평균을 계산할 때는 모든 관측치의 중요성이 동일하며 동일한 가중치를 부여하는 것으로 가정한다. 그러나 관측치의 중요도가 다를 경우 가중평균을 구할 수 있다.

N개의 관측치가 $X_1, X_2, X_3, \ldots X_N$이고 이들에 부과되는 가중치를 $W_1, W_2, W_3, \ldots W_N$이라고 하면 가중평균은 다음과 같이 구할 수 있다.

$$\mu = \frac{W_1X_1 + W_2X_2 + \ldots + W_nX_n}{W_1 + W_2 + \ldots + W_n} = \frac{\sum W_iX_i}{\sum W_i}$$

예컨대 김군은 3학점 짜리 2강좌에서 A학점을 받았고, 5학점 짜리 한 강좌에서 B학점을, 4학점 짜리 한 강좌에서 C학점, 그리고 2학점 짜리 한 강좌에서 D학점을 받았다면 김군의 평균 학점은 얼마가 되는가?

단, A = 4, B = 3, C = 2, D =1 점이다. 이때 김군의 학점은 다음과 같이 된다.

$$\mu = \frac{(3)(4)+(3)(4)+(5)(3)+(4)(2)+(2)(1)}{3+3+5+4+2} = \frac{49}{17} = 2.882$$

2) 중앙값(median: Md)

중앙값은 관측치를 크기 순으로 배열했을 때 중앙에 위치하는 관측치의 값으로서 자료의 수가 홀수이면 $\frac{n+1}{2}$번째의 값이 중앙값이 되며, 자료의 수가 짝수이면 $\frac{n}{2}$번째와 $\frac{n}{2}+1$번째의 값의 산술평균치가 중앙값이 된다.

$$\text{Md} = \begin{cases} \dfrac{n+1}{2}\text{번째의 값}(n\text{이 홀수일 때}) \\ \dfrac{1}{2}\left\{\dfrac{n}{2} + \left(\dfrac{n}{2}+1\right)\right\}(n\text{이 짝수일 때}) \end{cases}$$

예컨대 어떤 자료의 관측치가 다음과 같다고 하면 1 1 2 3 3 8 11 14 19 19 20, 자료가 11개이므로 $\frac{n+1}{2}$번째인, 즉 $\frac{11+1}{2} = 6$번째 값인 8이 중앙값이 된다.

한편, 백화점에 근무하는 12명의 부서장에 의해 감독받는 사람의 수가 다음과 같다면 2 5 5 6 7 10 15 21 21 23 23 25, 관찰수가 12로서 짝수이므로 $\frac{n}{2}$번째인 6번째 값과 $\frac{n}{2}+1$번째인 7번째의 값의 평균, 즉 10과 15의 산술평균인 $\frac{10+15}{2} = 12.5$가 중앙값이 된다.

도수분포에서의 중앙값은 다음과 같은 논리에 의해 결정될 수 있다.

$$\text{Md} = C_{i-1} + \frac{\frac{N}{2} - F_{i-1}}{f_i} W$$

여기서, N = 관찰수(총도수)

C_{i-1} = 중앙값이 속하는 구간의 하한 값

f_i = 중앙값이 속하는 구간의 도수

F_{i-1} = 중앙값이 속하는 구간 이전까지의 누적도수

W = 구간의 폭

앞서 다룬 제2장의 K기업의 종업원이 106일간 결근한 수에 대한 예제를 보면 〈표 3-1〉에서 다음과 같이 중앙값을 구할 수 있다.

〈표 3-1〉 K기업의 종업원의 결근 수(106일간)

급의 경계치	도수	누적도수
118.5 - 125.5	1	1
125.5 - 132.5	4	5
132.5 - 139.5	26	31
139.5 - 146.5	59	90
146.5 - 153.5	15	105
153.5 - 160.5	1	106
계	106	

$\frac{N}{2} = \frac{106}{2} = 53$이므로 53번째에 해당하는 결근자 수가 중앙값에 해당한다. 따라서, $F_{i-1} = 31, F_i = 90, C_{i-1} = 139.5, f_i = 59, W = 7$이 된다.

$$\therefore \text{Md} = 139.5 + \left(\frac{\frac{106}{2} - 31}{59} \right) \times 7 \fallingdotseq 142.6$$ 이 된다.

3) 최빈값(mode)

최빈값은 자료의 분포에서 빈도수가 가장 높은 관찰치로서 Mo로 나타낸다. 예컨대, H회사에서는 종업원의 상여금을 능력에 따라 차등 지급하는데 과장급 11명을 대상으로 조사한 결과, 3/4분기의 상여금 수령액은 140, 125, 130, 125, 125, 110, 105, 125, 135, 125, 105와 같이 나타났다. 단, 단위는 퍼센트이다.

이 경우 11명 가운데 125%의 상여금을 지급받은 사람이 5명으로서 제일 많은 것으로 나타났다. 따라서 최빈값은 125%가 된다.

집단자료(도수분포로 그룹핑된 자료)에서의 최빈값은 빈도수가 가장 많은 계급의 중앙값이 된다. 이때 이 계급을 최빈계급(modal class)이라고 한다.

예컨대 H고등학교 3학년 남학생의 신장을 측정한 결과 다음과 같은 도수분포를 이루고 있는 것으로 나타났다면 최빈값은 얼마가 되는가?

〈표 3-2〉 H고등학교 3학년 남학생의 신장 분포(100명)

계급	도수
150.5 - 155.5	3
155.5 - 160.5	6
160.5 - 165.5	7
165.5 - 170.5	20
170.5 - 175.5	24
175.5 - 180.5	15
180.5 - 185.5	15
185.5 - 190.5	10
계	100

이 경우 도수가 가장 많은 계급은 24명인 170에서 175센티미트 사이 이다. 따라서 최빈값은 $\frac{170.5+175.5}{2}=173$이 된다. 즉, 173센티미트의 신장을 가진 학생수가 제일 많다고 할 수 있다. 빈도곡선에서는 봉우리가 제일 높은 관찰치가 최빈값이다. 따라서 자료의 중심위치를 파악하는데 도움을 준다.

2 산포도의 측정

조사대상이 되는 전체 모집단에서 n개의 표본을 추출해서 측정한 평균과 중앙값, 최빈값은 또 다른 n개의 표본의 특성치인 평균과 중앙값, 최빈값과 다소의 차이는 있을지라도 거의 동일할 것이다. 따라서 표본의 특성을 완전히 파악하고 이해하기 위해서는 개별관찰치가 서로 어느 정도 차이가 나며 어느 정도 산포해 있는가를 알아야 한다. 산포란 분포되어 있는 정도이며 이를 통해 자료에 대한 특성을 보다 상세하게 기술할 수 있다. 이러한 산포의 정도를 측정하기 위한 통계량은 범위(range)와 평균편차(mean deviation), 분산(variance), 표준편차(standard deviation) 등이 있다.

1) 범위

범위란 조사된 자료에서 가장 큰 값과 가장 작은 값의 차이로서 산포도를 쉽게 알아볼 수 있지만 다음과 같은 세 가지 이유 때문에 만족스러운 자료의 산포도를 반영하지 못한다.

첫째, 범위의 계산은 이용 가능한 많은 관찰치에 관계없이 최대치와 최소치라는 두 가지 관찰치만을 고려하기 때문에 자료의 변동에 관한 이용 가능한 정보의 일부분만을 단지 반영한다는 것이다. 따라서 범위는 최대치와 최소치라는 제한된 구간 내에 산포해 있는 자료의 관찰치에 관해 그 특성을 반영하지 못한다.

둘째, 관찰수가 증가함에 따라 일반적으로 범위가 커진다는 점이다. 따라서 두 개의 집단자료에서의 변동량을 범위로서 비교한다는 것은 그것들이 동일한 값을 갖지 않는다면 적절하지 못한 것이다,

셋째, 표본의 크기가 극히 작은 경우를 제외하고는 동일한 모집단에서 같은 크기의 표본을 여러 번 추출하여 측정할 때 표본마다 범위는 다르게 나타날 수 있다는 점이다.

범위는 동일모집단으로부터의 같은 크기의 여러 표본마다 다르기 때문에 비교적 표본의 크기가 작은 집단에 대해서는 좋은 척도가 될 수 있지만, 표본의 크기가 크질수록 그 신뢰성은 떨어진다. 범위는 계산이 용이하고 표본의 크기가 작은 집단에서는 안정적이기 때문에 비교적 표본수가 작은 통계적 품질관리(일반적으로 표본수가 4~5개)에 많이 사용된다.

2) 평균편차

산포의 정도를 측정할 수 있는 하나는 각 개별 관찰치가 전체 평균에서 평균적으로 어느 정도 차이를 나타내고 있는가를 측정하는 것이다.

평균이 μ인 N개$(X_1, X_2, X_3, \ldots\ldots, X_N)$로 된 모집단을 고려하면 각 개별 변량 X_i와 μ와의 차이가 평균으로부터의 차이이다. 이들의 차이는 양의 차이(positive deviations)가 날 수도 있고 음의 차이(negative deviations)를 나타낼 수도 있다.

이들 차이에 대한 합은 0이 된다.

$$즉,\ \sum_{i=1}^{N}(X_i-\mu)=0$$

$$\because\ \sum(X_i-\mu)=\sum X_i-\sum\mu=\sum X_i-N\mu$$

여기서 μ가 상수이므로 $\mu=\frac{1}{N}\sum X_i$,또는 $N\mu=\sum X_i$가 된다.

따라서 $\sum(X_i-\mu)=\sum X_i-\sum X_i=0$가 된다.

그러므로 각 변량과 평균과의 차이의 절대치 합을 이용하여야 한다. 이들 각 변량과 평균과의 차이의 절대치 합에 대한 평균을 평균편차(mean deviation : MD)라고 하며 다음과 같이 구할 수 있다.

$$MD=\frac{1}{N}\sum_{i=1}^{N}|X_i-\mu|,\ 또는\ MD=\frac{1}{N}\sum_{i=1}^{N}|X_i-\overline{X}|$$

예제 3-1

고등학교 3학년 남학생 10명을 무작위로 추출하여 턱걸이를 시켰더니 다음과 같은 결과를 가져 왔다.

14, 14, 17, 20, 18, 19, 15, 21, 18, 16

이들의 평균 턱걸이 수는 얼마이며 평균편차는 얼마인가?

평균은 $\overline{X}=\frac{1}{10}(14+14+17+20+18+19+15+21+18+16)=17.2$회

평균편차 $MD=\frac{1}{10}(|14-17.2|+|14-17.2|+|17-17.2|+|20-17.2|+$
$|18-17.2|+|19-17.2|+|15-17.2|+|21-17.2|+$
$|18-17.2|+|16-17.2|)=2.0$

3) 분산과 표준편차

편차의 척도로서 절대치 대신에 편차의 자승을 이용하면 평균에 대한 편차의 자승의 합은 0보다 큰 값을 가지게 된다.

모집단 N의 변량 $X_1, X_2, \ldots X_N$에 대한 자승의 합은 $\sum_{i=1}^{N} = (X_i - \mu)^2$으로 평균에 대한 각 변량의 편차의 자승의 합을 의미한다.(이하 자승의 합이라고 한다.)

자승의 합은 산포의 척도를 제공한다. 만약 모든 관찰치가 동일하다면 자승의 합은 0이 된다. 그러나 모든 관찰치가 같지 않으면 자승의 합은 0이 아니고 그 관찰치가 밀집해 있다면 자승의 합은 작을 것이며, 관찰치가 흩어져 있으면 자승의 합은 상대적으로 클 것이다.

모집단 N의 변량 $X_1, X_2, \ldots X_N$에 대한 분산(Variance)이란 모평균 μ에 대한 각 개별 변량의 차에 대한 자승의 합을 관찰 수(N)로 나눈 값으로 σ^2으로 나타낸다.

$$\sigma^2 = \frac{1}{N}\sum_{i=1}^{N}(X_{i-}\mu)^2 \text{ 또는 } \sigma^2 = \frac{1}{N}[(\sum X_i)^2 - \frac{1}{N}(\sum X_i)^2]$$

$$\because \sum(X_i - \mu)^2 = \sum(X_i^2 - 2\mu X_i + \mu^2)$$

$$= \sum X_i^2 - 2\mu\sum X_i + N\mu^2$$

$$\mu = \frac{1}{N}\sum X_i \text{이므로 } \mu^2 = \frac{1}{N^2}(\sum X_i)^2$$

$$\text{따라서 } \sum(X_i - \mu)^2 = \sum X_i^2 - 2\frac{1}{N}(\sum X_i)^2 - \frac{1}{N}(\sum X_i)^2$$

$$= \sum X_i^2 - \frac{1}{N}(\sum X_i)^2 \text{이 된다.}$$

$$\therefore \sigma^2 = \frac{1}{N}\sum_{i=1}^{N}(X_i - \mu)^2$$

$$= \frac{1}{N}[\sum X_i^2 - \frac{1}{N}(\sum X_i)^2] \text{이 된다.}$$

표준편차(standard deviation)는 분산(σ^2)의 제곱근이다.

$$\sigma = \sqrt{\sigma^2} = \sqrt{\frac{1}{N}\sum(X_i - \mu)^2}$$

예제 3-2

어떤 공정과정에서의 불량을 체크하기 위해 9시간 동안 매 시간 마다 다음과 같은 결점 수를 발견하였다. 이 공정과정에서의 평균 불량 개수와 분산 및 표준편차를 구하여라.

3 , 6 , 2 , 5 , 3 , 8 , 6 , 7 , 5

전체결점 수 $\sum X_i = 45 \qquad \therefore \mu = \frac{1}{N}\sum X_i = \frac{45}{9} = 5$

따라서 시간당 평균결점 수는 5이다.

$$\sigma^2 = \frac{1}{n}\sum(X_i - \mu)^2 = \frac{1}{9}((3-5)^2 + (6-5)^2 + (2-5)^2 + (5-5)^2 + (3-5)^2 + (8-5)^2 + (6-5)^2 + (7-5)^2 + (5-5)^2) = \frac{1}{9}(32) = 3.56$$

표준편차 $\sigma = \sqrt{\sigma^2} = \sqrt{3.56} = 1.89$가 된다.

모집단에서 추출한 표본의 특성으로 모집단의 분산과 표준편차를 추정하고자 한다면 모평균 대신 표본의 평균 $\overline{X} = \frac{1}{n}\sum X_i$를 이용하고 표본의 분산을 이용한다. 표본의 분산은 n개로 된 표본의 각 변량 $X_1, X_2, \ldots X_n$과 표본평균과의 차이의 자승합을 $(n-1)$로 나눈 값이다.

즉, $S^2 = \frac{1}{n-1}\sum(X_i - \overline{X})^2$ 또는 $S^2 = \frac{1}{n-1}\left[\sum X_i^2 - \frac{1}{n}(\sum X_i)^2\right]$

여기서 n대신에 $(n-1)$로 나누는 것은 표본분산은 모집단의 분산을 추정하기 위한 수단이기 때문에 표본자료를 이용하여 모집단의 표준편차를 추정하기 위해서는 표본집단에서의 산포의 정도가 보다 작도록 조정해야 한다. 따라서 n보다는 $(n-1)$로 나누어주는 것이 표본의 표준편차가 모집단의 표준편차에 대한 보다 정확한 추정치가 될 수 있다.

예제 3-3

S지역의 부동산 사무소 가운데 10군데를 표본으로 추출하여 지난해 동안 아파트 위탁매매를 하는데 있어 각각 평균적으로 다음과 같은 기간(단위: 주)이 걸린 것으로 나타났다.

4, 8, 22, 1, 12, 7, 9, 5, 20, 6

평균매매기간과 표준편차를 구하여라.

$$\overline{X}=\frac{1}{n}\sum X_i=\frac{1}{10}(4+8+22+1+12+7+9+5+20+6)=\frac{1}{10}(94)=9.4\text{주}$$

$$\sum(X_i-\overline{x})^2=(4-9.4)^2+(8-9.4)^2+(22-9.4)^2+(1-9.4)^2+(12-9.4)^2+$$

$$=(7-9.4)^2+(9-9.4)^2+(5-9.4)^2+(20-9.4)^2+(6-9.4)^2=416.4$$

$$S=\sqrt{\frac{1}{n-1}\sum(X_i-\overline{x})^2}=\sqrt{\frac{1}{10-1}(416.4)}=6.8\text{주이다.}$$

집단자료에 대한 분산과 표준편차의 경우 먼저 도수분포표에서 각 계급에 대한 중앙값을 구한 다음 각 계급의 중앙값에다 그 계급에 속하는 도수를 곱한다. 이들의 합을 전체 도수로 나눈 값이 평균이 된다. 그 다음 각 계급의 중앙값과 평균과의 차이의 자승에다 그 계급이 속한 도수를 곱하여 더한 전체 합을 전체 도수로 나눈 값이 분산이 된다. 이를 식으로 나타내면 다음과 같이 된다.

$\overline{x}=\frac{1}{n}\sum V_i f_i$, 여기서 V_i=각 계급의 중앙 값, f_i= 각 계급의 도수

$\sigma^2=\frac{1}{n}\sum_{i=1}^{k}(V_i-\overline{x})^2 f_i$, 여기서 n= 전체 자료의 수이다.

표본집단의 분산은 n 대신에 $(n-1)$을 이용한다.

예제 3-4

TV게임에 대한 광고를 정규적으로 보는 101명의 시청자를 표본으로 추출하여 조사한 결과 연령별로 다음과 같은 분포특성이 나타났다.

연령	계급 중앙 값	도수
0 - 4	2	30
5 - 9	7	51
10 - 14	12	10
15 - 19	17	10
		101

평균 연령과 표준편차를 구하여라.

연령	계급중앙값(V_i)	(f_i)	$V_i f_i$	$(V_i - \overline{x})$	$(V_i - \overline{x})^2$	$(V_i - \overline{x})^2 \times f_i$
0 -4	2	30	60	-5	25	750
5 -9	7	51	357	0	0	0
10 -14	12	10	120	5	25	250
15 -19	17	10	170	10	100	1000
		101	707			2000

$$\overline{x} = \frac{1}{n}\sum V_i f_i = \frac{1}{101}(707) = 7\text{세}$$

$$S^2 = \frac{1}{n-1}\sum (V_i - \overline{x})^2 f_i = \frac{1}{100}(2000) = 20$$

$$\therefore\ S = \sqrt{s^2} = \sqrt{20} = 4.47\text{세가 된다.}$$

4) 표준편차가 암시하는 것

표준편차가 산포의 척도라는 것 이외에 그 이상의 의미에 대해서는 흔히들 잘 알지 못한다. 표준편차가 큰 자료는 그것의 평균에서 흩어져 있는 정도가 큰 산포를 가지며, 표준편차가 적은 자료는 그것의 평균에 모여 있어 매우 낮은 산포를 가진다.

표준편차가 의미하는 내용을 구체적으로 파악하기 위해 먼저, [그림 3-1]에 나타낸 바와 같이 평균은 동일하지만 표준편차가 서로 다른 집단을 나타내는 히스토그램에서 (a)집단의 표준편차는 (b)집단의 표준편차의 약 1/3이다. 두 히스토그램을 비교해 보면 이러한 차이를 알 수 있다.

이론과 경험적 관찰로서 개발된 다음과 같은 일반 규칙은 표준편차를 이해하는데 도움이 된다.

그림 3-1 동일 평균이면서 서로 다른 분산

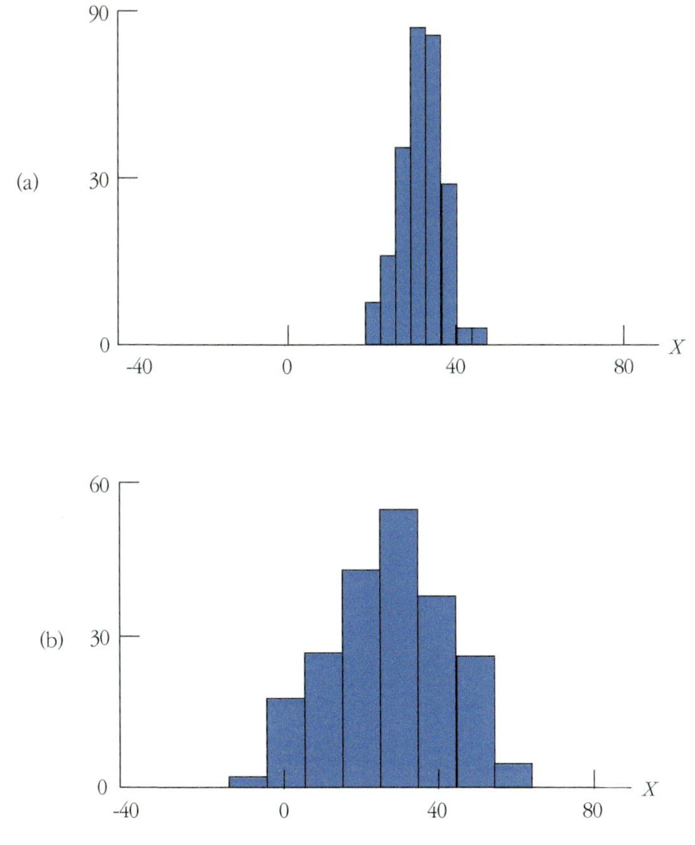

만약 주어진 자료에 대한 히스토그램이 종 모양을 한다면
$\mu \pm 1\sigma$ 범위 내에 포함될 가능성은 68%이며
$\mu \pm 2\sigma$ 범위 내에 포함될 가능성은 95%이며,
$\mu \pm 3\sigma$ 범위 내에 포함될 가능성은 99.73%가 된다.

예컨대 주어진 표본의 주가가 50달러이고 표준편차가 5달러라면 주식의 99.73%가 $50 \pm (3)(5)$의 범위, 즉 35달러에서 65달러 사이의 가격을 유지한다고 할 수 있다. 이러한 일반적인 규칙을 그림으로 나타낸 것이 [그림 3-2]이다.

그림 3-2 종모양 히스토그램

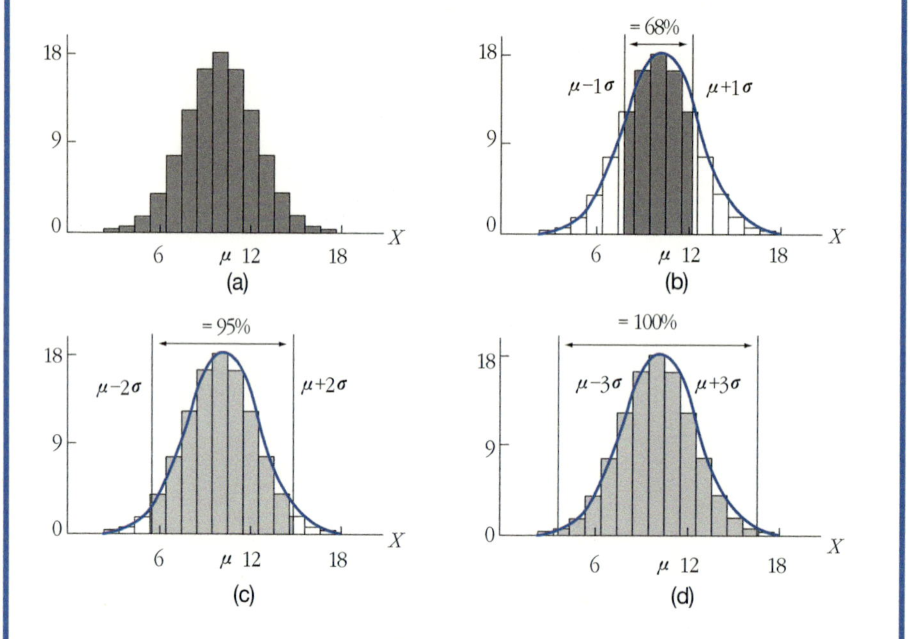

5) 왜도

도수분포 또는 히스토그램의 모양은 중심화 경향치 간의 관계에 영향을 미친다. 만약 분포의 모양이 대칭이고, 최빈값이 하나인 경우(unimodal)이면 평균($\overline{X}$)과 중앙값(Md), 최빈값(Mo)가 모두 같다. 즉 $\overline{x} = MD = M_0$가 된다. 그러나 도수분포가 비대칭적일 때 그 비대칭정도를 왜도(skewness)라고 한다.

만약, $\overline{X} > Md > Mo$이면 우측 왜도(skewed right)라 하고, $\overline{X} < Md < Mo$이면 좌측 왜도(skewed left)라고 한다. 이러한 관계에 대하여 나타낸 것이 [그림 3-3]이다.

그림 3-3 대칭 및 비대칭 분포의 평균, 표준편차, 최빈치

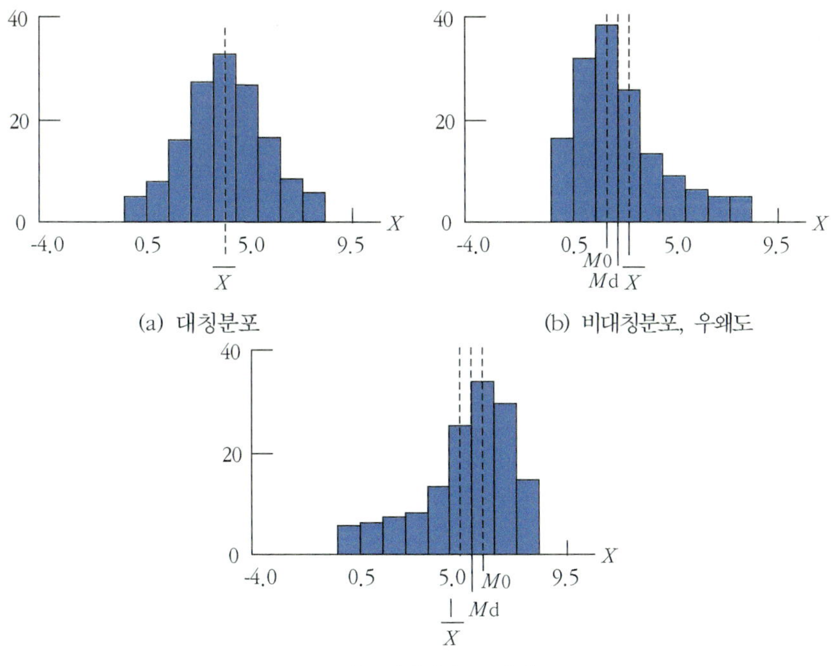

(a) 대칭분포

(b) 비대칭분포, 우왜도

(b) 비대칭분포, 좌왜도

6) 변동계수(coefficient of variation)

표준편차와 평균을 결합한 기술통계량을 변동계수라고 한다. 평균이 양의 값을 가질 때 변동계수가 유용한 상대적 산포의 척도가 된다는 점은 다음 예제에서 알 수 있다.

예제 3-5

A, B 두 주식을 고려해 보자. 이들 주식에 대한 일일 종가의 임의 표본을 취하여 이들 종가에 대한 각각의 표준편차가 $Sd_A = 0.5$달러, $Sd_B = 5$달러임을 알았다고 하자. 표준편차는 주어진 자료의 변동에 대한 척도이기 때문에 B주식의 종가가 A주식의 종가보다 더 변동이 심하다는 결론을 내릴 수 있다. 사실 변동이 심한 주식에 대한 투자를 회피하고 주식 A에 투자하고자 할 것이다. 그러나 펀드 메니저에게 투자를 의뢰하기 전에 다음과 같은 내용, 즉 각 투자안에 대한 평균수익 $\overline{X_A} = 1.0$, $\overline{X_B} = 100.00$을 주시해야 할 것이다. 이러한 경우 상황은 달라지게 된다. 주식 A는 종가에 대한 표준편차가 평균치의 50%에 달하기 때문에 주가변동이 매우 심한 상태인 반면에 주식 B의 표준편차는 평균치의 단지 5%에 불과하다

표준편차를 다소 크기가 다른 두 집단의 자료 사이에 비교될 수 있는 값으로 전환하기 위해 변동계수 (CV)를 구한다.

> 변동계수는 표준편차를 평균으로 나눈 백분율로서
>
> $$CV = \left(\frac{\sigma}{\mu}\right) \times 100, \quad \mu > 0,$$
>
> $$CV = \left(\frac{S}{\overline{x}}\right) \times 100, \quad \overline{x} > 0,$$

위의 예제의 경우 A, B 두 주식에 대한 변동계수는

$CV_A = \left(\frac{0.5}{1.00}\right) \times 100 = 50\%$, $CV_B = \left(\frac{5}{100}\right) \times 100 = 5\%$가 된다.

재정담당자들은 경쟁적 투자안의 위험을 측정하고 비교하기 위해 변동계수를 이용한다. 변동계수가 큰 투자안이 변동계수가 작은 투자안 보다 투자기간 동안 시장가격에 대한 변동폭이 심하게 나타난다.

3 프로그램에 의한 사례분석

사례

경영통계학을 수강하는 K대학 e-비즈니스학부 1학년 40명을 대상으로 중간고사를 치룬 결과 성적이 다음과 같이 나타났다.

85 90 75 74 89 98 90 68 87 88 57 80 87 95 97 43 52 87 88 96

78 86 65 77 88 92 90 91 78 90 88 77 90 95 66 65 45 85 92 95

이들 40명의 중간고사 성적을 대상으로 평균, 중앙값(중위수), 분산, 표준편차, 평균의 표준오차, 범위, 최대값, 최소값. 왜도, 첨도를 SPSS프로그램으로 구하는 과정과 결과는 [그림 3-4]에서 [그림 3-7]과 같다.

그림 3-4 데이터 및 변수입력

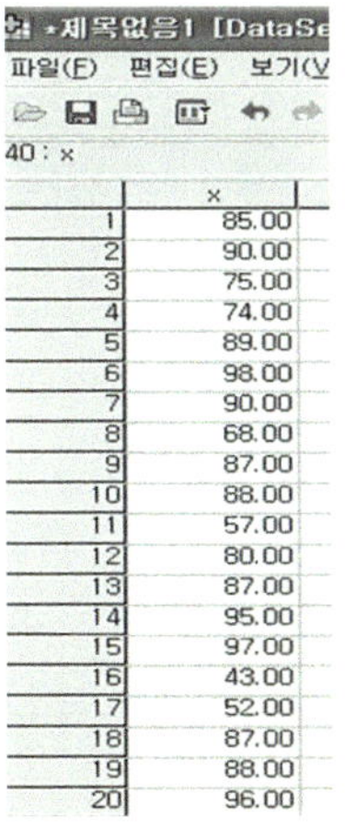

데이터와 변수를 입력한 다음 분석방법을 [그림 3-5]와 같이 선택한다.

그림 3-5 분석방법의 선택

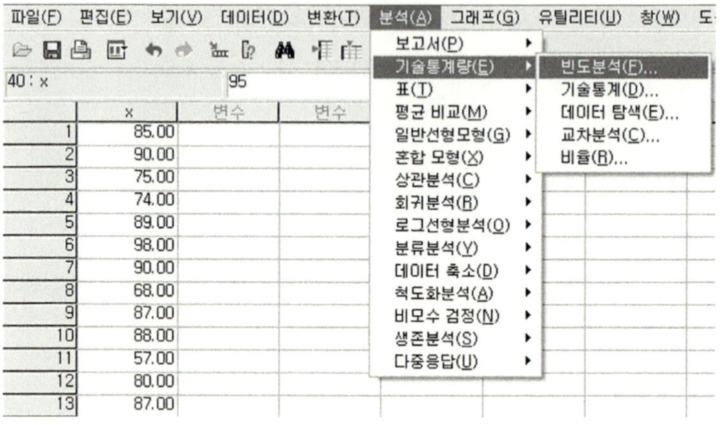

다음으로 [그림 3-6]과 같이 분석 변수와 분석 통계량을 선택한다. 그리하여 계속버턴을 누르고 확인버턴을 누르면 최종적으로 [그림 3-7]과 같이 분석결과가 나타난다.

그림 3-6 변수 및 통계량 선택

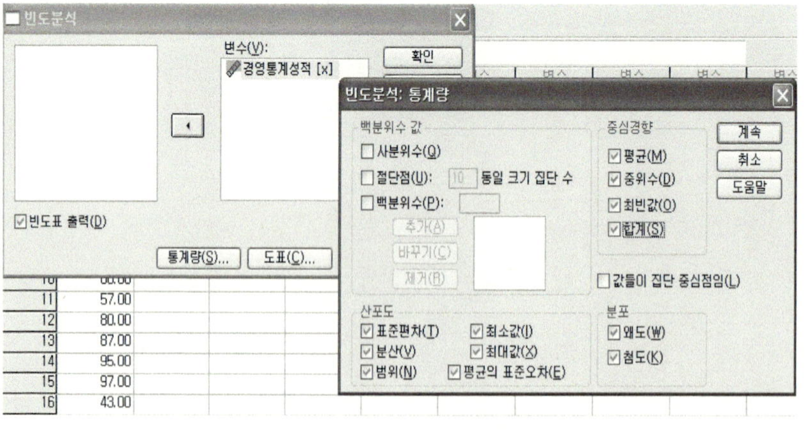

그림 3-7 분석결과 출력

➡ 빈도분석

[DataSet0]

통계량

경영통계성적

N	유효	40
	결측	66
평균		81.4750
평균의 표준오차		2.22457
중위수		87.0000
최빈값		90.00
표준편차		14.06940
분산		197.948
왜도		-1.304
왜도의 표준오차		.374
첨도		1.082
첨도의 표준오차		.733
범위		55.00
최소값		43.00
최대값		98.00

연습문제

1. 다음의 개념을 설명하라.

1) 집중화 경향
2) 범위
3) 최빈값
4) 분산과 표준편차
5) 변동계수

2. 다음은 번창백화점 계산대에서 계산을 하기 위해 기다리는 고객의 평균대기시간을 30명을 대상으로 측정한 결과를 나타낸 것이다. (단위:분)

2.5	3.5	2.5	2.0	1.9	2.0
2.4	2.5	1.9	1.5	2.1	3.1
1.2	3.0	2.1	1.0	2.0	3.0
1.8	1.4	3.4	1.2	1.5	2.5
3.4	2.0	3.0	1.4	2.4	2.4

1) 평균대기시간과 표준편차를 구하라.
2) 중앙값과 최빈치, 범위를 구하라.
3) SPSSWIN패키지를 활용하여 가능한 모든 기술 통계량을 산출하라.

3. 다음 K공장 근로자 150명중 30명을 무작위로 표본 추출하여 조사한 월 소득분포를 나타낸 것이다. (단위 : 만원)

소득(X)	인원수(f)
111～130	4
131～150	5
151～170	5
171～190	3
191～210	5
211～230	3
231～250	5
	30

이 자료를 이용하여

1) 중앙값, 최빈값을 구하라.

2) 평균과 분산, 표준편차를 구하라.

제4장 확 률

확률이론은 조사대상에 대한 자료의 수집과 분석 및 결과 해석에 통계적 기법을 적용할 때 추론하고 결론에 대한 신뢰성을 평가하는데 대한 기초를 제공한다. 확률은 통계학에서 중요한 역할을 하기 때문에 본 장에서는 확률에 관한 기초 개념에 대하여 다루고자 한다.

1 확률의 개념

어떤 하나의 유한한 집합(definite set)이라는 결과(outcomes)에 이를 수 있는 실험을 고려할 때 그 실험은 실제 결과가 완전한 확실성으로 예측될 수 없다고 하는 가능성(chance)에 의해 통제되며 안정된 상태에서 반복으로 실행되어야 한다.

이와 같이 안정상태에서 반복적으로 시행되어 그 결과는 하나의 집합을 이루며, 실제결과가 확실성으로 예측될 수 없는 실험을 무작위 실험(random experiment) 또는 무작위 시행(random trial)이라고 한다. 여기서 집합이란 어떤 시행결과 나타날 수 있는 가능한 모든 결과, 즉 각 원소(element)의 모임을 의미한다.

표본공간(sample space)은 실험의 모든 가능한 결과들로 구성된 집합을 말한다.

예컨대 하나의 주사위를 던지는 실험을 할 때 1에서 6까지의 눈이 나타날 수 있는 가능한 결과의 집합이 표본공간이 된다. 어떤 회계 법인체가 회계 감사계약을 체결하였는데 100개의 송장으로 되어 있다. 그런데 이 가운데 95개는 정확하게 기록되어 있고 나머지 5개는 오류가 있는 것으로 나타났다. 무작위로 단지 하나의 송장을 선별한다고 할 때 표본공간은 100개의 가능한 결과로 구성된다. 그리고 그 표본공간은 95개 원소로 된 올바른 집합과 5개 원소로 된 오류가 있는 집합인 두 개의 부분집합(subset)으로 분리될 수 있다. 표본공간 내에는 일반적으로 몇 개의 작은 집합이 있다. 이러한 작은 집합을 **사상(event)** 또는 **부분집합**이라고 하며, 부분집합에 속하는 결과를 사상에 맞는 결과(outcomes favorable)라고 한다. 그리고 실험 결과 가능한 단일 결과를 낳는 사상, 예컨대 주사위 실험에서 6개의 눈 가운데 어떤 하나의 눈이 나타나는 사상을 단순사상(simple event)이라고 한다. 어떤 사상이 발생할 가능성을 측정하여 부여하는 값을 그 사상의 확률(probability of the event)이라 하고, 확률은 0과 1 사이의 값이 된다. A, B, C라는 각 사상이 발생할 확률을 $P(A)$, $P(B)$, $P(C)$로 나타낸다. 사상에 확률을 부과하는데는 상대빈도법(relative frequency method)과 고전적 방법(classical method), 그리고 주관적 방법(subjective method)이 있다.

1) 상대빈도법

어떤 실험을 무한대로 반복하면 그 실험에서 어떤 사상이 발생하는 확률은 어느 극한치(limits)에서 안정상태에 이르게 된다. 이러한 확률은 실험의 본질적 특성이며 사상 그 자체의 본질적 특성으로 고려될 수 있다. 예를 들면 동전 던지기를 무한히 반복하면 동전의 앞면이 나타날 확률은 1/2이 된다. 이와 같은 확률의 부과 방법을 상대빈도법(relative frequency method)이라고 하며 다음의 식으로 나타낼 수 있다.

$P(A) = \lim \frac{r}{n}$, 여기서 P(A)는 사상 A가 발생할 확률, n은 실험의 총 반복 횟수, r은 실험을 무수히 반복할 때 어떤 사상이 발생하는 횟수이다.

2) 고전적 방법(동등발생 개념)

우리는 실험을 할 때 모든 실험을 반복해서 수행할 필요 없이 어떤 사상이 발생할 확률을 결정하기 위해 그 결과를 관찰한다. 예컨대 주사위를 굴러 1의 눈이 나타날 확률이 $\frac{1}{6}$임을 결정하기 위해 장시간 동안 주사위를 던질 필요가 없다. 주사위를 던져 각 눈이 나타날 확률은 모두 $\frac{1}{6}$로서 동등하다. 또한 한 번 던질 때마다 하나의 눈이 나타나면 다른 눈은 나타나지 않는 상호 배타적(mutually exclusive)이다. 만약 실험의 결과가 상호 배타적이고 동등 발생(equally likely)적이라면 다음과 같은 방법으로 사상에 확률을 부과할 수 있다.

$$P(A) = \frac{A\text{가 발생할 경우의 수}}{\text{실험의 결과 가능한 모든 경우의 수}} = \frac{u}{u+v}$$

여기서 u는 사상 A가 발생하는 경우의 수이고 v는 사상 A가 발생하지 않는 경우의 수이다.

예컨대 주사위를 던져 6의 눈이 나올 확률을 구한다면 $u=1$, $v=5$이다.

$\therefore P(A) = \frac{1}{1+5} = \frac{1}{6}$이 된다.

3) 주관적 방법

주관적 확률(subjective probalility)은 어떤 사상의 발생에 대한 개인의 믿음의 정도를 의미하는 것으로 개인마다 그 확률이 다를 수 있다. 예컨대 국가경제지표를 설정함에 있어 경기변동에 관한 예측이 전문가에 따라 다소의 차이가 있을 수 있다. 그러나 이러한 주관적 확률은 다소 주관적인 판단요인이 가미된다 하더라도 그들 자신이 판단하고 신뢰하는 정도를 계량적으로 나타내는 것은 정책결정에 많은 도움이 된다.

2 확률의 특성과 확률계산

어떤 사상 A가 발생할 확률을 $P(A)$라고 하면 확률 $P(A)$는 다음과 같은 특성을 지닌다.

① $0 \leqq P(A) \leqq 1$
② $P(S) = 1$ (여기서 S는 표본공간)

여기서 $0 \leqq P(A) \leqq 1$은 A가 발생할 확률이 항상 0보다 크거나 같으며 1보다 작거나 같다는 것을 의미한다. $P(A) = 0$은 사상 A가 전혀 발생하지 않는 것을 의미하고, $P(A) = 1$은 사상 A가 100% 발생한다는 것을 의미한다.

$P(S) = 1$은 표본공간에서 발생하는 사상은 100% 확률을 가진다는 것, 즉 실험의 모든 발생가능한 결과의 전체 확률은 1이라는 것을 의미한다.

또한 어떤 사상 A와 B가 상호 배타적인 경우 사상 A와 사상 B가 발생할 확률의 합집합(union)은 다음과 같이 된다.

③ $P(A \bigcup B) = P(A) + P(B)$ (사상 A와 B가 상호 배타적인 경우)

예제 4-1

주사위 실험에서 짝수의 눈을 가진 사상을 A라고 할 때 $A = \{2,4,6\}$이 되며, 홀수의 눈을 가진 사상을 B라고 하면 $B = \{1,3,5\}$가 되어 사상 A와 사상 B는 서로 배타적이다. 이 경우 합집합은 $P(A \cup B) = P(A) + P(B)$가 된다.

따라서 $\frac{3}{6} + \frac{3}{6} = \frac{6}{6}$이 된다.

사상 A와 사상 B가 상호 배타적이 아닌 경우의 합집합은 사상 A가 발생할 확률과 사상 B가 발생할 확률의 합에다 사상 A와 사상 B가 동시에 발생할 확률

(이것을 교집합(intersaction)이라고 한다.)을 뺀 것으로 다음과 같이 표현된다.

> ④ $P(A \cup B) = P(A) + P(B) - P(A \cap B)$ (사상A와 사상B가 상호 배타적이 아닌 경우) 여기서 $P(A \cap B)$를 P(A)와 P(B)의 결합확률(joint probability)이라고 한다.

예제 4-2

K상사는 컴퓨터 소프트웨어를 주문 판매하고 있다. 그런데 고객의 형태는 정규고객과 그렇지 않는 비정규적 고객으로 구성되어 있으며, 대금 지불방법도 현금과 신용카드로 되어있다. K상사의 고객 가운데 무작위로 245명을 표본추출하여 분류해본 결과 다음과 같이 나타났다.

대금 지불 방법 / 주문 형태	현금	신용카드	합계
정규적	10	15	25
비정규적	20	200	220
합계	30	215	245

이 가운데 정규적으로 주문하는 고객이거나 신용카드로 대금을 지불하는 고객이 선택되는 확률은 얼마가 되는가?

이 경우 정규적으로 주문하는 고객이 뽑힐 경우를 사상 A라 하고 신용카드로 대금을 지불하는 고객이 뽑힐 경우를 사상 B라고 하면 알고자 하는 것은 $P = (A \cup B)$가 된다. 무작위로 고객을 선별한다면 245명의 고객 각각은 선택될 동일한 기회를 가지게 된다. 사상 A에 속하는 고객의 수는 25명이고, 사상 B에 속하는 고객의 수는 215명이다. 사상 A와 B에 속하는 고객의 수는 정규고객이면서 신용카드 대금결재자인 15명이다. 따라서 정규고객이거나 신용카드로 대금을 지불하는 고객이 선택될 확률은 다음과 같이 된다.

$$P(A \cup B) = P(A) + P(B) - P(A \cap B)$$
$$= \frac{25}{245} + \frac{215}{245} - \frac{15}{245} = \frac{225}{245}$$

여사건(complement event)에 대해 고려해 보자. 어떤 사상 A의 여사건은 A가 아닐 때 정확히 발생하는 사상을 말한다. 일반적으로 A의 여사건은 $\overline{A}$로 나타낸다. 따라서 사상 A의 여사건을 $\overline{A}$라고 하면 사상 A의 여사건이 발생할 확률은 다음과 같이 나타낸다.

⑤ $P(\overline{A}) = 1 - P(A)$

1) 조건 확률

하나의 주사위를 던지는 실험에서 홀수의 눈이 나타나는 경우를 사상 B라 하고, 3보다 작거나 같은 눈이 나타나는 경우를 사상 A라 할 때, 사상 A가 발생한 조건하에서 사상 B가 발생할 확률을 조건확률(conditional probability)이라 하며 $P(B \mid A)$로 나타낸다. 사상 A의 표본공간은 (1, 2, 3)이며 이 경우 (1, 3)은 사상 B에 일치한다. 따라서 $P(B \mid A)$ = 2/3가 된다. 사상 A의 표본공간은 전체 6개의 눈 가운데 3개를 차지함으로 $P(A) = 3/6$이 되고, 사상 A와 사상 B가 공통으로 되는 표본의 눈은 (1,3)의 2개이므로 $P(A \cap B) = 2/6$가 된다. 따라서

$P(A \cap B) \mid P(A) = (2/6)/(3/6) = 2/3$가 된다. 조건부 확률은 다음과 같이 구할 수 있다.

$$P(B \mid A) = \frac{P(A \cap B)}{P(A)}, \quad \text{여기서 } P(A) > 0$$

여기서 조건확률 $P(B \mid A)$와 구분하기 위해 보통확률 P(B)를 단순확률(simple probability), 한계확률(marginal probability)이라고 한다. 한계확률은 각

범주에 대해 관련된 결합확률을 더한 것이다.

예제 4-3

H제조 공장에서 사용하고 있는 설비에 대해 무작위로 조사한 결과 작업상태로 보면 주문작업 중에 있는 경우 설비의 사용빈도가 낮은 경우가 10, 보통이 18, 높은 경우의 설비가 12종류로서 전체 40종류이며, 수리상태에 있는 설비로서 사용빈도가 낮은 경우가 2, 보통이 6, 높은 설비가 8로서 모두 16종류로 나타났다. 이 경우 먼저 주문작업 중에 있는 상태 하에서 사용빈도가 높은 설비가 선택될 확률을 구하고, 사용빈도가 보통이면서 수리 중에 있는 설비가 선택될 확률을 구하여라.

먼저, 통계 분할표를 다음과 같이 나타낼 수 있다.

설비사용빈도(B) / 작업상태(A)	낮음(B1)	보통(B2)	높음(B3)	합계
주문작업(A1)	10	18	12	40
수리중(A2)	2	6	8	16
합계	12	24	20	56

주문작업 중에 있는 상태 하에서 설비의 사용빈도가 높은 설비가 선택될 확률은 $P(B3 \mid A1) = \frac{P(B3 \cap A1)}{P(A1)} = \frac{12}{40} = \frac{3}{10}$이 된다. 그리고 사용빈도가 보통이면서 수리 중에 있는 설비가 선택될 확률은 $P(A2 \mid B2) = \frac{P(A2 \cap B2)}{P(B2)} = \frac{6}{24} = \frac{1}{4}$이 된다.

2) 확률의 곱셈법칙

확률의 곱셈법칙은 둘 또는 그 이상의 사상이 동시에 발생할 확률인 결합확률(joint probability), 즉 교집합이 발생할 확률을 구하는 법칙이다.

확률의 곱셈법칙은 조건부 확률을 구하는 식 $P(B \mid A)$은 $P(B \mid A) = \frac{P(A \cap B)}{P(A)}$에서 $P(A \cap B) = P(A) \cdot P(B \mid A)$가 된다. 또한 $P(B \cap A) = P(B) \cdot P(A \mid B)$가 된다.

예제 4-4

앞서 다룬 K상사의 문제에서 고려해 보면

주문형태 \ 대금지불방법	현금	신용카드	합계
정규적	10	15	25
비정규적	20	200	220
합계	30	215	245

신용카드로 대금을 결재하는 고객이 뽑힐 사상을 A라 하고 비정규적으로 주문하는 고객이 뽑힐 사상을 B라 하면 신용카드로 결재하면서 비정규적으로 주문하는 고객이 뽑힐 확률은 $P(A \cap B)$가 된다.

$\therefore P(A \cap B) = P(A) \cdot P(B \mid A) = \frac{215}{245} \times \frac{200}{215} = \frac{200}{245}$이 된다.

3) 독립사상의 경우 곱셈법칙

독립사상(independent event)이란 사상 A와 사상 B가 서로 무관한 관계에 있는 사상을 통계적으로 독립사상이라고 한다. 사상 A와 사상 B가 서로 독립적인 경우 이 두 사상의 곱셈확률법칙은 다음과 같이 된다.

$$P(A \cap B) = P(A) \times P(B), \text{ (독립사상인 경우)}$$

예제 4-5

K대학원의 남녀 학생 각각 60명과 40명을 무작위로 선택한 결과 그들의 등록금을 은행에서 대출하였는데 그에 따른 그들의 대출상환을 한 학생과 하지 않은 학생이 남녀 별로 다음과 같이 나타났다.

성별	대출상환	미상환	합계
남	18	42	60
여	12	28	40
합계	30	70	100

이들 100명 중에서 무작위로 한 명을 뽑을 때 대출을 상환하지 않은 학생으로서 남학생이 선택될 확률을 구하라. 그리고 무작위로 추출할 때 남학생이 뽑힐 확률을 구하고, 남자로서 대출을 상환하지 않은 사상이 종속사상인지 독립사상인지를 설명해 보아라.

먼저 남학생을 A_1, 여학생을 A_2, 대출상환을 B_1, 미상환을 B_2라고 하면 대출을 상환하지 않은 학생으로서 남학생이 선택될 확률은 조건확률로서

$P(A_1 \mid B_2) = \dfrac{P(A_1 \cap B_2)}{P(B_2)} = \dfrac{42/100}{70/100} = \dfrac{3}{5}$ 이 된다.

남학생이 뽑힐 확률은 상호 배타적이고 동등한 확률로서 $\dfrac{60}{100} = \dfrac{3}{5}$ 이 된다.

$P(A_1 \mid B_2) = P(\text{남자}) = 3/5$ 이기 때문에 남학생으로서 대출을 상환하지 않은 경우는 남학생인 사상과 대출을 상환하지 않은 사상은 독립적이다. 따라서 대출을 상환하지 않은 사람으로서 남학생이 선택될 확률은 P(남학생 | 대출 미상환)

$= P(\text{남학생}) \times P(\text{대출 미상환}) = \dfrac{60}{100} \times \dfrac{70}{100} = \dfrac{42}{100}$ 가 된다.

4) 베이즈 정리

지금까지 어떤 사상에 대한 확률, 또는 사전확률(prior probability)을 이용하여

많은 문제를 분석해 보았다. 그런데 이러한 많은 사전확률은 주관적인 추정치(subjective estimates)였다. 이러한 주관적인 확률은 표본, 실제조사, 검사, 또는 실험의 형태에서 확률을 수정하는데 이용할 수 있는 추가적인 정보를 얻는데 도움이 된다. 예컨대 혈액검사, 신용테스트, 원자재 검사와 같은 테스트는 확률을 수정하는데 이용할 수 있는 표본정보를 얻는데 이용될 수 있을 것이다.

표본정보를 이용한 사전확률의 수정은 베이즈 정리로서 가능하다. 표본집단의 정보는 조건확률을 제공하며 베이즈 정리는 사전확률과 조건확률 또는 표본집단의 정보를 반영하는 사후확률(posterior probability)을 결합한 것이다. 수정된 확률은 확률문제를 쉽게 분석할 수 있게 하며 궁극적으로는 확률정보에 입각한 의사결정을 할 때 보다 나은 의사결정에 이르게 한다.

예제 4-6

L설비회사에서는 지금까지 지어보지 못한 설비의 일부를 짓기로 모회사와 계약하였다. 계약의 내용은 90일 이내에 이 프로젝트를 완료할 것을 요구하고 있다. 여기서 90일 이내에 프로젝트가 완료될 것이다라는 가설을 A라고 하고 프로젝트가 완료되기까지는 90일 이상 걸릴 것이다라는 가설을 $\overline{A}$라고 하면 A가 될 확률을 $P(A)$, $\overline{A}$가 될 확률을 $P(\overline{A})$로 부여할 수 있다.

L설비회사에서는 작업방법의 전문엔지니어인 K씨를 고용하여 이 프로젝트를 완료하는데 얼마의 기간이 걸릴 지에 대한 정보를 제공받기로 하였다. 그 결과 90일 이내에 프로젝트를 완료할 수 있을 것이라는 가설 A에 반하는 새로운 정보(B)를 얻게 되었는데 K씨에게 몇 가지 질문을 한 결과 다음과 같은 결론을 내릴 수 있었다. 정확하게 90일 이내에 완료되는 프로젝트의 80%는 K씨가 예측한 시간과 일치하며, 즉 $P(B \mid A) = 0.80$, 또한 정확한 기일에 완료되지 못한 프로젝트에 대해 K씨는 제한시간 10%로 그 프로젝트가 완료될 것임을 예측했다는 점, 즉 $P(B \mid \overline{A}) = 0.10$이다. K씨가 제공한 정보 하에 새로운 확률 $P(A \mid B)$을 계산해보자. 조건확률에 의해 $P(A \mid B) = \dfrac{P(A \cap B)}{P(B)}$가 되고, 분자의 결합확률

$P(A \cap B)$는 확률의 곱셈법칙에 의해 $P(A \cap B) = P(A) \times P(B \mid A)$가 된다.

따라서 $P(A \mid B) = \dfrac{P(A) \times P(B \mid A)}{P(B)}$가 된다.

그리고 B는 A와 B가 발생하는 경우와 $\overline{A}$와 B가 발생하는 두 가지 경우에 발생한다. 결과적으로 서로 배반사상에 대한 확률을 더함으로서 $P(B) = P(A \cap B) + P(\overline{A} \cap B)$가 된다. 이는 확률의 곱셈법칙에 따라 $P(B) = P(A) \times P(B \mid A) + P(\overline{A}) \times P(B \mid \overline{A})$가 된다. 이것을 위 식의 분모에 대입하면 $P(A \mid B) = P(A) \times \dfrac{P(B \mid A)}{P(A) \times P(B \mid A) + P(\overline{A}) \times P(B \mid \overline{A})}$가 된다. 이것이 베이즈 정리이다.

► **베이즈정리** : $P(A \mid B) = \dfrac{P(A) \times P(B \mid A)}{P(A) \times P(B \mid A) + P(\overline{A}) \times P(B \mid \overline{A})}$

예제의 경우 $P(B \mid A) = 0.8$, $P(B \mid \overline{A}) = 0.1$로서 사전에 알려져 있다. 만약 $P(A) = 0.3$이라면 $P(\overline{A}) = 0.7$이 된다. 그러면

$$P(A \mid B) = \frac{0.3 \times 0.8}{(0.3) \times (0.8) + (0.7 \times 0.1)} = 0.77\text{이 된다.}$$

이처럼 베이즈 정리는 추가정보를 바탕으로 하여 사전확률을 얼마나 수정할 것인가, 즉 알려져 있지 않은 사후확률을 구하는 이론이다.

5) 순열과 조합

순열(Permutation)이란 n개의 서로 다른 대상에서 r개를 추출하여 일렬로 배열하는 것을 말한다. 예를 들면 a, b, c, d, e의 5개 문자 가운데 2개씩 택하여 순서대로 배열하는 방법은 ab, ac, ad, ae, ba, bc, bd, be, ca, cb, cd, ce, da, db, dc, de, ea, eb, ec, ed로 모두 20가지이다. 이와 같이 제일 처음 문자를 선택하는 방법은 a, b, c, d, e로서 다섯 가지이고, 다음은 자신을 뺀 나머지 문자와 순서대로 하나씩 짝을 이루는 방법이 4가지씩이다. 따라서 5개 문자에서 2개씩

택하여 순서대로 배열할 수 있는 방법의 수는 $5 \times 4 = 20$가지가 된다. 이는 다음과 같이 나타낼 수 있다.

$$5P_2 = 5 \times 4 = 20$$

또한 위의 다섯 개 문자 가운데 3개를 택하여 순서대로 배열하는 방법의 경우는 $5P_3 = 5 \times 4 \times 3 = 60$가지가 된다. 5개 문자 가운데 4개를 택하여 순서대로 배열하는 방법의 수는 $5P_4 = 5 \times 4 \times 3 \times 2 = 120$가지가 된다. 5개 문자 가운데 5개를 택하여 순서대로 배열하는 방법의 수는 $5P_5 = 5 \times 4 \times 3 \times 2 \times 1 = 120$가지가 된다. 이것을 일반화된 식으로 나타내면 다음과 같이 된다.

$nP_r = n(n-1)(n-2).....(n-r+1)$

$nP_n = n(n-1)(n-2).....(n-n+1)$

$= n(n-1)(n-2).....(1)$

$= n!$... 이것을 n 계승(factorial)이라고 한다.

또한, $nP_r = \dfrac{n!}{(n-r)!}$ 이 된다.

예컨대 $5P_3 = \dfrac{5!}{(5-3)!} = \dfrac{5!}{2!} = \dfrac{5 \times 4 \times 3 \times 2 \times 1}{2 \times 1} = 60$

따라서 순열의 규칙은 다음과 같다.

$$nP_r = n(n-1)(n-2)...(n-r+1) = \frac{n!}{(n-r)!} (1 \le r \le n)$$

$$\text{또한 } nP_n = \frac{n!}{(n-n)!} = \frac{n!}{0!} = n! \quad (\because\ 0!=1)$$

예컨대 $5P_5 = \dfrac{5!}{(5-5)!} = \dfrac{5!}{0!} = \dfrac{5 \times 4 \times 3 \times 2 \times 1}{1} = 120$이 된다.

조합(Combination)이란 순열과는 달리 n개에서 r개를 택하여 순서를 고려하지 않고 나타내는 방법으로서 nC_r로 나타낸다. 예컨대 a, b, c, d, e 다섯 개 문자에서 2개를 택하여 순서를 고려하지 않고 나타낼 수 있는 방법은 $_5C_2 = \frac{_5P_2}{2!} = \frac{5 \times 4}{2 \times 1} = 10$가지이다. r개로 구성되는 각 조합에는 $r!$개의 순열이 있으므로 $_nC_r$개의 조합에서 만들 수 있는 순열의 수는 $_nC_r \times r!$가 된다. 2단계 곱셈원리에 의해 $_nC_r \times r! = {_nP_r} = \frac{n!}{(n-r)!}$가 된다. 여기서 양변에 $r!$를 나누어주면 $_nC_r = \frac{_nP_r}{r!} = \frac{n!}{(n-r)!r!}$이 성립된다. 따라서 n개의 서로 다른 대상에서 r개를 택하여 나타낼 수 있는 조합의 수는 다음과 같이 된다.

$$\binom{n}{r} = {_nC_r} = \frac{_nP_r}{r!} = \frac{n!}{(n-r)!r!}$$

가끔은 문제 자체가 순열을 요하는 것인지 조합을 요하는 것인지가 명확히 구분이 되지 않는 경우가 있을 수 있다. 이러한 경우 문제에 배열, 연속, 순서와 같은 용어가 포함되는 경우는 순열에 해당하며 집단, 위원회, 집합, 부분집합, 팀 등의 용어가 포함되면 조합에 해당한다고 볼 수 있다.

연 습 문 제

1. 다음의 개념을 간단히 설명하라.
   1) 무작위시행
   2) 표본공간
   3) 동등발생개념과 상대빈도법
   4) 결합확률과 조건확률
   5) 베이즈정리
   6) 순열과 조합

2. 동전을 두 번 던질 때의 표본공간을 나타내어라.

3. 다음의 표는 1,000명의 종업원을 소유하고 있는 H회사에서 노조설립에 관한 의견을 남녀별로 조사한 결과이다.

성별 \ 의견	찬성	반대	합계
남자	250	450	700
여자	200	100	300
합계	450	550	1000

   1) 1,000명 중에서 한 명을 임의로 뽑았을 때 그가 남자이면서 노조설립에 찬성할 확률은 얼마인가?
   2) 전체 1,000명 중에서 임의로 한 명을 뽑았을 때 그가 노조설립에 찬성할 확률은 얼마인가?
   3) 전체 1,000명 중에서 임의로 한 명을 뽑았을 때 그가 여자이면서 노조설립에 반대할 확률은 얼마인가?

4. 어떤 시행에서 일어나는 두 개의 사상 A,B에 대하여 $P(A)=0.5$, $P(B)=0.3$ $P(A \cup B)=0.6$일 때 $P(A \cap B)$와 $P(A \mid B)$를 구하라.

5. 1, 2, 3, 4, 5 의 숫자 쓰여져 있는 5장의 카드가 있다. 이 가운데 2장을 택하여 순서대로 배열할 수 있는 방법이 수와 순서를 고려하지 않고서 배열할 수 있는 방법의 수를 구하라.

6. 주머니 안에 같은 크기의 일곱 개의 흰 구슬과 세 개의 검은 구슬이 있다. 여기서 한 개씩 차례로 두 개를 꺼낼 때 처음에 흰 구슬이 나오고 나중에 검은 구슬이 나올 확률을 구하라.

7. 항아리 A에는 검은 공이 3개, 흰 공이 5개 들어있고, 항아리 B에는 검은 공 2개, 흰 공이 4개가 들어있다. 임의로 한 항아리를 택하여 한 개의 공을 꺼낼 때 흰 공이 나왔다면 그것이 항아리 A에서 나왔을 확률은 얼마가 되는가?

8. 15명의 회원 중에서 임의로 5명을 뽑아 운영위원회를 구성하고자 한다. 특정한 사람 A, B가 모두 뽑힐 확률과 적어도 한 사람이 뽑힐 확률을 구하라.

제5장 확률분포

우리들은 일상생활에서 확률이란 단어를 흔히 사용한다. 예컨대 한 주간의 일기예보에서 월요일부터 일요일까지 매일 각 지방에 비 올 확률이 얼마이며, 한 주간에 전국 각지에서 교통사고가 날 확률 등이다. 전국 각 지역 가운데 서울지역에 비가 올 확률이 20%라고 하면 비가 사상이 되고 X라고 나타내면 $P(X) = 0.2$가 된다. 이 경우 X를 확률변수(random variable)라고 한다. 전국 각 지역의 비에 대한 사상을 $X_1, X_2, X_3, \ldots, X_n$이라고 하면 이때 각 지역에 비가 올 확률 $P(X_1), P(X_2), P(X_3), \ldots, P(X_n)$의 분포를 확률분포(probability distribution)라고 한다. 이와 같은 확률변수와 확률분포는 자료를 수집하여 분석하고 그 결과를 해석할 때 매우 중요한 개념들이다. 여기서는 이산확률변수(discrete random variable)와 연속확률변수(continuous random variable)의 개념을 살펴보고, 확률변수의 기대치(expected value)와 분산, 표준편차를 논의하며, 이항확률분포(binomial probability distribution)와 포아송 분포(poisson probability distribution)에 대해 다루고자 한다.

1 확률변수

어떤 실험을 무작위로 실행하여 나타나는 하나의 사상을 X라고 하면 X는 실험의 결과에 따라 그 값이 달라지는 하나의 변수이며, 이때 실험의 결과는 예측될 수가 없다. 이와 같은 가변성과 예측 불가능성으로 인하여 실험의 결과 일정한 확률을 가지고 발생하는 사상에 값을 부여하는 것을 확률변수라고 하며 일반적으로 X로 나타낸다. 확률변수는 이산확률변수(discrete random variable)와 연속확률변수(continuous random variable)가 있다. 이산확률변수란 확률변수가 취할 수 있는 값이 유한한 변수이다. 예컨대 품질검사를 위한 표본 n에서 결점수가 나타나는 경우는 0, 1, 2, ...또는 n개로서 이것은 이산확률변수로서 연속적인 가능한 값 사이의 거리는 1이 된다. 계산대에서 계산을 하기 위해 대기하고 있는 고객의 수 또한 이산확률변수이다. 연속확률변수란 확률변수가 취할 수 있는 값의 수가 무한한 변수로서 길이, 몸무게, 시간, 비용, 가격과 같은 물질적 측정치나 화폐가치가 연속확률변수에 해당된다. 한편 이산확률변수는 어떤 특징을 갖는 항목의 수와 같이 일반적으로 셀 수 있는 척도이다.

2 이산확률분포

이산확률변수가 취하는 확률분포를 이산확률분포(discrete probability distribution)라고 한다. 예컨대 한 쌍의 주사위를 굴리는 게임에서 주사위를 굴리기 전에 각 쌍의 눈의 합을 X라고 하면 이때 X가 나타날 수 있는 확률은 다음과 같이 된다.

눈의 합(X)	P(X)	눈의 합(X)	P(X)
X=2	P(X=2)= 1/36	X=7	P(X=7)= 6/36
X=3	P(X=3)= 2/36	X=8	P(X=8)= 5/36
X=4	P(X=4)= 3/36	X=9	P(X=9)= 4/36
X=5	P(X=5)= 4/36	X=10	P(X=10)= 3/36
X=6	P(X=6)= 5/36	X=11	P(X=11)= 2/36
		X=12	P(X=12)= 1/36

이것이 이론적 확률분포(theoretical probability distribution)이다.

1) 기대치(expected value)

이산확률변수 X에 대한 기대치는 $E(X)$로 나타내며 확률변수 X의 모든 가능한 값의 가중평균이다. 여기서 가중치란 X가 갖는 확률이다.

확률변수 X의 기대치 : $E(X) = \mu = \sum_{i=1}^{k} x_i P(X = x_i)$

예컨대 주어진 시간(분)동안 주차장에 도착하는 자동차 수에 대한 확률변수 X가 1, 2, 3을 취하고, 이에 대한 확률이 각각 0.25, 0.40, 0.35라면 주어진 시간 동안에 자동차가 도착하는 기대치는 $E(X) = \mu = \sum_{i=1}^{3} x_i P(X = x_i) = 1(0.25) + 2(0.40) + 3(0.35) = 2.10$이 된다.

이와 같은 이산확률변수 X에 대한 기대치는 다음과 같은 특성을 갖는다.

► **기대치의 특성** :

1. $E(C) = C$
2. $E(ax) = \sum (aX) P(X)$
   $= a \sum XP(X) = aE(X)$
3. $E(aX \pm C) = \sum (aX \pm C) P(X)$
   $= a \sum XP(X) \pm C = aE(X) \pm C$

2) 분산과 표준편차

기대치는 확률변수의 집중화 정도를 나타내는 대표치이며, 분산과 표준편차는 확률분포가 평균치를 중심으로 어느 정도 산포해 있는가를 나타내는 산포도의 대표치이다. 이산확률변수 X의 분산은 Var(X) 또는 σ^2으로 나타내며 각 변량과 평균치와의 차의 자승의 합이다. 표준편차는 분산의 제곱근으로 σ로 나타낸다.

► **이산확률 변수X의 분산과 표준편차** :

$$Var(X) = \sigma^2 = E(X-\mu)^2$$
$$= \sum_{i=1}^{k}(X_i-\mu)^2[P(X=x_i)]$$
$$\sigma = \sqrt{Var(X)} = \sqrt{\sigma^2}$$
$$= \sqrt{E(X-\mu)^2}$$
$$= \sqrt{\sum_{i=1}^{k}(X_i-\mu)^2[P(X=x_i)]}$$

기대값에서 다룬 예에서 평균도착 자동차 수는, 즉 기대값은 2.10이었다. 이 경우 분산과 표준편차는 다음과 같이 구할 수 있다.

$$Var(X) = \sigma^2 = \sum_{i=1}^{k}(X_i-\mu)^2[P(X=x_i)]$$
$$= (1-2.1)^2(0.25)+(2-2.1)^2(0.40)+(3-2.1)^2(0.35)$$
$$= 0.59$$

$\sigma = \sqrt{\sigma^2} = \sqrt{0.59} = 0.768$이 된다.

3) 이항확률분포

이항확률분포(binomial probability distribution)의 기초는 베르누이 시행(Bernoulli trial)이다. 베르누이 시행이란 어떤 실험의 결과나 표본추출의 결과가 단지 두 개의 상호배타적인 사상만으로 나타나는 시행으로서, 예컨대 동전을 던지는 결과는 앞면 (H) 또는 뒷면 (T) 중의 하나만이 나타나고, 품질검사결과는 양품 또는 불량품의 결과로 나타나는 것 등의 실험이 베르누이 시행이다. 베르누이 시행은 다음 조건을 충족시켜야 한다.

▶ **베르누이 시행 조건** :

1. 실험을 n번 시행하며 각 시행의 결과는 성공(s) 또는 실패(f)의 두 가지로만 나타낼 수 있다.
2. 각 시행의 성공확률 p는 항상 일정하며 이때 $p=p(s)$로 나타내고, 실패확률은 q로서 $q=p(f)=1-p(s)$로 나타낸다. 각 시행 결과 $p+q=p(s)+q(f)=1$이 된다.
3. 각 시행은 서로 독립적이다. 즉, 어느 하나의 시행의 결과는 다른 시행의 결과에 영향을 주지 않는다.

이러한 베르누이 시행의 조건을 이항확률분포의 조건이라고도 한다.

예컨대 전자부품의 하나인 특수칩의 양품과 불량품의 여부를 확인하기 위해 3개를 순서대로 추출하여 검사할 때 나타날 수 있는 가능한 결과와 그에 대한 확률은 다음과 같이 구할 수 있다. (단, 생산공정과정에서 기술적 문제 때문에 생산되는 칩의 1/6이 결함이 있다. 즉, 하나의 칩이 불량일 확률 1/6이라고 가정한다.)

시행결과	성공횟수	결과 확률
SSS	3	$(1/6)^3(5/6)^0$
SSF	2	$(1/6)^2(5/6)^1$
SFS	2	$(1/6)^2(5/6)^1$
FSS	2	$(1/6)^2(5/6)^1$
SFF	1	$(1/6)^1(5/6)^2$
FSF	1	$(1/6)^1(5/6)^2$
FFS	1	$(1/6)^1(5/6)^2$
FFF	0	$(1/6)^0(5/6)^3$

따라서 한 번 성공할 확률 $P(X=1)=3(1/6)^1(5/6)^2=0.347$

두 번 성공할 확률 $P(X=2)=3(1/6)^2(5/6)^1=0.069$

세 번 성공할 확률 $P(X=3)=3(1/6)^3(5/6)^0=0.005$

한 번도 성공하지 못할 확률 $P(X=0)=3(1/6)^0(5/6)^3=0.579$가 된다.

이와 같은 문제를 보다 일반화된 이항확률공식을 이용하면 베르누이 시행을 반복 시행하는 이항분포확률을 간단히 구할 수 있다.

n번 시행해서 x번 성공한다면 실패 횟수는 $(n-x)$가 된다.

n번 시행에서 x번 성공으로 나타날 경우의 수는 순열로서 다음과 같이 구할 수 있다.

$$\binom{n}{x}=nC_x=\frac{n!}{x!(n-x)!}$$

$p=$한 번 시행의 결과 성공할 확률,

$1-p=q=$ 한 번 시행의 결과 실패할 확률,

$n=$ 시행 횟수,

$x=n$번 시행 가운데 성공횟수라고 하면, n번 시행에서 x번 성공하면 $n-x$번 실패가 된다. 즉 $SSSSS.....S$가 x번, $FFFFF.....F$가 $(n-x)$번이 된다. 이는 서로 독립적이므로 이들 사상의 확률은 n개의 독립사상의 결합 확률계산방식으로 구할 수 있다. 따라서,

$$\begin{aligned}P(S\ S\ S\ \dots\ S\ F\ F\ F\dots\ F) &= P(S)P(S)P(S)\dots P(S)P(F)P(F)P(F)\dots P(F)\\ &= p\ p\ p\ \dots\ p\ q\ q\ q\ \dots\ q\\ &= p^x q^{n-x}\text{가 된다.}\end{aligned}$$

이상의 결과에서 n번 시행에서 x번 성공할 이항확률은 다음과 같은 이항확률함수로서 구할 수 있다.

> ▶ **이항확률함수** :
>
> $P(X=x \mid n,p)=\binom{n}{x}P^x(1-P)^{n-x},\ \ x=0,1,2,..,n$
>
> 여기서 $0 \leq P \leq 1$
>
> $n=$ 양의 정수

이항확률함수를 이용하면 앞서 언급한 전자 칩 3개를 추출하는 문제에서 3개 가운데 2개가 불량으로 나타날 확률은 다음과 같이 구할 수 있다.

$$P(X=2 \mid 3, 1/6) = \binom{3}{2}(1/6)^2(5/6)^1$$
$$= \frac{3!}{2!(3-2)!}(1/6)^2(5/6)^1 = \frac{3\times2\times1}{2\times1\times1}(1/6)^2(5/6)^1$$
$$= 3(1/6)^2(5/6)^1 = 0.069$$

변수 $X_1, X_2, \ldots, X_n$이 서로 독립적이고 동일한 확률 1을 갖는 이항확률변수일 때 $X = X_1 + X_2 + \ldots + X_n$의 기대값과 분산 및 표준편차는 다음의 공식에 의해 간단히 구할 수 있다.

> ► **이항확률변수의 기대값 :**
>
> $E(X) = E(X_1 + X_2 + X_3 + \ldots + X_n) = \sum_{i=1}^{n} E(X_i) = np$
>
> 분산 : $Var(X) = \sigma^2_{= np(1-p)x}$
>
> 표준편차 : $\sigma_x = \sqrt{\sigma_x^2} = \sqrt{np(1-p)}$

예제 5-1

K군에서는 지방자치제에 따른 지역특성화의 일원으로 온천관광단지를 조성하기로 결정하고 군내에서 가장 가능성이 높은 지역 10곳을 선정하여 시추탐사를 하기로 하였다. 그런데 이들 10개 지역에서 온천수가 발견될 가능성은 약 40%인 것으로 알려져 있다. 그런데 이들 10개 지역은 서로 떨어져 있기 때문에 시추결과 온천수가 발견될 가능성은 서로 독립적이라고 할 수 있다. 10개 지역에서 온천수가 나올 지역의 수를 X라 할 때, X에 대한 확률분포를 구하고 기대값과 분산 및 표준편차를 구하여라. 이 경우 시행횟수 $n=10$, 성공확률 $p=0.4$, 실패확률은 $1-p=0.6$이 된다. 따라서 X에 대한 이항확률함수 $P(X=x \mid n, p)$는

$p(X=x \mid n,p) = \binom{10}{x}(0.4)^x(0.6)^{10-x}$, $x = 0,1,2,3,4,5,6,7,8,9,10$이 되며 이에 대한 확률분포는 다음과 같이 된다.

성공횟수(x)	$p(X=x)$
0	$10C_0(0.4)^0(0.6)^{10} = 0.006$
1	$10C_1(0.4)^1(0.6)^9 = 0.040$
2	$10C_2(0.4)^2(0.6)^8 = 0.121$
3	$10C_3(0.4)^3(0.6)^7 = 0.215$
4	$10C_4(0.4)^4(0.6)^6 = 0.251$
5	$10C_5(0.4)^5(0.6)^5 = 0.201$
6	$10C_6(0.4)^6(0.6)^4 = 0.112$
7	$10C_7(0.4)^7(0.6)^3 = 0.043$
8	$10C_8(0.4)^8(0.6)^2 = 0.011$
9	$10C_9(0.4)^9(0.6)^1 = 0.002$
10	$10C_{10}(0.4)^{10}(0.6)^0 = 0.000$

$$E(X) = np = 10(0.4) = 4$$
$$Var(V) = \sigma^2 = np(1-p) = npq = 10(0.4)(0.6) = 2.4$$
$$\sigma = \sqrt{\sigma^2} = \sqrt{2.4}$$

4) 포아송 분포

현장 관리자나 경영자에게 유용하게 활용될 수 있는 이산확률분포의 또 하나가 포아송 분포(poisson distribution)이다. 이는 프랑스 수학자 포아송(Simon Poisson : 1781-1840)에 의해 개발된 것으로 품질관리 문제, 대기행렬 문제 등 여러 분야에서 적용되는 확률문제에 유용되고 있다. 특히 단위시간이나 단위구간,

단위면적에서 발생하는 사건 발생수를 분석하는데 주로 활용되며 반드시 다음과 같은 4가지 조건을 충족시켜야만 된다.

► **포아송 분포의 조건** :

1. 어떤 사건의 발생은 각각의 단위구간 별로 반드시 독립적이다.
   즉, 한 단위구간에서 발생하는 사건으로 다른 단위구간에서 발생하는 사건에 영향을 주지 않는다.
2. 어떤 사건이 발생할 확률은 그 단위구간의 크기에 비례한다.
3. 매우 작은 단위구간에서 하나 이상의 사건이 발생할 확률은 무시할 정도로 0에 가깝다.
4. 각 단위구간에서 발생하는 사건의 확률분포는 항상 일정하다.

이상과 같은 조건을 갖춘 포아송 분포를 따르는 예는 5분 단위기간 동안에 체크아웃 계산대에 도착하는 고객의 수, 유리창 틀의 결점 수, 일분 동안에 스위치 보드에서 받는 전화 수, 미식축구 게임에서 터치다운 점수의 수, 야간 교대시간 동안의 기계고장 횟수 등이다.

포아송 확률함수는 다음과 같다.

► **포아송 확률함수** :

$$P=(X=x \mid \lambda)=\frac{e^{-\lambda}\lambda^{x}}{x!},\quad x=0,1,2,\ldots$$

여기서, λ = 포아송 분포를 따르는 사건이 발생하는 기대값(평균)이며, $\lambda > 0$이다.
e = 자연수로서 2.71828

예제 5-2

K은행의 한 계원의 창구에 도착하는 고객의 수는 분당 평균 0.75명씩으로 포아송 분포를 이룬다. 다음 6분 동안에 2명까지의 고객이 도착할 확률은 얼마인가?

이 경우 분당 0.75명씩 도착하므로 다음 6분 동안에 도착하게 될 평균 고객의 수는 $\lambda = (0.75)(6) = 4.5$ 명이 된다. 2명까지의 고객이 도착할 확률은

$P(X \leqq 2 \mid \lambda = 4.5) = P(X=0) + P(X=1) + P(X=2)$가 된다.

$$P(X=0) = \frac{e^{-4.5}(4.5)^0}{0!} = 0.0111$$

$$P(X=1) = \frac{e^{-4.5}(4.5)^1}{1!} = 0.0500$$

$P(X=2) = \dfrac{e^{-4.5}(4.5)^2}{2!} = 0.1125$의 합, 즉

$(0.0111) + (0.0500) + (0.1125) = 0.1736$이 된다.

포아송 확률은 이 책의 부록에 있는 포아송 분포표를 이용하여 쉽게 구할 수 있다.

5) 초기하 분포

이항분포가 성립하기 위한 중요한 조건의 하나는 어떤 실험을 반복 수행할 때 매 시행마다 어떤 사상이 일어날 가능성, 즉 성공할 확률 $P(S)$는 항상 일정하다는 것이다. 또한 이항분포는 유한 모집단에서 복원추출로 표본을 추출하는 경우의 확률을 구하는데 적용된다. 그러나 비 복원추출의 경우 한 번의 시행에서 성공이 발생하면 다음 번의 시행에서 성공할 가능성은 그만큼 감소하기 때문에 각각의 시행에서 성공이 발생할 확률, 즉 $P(S)$는 일정할 수가 없다. 이와 같이 비 복원추출방법으로 시행할 경우 n번의 시행 가운데 X번의 성공횟수는 초기하 분포를 이룬다고 한다.

베르누이 시행을 n번 반복했을 때, 정확하게 x번 성공의 결과를 가져오는 확률변수 X의 확률은 초기하 확률(hypergeometric probability)이다. 이것은 다음과 같은 초기하 확률함수로서 구할 수 있다. n번 시행에서 x번 성공의 결과를 가져오는 경우의 수는 전체 N개에서 x개를 추출한 나머지 $(N-A)$개 중에서 $(n-x)$개를 추출하는 경우의 수이므로 $A C_x (N-A) C_{n-x}$개가 된다. 그리고 전

체 N 가운데 n개를 추출하는 경우의 수는 $_NC_n$가 된다. 따라서 확률변수 X가 x를 취할 확률은 $\frac{_AC_x \, _{(N-A)}C_{n-x}}{_NC_n}$가 된다.

▶ **초기하 확률함수** :

$$P(X = x \mid n) = P(x \mid n) = \frac{\binom{A}{x}\binom{N-A}{n-x}}{\binom{N}{n}},$$

여기서 A = 모집단 내 성공의 갯수

N = 모집단의 크기

$N-A$ = 모집단에서의 실패 갯수

n = 표본수

x = 표본에서의 성공 갯수

$n-x$ = 표본에서의 실패 갯수

그리고 $x = 0, 1, 2, \dots, n$ 또는 $x = 0, 1, 2, \dots A$

n과 N은 양의 정수, $A \leqq N$, $n \leqq N$

초기하 분포의 기대값과 분산은 다음과 같다.

▶ **초기하 분포의 기대값과 분산** :

$E(X) = n(A/N)$

$Var(X) = [(N-n)/(N-1)][(n)(A/N)(1-A/N)]$

예제 5-3

어떤 한 구역에 9가정이 거주하고 있는데 이 중 6가정은 자신들의 집을 지니고 있고 나머지 3가정은 임대가옥에 살고 있다. 만약 비 복원추출법으로 4가정을 인터뷰하여, 이들 중 자신들의 집에서 거주하고 있는 가정의 수를 X라 하면 X는

$x=1,2,3,4$의 값을 취할 수 있는 확률변수이다. 4가정의 표본수 중에서 $X=x$ 자가수가 될 확률은 성공횟수(자기집 거주 가정의 수) x와 실패횟수(임대거주 가정수) $4-x$를 취할 확률과 같다. 이 문제의 경우 다음과 같이 구할 수 있다.

$$P(X=x \mid n=4)=\frac{\binom{6}{x}\binom{9-6}{4-x}}{\binom{9}{4}},\quad x=1,2,3,4$$

$$P(X=1)=\frac{\binom{6}{1}\binom{9-6}{4-1}}{\binom{9}{4}}=6/126=0.048$$

$$P(X=2)=\frac{\binom{6}{2}\binom{9-6}{4-2}}{\binom{9}{4}}=45/126=0.357$$

$$P(X=3)=\frac{\binom{6}{3}\binom{9-6}{4-3}}{\binom{9}{4}}=60/126=0.476,$$

$$P(X=4)=\frac{\binom{6}{4}\binom{9-6}{4-4}}{\binom{9}{4}}=15/126=0.119$$

기대값과 분산은

$$E(X)=n(A/N)=4\left(\frac{6}{9}\right)=8/3$$

$$Var(X)=[(N-n)/(N-1)][(n)(A/N)(1-A/N)]$$
$$=[(9-4)/(9-1)][(4)(6/9)(1-6/9)]=(5/8)(8/9)=5/9$$

3 연속확률분포

여기서는 이산확률분포로부터 연속확률변수에 대한 일반확률분포로의 변환을 시도한다. 그리고 일양분포(균등분포)와 정규분포, 지수분포에 대해 논의하고자 한다.

정규분포는 무게, 길이, 그리고 시간과 같은 많은 연속적인 척도가 특정 값의 범위안에 있을 거라는 확률을 구하는데 이용될 수 있다. 또한 표준정규분포로 전환함으로써 정규적으로 분포된 변수에 대한 확률을 찾아낼 것이다. 표준정규분포에 대한 확률은 부록에 주어져 있다. 이러한 표준정규분포를 이용함으로써 확률면적을 쉽게 구할 수 있다.

부가적으로 우리는 시행횟수 N이 크질 때, 어떻게 정규분포가 근사적으로 이항확률에 사용되어질 수 있는지를 볼 것이다. 이항분포에 대한 n번 시행에 있어서 성공비율은 시행횟수 n으로 성공횟수 X를 나눔으로써, 즉 $\hat{p}= X/n$로 구할 수 있다.

정규분포는 모든 확률분포 중에서 가장 공통적으로 사용되고 여러 표본통계에 대한 확률분포로서 응용될 수 있다. 이와 같이 정규분포는 통계적 추론에서 매우 중요하다.

1) 연속확률변수에 대한 일반확률분포

예컨대 식료품가게에서 무게가 정확하게 10파운드가 나가는 설탕 한 봉지를 찾을 확률은 얼마인가? 이 기회는 0이다. 만일 처음에 저울에서 무게가 10파운드가 나갔던 설탕 한 봉지를 찾았는데 그 밖의 다른 사람들이 이론적으로 더욱 더 정확한 저울을 찾을 수 있다면 처음의 10파운드 설탕봉지는 10파운드와 다소 다르게 보일 것이다. 그때 만일 품질이 더 좋은 저울에 의해 무게가 10파운드 가는 한 봉지를 찾는다면, 그 밖의 다른 사람들은 이론적으로 더욱 더 좋은 저울을 찾을 수 있을 것이기 때문에 자신이 찾은 설탕 한 봉지의 무게가 정확하게 10파운드가 되지 않는다는 것을 알게 될 것이다.

연속확률변수에 대해서는 무한정으로 많은 가능한 값들이 있기 때문에, 이산확률변수에 대한 확률분포를 다룬 것처럼 하나의 표본에서 그 값들을 가능하게 목록화 할 수 없다.

결론적으로, 연속확률변수 X의 분포는 확률목록이나 테이블에 의한 것이 아니라 [그림 5-1]에서 나타낸 바와 같은 연속곡선으로만 나타내질 수 있다. 이 곡선을 도수곡선 또는 확률밀도곡선이라 하고, X축의 두 개의 극한치 사이의 곡선 아래에 있는 영역은 확률변수가 그 두 극한 사이에서 값을 취할 확률이다. 예컨대 어떤 확률변수 X가 1과 3 사이에서 취할 확률은 R이 되며, 4.5와 5.8 사이에 취할 확률은 R'가 된다.

확률밀도곡선 하의 영역은 확률에 상응하기 때문에 곡선 하에서의 전체영역은 1이 되어야 한다. 확률밀도곡선의 높이는 0보다 크거나 같아야 한다. 도수곡선 또한 연속확률변수에 대한 확률분포라고 한다.

그림 5-1 이론적 분포

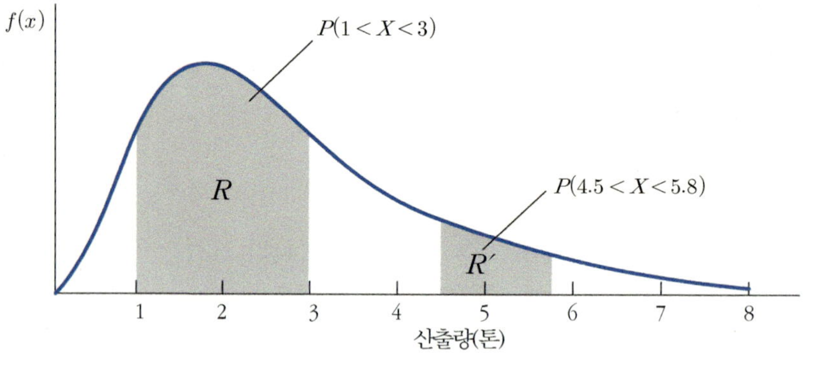

> 연속확률변수에 대한 확률분포는 확률밀도곡선(도수곡선)에 의해 구체적으로 나타내지며 확률밀도곡선 하의 영역이 확률이 된다.

대개, 연속확률변수에 대한 분포곡선은 확률밀도함수로 나타내지며 그 관련된 영역은 적분에 의해 결정된다.

연속확률변수 X는 $E(X)=\mu$라는 기대치(평균)를 가진다.

이산확률분포에서와 같이 연속확률변수 X에 대해, $E(X)$는 평균치를 나타낸다. 이산변수의 사건에서와 마찬가지로 연속변수의 사건에 있어서 $E(X)$는 균형

점으로써 보여질 수 있다.

연속확률변수의 분산은 $\sigma^2 = E(X-\mu)^2$ 이며 표준편차는 $\sigma = \sqrt{\sigma^2}$ 이 된다.

2) 일양확률분포

연속일양확률 분포(continuous uniform probability distribution)는 직사각형모양의 단순한 분포로서 다양하게 응용된다. 예를 들면 A지역에서 B지역까지 가는 기차를 탑승하기 위해 기다리는 시간 X는 일양분포를 취한다.

대부분 컴퓨터 시스템으로 연속일양확률 분포로부터 임의의 수를 산출해 낼 수 있으며 연속일양확률 변수는 그 변수에 의해 주어진 값들의 구간에 대해 일양 또는 연속확률밀도를 가진다.

일양확률밀도함수는 다음과 같이 나타낼 수 있다.

> ▶ **일양확률밀도함수** :
>
> $f(X) = \dfrac{1}{b-a}$, 여기서 $a < X < b$

여기서 a와 b의 값은 모수 또는 상수이고, 그들의 특정 값은 확률문제에 따라 달라진다. 확률변수 X가 취할 수 있는 가장 적은 값은 a이고, 가장 큰 값은 b이다. 이때 확률변수 X에 대한 일양분포는 다음의 [그림 5-2]와 같이 나타낼 수 있다.

그림 5-2 일양분포

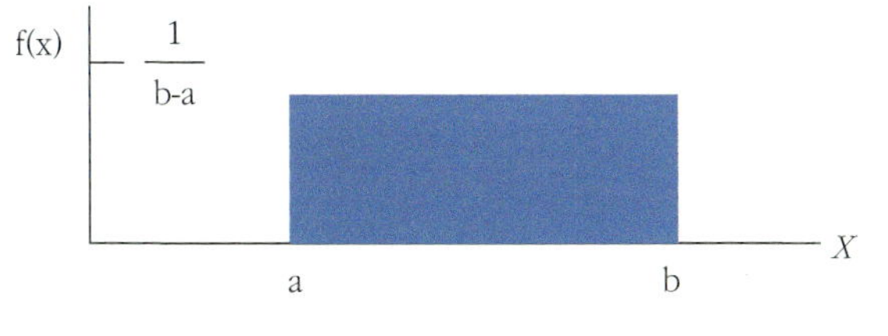

연속일양분포의 평균과 표준편차는 $\mu_x = \dfrac{a+b}{2}$와 $\sigma_x = \sqrt{(b-a)^2/12}$ 이다.

구체적인 구간에 있는 값을 가지는 연속확률변수 X의 확률은 밀도함수 하의 직사각형에 상응하는 면적이 된다.

3) 정규확률분포

무게, 길이, 시간, 측정오차, 비용, 그리고 가격과 같은 연속 측정치가 값의 특정 범위 내에 있을 확률을 찾는데 정규분포를 이용할 수 있다. 그리고 정규분포를 표준정규분포로 전환함으로써 정규적으로 분포된 변수에 대한 확률을 구할 수 있을 것이다. 정규확률분포는 모든 확률분포 중에서 가장 널리 사용되며 표준정규분포에 대한 확률은 부록에 주어져 있다.

정규확률밀도함수는 다음과 같다.

▶ **정규확률밀도함수** :

$$f(X) = \frac{1}{\sqrt{2\pi\sigma^2}} e^{[(-1/2)[(X-\mu)/\sigma]^2}, \quad -\infty < X < +\infty$$

여기에서 π는 상수로서 3.146이고 e는 자연대수로서 2.718이다.

μ와 σ의 값은 모수 또는 상수로서 그 값은 확률문제에 따라 결정된다. 정규확률밀도함수로 치환된 어떤 X의 값에 대해, $f(X)$는 X의 값에서 정규도수곡선의 높이에 해당한다.

이와 같이 복잡한 공식으로 확률을 구하는 것이 중요하기 보다 정규도수곡선은 특별한 연속확률분포라는 사실이 중요하다. 곡선은 대칭이고, 종 모양의 분포이다. 그의 값이 정규분포를 따르는 어떤 확률변수는 정규확률밀도함수로 구할 수 있는 확률로서 나타난다. 그런데 우리는 이와 같이 복잡한 공식을 이용하는 대신에 부록에 있는 테이블을 사용하여 정규적으로 분포된 확률변수에 대한 확률을 찾을 수 있다. 각각의 μ와 σ에 따라 정규분포는 서로 다르며, 여기서 μ는 평균이고, σ는 분포의 표준편차이다. 평균 μ는 분포의 위치를 결정하고, 표준편차 σ는 폭과 분포의 편차를 결정한다. [그림 5-3]은 (μ = 3, σ = 1),(μ = 6, σ = 1),(μ = 6, σ = 2)의 평균과 분산을 가진 3개의 다른 정규분포를 나타낸 것이다. [그림 5-3](a)와 (b)에 있는 정규분포는 동일한 표준편차를 가지나 보다 큰 μ = 6을 가진 분포는 μ = 3을 가진 분포의 오른쪽에 위치해 있다. 그리고 그림(b)와 (c)의 분포는 평균은 동일하나 보다 큰 표준편차 σ = 2를 가진 분포는 σ = 1을 가진 분포보다 낮거나 더 퍼져 있다. 이것은 평균이 동일하다고 하더라도 표준편차가 큰 집단이 적은 집단보다 전체평균과 개별 특성치간의 편차가 더 크다는 것을 의미한다.

그림 5-3 평균과 표준편차에 따른 정규확률분포

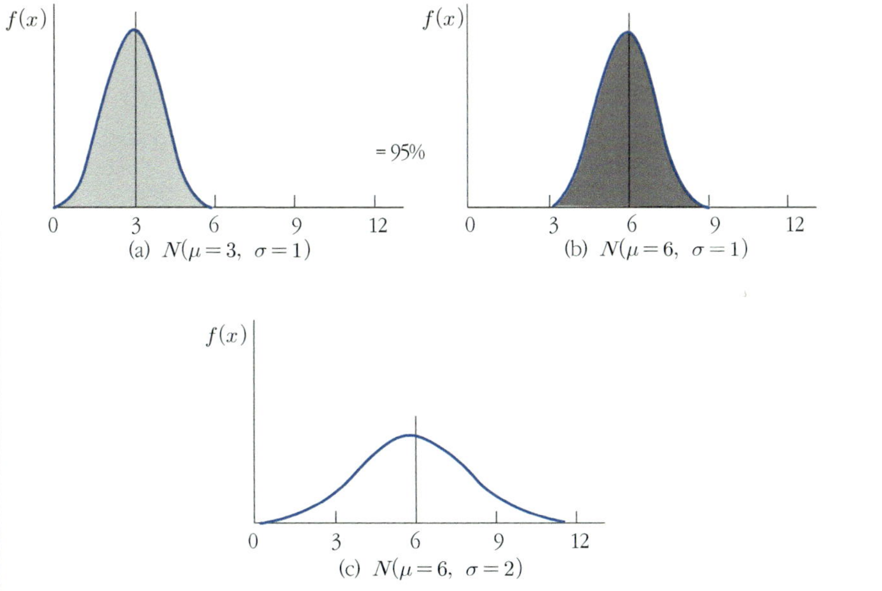

이와 같은 정규확률분포밀도함수는 다음과 같은 특성을 갖는다.

> **▶ 정규확률분포밀도함수의 특성** :
> 1) 평균 μ를 중심으로 좌우 대칭이며, 평균(μ)=최빈치(Mo)=중앙값(Md)가 된다.
> 2) 정규곡선 아래와 X 축 사이의 전체면적(확률면적)은 1이다.
> 3) 정규곡선은 μ의 근처에서 높고, 양 끝으로 갈수록 낮아진다.
> 4) 표준편차 σ는 곡선의 모양을 결정한다.
> 5) $-\sigma < \mu < \sigma$의 정규곡선하부면적은 전체면적의 약 68%이다.
> $-2\sigma < \mu < 2\sigma$의 정규곡선하부면적은 전체면적의 약 95%이다.
> $-3\sigma < \mu < 3\sigma$의 정규곡선하부면적은 전체면적의 약 99.73%이다.

정규분포는 평균(μ)과 표준편차(σ)에 따라 그 분포의 모양이 다르기 때문에 이들 다른 두 분포의 모양을 비교하고 확률면적의 크기를 계산하기란 쉽지 않다. 따라서 이러한 문제를 해결하기 위해서는 정규분포를 표준화할 필요가 있다. 이는 평균 $\mu = 0$와 표준편차 $\sigma = 1$로 되도록 하는 것이다. 이와 같이 표준화된 정규분포를 표준정규분포(standard normal distribution)라 한다. 이는 확률변수 X의 관측치가 그 분포의 평균 μ로부터 어느 정도의 표준편차(σ)만큼 떨어져 있는가를 Z로 나타내기 때문에 Z분포라고도 한다.

> **표준정규분포는 0의 평균과 1의 표준편차를 가지는 정규분포이다.**

표준정규분포는 부록의 표로 작성되어 있다. Z는 평균값 $\mu_z = 0$과 표준편차 $\sigma_z = 1$을 가진다. 우리는 $\mu = 0$, $\sigma = 1$, $X = Z$로서 정규확률밀도함수를 이용하면 어떤 Z의 값에 대한 Z의 분산을 나타낼 수 있는 정규곡선의 높이를 찾을 수 있다. 그러나 우리는 연속도수곡선에 대해 곡선의 높이에 관심이 있는 것이 아니라, 곡선 아래의 영역에 관심이 있다. 표준정규곡선에 대한 분포표에서 0.00에서 3.89까지의 Z값을 나타내고 있다. 이것은 0과 주어진 Z의 값 사이의 곡선 아래 영역, 즉 확률면적을 의미한다.

예컨대 $Z = 0$과 $Z = 1.96$ 사이의 확률면적을 구하고자 한다면 부록의 표준정규분포표에서 $Z = 1.9$ 열과 .06행($Z = 1.9 + 0.6 = 1.96$)을 찾아 그 교차점에서의 .4750을 찾으면 된다. [그림 5-4]의 그늘진 영역이 이 확률에 해당한다.

그림 5-4

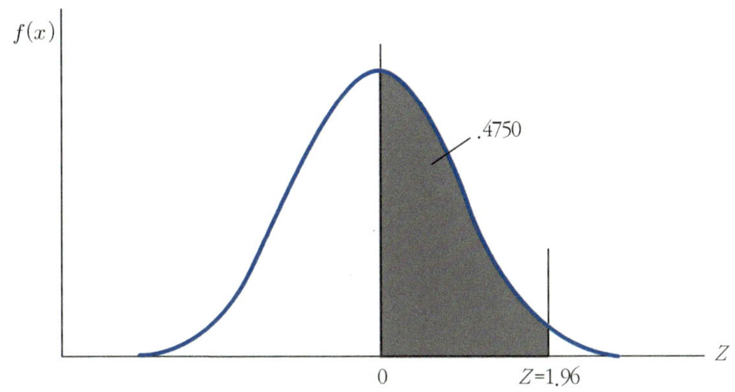

표준정규곡선은 0에 관해 좌우대칭이기 때문에, $-Z$와 0 사이의 영역은 0과 Z 사이의 영역과 동일하다. 그 결과 단지 Z의 +값만이 부록의 테이블에 나타나 있다. 그 영역이 확률에 비례하기 때문에, 곡선 하의 전체영역은 1이 된다.

예제 5-4

Z가 1.09보다 크거나 같을, 즉 $Z \geq 1.09$의 확률은 얼마인가?

[그림 5-5]의 (a)에 있는 $Z = 1.09$의 오른쪽에 대한 그늘진 영역은 Z가 1.09보다 클 확률이다. 부록의 Z 분포표에서 0과 1.09의 영역은 .3621이다. 곡선 아래의 전체영역은 1이기 때문에 0의 오른쪽에 대한 영역은 .5000이다. 그 결과 $P(Z \geq 1.09) = .5000 - .3621 = .1379$가 된다.

예제 5-5

Z의 확률값이 .53과 2.42 사이일 확률은 얼마가 되는가?

[그림 5-5]의 (b)에 있는 그늘진 영역에 해당한다. Z= 2.42에 대해 부록의 테이블에서 주어진 영역은 .4922, 그러나 이 영역은 0에서 2.42까지에 해당된다. Z= .53에 대한 테이블영역은 .2019이다.

따라서 $P(.53 \leq Z \leq 2.42) = .4922 - .2019 = .2903$이 된다.

그림 5-5

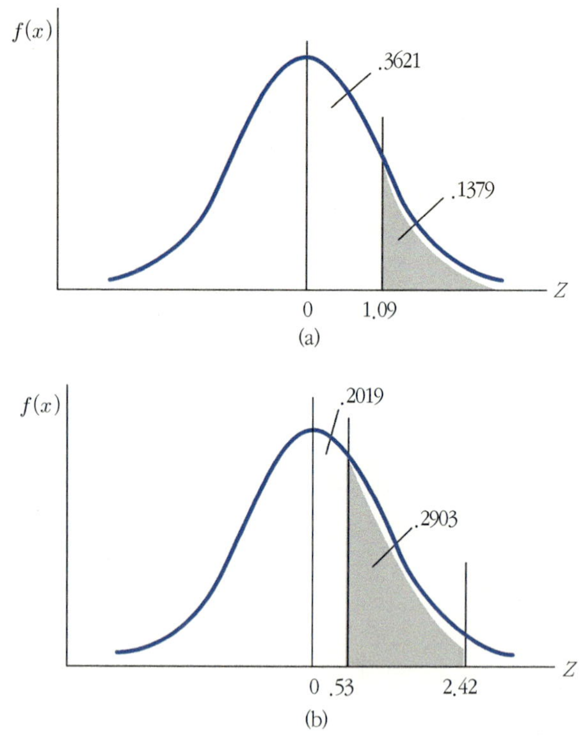

예제 5-6

Z가 -.36보다 크거나 같을 확률은 Z = -.36과 Z = 0 사이의 영역과 $Z \geq 0$의 영역의 합이 된다. 따라서

$$P(Z \geq -0.36) = P(-0.36 \leq Z \leq 0) + P(0 \leq Z)$$
$$= P(0 \leq Z \leq 0.36) + P(0 \leq Z)$$
$$= 0.1406 + 0.500 = 0.6406$$ 이 된다.

그림 5-6

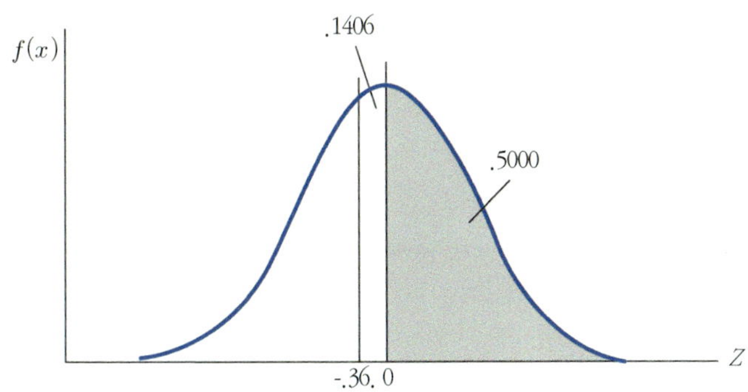

지금까지는 표준정규변수에 대한 확률을 찾기 위해 표준정규분포표를 이용하는 방법에 대해 살펴보았지만 이제는 평균이 0이 아닌 평균 μ와 표준편차가 1이 아닌 다른 표준편차 σ를 가진 정규변수의 일반사건에 대해 관심을 가질 수 있다. 일반 정규변수에 대한 확률을 구하기 위해 표준정규영역을 사용하는 열쇠는 표준화된 변수를 사용하는 것이다.

> X가 평균 μ와 표준편차 σ를 가진 확률변수라면, 그때 표준화된 변수
> $$Z = \frac{X - \mu}{\sigma}$$
> 는 평균 0과 표준편차 1을 가진다. 만일 X가 정규적으로 분포되어 있다면, Z는 표준정규변수이다.

X가 평균 μ와 표준편차 σ로 된 정규확률변수라 할 때, 우리가 X에 대해 임의적으로 선택된 값이 a와 b 사이에 있을 확률을 구하고자 한다면 우리는 위의 표준방정식을 사용하여 $X = a$일 때, $Z = \frac{a-\mu}{\sigma}$을 찾고, $X = b$일 때 $Z = \frac{b-\mu}{\sigma}$을 찾으며, 그 결과 X가 a와 b 사이에 있을 때 표준변수 Z는 $Z = \frac{a-\mu}{\sigma}$와 $Z = \frac{b-\mu}{\sigma}$ 사이에 있을 것이다. 그러므로 우리는 $P(a \leq X \leq b) = P(\frac{a-\mu}{\sigma} \leq Z \leq \frac{b-\mu}{\sigma})$가 된다. 따라서 부록의 표준정규분포표를 이용하여 Z가 $Z = \frac{a-\mu}{\sigma}$와 $Z = \frac{b-\mu}{\sigma}$ 사이에 있는 확률을 구할 수 있다. X에 대한 정규분포와 Z에 대한 표준정규분포 사이의 이 관계는 [그림 5-7]에 나타나 있다. 대개 문제를 풀 때 우리는 X와 Z분포 모두를 표현하기 위해 하나의 도표를 그리고, 도면의 수평축에다 X와 Z로 나타낸다.

그림 5-7

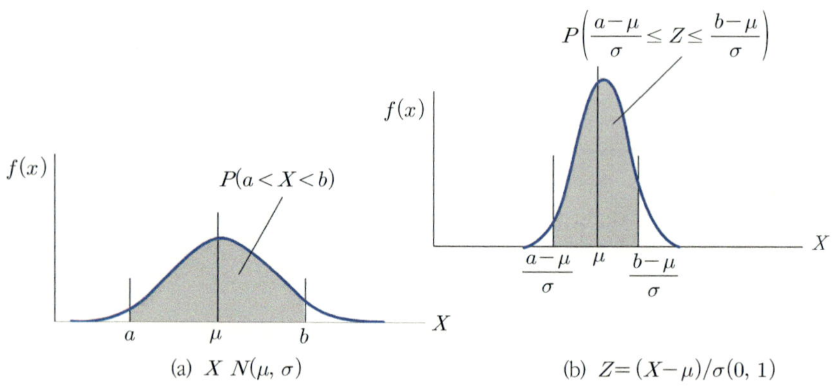

예제 5-7

절연체물질을 실은 Boxcars를 받는 K회사 창고 관리자는 한 대 당 적재 화물의 무게가 24톤 이하인 차량이 차지할 확률을 알고자 한다. 그런데 이 물체의 무게는 2톤의 평균과 0.5톤의 표준편차를 가지고 정규적으로 분포하고 있다. 이 경우 $\mu = 25, \sigma = 0.5$일 때 X의 표준화 값$= 24$이다. 따라서

$$Z = \frac{X-\mu}{\sigma} = \frac{24-25}{.5} = -2.0$$

Boxcars짐 X가 24톤 이하일 확률은 $Z \leqq -2.0$이 될 확률이 된다. 부록의 표준정규분포표에서 $Z=-2.0$에 대칭인 $Z=2.0$에 해당하는 확률을 찾으면 .4772가 된다. 따라서 [그림 5-8]에 나타낸 바와 같이 $P(X \leqq 24) = P(Z \leqq 2.0)$ $= .5000 - .4772 = .0228$이 된다. 창고 관리자는 Boxcars의 .0228, 즉 2.28 이하의 짐을 싣고 도착한다고 결론 지을 수 있을 것이다.

그림 5-8

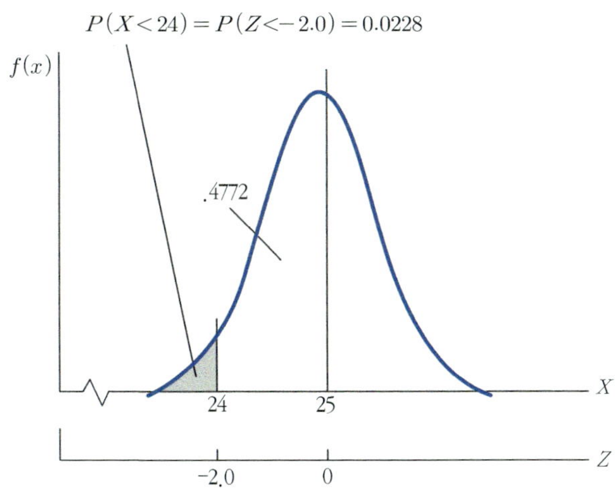

4) 이항분포의 정규근사치

우리는 n번 시행에서 x번 성공하는 이항확률을 계산하기 위해 이항확률밀도함수를 이용하였다. 그러나 n이 커진다면 $p(X=x \mid n,p)$를 계산하기 위해 이항확률밀도함수를 이용하기란 곤란하며 $n=25$ 이상의 이항확률값은 주어져 있지 않다.

여기서는 n이 커질 때 근사한 이항확률을 구하기 위해 정규분포를 어떻게 이용하는지에 대해서 알아보고자 한다.

샘플크기나 시행횟수 n이 크고 p가 0.5에 가까울 때 이항분포는 정규분포에 매우 근사한다. 사실, n이 매우 크고 p가 0이나 1에 매우 가깝지 않으면 이항분포는 정규분포에 여전히 근사하게 된다. 이항분포에 근사하게 이용될 수 있는 정규분포에 근접되어져야 하는 이항분포와 같은 평균과 표준편차를 가져야 한다. 이항분포의 평균은 np이며 표준편차는 $\sqrt{np(1-p)}$ 이다. [그림 5-9]는 왜 정규곡선이 이항확률근사치를 나타내는데 사용되어질 수 있는지를 보여준다. 이 그림표의 막대들은 매 시행에서 성공확률이 $p=0.5$인 베르누이 시행에서 100번 시행해서 X번 성공의 분포에 대한 이항확률을 나타낸다.

이항분포에 포개지는 정규곡선은 평균 $\mu=np=(100)(0.5)=50$과 표준편차 $\sigma=\sqrt{np(1-p)}=\sqrt{100(0.5)(0.5)}=5$를 갖는다.

그래서 우리는 어떤 막대(이항확률)에 있는 부분이 대략 곡선 아래의 대응하는 부분(정규확률)과 같다고 본다. 어떻게 이항분포가 정규분포에 의해 근사치를 가질 수 있느냐를 보여주기 위한 설득력 있는 방법을 그래프를 이용하여 나타낸 것이 [그림 5-9]이다. [그림 5-9]의 (a)에서는 n은 4에서 8, 18 그리고 30까지 증가하고 p는 0.5에서 일정한 네 개의 이항확률분포를 곡선으로 나타냈다. 평균이 np이고 분산이 $np(1-p)$인 정규분포는 이항분포에 포개어졌다. 이 그림에서 나타내는 바와 같이 n이 증가할수록 정규분포는 더 가깝게 이항분포에 근사치로 접근한다. [그림 5-9]의 (b)에서는 한 번 시행에서 성공확률이 $p=0.3$인 것을 제외하고는 (a)와 똑같은 분포를 곡선으로 나타냈다. 이 경우에 있어서는 이항분포가 비대칭이다. 그러나 n이 증가할수록 비대칭은 감소하고 다시 정규분포는 이항분포와 더 비슷하게 된다. [그림 5-9]는 n이 증가함에 따라 이항분포의 정규근사치가 더 나아진다는 것을 보여주고 있다. 그러므로 n이 크고 p가 0.5에 가까울 때 n번 시행에서 성공횟수인 이항분포 X는 표준편차가 $\sqrt{np(1-p)}$, 평균 np에서 거의 정규분포가 된다. 이항분포에 정규근사치를 사용하기 위해서는 성공횟수 X는 표준화되어야 한다. 표준화된 이항변수는 다음 방정식으로 구할 수 있다.

그림 5-9 이항분포의 정규근사

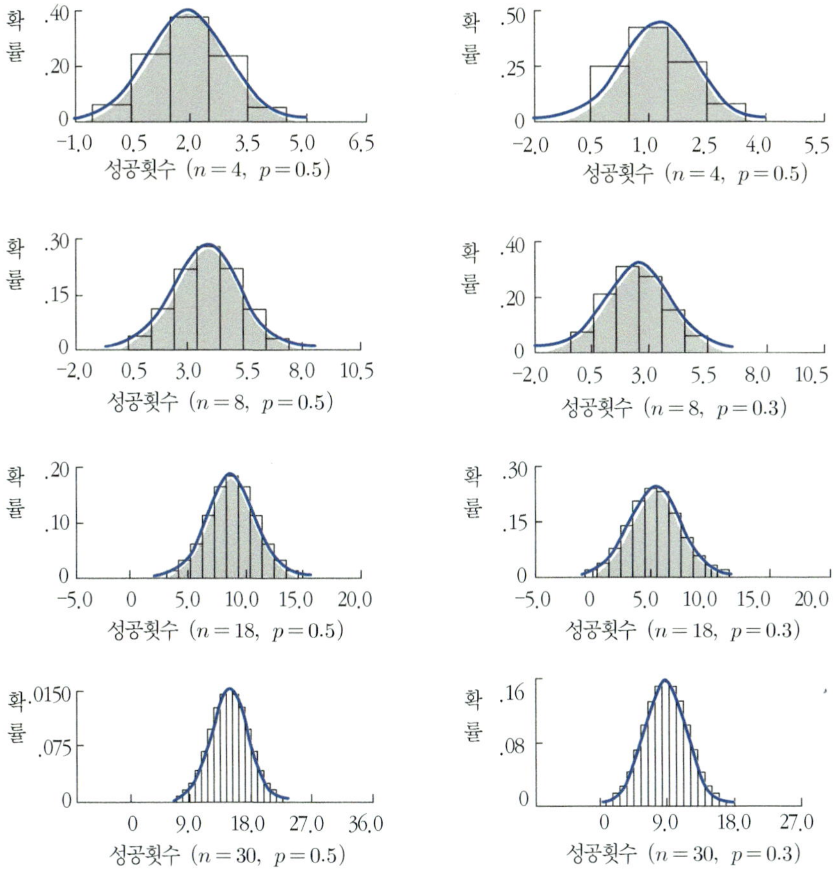

(a) 일정확률 $p=.5$ (b) 일정확률 $p=.3$

> ▸ **표준이항변수에 대한 방정식 :**
>
> $$Z=\frac{X-np}{\sqrt{np(1-p)}}$$

표준화된 이항변수는 n이 클 때 거의 표준정규변수이다. 그러므로 X가 a와 b 사이에 있을 확률은 대략 표준정규변수 Z가 $Z=\frac{a-np}{\sqrt{np(1-p)}}$와 $Z=\frac{b-np}{\sqrt{np(1-p)}}$ 사이에 위치할 확률일 것이다.

따라서, $p(a \leq X \leq b) \approx p(\frac{a-np}{\sqrt{np(1-p)}} \leqq Z \leqq \frac{b-np}{\sqrt{np(1-p)}})$가 된다. 여기서 표시 $\approx$는 대략 같다는 의미이다. 독자는 가끔 정규분포가 근사치 이항확률에 이용되어 질 수 있기 전에 n이 얼마나 커야 하고 p가 0.5에 얼마나 가까워야 하는지를 궁금해한다. 보수적인 경험에 의한 방법은 근사치가 사용되어 진다면 $np(1-p)$의 값이 5개 이상, 즉 $np(1-p) \geqq 5$이어야 한다. 이 값은 이항분포의 분산의 근사치이다.

예제 5-8

1000명의 종업원 중 36%가 조합에 가입되어 생존권이 보장되어있는 한 산악용품제조회사가 있다. 그 회사의 인사 담당자는 경영진에 대한 조합원의 태도를 알아보기 위해 100명의 종업원을 무작위로 표본 추출했다. 그는 자기가 추출한 표본에서 노동조합원의 선택이 전체조합원의 의견을 수렴할거라(success) 여겼다. 성공할 횟수 X가 24에서 42 사이에 위치할 확률을 구하라.

이 경우,

평균 $\mu=(100)*(.36)=36$

표준편차 $\sigma=\sqrt{np(1-p)}=\sqrt{(100)*(.36)(.64)}=\sqrt{23.04}=4.8$

평균이 36, 표준편차가 4.8이고 표준화된 X의 값이 24이면

$$Z=\frac{X-\mu}{\sigma}=\frac{24-36}{4.8}=\frac{-12}{4.8}=-2.5$$

그림 5-10 p=0.36 일 때 $p(24 \le X \le 42)$

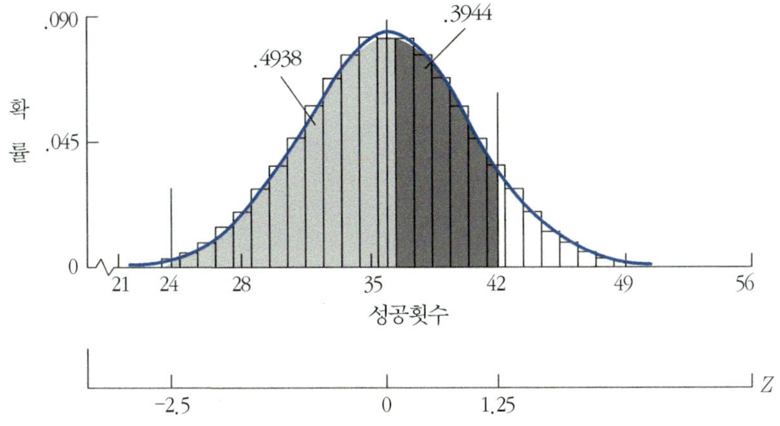

표준화된 X의 값이 42일 때

$$Z = \frac{X-\mu}{\sigma} = \frac{42-36}{4.8} = \frac{6}{4.8} = 1.25 \text{이다.}$$

[그림 5-10]에 나타낸 것처럼 부록의 표준정규분포표를 이용하여 확률을 구하면 다음과 같다.

$$p(24 \leqq X \leqq 42) \approx p(-2.5 \leqq Z \leqq 1.25) = 0.4938 + 0.3944 = 0.8882$$

이항분포표에 의한 정확한 확률은 0.9074이다. 근사치 0.8882는 약 2%차로 정확하다. 소수 두 자리에서 반올림하면 정규근사치가 $p(24 \leqq X \leqq 42) \approx 0.89$라는 것을 알 수 있다.

5) 지수확률분포

지수확률분포(exponential probability distribution)는 사건의 발생에 앞선 구간을 묘사하는데 유용한 연속확률분포의 하나다. 구간 X는 대기행렬에서 도착 사이의 시간 또는 제품신뢰성 분석시간과 같이 어떤 일을 완료하는데 걸리는 시간이다. 예컨대 지수확률분포는 다음과 같은 확률을 구하는데 이용될 수 있다.

- 은행출납원 창구에 먼저 온 고객이 나간 후 3분 이내에 창구에 접근할 고객의 비율은 얼마인가. 만약 대부분의 고객들이 먼저 온 고객이 나간 후 3분 이내에 은행출납원 창구에 도착한다면 고객 서비스는 모범적인 것이다.
- 교환대에 걸려오는 장거리 전화가 3분 이내에 끝마쳐질 확률은 얼마인가. 만약 3분 이내에 끝나는 장거리 전화의 비율이 높다면 전화회사는 초과 수용력을 가질지도 모른다.
- 8시간 야간교대제 동안 기계가 고장날 비율은 얼마인가.
  만약 고장률이 높다면 시스템의 신뢰성은 문제가 있는 것이다.
- 50,000마일 미만의 주행거리에서 새로운 자동차의 전동장치가 고장이 날 확률은 얼마인가.

만일 50,000마일 이내에서 자동차의 전동장치 고장률이 높다면 제조업자는 자동차의 보증수리 때문에 손실이 클 것이다.

지수확률밀도함수(exponential probability density function)는 다음과 같다.

$$f(X) = \lambda e^{-\lambda X}, \quad \text{여기서 } X > 0 \ , \lambda > 0$$

$e = 2.718\ldots$이며 지수확률분포의 모수는 λ이고, 양의 값이다. λ의 값이 다르면 지수분포도 달라진다. [그림 5-11]은 $\lambda = 0.25$, $\lambda = 0.5$, $\lambda = 1$을 지닌 지수분

그림 5-11 λ =1.0, λ =0.5, λ =0.25일 때의 지수확률분포

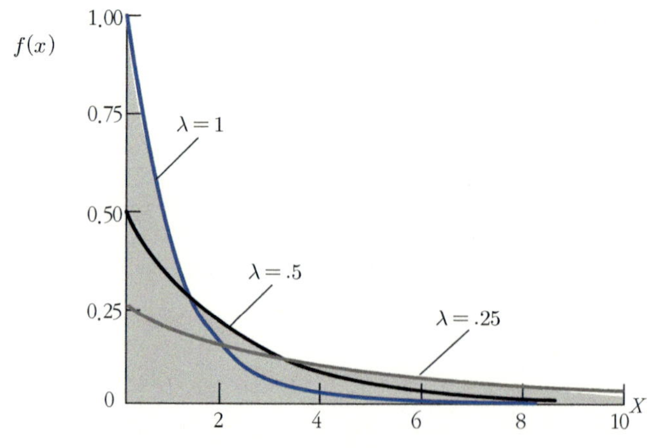

포를 나타낸 것이며 여기서 지수분포가 다소 오른쪽 꼬리분포라는 것을 알 수 있다.

지수분포는 포아송분포에서 유도된다. 만약 포아송분포에서 평균발생수가 λ이면, 그때 한 사건의 발생과 다음 사건의 발생 사이의 구간은 동일한 모수 λ을 가진 지수분포를 따르며 지수분포의 평균은 $E(X)=1/\lambda$이고, 표준편차 또한 $\sigma_X=1/\lambda$이다. 예컨대 은행출납원 창구에 도착하는 고객의 수는 분당 $\lambda=.75$ 고객의 평균을 가진 포아송 확률변수라면 그때 창구에 고객이 도착하는 사이의 시간은 고객 한 사람당 도착의 평균시간 $E(X)=1/\lambda=1/.75=1.33$분으로서 지수적으로 분포할 것이다. 그때 표준편차는 평균과 동일한 1.33분이 된다. 지수분포에 대한 누적확률은 다음과 같이 매우 간단히 구할 수 있다.

> ▸ **누적지수분포함수** :
> 지수적으로 분포된 확률변수 X가 특정값 a 이하가 되는 확률은
> $p(X \leqq a)=1-e^{-\lambda a}$ 가 된다. $a>0,\ \lambda>0$

예제 5-9

은행출납원 창구에 도착하는 고객들의 수는 분당 $\lambda=.75$명의 평균비율을 가진 포아송 분포를 따른다. 만약 도착 사이의 시간이 3분보다 적거나 같다면, 그때 출납원은 대기시간에 불평을 가지는 고객들에게 불평 없이 은행서비스를 제공할 수 있다.

a. 창구에 고객도착 사이의 시간 X의 평균과 표준편차를 구하라.

b. 창구직원이 고객들에게 불평없이 서비스를 제공하는 확률은 얼마가 되는가?

1분 이내에 도착하는 고객의 수는 포아송 `분포를 따르기 때문에, 도착 사이의 시간은 지수적으로 분포한다.

a. X의 평균지수분포는

$$E(X)=\frac{1}{\lambda}=\frac{1}{.75\text{고객도착}/\text{분}}=1.33(\text{고객 한 명당})$$

그리고 표준편차는

$$\sigma_x = \frac{1}{\lambda} = \frac{1}{.75} = 1.33\text{분이 된다.}$$

b. 점원이 만일 $X \leq 3$분이면 지체없이 서비스를 제공할 수 있다.

$p(X \leq 3) = 1 - e^{-2.25} = 1 - 0.105 = 0.895$

결과적으로, 고객의 약 90%는 다소의 지연으로 짜증내지 않을 것이다.

연습문제

1. 다음을 간단히 설명하라.
   1) 이산확률변수와 연속확률변수
   2) 베르누이 시행의 조건
   3) 포아송분포의 조건
   4) 표준정규분포

2. 다음의 식이 확률밀도함수가 되도록 k값을 정하라.
   1) $f(x) = kx, x = 0, 1, 2$
   2) $f(x) = k/x^2, x = 1, 2$

3. 다음은 32명의 통계학 점수에 분포를 나타낸 것이다.
   이 도수분포표를 이용하여 연속확률 분포표를 작성하고, 72점과 80점 사이에 있는 학생 수를 구하라.

점수(X)	도수(f_i)
60～70	8
70～80	8
80～90	8
90～100	8
	32

4. 다음의 표는 김씨가 여유자금 3000만원을 가지고 x_1, x_2, x_3의 3개 투자안에 투자할 경우 일년 후에 예상되는 이익과 그에 대한 확률을 나타낸 것이다.

x_i	x_i(만원)	$f(x_i)$
x_1	25	0.2
x_2	60	0.5
x_3	90	0.3

이 경우 김씨의 전체 기대이익은 얼마가 되며, 투자하는 경우와 은행에 적금하는 것 중 어느 쪽이 유리하겠는가?

5. K 회사에는 사업 A와 사업B에 대한 예상수익과 그에 대한 확률을 조사한 결과 다음과 같이 나타났다.

사업A		사업B	
수익	확률	수익	확률
−2	0.5	−4	0.2
10	0.5	6	0.8

사업 A와 사업 B가 상호 배타적인 것이라고 하면 어느 안을 선택하는 것이 바람직한 지를 기대값과 분산을 이용하여 결정하라.

6. 어떤 도박사가 과녁에 화살을 쏘는 게임을 만들었다. 과녁은 원판을 일정하게 38등분하여 18개는 빨간색, 또 다른 18개는 검정색, 나머지 2개는 흰색을 칠하고, 원판을 돌려 화살을 쏘았을 때 검정색을 마치는 경우 일정한 상금을 주기로 하였다. 이때 세 번 화살을 쏠 경우 가능한 결과의 확률을 구하여라.

7. 최근에 승용차 도난 사건이 자주 발생하고 있다. C도시에서는 비교적 도난 차량을 찾을 확률이 타 도시에 비해 높아 0.6인 것으로 나타났다. 이런 경우

1) 이 도시에서 도난 당한 승용차 10대 중 최대한 3대를 찾을 수 있는 확률은 얼마인가?

2) 이 도시에서 도난 당한 승용차 10대 중 적어도 7대 이상 찾을 수 있는 확률은 얼마인가?

8. KBC 베아링 회사에서 생산하는 베아링의 불량률은 2%인데 이 회사에서 생산하는 베아링 중 임의로 100개를 표본 추출했을 경우 이 가운데 불량품이 하나도 없을 확률은 얼마인가?

9. 어떤 회사에서 생산된 40W 백열 전구의 평균수명은 4.20년이고 표준편차는 $\sigma = 0.60$년인 정규분포를 이룬다고 한다. 이때 이 제품의 수명이 3년 이내일 확률을 구하라.

10. A고등학교 3학년 학생의 평균 신장이 170cm이고 표준편차는 2cm이다. 이들 중 임의로 36명을 추출한 표본의 신장이 168cm와 172cm 사이에 있을 확률은?

제6장 표본분포

일반적으로 우리는 조사연구의 대상이 되는 전체 집단에서 부분을 추출하여 조사내용에 대한 특성을 파악하고, 이를 토대로 하여 전체 집단에 대한 특성을 추론하여 전체 집단에 대한 합리적인 의사결정을 내린다.

여기서 전체 집단이란 관심의 대상인 모집단(population)이며 부분이란 모집단에서 추출된 표본(sample)이다. 표본 집단을 대상으로 조사된 내용의 특성치가 통계량(statistic)이며 이를 토대로 모집단의 특성치인 모수(parameter)를 추정한다. 모집단에는 그 크기에 관계없이 그 구성요소가 유한한 집단인 유한모집단(finite population)과 모집단의 구성요소가 무한한 무한모집단(unfinite population)이 있다.

그런데 조사연구의 대상집단에서 표본을 추출하여 표본통계량을 구하고 이를 토대로 모집단의 특성을 파악하는 이유는 시간적 제약이나 비용상의 제약과 같은 경제성 측면과 무한모집단의 경우 전수조사가 불가능하며, 또한 조사가 불가능한 경우 등과 전수조사보다 표본조사가 더 정확성이 높을 수 있다는 점 등이다. 그러나 이러한 표본을 추출하는데 있어 오류를 범할 수 있다. 이것은 모집단을 대표할 수 있는 구성요소를 표본으로 선택하지 못하는데서 발생하는 것으로 표본추출 오차(sampling error)라고 한다. 이러한 표본추출 오차는 편기(bias)와 우연성(chance)에 의하여 발생되는데, 편기에 의한 오차는 표본추출방법을 과학적으로 함으로써 줄일 수 있고, 우연에 의한 오차는 표본의 크기(sample size)를 크게 함으로써 감소시킬 수 있다.

1 단순확률표본

> ▶ **단순확률표본**(simple random sample)이란 무한모집단에서 표본을 추출할 때 동일한 크기의 모든 표본이 동일한 확률로 선택되는 방법으로 추출되는 표본을 말한다.

이러한 단순확률표본을 선택하는 방법은 가장 기본적인 확률 표본추출방법으로서 무작위 추출을 의미한다. 무작위 추출은 선택의 기회가 균등한 것을 의미한다. 월드컵 복권에 당첨될 확률과 같이 무작위 추출로서 표본을 선택하는 가장 보편적인 방법은 난수표(random number table)를 이용하는 것이다. 난수표는 컴퓨터 프로그램에 의하여 순수한 무작위로 선택된 숫자를 배열해 놓은 표이다.

단순무작위추출 방법 외에도 모집단을 성격에 따라 지역별, 성별, 학력별로 구분한 다음 연령별로 무작위로 추출하는 층별추출방법(stratified random sampling)과 모집단에서 인위적인 집단을 먼저 뽑은 다음 그 집단 내에서 필요한 수의 표본을 추출하는 군집추출방법(cluster sampling), 무작위로 배열되어 있는 모집단에서 체계적인 수단을 이용하여 표본을 추출하는 방법인 체계적 추출법(systematic sampling) 등이 있다.

예제 6-1

종업원 1000명을 보유한 한 회사의 마케팅 담당자는 신상품에 대한 고객의 태도를 결정하기 위해 5명을 무작위로 추출하고자 한다. 마케팅 담당자는 고객의 리스트를 확보할 수 있어 그들에게 1부터 1000까지의 숫자를 부여하였다. 그리고 그는 부록에 주어져 있는 난수표를 이용하여 첫 번째 열의 1행, 2행, 3행, 4행, 5행을 선택하여 선택된 각 행의 앞의 세 자리 숫자만을 선택하였다. 즉 <u>395</u>91, <u>463</u>04, <u>995</u>47, <u>067</u>43, <u>695</u>68, 이렇게 하여 선택된 숫자에 해당하는 고객을 표본으로 선정하여 신상품에 대한 이들의 태도조사를 실시하였다.

2 모수와 통계량

모수(parameter)란 모집단의 특성치로서 모집단의 평균(μ)과 분산(σ^2) 및 표준편차(σ)를 말하며, 통계량이란 표본의 특성치로서 표본집단의 평균과 분산 및 표준편차를 말한다.

모집단의 특성 : 모수

1) 유한 모집단의 경우:

평균: $\mu = \frac{1}{N}\sum X_i$

분산: $\sigma^2 = \frac{1}{N}\sum (X_i - \mu)^2$

표준편차: $\sigma = \sqrt{\sigma^2} = \sqrt{\frac{1}{N}\sum (X_i - \mu)^2}$

2) 무한 모집단의 경우:

평균: $\mu = E(X) = \sum X_i P(X_i)$

분산: $\sigma^2 = \sigma^2(X) = \sum [X_i - E(X)]^2 P(X_i)$

표준편차: $\sigma = \sqrt{\sigma^2} = \sqrt{\sum [X_i - E(X)]^2 P(X_i)}$

여기서 i= 1, 2,....., n

통계량 : 표본의 특성

평균: $\overline{X} = \frac{1}{N}\sum X_i$

분산: $S^2 = \frac{1}{n-1}\sum (X_i - \overline{X})^2$

표준편차: $S = \sqrt{S^2} = \sqrt{\frac{1}{n-1}\sum (X_i - \overline{x})^2}$

여기서 i= 1, 2, ...,n

3 표본통계량의 기대치와 분산

제3장의 기술통계에서 다룬 자료의 집중화 경향(central tendency)의 정도를 측정하는 하나의 기준이 산술평균이다. 이것은 표본집단의 특성치로서 모집단의 평균을 추정하는 기초자료가 된다. 모집단의 특성을 정확하게 파악하는 것은 모집단 전체를 대상으로 분석하면 될 것이다. 그러나 모집단이 너무 크거나 기타 제약요인으로 인하여 조사대상의 모집단에서 표본을 추출하고 이 표본집단의 특성을 분석하여 모집단의 평균과 분산 및 표준편차를 추정하게 된다.

통계량의 확률분포는 그 통계량의 표본분포이다. 따라서 유한모집단이고 무작위 표본의 각 원소 $X_1, X_2, X_3 \ldots\ldots X_n$이 독립적이면 표본평균의 기대값은 표본평균이 따르는 확률분포의 기대값으로 다음과 같이 된다.

$$
\begin{aligned}
E(\overline{X}) &= E\left[\frac{1}{n}(X_1 + X_2 + X_3 + \ldots + X_n)\right] \\
&= \frac{1}{n}E(X_1 + X_2 + X_3 + \ldots + X_n) \\
&= \frac{1}{n}\left[E(X_1) + E(X_2) + E(X_3) + \ldots + E(X_n)\right] \\
&= \frac{1}{n}\sum E(X_i) \\
&= \frac{1}{n}\sum \mu \\
&= \frac{1}{n}(n\mu) \\
&= \mu
\end{aligned}
$$

표본평균의 분산은

$$
\begin{aligned}
Var(\overline{X}) &= Var\left[\frac{1}{n}(X_1 + X_2 + X_3 + \ldots + X_n)\right] \\
&= \frac{1}{n^2}Var(X_1 + X_2 + X_3 + \ldots + X_n)
\end{aligned}
$$

$$= \frac{1}{n^2}[Var(X_1) + Var(X_2) + Var(X_3) + \ldots + Var(X_n)]$$

$$= \frac{1}{n^2} n[Var(X)]$$

$$= \frac{1}{N} Var(X)$$

$$= \frac{\sigma^2}{n}$$ 이 된다.

▸ **표본평균의 기대값과 분산 및 표준오차** :

$$E(\overline{X}) = \mu$$

$$Var(\overline{X}) = \frac{1}{n}\sigma^2$$

$$\sigma_{\overline{x}} = \frac{1}{\sqrt{n}}\sigma$$

여기서, $\sigma_{\overline{x}}$ =표본평균의 표준편차, 즉 표준오차(standard error)이다.

표본평균의 표준편차는 평균의 표준오차라고도 한다. 그 이유는 표본평균을 이용하여 의사결정을 하게 될 때 예상되는 오류의 크기를 나타내는 기준이기 때문이다. 표준오차가 크면 그 표본의 평균을 가지고 모집단의 평균치를 추정하는 의사결정을 할 때 오류가 커지고, 표준오차가 작으면 그에 따른 오차가 작게 된다.

예컨대 J제당에서 만들어내는 10파운드 짜리 설탕포대의 무게에 대해 관심이 있는데, 이 회사에서의 생산라인은 10파운드의 평균무게가 포장되도록 설계되어 있다. 따라서 모평균 $\mu = 10$파운드가 된다. 이 회사의 품질관리 부서장은 매일 정오에 24시간 동안 생산되는 라인에서 9개 포대를 무작위 표본으로 취하여 이에 대한 평균무게($\overline{X}$)를 체크한다. 이런 식으로 400일 작업일 수 동안 계속한다면 400개의 표본평균을 체크하게 된다. 이 경우 포대 당 10파운드를 채우는 공정과정이 0.6파운드의 표준편차가 있다고 하면 400개 표본수의 평균치는 전체 평균 $\mu = 10$을 중심으로 $\sigma/\sqrt{n} = 0.6/\sqrt{9} = 0.2$만큼의 표준오차가 있게 된다.

예제 6-2

K은행에 개설된 저축계좌 중 정기예금계좌를 구성하고 있는 모집단에서 36명의 표본을 무작위로 추출하여 표본집단의 표준오차를 계산하고자 한다. 단, 모집단의 평균예금 금액은 3900만원이고 표준편차는 1200만원이다. 이때 표본의 표준오차는 얼마가 되는가?

$\sigma_{\bar{x}} = \dfrac{1}{\sqrt{n}}\sigma$에서 $\sigma_{\bar{x}} = \dfrac{1}{\sqrt{36}}(1200) = 200$만원이 된다.

4 정규 모집단에 대한 표본평균의 분포

서로 독립된 표본자료 $X_1, X_2, X_3, \ldots, X_n$으로 된 표본 수 n에 대한 평균, 즉 표본평균을 $\overline{X}$라고 할 때, 모집단의 평균과 표준편차가 μ와 σ이면 표본평균 $\overline{X}$는 평균 μ와 표준편차 $\sigma_{\bar{x}} = \sigma/\sqrt{n}$을 가지며, 만약 모집단이 정규분포를 이룬다고 하면 이 경우 표본평균 $\overline{X}$는 평균 μ와 표준편차 $\sigma_{\bar{x}}$로 된 정규분포가 된다. 이것이 정규모집단에 대한 표본평균의 분포에 대한 규칙이다.

> ▸ **정규모집단에 대한 표본평균의 규칙** :
> 확률변수 X에 대한 모집단이 평균μ와 표준편차 σ를 갖는 정규분포를 이루면 표본평균 $\overline{X}$도 평균 μ와 표준편차 $\sigma_{\bar{x}} = \sigma/\sqrt{n}$를 갖는 정규분포가 된다.

모집단이 정규분포를 이루는 표본의 평균분포는 언제나 정규분포를 이루므로 이 분포를 표준정규분포로 나타낼 수 있다. 따라서 표본평균 $\overline{X_1}, \overline{X_2}, \overline{X_3}, \ldots \overline{X_n}$을 표준화한 변수 Z는 표준 정규분포를 따르게 된다.

> ▸ **표본평균($\overline{X}$)분포의 표준정규분포** :
>
> $$Z = \frac{\overline{X} - \mu}{\sigma / \sqrt{n}}$$
>
> 여기서 μ = 모평균, σ = 모집단의 표준편차, n = 표본수

예컨대 K공장의 생산라인을 거쳐 생산되어 나오는 개개의 기계부품의 길이는 $\mu = 30cm$로 정규분포를 이루고, 이 평균에 대한 표준편차는 $\sigma = 0.1$cm이다. 품질검사공이 이들 부품 가운데 4개의 표본을 추출하여 측정한 결과 평균 길이는 $\overline{X} = 29.875cm$였다. 만약 생산공정과정이 $\mu = 30cm$로서 부품을 계속하여 생산한다면 표본평균이 $29.875cm$ 이하로 될 확률은 얼마가 되는가?

$$p(\overline{X} \leqq 29.875) = \left(Z \leqq \frac{\overline{X} - \mu}{\sigma / \sqrt{n}}\right) = p\left(Z \leqq \frac{29.875 - 30}{0.1 / \sqrt{4}}\right)$$

$$= p\left(Z \leqq \frac{-0.125}{0.05}\right) = p(Z \leqq -2.50)$$

부록의 표준정규분포에서 $Z = 0$과 $Z = -2.50$ 사이의 표준정규확률 밀도 함수하의 면적을 구할 수 있다. 이것은 대칭의 원리에 따라

$p = (-2.50 \leqq Z \leqq 0) = p(0 \leqq Z \leqq 2.50)$이므로 그 확률은 0.4938이다.

따라서 $p(\overline{X} \leqq 29.875) = p(Z \leqq -2.50) = 0.500 - 0.4938 = 0.0062$가 된다.

예제 6-3

캘리포니아에 있는 한 농장에서 1,000에이커 밀 재배 지역에다 살충제를 사용한 결과 밀 수확량의 증가가 평균 $\mu = 50$과 분산 $\sigma^2 = 100$인 정규분포를 이루는 것으로 나타났다. 25에이커 재배영역을 표본으로 선택할 때 표본평균과 모평균의 절대차가 4보다 적을 확률은 얼마가 되며, 표본을 65에이커로 할 때 전체 표본평균의 90%가 속할 표본평균의 범위는 얼마가 되는가?

먼저 $p(-4 < \overline{X}-\mu < 4) = p\left(\frac{-4}{\sigma/\sqrt{n}} < \frac{\overline{X}-\mu}{\sigma/\sqrt{n}} < \frac{4}{\sigma/\sqrt{n}}\right)$

$$= p\left(\frac{-4}{10/\sqrt{25}} < Z < \frac{4}{10/\sqrt{25}}\right)$$

$$= p(-2 < Z < 2)$$

$= 2p(0 < Z < 2) = 2\times 0.4772 = 0.9544$가 된다.

이를 나타낸 것이 다음의 [그림 6-1]이다.

그림 6-1

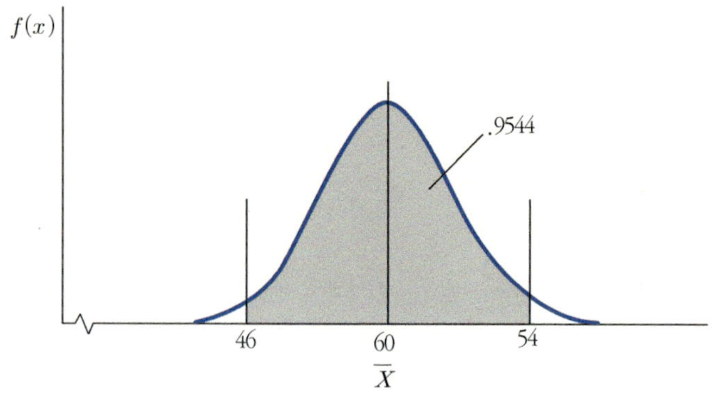

그리고 전체 표본평균의 90%가 속할 표본평균의 범위는

$0.90 = p(-1.64 \leqq Z \leqq 1.64)$가 되어 $0.90 = p\left(-1.64 \leqq \frac{\overline{X}-\mu}{\sigma/\sqrt{n}} \leqq 1.64\right)$

$$0.90 = \left(-1.64 \leqq \frac{\overline{X}-50}{10/\sqrt{64}} \leqq 1.64\right) = p\left(-1.64 \leqq \frac{\overline{X}-50}{1.25} \leqq 1.64\right)$$

$$= p(-2.05 \leqq \overline{X}-50 \leqq 2.05) = p(50-2.05 \leqq \overline{X} \leqq 50+2.05)$$

$$= p(47.95 \leqq \overline{X} \leqq 52.05)$$

따라서 $47.95 \leqq \overline{X} \leqq 52.05$가 된다.

이를 도표로 나타낸 것이 [그림 6-2]이다.

그림 6-2

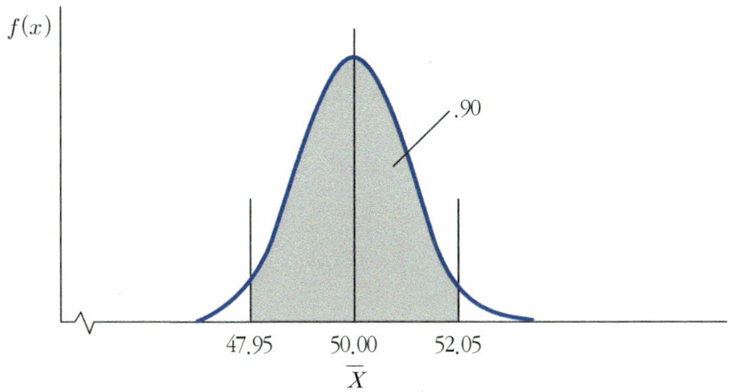

5 중심극한정리

모집단이 정규분포를 이루면 표본분포는 항상 정규분포를 이루지만, 모집단이 정규분포가 아닌 경우 표본분포 역시 정규분포라고 할 수 없다. 그러나 모집단의 분포가 정규분포가 아니더라도 표본의 크기 n을 크게 하면 할수록 정규분포에 접근하게 된다.

$X_1, X_2, \ldots X_n$이 평균 μ와 분산 σ^2을 갖는 어떤 무한 모집단에서 추출된 무작위 표본이라고 하면 X_i는 독립확률변수(independent random variables)이다.

이러한 경우 중심극한정리(central limit theorem)는 다음과 같다.

> ▸ **중심극한정리** :
> n이 충분히 크면, $Z = \dfrac{\overline{X} - \mu}{\sigma / \sqrt{n}}$ 는 근사적으로 표준정규분포를 취한다.
> 또는 $\overline{X}$는 평균이 μ이고 표준편차가 $\sigma_{\overline{x}} = \sigma / \sqrt{n}$ 인 근사적으로 정규분포를 취한다.

다음의 [그림 6-3]은 중심극한정리의 원리를 나타낸 것으로 표본의 크기가 클수록 정규분포를 이룬다는 것을 나타내고 있다.

그림 6-3 중심극한정리

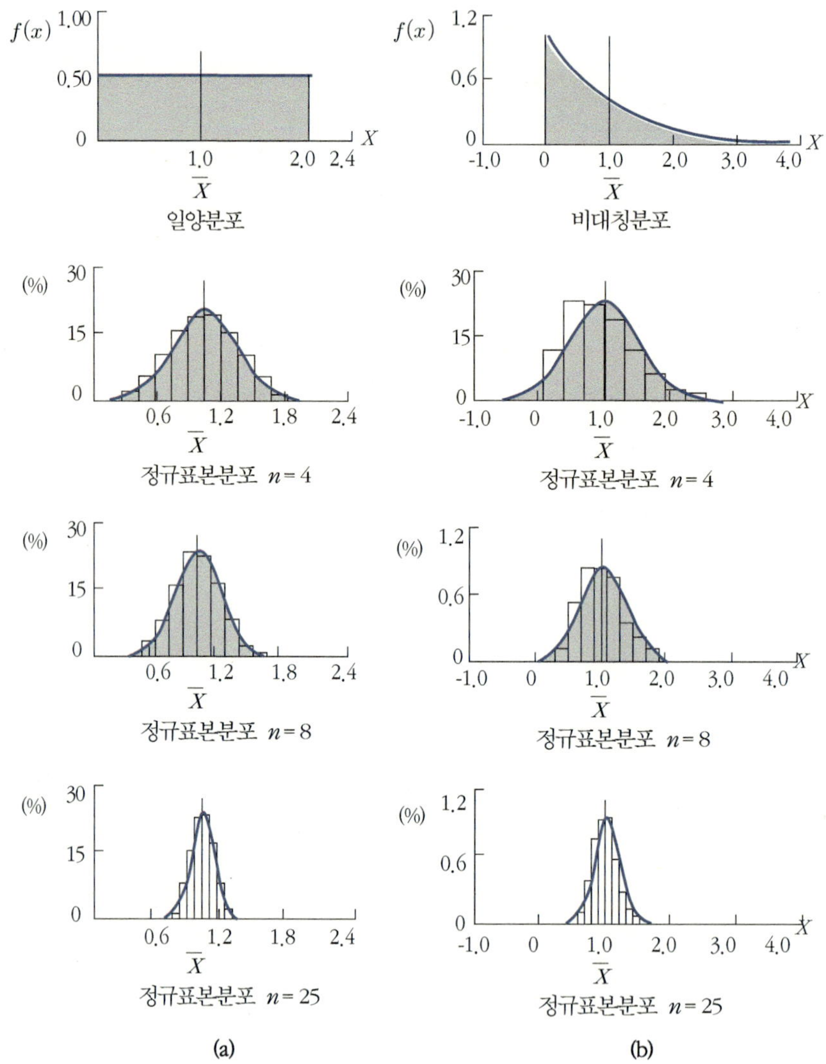

6 유한모집단의 표본분포

지금까지는 무한모집단의 경우에 대한 표본분포의 특성에 대하여 논의하였다. 그러나 모집단의 크기 N이 작은 유한모집단에서 추출한 표본의 특성을 분석하고자 할 때는 표준편차에 대한 수정이 필요하다. 그 이유는 모집단이 아주 크거나 모집단의 크기에 비하여 표본의 크기가 작을 때에는 수정계수 $\sqrt{(N-n)/(N-1)}$이 1에 접근하므로 표준오차 $\sigma_{\bar{x}}$는 $\sigma/\sqrt{n}$과 차이가 없으나 모집단의 크기에 비하여 표본의 크기가 커질수록 수정계수 값은 1보다 작아지기 때문이다. 일반적으로 표본의 크기가 모집단 크기의 5% 이상일 때는 유한 모집단 수정계수를 적용한다. 이 경우

$\sigma_{\bar{x}} = (\sigma/\sqrt{n})(\sqrt{(N-n)/N-1})$이 된다.

예제 6-4

K회사의 종업원 수는 전체 400명이다. 이들의 하루 평균 운동시간이 2시간이고 표준편차는 0.5시간인 것으로 나타났다. 이들 중 25명을 추출할 때 1일 평균 운동시간의 표준오차를 구하여라.

이 경우 유한 모집단이고 표본수가 전체의 5% 이상이므로 수정계수를 이용한 표준오차를 구해야 한다. 따라서

$\sigma_{\bar{x}} = (0.5/\sqrt{25})(\sqrt{(400-25)/(400-1)}) = (0.1)(1.373) = 0.1373$이 된다.

7 표본비율의 분포

지금까지는 표본평균의 분포에 대한 특성을 논의하였다. 그러나 평균이 아닌 표본비율에 대한 분포의 특성을 보면 베르누이 시행에서 성공률이 p인 모집단에서 표본의 크기가 n인 단순확률표본 $X_1, X_2, \ldots X_n$을 뽑았을 때 변수 X_1,

$X_2, \ldots X_n$은 상호 독립으로 동일한 성공률 p를 갖는 베르누이 확률변수이다. 변수 X를 n개의 베르누이 변수의 성공 횟수라고 하면 X는 모수가 (n,p)인 이항확률분포변수가 된다. 따라서 성공비율인 표본비율은 다음과 같이 된다.

▸ **표본비율** :

$$\hat{p} = (X_1 + X_2 + \cdots + X_n)/n = \frac{1}{n}\sum X$$

여기서 n = 표본의 크기

X_i = 성공률이 p인 이항확률변수

X = 평균이 np, 분산이 npq인 이항확률변수(단, $q = 1 - p$)

표본비율의 기대값은 $E(\hat{p}) = E(X/n) = \frac{1}{n}E(X) = p$

분산은 $Var(\hat{p}) = Var(X/n) = \frac{1}{n^2}Var(X) = pq/n$가 된다.

이항분포가 정규분포를 이룬다면 표준정규분포를 이용하여 확률을 구할 수 있다. 표본비율 p에 해당하는 Z값은 다음의 식에 의한다.

$$Z = \frac{\hat{p} - p}{\sigma_p} = \frac{\hat{p} - p}{\sqrt{p(1-p)/n}}$$

경험적 연구결과에 의하면 $np \geqq 5$이고 $nq \geqq 5$일 때 표본비율의 분포는 정규분포에 근사하는 것으로 되어있다.

예제 6-5

최근 모 일간지 창간 11주년 기념일을 맞이하여 우리나라 국민들의 정당선호도를 각 지역별로 조사한 결과 A지역의 경우 유권자 250명 중 여당 지지율이 54%인 것으로 나타났다. 이 경우 표본비율이 0.5보다 클 확률은 얼마가 되는가?

$n=250$, $p=0.54$, $q=(1-p)=0.46$이다. $np=250\times 0.54=135$, $nq=250\times 0.46=115$로서 $np\geqq 5$, $nq\geqq 5$ 이상이 된다. 따라서 $\hat{p}$은 평균이 $p=0.54$이고 분산이 $pq/n=(0.54\times 0.46)/250=0.000994$인 정규분포에 근사한다.

$p(\hat{p}>0.5)$를 구하고자하므로 $\hat{p}=0.5$에 해당하는 Z값은

$$Z=\frac{\hat{p}-p}{\sqrt{p(1-p)/n}}=\frac{0.5-0.54}{\sqrt{(0.54)(0.46)/250}}=\frac{-0.04}{\sqrt{0.000994}}=\frac{-0.04}{0.03153}=-1.27$$

이다.

따라서 $p(\hat{p}>0.5)=p(Z>-1.27)=0.5+0.3980=0.8980$이 된다.

연 습 문 제

1. 다음을 간단히 설명하라.
   1) 모집단과 표본
   2) 단순확률분포
   3) 모수와 통계량
   4) 중심극한정리
   5) 표본평균의 표준오차

2. 어떤 상자 속에 90, 60, 30이라고 쓰여진 카드가 3장 있다. 이 세장의 카드 중에서 두 장을 뽑았을 때 그 카드에 쓰여진 숫자의 평균을 구하고자 한다. (단, 복원추출을 한다고 가정한다.)
   1) 이 모집단의 확률분포를 구하라.
   2) 이 확률분포의 평균과 분산을 구하라.
   3) $n = 2$로 뽑았을 때의 가능한 표본을 구하라.
   4) 가능한 표본들의 평균을 계산하여 이들의 확률분포표를 만들고 이에 대한 평균과 분산을 구하라.

3. K대학교 3학년 여학생의 평균 체중은 53kg이고 표준편차가 3kg인 것으로 조사되었다. 이들을 대상으로 100명씩 가능한 표본을 뽑았을 때의 표본평균의 표준오차와 400명씩 뽑을 때의 표준오차를 각각 구하고 그 결과를 비교 설명하라.

4. 민속씨름선수 전체 200명에 대한 평균 몸무게는 102kg이고 표준편차가 16kg으로서 이들의 몸무게가 정규분포를 이룬다고 할 때
   1) 몸무게가 94kg 이하가 되는 선수는 몇 %가 되는가?
   2) 만일 4명씩 임의로 표본을 뽑는다면 $\overline{X}$분포는 어떤 모양이 되겠는가?

5. 증권거래소에 상장된 120개 회사의 지난해 1년 동안의 주가변동을 보면 상승폭이 180원이었고 표준편차는 100원이었다. 이때 주가의 상승폭은 정규분포를 이룬다고 가정한다. 이 중 30개 회사의 주식을 뽑아 주당 평균가격 상승폭을 계산한다면 주당 평균 200원 이상의 가격 상승이 있었을 가능성은 얼마가 되겠는가?

제7장 추 정

1 추정량

우리는 미지의 모수가 포함된 모집단으로부터 표본을 추출하여 포본의 통계량을 구하고 이 표본통계량을 이용하여 미지의 모수를 추정한다. 이러한 표본의 통계량을 추정량(estimatior)이라 하고, 주어진 실제문제에 대한 추정량의 평가에서 얻게 되는 실제치를 추정치(estimate) 또는 점추정치(point estimate)라 한다.

예를 들면 표본평균 $\overline{x}$는 모집단의 평균 μ에 대한 추정치이다.

만일 특정 표본의 표본평균이 10.31이면 이것은 μ의 추정치 또는 점추정치이다.

추정량은 모집단의 모수를 추론하는데 중요한 많은 특성을 지닌다. 추정량의 바람직한 특성의 하나는 그들의 표본분포가 우리가 추정하고자 하는 모집단의 모수와 균형을 이루는 것이다. 즉, 추정량의 표본분포가 모집단의 모수에 집중되는 것이다.

추정량의 기대값이 모집단의 모수와 같아진다면 이 추정량은 모집단의 기대값과 일치하는 추정량, 즉 불편추정량(unbiased estimator)이다.

> 불편추정량의 기대값은 모집단의 모수와 같다. 즉,
> **E(표본추정량) = 모집단의 모수**이면 이때 추정량은 불편추정량이다.

예컨대 관심의 대상인 모집단에서 표본을 추출하여 표본평균을 구한 결과는 $\overline{X}=100$이었다. 그런데 동일한 모집단에서 같은 크기의 표본을 계속해서 추출하여 측정한 결과 모두 $\overline{X_i}=100$이었다면 표본평균의 기대치 $E(\overline{X})=100$이 된다.

실제로 모집단의 평균 μ가 100이라면 $E(\overline{X}) = \mu = 100$이 되어 표본의 특성이 모집단의 특성을 정확히 반영한다고 할 수 있다.

그러나 만약 표본평균의 기대치가 모집단의 평균 μ와 차이가 있다면, 가령 $E(\overline{X}) + \alpha = \mu$가 된다면 이 경우 표본평균의 기대치는 모집단의 평균에 대한 정확한 추정치가 될 수 없다. 즉, 불편추정량이 될 수 없다.

제6장에서 언급한 표본분산 $S^2 = \frac{1}{n-1}\sum_{i=1}^{n}(X_i - \overline{X})^2$은 무한 모집단의 σ^2에 대한 불편추정량이며, 표본평균의 분산 $S_{\overline{X}}^2 = S^2/n$ 역시 무한모집단의 $\sigma_{\overline{x}}^2 = \sigma^2/n$에 대한 불편추정량이다. 여기서 n-1로서 나누어주는 이유는 표본분산의 편기를 없애기 위한 것, 즉 불편성이 되게 하기 위한 것이다.

추정량의 또 하나의 특성은 그것의 효율성 문제이다. 추정량의 효율성은 표본분포의 분산에 의해 측정될 수 있다. 두 개의 불편추정량을 갖는다면 분산이 적은 쪽을 선호하게 된다. 이것은 상대적 효율성으로서 예컨대 표본의 평균과 중앙값은 둘다 모평균 μ의 불편추정량이다. 그런데 표본의 크기가 n인 표본집단의 표본평균에 대한 분산은 $Var(\overline{X}) = \sigma^2/n$이고 그 집단의 중앙값에 대한 분산은 $Var(Md) = \pi\sigma^2/2n$이다. 이 두 추정량간의 상대적 효율성은 다음과 같이 된다. $\frac{\pi\sigma^2/2n}{\sigma^2/n} = \pi/2 = 1.57$, 이것은 중앙값이 표본평균만큼 효율적이기 위해서는 57% 더 많은 표본의 관찰치가 필요하다는 것을 의미한다. 따라서 모집단의 모수에 대한 두 추정량이 불편성일 때 $\overline{X}$가 Md보다 μ의 보다 나은 추정량이라고 할 수 있다. 이와 같은 것을 최소분산불편추정량(minimum-variance unbiased estimator)이라고 한다.

> ▸ **최소분산불편추정량**(minimum-variance unbiased estimator)이란
> 다른 불편추정량보다 분산이 작아 가장 효율성이 높은 추정량을 말한다.

최소불편추정량이 최적추정량(best estimator)이다. 동일한 평균을 갖는다고 하더라도 분산이 작은 표본분포가 분산이 큰 표본분포보다 평균을 중심으로 집중화 정도가 높다.

이와 같은 내용을 그림으로 나타낸 것이 [그림 7-1]이다.

그림 7-1 분산이 다른 두 불편추정량에 대한 표본분포

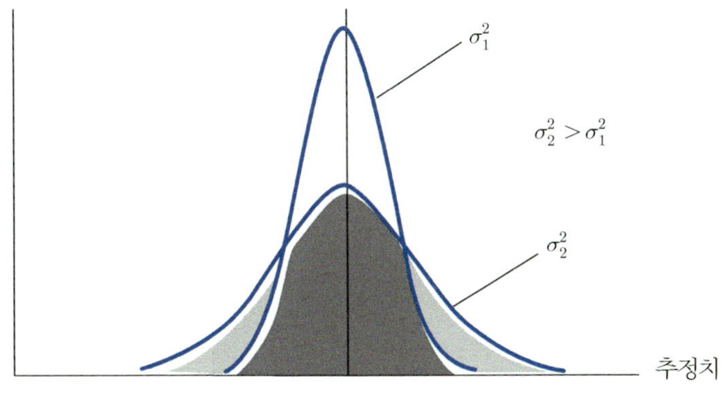

2 신뢰구간

신뢰구간(confidence interval)은 미지의 모집단의 모수의 추정에 사용되는 좌측한계인 L과 우측한계인 R의 경계에 의한 구간으로서 이 구간은 신뢰수단에 의하여 객관적으로 평가되는 추정치의 신뢰성으로 설정된다. 여기서 L과 R을 신뢰한계(confidence limits)라고 한다.

모집단의 모수에 대한 구간추정량(interval estimator)은 모수가 포함될 범위나 구간을 결정하는 규칙을 따르며 그에 해당하는 추정치를 구간 추정치(interval estimate)라 한다. 표본정보에 의해 $P(A<\theta<B)=1-\alpha$와 같은 확률변수 A와 B를 구할 수 있다고 하면, A와 B의 특정 표본의 실제치를 a와 b라고 할 때 a에서 b까지의 구간을 θ에 대한 $100(1-\alpha)\%$ 신뢰구간이라 한다. 이때 $(1-\alpha)$를 그 구간의 신뢰수준(confidence level)이라고 한다. 만약 많은 횟수로 반복하여 새로운 표본

을 추출한다면 모수 θ는 신뢰구간 100(1-α)%에 포함될 것이며 그때 그 신뢰구간은 a〈θ〈b로 나타낸다. 여기서 α는 모수 θ가 신뢰구간을 벗어날 가능성으로서 유의수준(significance level) 또는 위험률이라고 하며, 만약 신뢰수준이 95%면 유의수준은 (1-α)=(1-0.95)=0.05로서 5%가 된다.

신뢰구간의 설정에서 약간의 보조적 개념이 필요하다. 만약 Z가 표준정규변수라면 $p(Z > \alpha/2) = \alpha/2$의 관계에서 $Z_{\alpha/2}$의 값은 확률(유의수준) $\alpha/2$에 대응하는 표준정규분포의 상향 절제점이다. 한편 $p(Z < -Z_{\alpha/2}) = \alpha/2$에서 $-Z_{\alpha/2}$값은 하향절제점이다.

이를 [그림 7-2]와 같이 나타낼 수 있다.

그림 7-2 $Z_{\alpha/2}$에 대한 α 영역을 나타낸 표준정규곡선

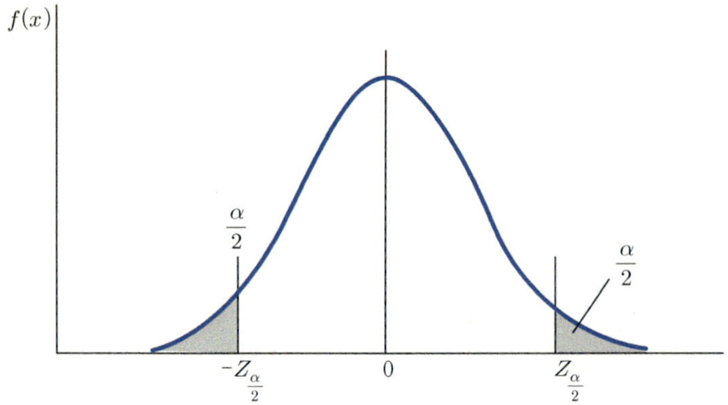

정의에 의해 절제점의 측면에서

$p(-Z_{\alpha/2} \leq Z \leq Z_{\alpha/2}) = 1 - \alpha$가 된다.

$Z = \dfrac{\bar{x} - \mu}{\sigma / \sqrt{n}}$ 이므로

$$p(-Z_{\alpha/2} \le \frac{\bar{x}-\mu}{\sigma/\sqrt{n}} \le Z_{\alpha/2}) = 1-\alpha$$

$$p(\bar{x}-Z_{\alpha/2}\sigma/\sqrt{n} \le \mu \le \bar{x}+Z_{\alpha/2}\sigma/\sqrt{n}) = 1-\alpha$$

이것이 모집단의 표준편차 σ가 기지수인 경우 모집단의 평균 μ의 신뢰구간이다.

> ▶ **σ가 기지인 경우 :**
> 모집단이 정규분포이고 표준편차 σ를 알고 있을 때 모평균 μ의 100 $(1-\alpha)$% 신뢰구간은 신뢰한계에 의한 구간의 한계로서
> $L = \overline{X} - Z_{\alpha/2}\dfrac{\sigma}{\sqrt{n}}$, $R = \overline{X} + Z_{\alpha/2}\dfrac{\sigma}{\sqrt{n}}$ 이다.

이들 신뢰구간 추정치의 한계값은 "**점추정치** $\pm Z_{\alpha/2}$**(점추정치의 표준오차)**"이다.

여기서 $(1-\alpha)$의 값은 신뢰계수(confidence coefficient)이고 $100(1-\alpha)$%의 값을 신뢰수준(confidence level)이라 한다.

예컨대 수면제 복용에 의해 수면시간이 연장되는 실험에서 10명을 대상으로 측정한 결과 평균 1.58시간인 것으로 나타났다. 과거의 경험에 의하면 수면제복용에 따른 수면시간의 연장은 평균 μ와 표준편차 σ=1.29를 갖는 정규분포를 이룬다고 할 때 추정치 $\bar{x}$는 다음과 같은 표준편차를 가진다.

$$\sigma_{\overline{X}} = \frac{\sigma}{\sqrt{n}} = \frac{1.29}{\sqrt{10}} = 0.408$$

평균수면연장시간인 μ에 대한 신뢰수준 95%에 해당하는 신뢰구간을 구하고자 하면 신뢰수준은 $100(1-\alpha)$=95%이므로 $1-\alpha = 0.95$가 되어 $\alpha = 0.05$가 된다. 따라서 $\alpha/2 = 0.025$이며 부록의 표준정규분포표에 의하면 $Z_{0.025} = 1.96$이 된다. 이 예제의 경우 수면제 복용에 의한 평균수면연장 시간의 신뢰한계는 다음과 같이 된다.

$$L = \bar{x} - Z_{\alpha/2}\frac{\sigma}{\sqrt{n}} = 1.58 - 1.96 \times 0.408 = 0.78$$
$$R = \bar{x} + Z_{\alpha/2}\frac{\sigma}{\sqrt{n}} = 1.58 + 1.96 \times 0.408 = 2.38$$

따라서 모평균에 대한 95%의 신뢰구간은 $0.78 \le \mu \le 2.38$이 된다.

예제 7-1

금산시멘트 공장에서 생산하는 시멘트 평균무게를 측정하기 위해 이 공장의 품질검사과장은 25포대를 표본으로 추출하여 측정한 결과 $\overline{X} = 150$파운드임을 알았다. 이 공장에서 생산하는 시멘트공정 과정상 표준편차 $\sigma = 3$파운드인 것으로 알려져 있다면 이 공장에서 생산하는 시멘트 전체의 모평균 μ에 대해 90% 신뢰수준에서의 신뢰구간을 결정하라.

$1-\alpha=0.9$ 이므로 $\alpha=0.1$, $\alpha/2=0.05$가 된다. 이에 대한 $Z_{\alpha/2} = Z_{0.05} = 1.645$ 이므로

$$L = 150 - 1.645\frac{3}{\sqrt{25}} = 150 - 0.987 = 149.013 \text{이 되고}$$
$$R = 150 + 1.645\frac{3}{\sqrt{25}} = 150 + 0.987 = 150.987 \text{이 된다.}$$

따라서 이 공장에서 생산하는 시멘트의 평균무게에 대한 90% 신뢰구간은 $149.013 \le \mu \le 150.987$이 된다.

3 t-분포

앞의 절에서는 구간추정에 있어서 σ를 알고 있는 것으로 가정했고 표준화된 정규표본을 기본으로 했다.

$Z = \dfrac{\bar{x} - \mu}{\sigma\sqrt{n}}$은 μ와 σ에 의존하는 표준정규분포를 이룬다.

분산을 알 수 없는 경우에 대한 신뢰구간을 설정하려고 할 때 우리는 위 식에서 단순히 σ 대신에 표본의 표준편차 추정치 s를 대체할 필요가 있다. 그러면 다음과 같은 t통계량을 취하게 된다.

▶ ***t*통계량** :

$$t = \frac{\overline{X} - \mu}{s/\sqrt{n}}$$

이 방정식 분모 $s/\sqrt{n}$는 추정치 또는 표본평균의 표준오차이다. 이 방정식은 자유도 $\upsilon = n-1$인 t 분포이고 n은 표본의 크기이다.

자유도(degree of freedom)는 표본의 크기에서 1을 뺀 것으로 분포의 모양을 결정하며 자유도가 크면 클수록 [그림 7-3]에 나타낸 바와 같이 정규분포에 근사하게 된다.

그림 7-3 자유도가 1, 2, 3인 t 분포와 표준정규분포

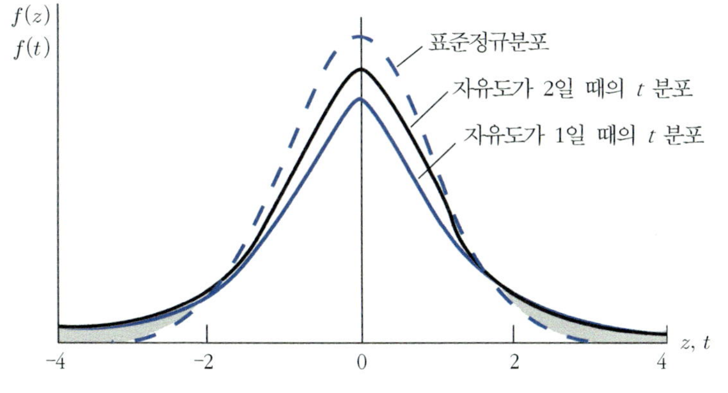

자유도 $\upsilon = n-1$과 양쪽꼬리분포로 된 t 분포를 따르는 경우 $100(1-\alpha)$%의 신뢰구간은 $p(t < -t_{\alpha/2,\upsilon}) = \alpha/2$와 $p(t > t_{\alpha/2,\upsilon}) = \alpha/2$ 사이가 된다. 즉,

$p(-t_{\alpha/2,v} \le t \le t_{\alpha/2,v}) = 1-\alpha$가 된다.

여기서, $t = \dfrac{(\overline{x}-\mu)}{s/\sqrt{n}}$이므로

$$p(-t_{\alpha/2,n-1} \le \frac{\overline{x}-\mu}{s/\sqrt{n}} \le t_{\alpha/2,n-1}) = 1-\alpha$$

$$p(\overline{X}-t_{\alpha/2,n-1}\frac{s}{\sqrt{n}} \le \mu \le \overline{X}+t_{\alpha/2,n-1}\frac{s}{\sqrt{n}}) = 1-\alpha$$가 된다.

이것이 모집단의 분산이 s에 의하여 추정될 때 모집단의 평균 μ의 신뢰구간이다.

► **σ가 미지인 경우의 모평균 μ의 신뢰구간의 한계치** :
모집단은 정규분포이고 모집단의 표준편차 σ가 s에 의하여 추정될 때 모집단의 평균 μ의 $100(1-\alpha)$%의 신뢰구간은

$$L = \overline{X}-t_{\alpha/2,n-1}\frac{s}{\sqrt{n}}, \quad R = \overline{X}+t_{\alpha/2,n-1}\frac{s}{\sqrt{n}}$$

이들 신뢰구간 추정치의 한계치는 "**(점추정치)**$\pm t_{\alpha/2,n-1}$**(점추정치의 표본의 표준오차)**"가 된다.

예제 7-2

도로의 차선을 긋는데 사용하는 페인트의 내구성을 검사하려고 한다. 8개 지역을 선정하여 차선을 그어두고 차선의 퇴색상태를 조사해 보았다. 그 결과 차량의 통과 횟수가 142,600, 167,800, 136,500, 126,400, 108,300, 133,700, 162,000, 149,000회를 넘어서면서 차선이 퇴색하기 시작하였다. 이 페인트의 내구성이 어느 정도인가를 차량의 평균 통과횟수의 측면에서 95%의 신뢰구간을 추정하라. 단, 차량의 통과회수의 분포는 정규분포라고 가정한다.

$1-\alpha=0.95$에서 $\alpha=0.05$, $\alpha/2=0.025$가 되고 $n=8$이므로
$\upsilon=n-1=8-1=7$이 된다. 따라서 $t_{\alpha/2,n-1}=t_{0.025,7}=2.365$

$$\overline{X} = \frac{1}{n}\sum X_i = \frac{1}{8}(142,600 + 167,800 + 136,500 + 126,400 + 108,300 + 133,700 + 162,000 + 149,000) = 140,800$$

$$s = \sqrt{\Sigma (X_i - \overline{X})^2 / n-1}$$

$$= \sqrt{[(142,600 - 140,800)^2 + (167,800 - 140,800)^2 + ... + (149,000 - 140,800)^2]/7}$$

$$= 19,200$$

따라서 $\overline{X} - t_{\alpha/2, n-1}\frac{s}{\sqrt{n}} \le \mu \le \overline{X} + t_{\alpha/2, n-1}\frac{s}{\sqrt{n}}$

$p(140,800 - 2.365\frac{19,200}{\sqrt{8}} \le \mu \le 140,800 + 2.365\frac{19,200}{\sqrt{8}}) = 0.95$이므로

$124,700 \le \mu \le 156,900$이 된다.

4 모비율의 추정

이항모집단(binomial population)은 성공과 실패라는 두 가지 가능한 결과 중에서 하나에 속하는 요소로서의 모집단으로 정의된다.

처음 계층에 속하는 모집단의 비율, 즉 성공확률은 p, 다음 두 번째 계층에 속하는 비율, 즉 실패할 확률은 $1-p$이다. 일반적으로 p가 미지수이므로 문제는 p를 추정하는 것이다.

모집단에서 n개의 독립표본을 취할 때 이 표본에서 성공횟수를 X라 하면 $\hat{p} = (\frac{X}{n})$을 표본비율 또는 성공비율이라 한다.

X는 평균 np와 분산 $np(1-p)$를 가지므로 $\hat{p}$은 평균치 $E(\hat{p}) = p$와 분산 $\hat{p} = \sigma_{\hat{p}^2} = \frac{p(1-p)}{n}$, 표준편차 $\hat{p} = \sigma_{\hat{p}} = \sqrt{\frac{p(1-p)}{n}}$를 갖는다.

여기서 $\hat{p}$은 p의 불편추정량이다. 이 값은 추정된 모수 p값을 알지 못하면 구할 수 없다. 추정량 $\hat{p}$을 p에 대체함으로써 표준편차에 대한 아이디어를 얻을 수

있다. 그렇게 함으로서 표준편차 $\sigma_{\hat{p}}$ 은 다음 식 $S_{\hat{p}} = \sqrt{\frac{\hat{p}(1-\hat{p})}{n}}$ 에 의하여 추정된다.

표본 수 n이 충분히 커지면 중심극한정리에 의해 표본비율 $\hat{p}$을 표준화한 $Z = \frac{\hat{p}-p}{\sqrt{p(1-p)/n}}$은 표준정규분표에 근사하게 된다.

따라서, 이 식에서 추정량 $\hat{p}$으로 분모의 각 p를 대체하면 $Z = \frac{\hat{p}-p}{\sqrt{\hat{p}(1-\hat{p})/n}}$ 이 된다. 이는 n이 클 때 또한 정규분포에 접근한다. 따라서 모비율의 구간추정량은 다음과 같이 도출된다.

$$p(-Z_{\alpha/2,} \le \frac{\hat{p}-p}{\sqrt{\hat{p}(1-\hat{p})/n}} \le Z_{\alpha/2}) \approx 1-\alpha$$

$$p(\hat{p}-Z_{\alpha/2}\sqrt{\frac{\hat{p}(1-\hat{p})}{n}} \le p \le \hat{p}+Z_{\alpha/2}\sqrt{\frac{\hat{p}(1-\hat{p})}{n}}) \approx 1-\alpha$$

► p의 신뢰구간의 한계공식 :

성공률이 p인 이항비율에 대한 $100(1-\alpha)\%$ 신뢰구간은 n이 클 경우 다음과 같은 신뢰한계치에 의해 결정된다.

$$L = \hat{p}-Z_{\alpha/2}\sqrt{\frac{\hat{p}(1-\hat{p})}{n}}, \quad R = \hat{p}+Z_{\alpha/2}\sqrt{\frac{\hat{p}(1-\hat{p})}{n}}$$

예제 7-3

k연구소 조사부에서는 한국의 중소기업 경영자 202명을 대상으로 한국경제의 미래에 관한 전망을 조사한 결과 105명이 낙관적으로 전망하는 것으로 나타난 것으로 보고하였다. 그렇다면 우리나라 경제에 대해 낙관적인 전망을 하는 중소기업 경영자의 비율이 어느 정도가 되겠는가? 95%의 신뢰수준에서 추정해 보아라.

이 경우 $\hat{p}=\frac{105}{202}=0.5198$, 100(1-α)%=95%, α=5%이므로 α/2=0.025가 된다.

$Z_{\alpha/2}=Z_{0.025}=1.96$이므로 p에 대한 95%의 신뢰구간은

$$p(\hat{p}-Z_{\alpha/2}\sqrt{\frac{\hat{p}(1-\hat{p})}{n}}\le p\le \hat{p}+Z_{\alpha/2}\sqrt{\frac{\hat{p}(1-\hat{p})}{n}})=0.95$$

즉,

$$(0.5198-1.96\sqrt{\frac{0.5198(1-0.5198)}{202}}\le p\le (0.5198+1.96\sqrt{\frac{0.5198(1-0.5198)}{202}})$$

$0.4512 \le p \le 0.5884$가 된다.

5 표본의 크기 결정

우리가 연구의 대상인 모집단에서 표본을 추출하여 이 표본의 특성치로서 모집단의 특성치를 추정하게 될 때 먼저 결정되어야 할 것이 표본의 수를 얼마로 해야 하는가이다. 일반적으로 표본의 크기가 클수록 표본오차를 줄일 수 있으나 그렇다고 무한정 크게하면 시간적, 비용적인 문제가 수반된다. 따라서 적정크기의 표본수를 정하는 것은 매우 중요하다.

표본의 크기를 얼마로 할 것인가

표본을 취하기 전에 신뢰구간을 설정하는데 필요한 표본의 크기를 결정하는 데는 다음과 같은 세 개의 정보가 필요하다.

① 신뢰수준(일반적으로 90%, 95%, 99%)

② 신뢰구간의 바람직한 최대폭인 $w = R - L$을 설정한다. 모평균 추정치에서 허용오차량은 $w/2$이다.

③ 표본에 대한 모집단과 관련된 표준편차 σ, 즉 모평균 μ에 대한 신뢰구간이나 모비율 p에 대한 신뢰구간을 설정한 경우 σ와 $\sigma_{\hat{p}}$을 알아야 한다.

모집단의 평균치 μ를 추정하기 위한 신뢰구간을 정하고자 한다면 $\overline{X} \pm Z_{\alpha/2}\frac{\sigma}{\sqrt{n}}$을 구하면 된다.

따라서 신뢰구간의 폭은 $w = 2Z_{\alpha/2}\frac{\sigma}{\sqrt{n}}$가 된다.

여기서 양 변을 제곱하여 표본의 크기 n을 구할 수 있다. 즉, $n = \frac{4(Z_{\alpha/2})^2\sigma^2}{w^2}$이 된다.

▶**평균 추정을 위한 표본의 크기** : σ를 아는 경우

$$n = \frac{4(Z_{\alpha/2})^2\sigma^2}{w^2}$$

여기서, w : 설정하고자 하는 신뢰구간의 폭
Z : 신뢰수준
σ : 모집단의 표준편차

예제 7-4

P철강회사에서 일일 생산하는 파이프생산량의 표준편차는 σ=10톤인 것으로 알려져 있다. 이 회사의 일일 평균생산량이 95% 신뢰수준이므로 ±2.5톤 내가 되도록 추정하고자 할 때 표본의 크기를 얼마로 해야하는가?

이 경우 w=5톤 (2×2.5)이 되며, 100(1−α)% = 95%, α = 5%, α/2 = 0.025, $Z_{\alpha/2} = Z_{0.025}$=1.96이다.

따라서 $n = \frac{4(1.96)^2(10)^2}{(5)^2} = 61.5 \approx 62$가 된다.

이것은 표본의 크기를 62개로 해야 만이 95%의 신뢰수준으로 ±2.5톤 내에서 일일 평균생산량을 추정할 수 있다는 것을 의미한다.

우리는 위 식에서 σ^2대신에 예비표본이나 모집단의 표본으로부터 구해온 합리적인 추정치 s^2을 종종 대체해 왔다.

앞 절에서 표본의 표준편차로서 신뢰구간을 설정할 때 $Z_{\alpha/2}$를 대신에 $t_{\alpha/2,n-1}$을 사용하는 것에 대해 설명하였다. 이 경우는 모집단의 표준편차를 알지 못할 때의 모평균에 대한 신뢰구간을 정하는 것으로 표본의 평균치를 중심으로 다음 값 $t_{\alpha/2,n-1}\frac{S}{\sqrt{n}}$을 더하고 감함으로써 구간을 설정했다.

> **► σ가 미지일 때 평균치 추정의 표본의 크기** :
>
> $$n = \frac{4(t_{\alpha/2,n-1})^2 s^2}{w^2}$$

이러한 표현은 신뢰구간 폭의 1/2에 해당하므로 구간의 전체폭은 $w = 2t_{\alpha/2,n-1}\frac{s}{\sqrt{n}}$가 된다는 것을 의미한다.

예제 7-5

K회사의 생산부장은 종업원들이 직무를 수행하는데 소요되는 시간길이 μ를 추정하고자 하는데 그는 90%의 신뢰수준으로서 ±5분 내에 있을 모평균 μ를 추정하고자 한다. 그는 전체직무 수행에 따른 표준편차 σ를 모르기 때문에 표준편차 $s = 20$분을 갖는 15개의 직무를 표본으로 추출하였다. 그가 바라는 신뢰구간을 구하려면 표본의 크기를 얼마로 해야 하는가?

문제에서 w=10, s=20, $\alpha = 0.10$이고 모집단의 표준편차를 모르기 때문에 $n = \frac{4(t_{\alpha/2,n-1})^2 s^2}{w^2}$의 식에 의하면 된다.

$\alpha = 0.10$이므로 $\alpha/2 = 0.05$이고 $n-1=14$이다. 따라서 $t_{\alpha/2,n-1} = t_{0.05,14} = 1.761$이다.

그러므로 $n = \frac{4(t_{\alpha/2,n-1})^2 s^2}{w^2} = \frac{4(1.761)^2 20^2}{10^2} = 49.6 \approx 50$이 된다.

그러나 이미 15개를 표본추출하였기 때문에 50-15=35개의 표본을 추가로 추출하면 된다. 그런데 이 문제의 경우 두 가지 중요한 점을 알 수 있다. 첫째는 2단계 표본추출법(two-stage sampling)으로 표본을 추출한다는 점이고, 또 하나는 전체 50개의 표본 가운데 15개를 먼저 뽑았기 때문에 $t_{0.05,14}$에 해당하는 t값을 이용하였으나 기술적으로 2단계 표본추출법을 따르는 최종 신뢰구간은 전체 표본의 표준편차로서 설정될 것이라는 점이다. 전체 표본수 50에 대한 t값은 $t_{0.05,49}=1.678$로서 $t_{0.05,14}=1.761$보다 작기 때문에 실제 신뢰구간은 이 문제에서 제시한 ±5분 보다 더 좁을 것이다. 따라서 이러한 방식으로 구한 표본의 크기는 바라는 신뢰구간을 얻는데 필요한 표본 수보다 큰 표본 수가 된다. 즉, 다소 보수적인 큰 표본 수가 된다.

앞 절에서는 모집단의 평균치 μ의 추정에 필요한 표본의 크기를 결정하는 방법에 관해서 다루었다. 이러한 방법은 이항모집단에서 성공의 비율 p를 추정하는데 사용될 수 있다. 이항모집단에서의 성공률 p를 추정하는데 따른 신뢰구간은 이항모집단에서 표본을 추출할 때 표본의 성공비률 $\hat{p}$을 구하고 $\hat{p}$에다 다음 식을 더하거나 감함으로써 얻어진다.

$$Z_{\alpha/2}\sqrt{\frac{\hat{p}(1-\hat{p})}{n}}$$

따라서 어떤 신뢰구간은 이 폭(오차)의 2배가 된다.

$$w=2Z_{\alpha/2}\sqrt{\frac{\hat{p}(1-\hat{p})}{n}}$$

이 식에서 n을 구하면 다음과 같이 된다.

▶ **비율추정을 위한 표본의 크기** :
비율추정을 위한 표본의 크기를 결정하는 공식은
$n=\frac{4Z_{\alpha/2}^2\hat{p}(1-\hat{p})}{w^2}$, 여기서 $\hat{p}$ =표본의 성공률, $1-\hat{p}$=표본의 실패율

우리는 원하는 신뢰구간과 신뢰구간의 폭(w), 그리고 표본으로부터 얻을 수 있는 성공비율($\hat{p}$)을 정하면 신뢰구간을 얻는데 필요한 표의 크기를 이 공식으로 구할 수 있다.

여기서 $\hat{p}$값은 다음과 같은 몇 가지 방법으로 구할 수 있다.

첫째, 2단계 표본 추출과정(two-sampling process)에서 먼저 추출한 표본으로서 성공률 $\hat{p}$을 추정하는 방법과, 둘째 $\hat{p}$에 대한 가능한 값이 제시되지 않으면 2단계 표본추출방법은 비현실적이기 때문에 $\hat{p}=0.5$를 부여한다. $\hat{p}=0.5$가 부여될 때 $\hat{p}(1-\hat{p})$은 다른 어떤 값이 $\hat{p}$으로 이용될 때보다 높은 값을 갖게 된다.

다음의 〈표 7-1〉은 $\hat{p}$에 여러 값이 부여됨에 따라 $\hat{p}(1-\hat{p})$값의 변화정도를 나타낸 것이다.

〈표 7-1〉 선택되는 $\hat{p}$의 값에 대한 $\hat{p}(1-\hat{p})$값의 변화

$\hat{p}$	$(1-\hat{p})$	$\hat{p}(1-\hat{p})$	$\hat{p}$	$(1-\hat{p})$	$\hat{p}(1-\hat{p})$
0.1	0.9	0.09	0.6	0.4	0.24
0.2	0.8	0.16	0.7	0.3	0.21
0.3	0.7	0.21	0.8	0.2	0.16
0.4	0.6	0.24	0.9	0.1	0.09
0.5	0.5	0.25	1.0	0.0	0.00

따라서 $\hat{p}=0.5$를 부여하면 추구하는 신뢰구간을 위해 필요한 표본비율의 크기보다 다소 크거나 같은 표본의 크기를 가져오는 결과가 되기 때문에 우리가 취할 수 있는 가장 신중한 선택이 될 수 있다.

예제 7-6

시스템 설계회사의 품질관리기사는 95%의 신뢰수준으로 ±0.04 이내에서 품질개선을 하는데 필요한 표본결점수를 추정하고자 한다. 그는 먼저 25개의 표본을 선택하여 검사해 본 결과 8개의 결점수가 있음을 알았다. 그가 원하는 범위 내에서의 품질개선을 추구하기 위해 필요한 표본의 크기를 결정하라.

$w = (2)(0.04) = 0.08$, $(1-\alpha) = 0.95$, $\alpha = 0.05$, $\alpha/2 = 0.025$

따라서 $Z_{\alpha/2} = Z_{0.025} = 1.96$이 되고, $\hat{p} = 8/25 = 0.32$이므로 $(1-\hat{p}) = 0.68$이다.

$$\therefore n = \frac{4(1.96)^2(0.32)(0.68)}{(0.08)^2} = 522.5 \fallingdotseq 523 \text{이 된다.}$$

먼저 1단계로 25개의 표본을 추출하였으므로 523-25=498개의 표본을 추가로 추출하면 된다. 만약 사전에 1차적으로 표본을 추출하지 않았다면 품질관리기사는 결점율 $\hat{p}$을 가정하여야 한다. 이 경우 보수적인 방법으로 $\hat{p} = 0.5$에 근사한 것으로 전제하면, $1-\hat{p} = 0.5$가 된다. 따라서 $n = \frac{4(1.96)^2(0.5)(0.5)}{(0.08)^2} = 600.3 \fallingdotseq 601$이 된다.

이 경우는 사전표본추출법을 사용했을 경우보다 601-523=78개가 더 많아진다.

연 · 습 · 문 · 제

1. 다음을 간단히 설명하여라.
   1) 추정의 개념
   2) 추정량과 추정치
   3) 불편성과 효율성
   4) 편기와 불편추정량

2. 특정한 하루에 뉴욕 증권거래소에서 거래된 10개 주식의 임의표본에 대한 주가수익률은 다음과 같았다.
   10, 16, 5, 10, 12, 8, 4, 6, 5, 4
   모평균, 분산, 표준편차의 점추정치를 구하고, 주가 수익률이 8.5를 초과하는 주식비율의 점추정치를 구하라.

3. 9세 남자 아동 $n = 1372$명의 체중 평균은 다음과 같다.
   $\overline{x} = 24.38(kg)$, $\sigma = 2.96(kg)$ 신뢰수준 95%로서 모평균을 구하라.

4. 어느 업종에 종사하는 사원의 임금의 실태를 조사하기 위하여 표본의 크기 $n = 120$명을 선정하여 조사한 결과 평균임금 $\overline{x} = 98,700$, 표준오차 $S = 8,550$이었다. 이 업종에 종사하는 전체사원의 평균임금은 얼마인가? 99% 신뢰계수로서 신뢰구간을 추정하라.

5. Sambo Trigem 생산업체에서는 마이크로 컴퓨터용 냉각팬의 평균수명을 추정하려고 한다. 냉각팬의 수명은 정규분포를 이루고 있고 표준편차는 310시간으로 알려져 있다. 18개의 팬을 표본 추출하여 평균수명을 측정한 결과 4,438시간으로 나타났다. 냉각팬의 평균수명에 대한 99%의 신뢰구간을 정하라.

6. 어느 철강회사 생산라인의 하루 철강생산량은 10톤의 표준편차를 나타내고 있다. 이 생산라인의 하루 평균 철강생산량에 대한 신뢰구간을 추정하고자 한다. 95%의 신뢰수준과 2.5톤의 오차(L)을 유지하려면 최소한 몇 일간 조사해야 하는가?

제8장 가설의 검정

1 가설검정의 개요

어떤 모평균과 표본평균과의 차가 단순한 우연인가 아니면 실제로 차가 있는 것인가, 또는 두 개의 표본 사이의 차가 우연 때문인가 혹은 실제로 차가 있는 것인가 하는 문제에서 단순히 우연이라고 볼 수 없는 차, 즉 분명한 이유가 있는 차를 유의차(有意差)라 한다.

그런데 표본이 어떤 모집단에서 추출된 것이라면 모집단의 평균과 표본평균 사이에는 본래는 차가 없을 것이다. 또한 하나의 모집단에서 2개의 표본을 추출할 때 이 두 표본 사이에도 본래는 차가 없을 것이다.

이와 같이 정말로 차가 없을 때 이 차이는 $\overline{X}-\mu=0$이라고 가설을 세운다. 이것은 어쩌면 기각될지도 모르는 가설로 귀무가설(null hypothesis)이라 하고, 이러한 가정 하에서 실제로 발생하는 차가 우연 때문에 일어나는 확률이 얼마인가를 계산한다. 이 확률의 크기에 의해 처음 가설이 합리적인가 아닌가에 대하여 결론을 내린다. 실제로 이 차가 너무 커서 단순한 우연에 의하여 발생하기 어려운 정도의 것이라면 처음 가설을 버리고 유의차가 있다고 판단한다. 이때 이 판단의 기준이 되는 확률 5%, 1% 등을 유의수준(level of significance)이라고 하며 α로 표시한다.

참 가설이 채택되고 거짓 가설이 기각되면 이것은 분명히 올바른 의사결정이다. 표본을 바탕으로 한 가설의 검정은 두 가지 형태의 과오를 범할 수 있다.

첫째 과오는 참인 귀무가설이 기각될 때의 과오로서 이것을 제1종 과오(type Ⅰ error)라 하며, 유의수준 $\alpha=5\%$, 1% 등으로 표시하며 이는 귀무가설이 진실일 때 검정에서 기각될 위험이 된다. 예컨대 유의수준 5%라는 것은 귀무가설이 진실일 때 기각될 확률이 5%라는 것을 의미하며 이는 샘플링 검사에서 좋은 검사 롯트가 불합격될 확률, 즉 좋은 제품이 전수검사이면 합격될 것인데 샘플링 검사이기 때문에 불합격이 될 확률과 같은 의미로서 이는 생산자가 손해를 볼 확률인 생산자위험 α와 의미를 같이한다고 할 수 있다.

또한 귀무가설이 거짓일 때 채택되는 것을 제2종 과오(type II error)라 하고 이것을 β로 표시한다.

귀무가설	채택	기각
H_0 : 진실	바른 의사결정	제1종 과오
H_0 : 거짓	제2종 과오	바른 의사결정

$$\alpha = p(\text{참인 } H_0\text{를 기각}) = p(type\ \mathrm{I}\ error)$$

$$\beta = p(\text{거짓인 } H_0\text{를 채택}) = p(type\ \mathrm{II}\ error)$$

일반적으로 유의수준 α는 5%, 1% 등이 사용되지만 유의수준을 어느 정도 할 것인가에 대하여서는 표준정규분포

$$Z = \frac{\bar{x} - \mu}{\sigma_{\bar{x}}} \text{에서}$$

$p = p(|Z| \geq Z_0)$에 해당하는 p-value에 따라 α를 정할 수 있다. 이때 $p < \alpha$에 의하여 가설이 기각되는 수준에 따라 5%, 1%, 0.1%로 α를 정할 수 있다. 이와 같이 유의수준 α를 적절히 조정하여 가설검정 결과에 대한 의미를 찾게 된다. 이처럼 p-value에 따라 α를 조정하는 것을 유의수준 α를 조정한다고 말한다. 이러한 유의차가 인정될 때 귀무가설은 기각되고 대립가설(alternative hypothesis)이 채택된다. 이러한 가설의 검정에서 표본으로부터 계산된 표본 통계량이 일정한 기각역에 들어가는 확률을 유의수준(有意水準)이라고 한다. 이를 그래프로 표시하면 [그림 8-1]과 같이 나타낼 수 있다.

그림 8-1

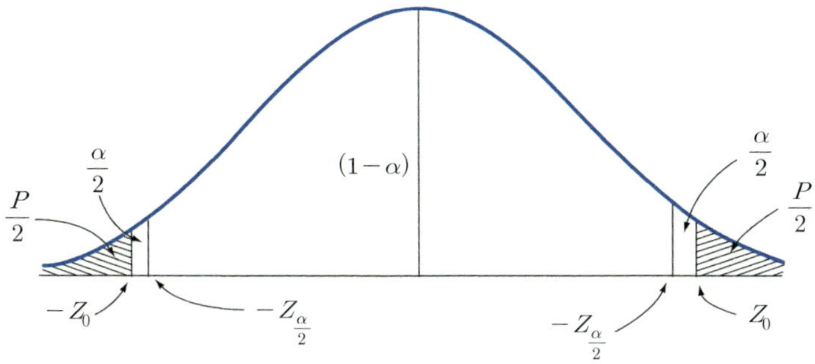

$p=p(|Z| \geq Z_0) < \alpha$, 즉 $\alpha/2+\alpha/2=\alpha > p/2+p/2=p$일 때 유의수준 α에서 유의적이다.

모평균의 검정이란 통계량인 표본평균 $\bar{x}$가 추출된 표본의 모평균 μ와의 사이에 차가 있는지를 검정하는 것이다. 모평균 μ를 갖는 모집단으로부터 추출한 표본의 평균치 $\bar{x}$와 모평균 μ와의 차 $|\bar{x}-\mu|$는 추정오차 혹은 표본추출의 우연성에서 발생하는 표본오차이다. 통계량 $\bar{x}$를 가지고 모수인 μ를 추정할 때 어느 정도의 우연오차의 필연성을 인정해야 한다.

제 7장의 구간추정에서 $|\bar{x}-\mu| < 1.96\frac{\sigma}{\sqrt{n}}$는 $\bar{x}$를 갖는 표본이 모평균인 μ인 모집단으로부터 추출된 것이라고 보아도 이 가설이 맞은 확률이 95%라는 것을 의미한다. 즉, 표본평균 $\bar{x}$인 표본이 모평균이 μ인 모집단으로부터 추출된 것이라고 보아서는 안될 확률이 5%인 것이다. 또 $|\bar{x}-\mu| < 2.58\frac{\sigma}{\sqrt{n}}$이면 평균이 $\bar{x}$인 표본이 모평균이 μ인 모집단으로부터 추출된 것이라 보아도 맞을 확률이 99%이고 틀릴 확률이 1%인 것이다.

따라서 표본평균 $\bar{x}$와 모평균 μ와의 차 $|\bar{x}-\mu|$가 평균 $\bar{x}$인 표본이 평균 μ인 모집단으로부터 추출된 것이라고 보기 어려울 정도로 클 때, 즉 이 차가 표본추출

에 의한 우연성에 의한 것이라고 보기 어려울 정도로 클 때 표본평균 $\bar{x}$와 모집단의 평균 μ 사이에 유의적(有意的)인 차가 있다고 한다.

예를 들면 $\mu = 0.4$인데 표본평균 $\bar{x} = 0.8$이여서 $|\bar{x} - \mu| = 0.4$가 되어 $\bar{x} = 0.8$인 표본을 모평균 $\mu = 0.4$인 모집단에서 추출한 것으로 볼 수 없을 때 $\bar{x}$와 μ의 차를 유의적(有意的)이라고 한다.

이와 같은 가설검정은 다음과 같은 5단계를 거친다.

> ▸**가설 검정의 5단계** :
>
> 1단계 : 귀무가설(H_0)과 대립가설(H_a)을 설정한다.
> (흔히 대립가설은 연구가설이라고 한다.)
>
> 2단계 : 적절한 유의수준(5%, 1% 등)을 정한다.
>
> 3단계 : 주어진 유의수준에 해당하는 기각역을 구한다.
>
> 4단계 : 표본을 추출하고 검정통계량을 구한다.
>
> 5단계 : 기각역과 검정통계량의 값을 비교하여 검정에 대한 결론을 내린다.

2 정규분포에 의한 모평균의 검정

모평균이 μ이고 모분산이 σ^2인 정규모집단에서 n개의 표본 $x_1,\ x_2,\ x_3,\ \ldots\ x_n$을 추출하여 표본평균이 $\bar{x}$, 표본의 표준오차가 $\sigma_{\bar{x}} = \dfrac{\sigma}{\sqrt{n}}$이거나 $\sigma_{\bar{x}} = \dfrac{s}{\sqrt{n}}$일 때 표본평균 $\bar{x}$와 모평균 μ 사이에서는 차가 없을지도 모른다. 이러한 경우 다음과 같이 귀무가설과 대립가설을 설정할 수 있다.

귀무가설 : 표본평균 $\bar{x}$와 모집단의 평균 μ 사이에는 차가 없을 것이다.
즉, $H_0\ :\ \bar{x} - \mu = 0$

대립가설 : 표본의 평균 $\bar{x}$와 모평균 μ와는 차가 있을 것이다.
즉, $H_a\ :\ \bar{x} - \mu \neq 0$

여기에서 표본의 평균 $\bar{x}$와 모집단의 평균 μ가 같다는 것은 평균이 $\bar{x}$인 표본이 평균 μ인 모집단에서 추출된 것이라고 보아도 될 확률이 $(1-\alpha)$인 것이다. 이때 α가 유의수준이다.

그림 8-2

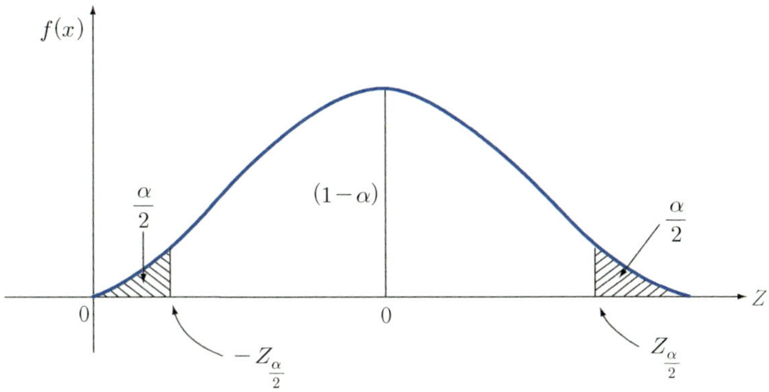

$Z_0 = \left| \frac{\bar{x}-\mu}{\sigma_{\bar{x}}} \right|$, $\sigma_{\bar{x}} = \frac{\sigma}{\sqrt{n}} = \frac{s}{\sqrt{n}}$ 일 때, [그림 8-2]에 나타낸 바와 같이 Z_0의 값이 $Z_0 < -Z_{\alpha/2}$, $Z_0 > Z_{\alpha/2}$이면 유의수준 α로서 가설이 기각되며, 이 범위를 기각역(rejectable area)이라고 한다. 한편 $-Z_{\alpha/2} < Z_0 < Z_{\alpha/2}$이면 유의수준 α로서 가설이 채택되며, 이 범위를 채택역이라고 한다.

예컨대 $\alpha = 1\%$이면 $\frac{\alpha}{2} = \frac{0.01}{2} = 0.005$이므로 $Z_0 = \left| \frac{\bar{x}-\mu}{\sigma_{\bar{x}}} \right|$ 에서 [그림 8-3]에 나타낸 바와 같이 $Z_0 \leq -2.58, Z_0 \geq 2.58$이면 유의수준 $\alpha = 0.01$로서 가설이 기각되고, $-2.58 < Z_0 < 2.58$이면 가설은 채택된다.

그림 8-3

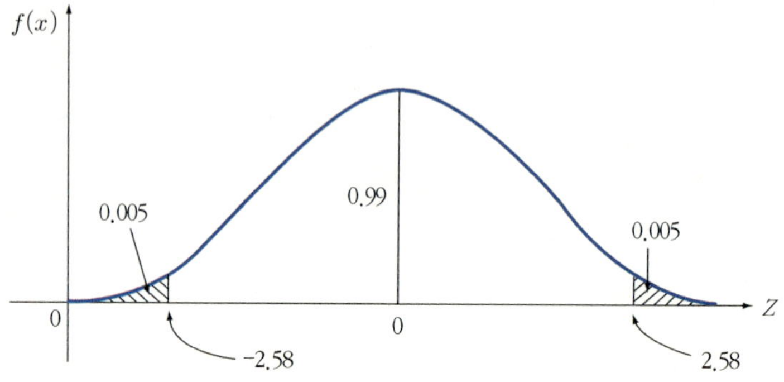

또 α=5%이면 $\frac{\alpha}{2}=\frac{0.05}{2}=0.025$이므로 $Z_0 = \left| \frac{\bar{x}-\mu}{\sigma_{\bar{x}}} \right|$에서 [그림 8-4]에 나타낸 바와 같이 $Z_0 \leq -1.96$, $Z_0 \geq 1.96$이면 유의수준 $\alpha=0.05$로서 가설이 기각되고, $-1.96 < Z_0 < 1.96$이면 유의수준 $\alpha=0.05$에서 가설은 채택된다.

그림 8-4

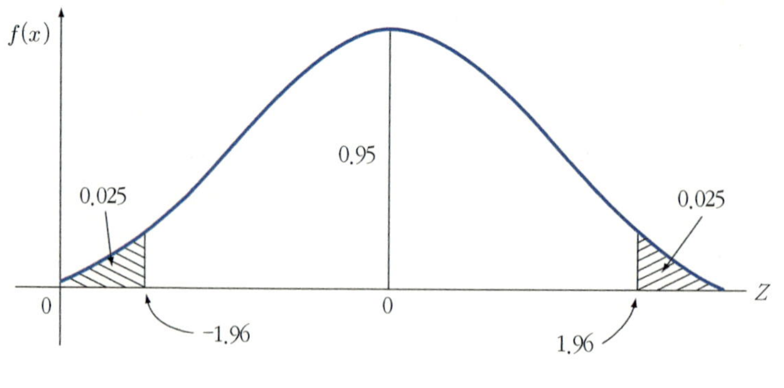

예제 8-1

어떤 제조기업에서 생산하는 제품수명은 1500시간이라고 선전광고를 하고 있다. 이 기업의 광고의 진위여부를 알고자 제품 $n=100$을 추출하여 수명시험을 해 본 결과 $\bar{x}=1400$시간, $s=300$시간이었다. 이 제품의 수명의 진위여부를 검정하여라.

$$\bar{x}=1400,\ s=300,\ n=100,\ \mu=1500$$

귀무가설(H_0) : 제품의 수명이 1500시간이라고 할 수 있을 것이다. 즉, $\bar{x}-\mu=0$
대립가설(H_a) : 제품의 수명이 1500시간이라고 할 수 없을 것이다.
즉, 표본의 평균과 모평균 사이에는 차가 있을 것이다.($\mu-\bar{x}\neq 0$)

$$\sigma_{\bar{x}}=\frac{s}{\sqrt{n}}=\frac{300}{\sqrt{100}}=30$$

$$Z_0=\left|\frac{\bar{x}-\mu}{\sigma_{\bar{x}}}\right|=\left|\frac{1400-1500}{30}\right|=3.3$$

이때 유의수준 α를 5%로 하면 $Z_{\alpha/2}=Z_{0.025}=1.96$이고, α를 1%로 하면 $Z_{\alpha/2}=Z_{0.005}=2.58$이 된다. $Z_0=3.3$이므로 α=5%로 하는 것보다는 α=1%로 하는 것이 더 바람직하다. 이렇게 하는 것을 검정의 α를 조정한다고 한다. 그리고 $Z_0=3.3$은 α=1%일 때의 $Z_{\alpha/2}=Z_{0.005}=2.58$보다 크다.

즉, $Z_0=3.3>2.58$이기 때문에 유의수준 $\alpha=0.01$로서 가설은 기각되므로 유의수준 α=1%로서 유의차가 있다고 한다. 따라서 이 기업의 제품수명 μ=1500이라고 광고하는 것은 $n=100$개를 시험해 본 결과와는 100시간차가 있는 것은 실제로 차가 있는 것으로 볼 수 있으므로 이 기업의 제품수명에 대한 선전광고는 신뢰성이 없다고 할 수 있다.

3 t-분포에 의한 검정

표본평균 $\bar{x}$가 정규분포이면 t 통계량은 자유도 $\upsilon = n-1$인 t-분포를 따르는 $t = \dfrac{\bar{x} - \mu_0}{s/\sqrt{n}}$으로 구할 수 있다.

t-분포를 따르는 표본평균에 대한 모평균의 신뢰구간은 $\bar{x} \pm t_{\alpha/2, n-1} \dfrac{s}{\sqrt{n}}$이다.

1) 양측검정

양측검정의 경우 실제 구한 t 통계량이 이 범위 안에 있게 되면 귀무가설은 채택이 되며, 이 경우 이 영역을 채택역(acceptance region)이라 한다. 그러나 t 통계량이 이 범위를 벗어나면 귀무가설은 기각되며 이때의 영역을 기각역(rejection region)이라고 한다. 따라서 양측검정에 대한 정규분포의 평균치에 대한 가설과 기각규칙은 다음과 같다.

$H_0 \ : \mu = \mu_0$

$H_1 \ : \mu \neq \mu_0$

기각 규칙 : $t < -t_{\alpha/2, n-1}$ 또는 $t > t_{\alpha/2, n-1}$이면 H_0가 기각된다.

여기서 $t = \dfrac{\bar{x} - \mu_0}{s/\sqrt{n}}$

그림 8-5 가설의 채택역과 기각역

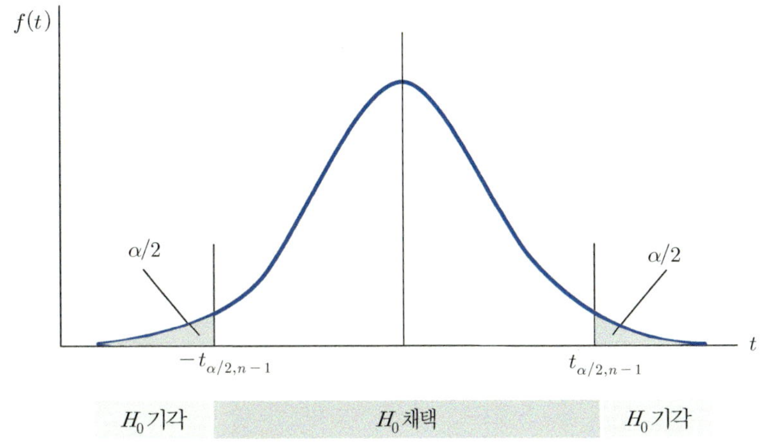

예제 8-2

어떤 제품의 표본을 16개 추출하여 제품 특성 중의 하나인 직경을 측정한 결과 표본평균 $\bar{x}$=28.0이며 표준편차 s=3.0이었다. 유의수준 5%에서 모평균 μ_0=30이라는 가설을 검정하여라.

$$\mu=30,\ n=16,\ \bar{x}=28.0,\ s=3.0$$

귀무가설 : 이 제품의 직경은 모평균 μ와 같다. 즉, $\mu=30$이다.
대립가설 : 이 제품의 직경은 모평균 μ와 같지 않다. 즉, $\mu\neq30$이다.

$$\text{통계량 } t=\left|\frac{\bar{x}-\mu_0}{s/\sqrt{n}}\right|=\left|\frac{28-30}{3/\sqrt{16}}\right|=2.67$$

$\alpha=5\%$이므로 $t_{\alpha/2,n-1}=t_{0.025,15}=2.131$이 된다.

$t=2.67>t_{0.025,15}=2.131$이 되어 [그림 8-6]에 나타낸 바와 같이 유의수준 $\alpha=5\%$에서 가설은 기각되어 이 회사에서 만든 제품의 특성인 직경이 μ=30이라고 할 수 없다.

그림 8-6

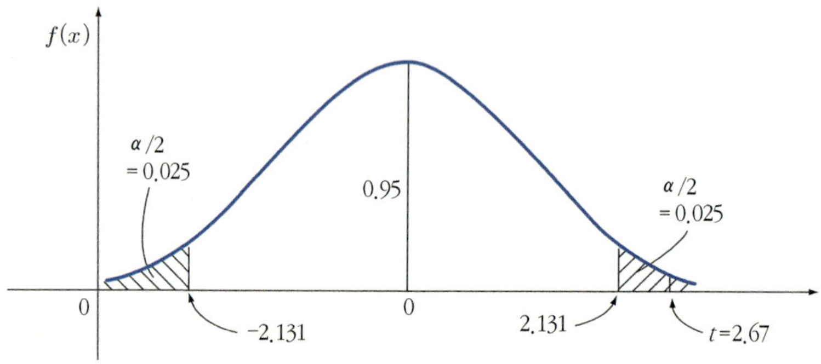

2) 우측검정

평균이 $\bar{x}$인 표본의 모평균 μ가 가설의 모평균 μ_0보다 크다고 할 수 있느냐에 대한 검정을 우측검정(right sided test)이라고 하며, 이때 귀무가설은 표본의 모평균 μ는 가설의 모평균 μ_0보다 작거나 같다이고 대립가설은 이와 반대인 표본의 모평균 μ는 가설의 모평균 μ_0보다 크다이다.

이 경우 $t = \dfrac{\bar{x} - \mu_0}{s/\sqrt{n}} > t_{\alpha, n-1}$이면 유의수준 α에서 귀무가설은 기각되고 대립가설이 채택된다. 이를 그림으로 나타낸 것이 [그림 8-7]이다.

▸우측검정에서 정규분포의 평균에 대한 가설과 기각규칙 :

$H_0 : \mu \le \mu_0$

$H_a : \mu > \mu_0$

기각 규칙 : $t > t_{\alpha, n-1}$이면 H_0는 기각

여기서 $t = \dfrac{\bar{x} - \mu_0}{s/\sqrt{n}}$

그림 8-7 우측검정에서 기각영역

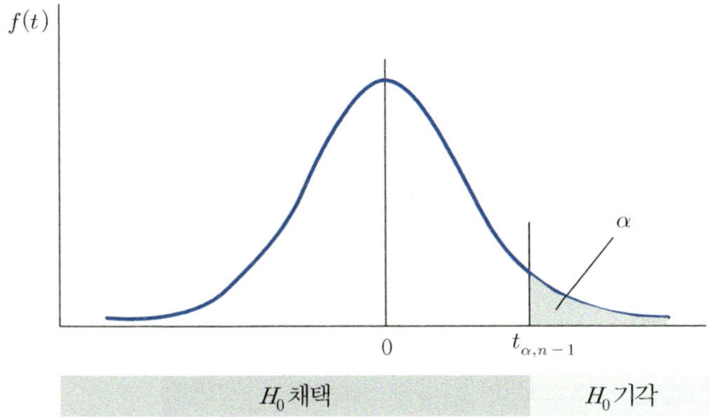

예제 8-3

닭에 호르몬 주사를 놓으면 계란의 무게가 0.3g 증가한다고 한다. 실제로 호르몬 주사를 맞은 닭이 낳은 계란 30개를 조사해보니 0.4g이 무거워졌다. 30개 계란 평균무게에 대한 표준편차는 0.2g이다. 호르몬 주사를 맞은 닭이 낳은 계란의 무게가 0.3g 증가한다고 할 수 있겠는가를 유의수준 α =5%에서 검정하라.

$\bar{x} = 0.4\text{g}, \ \mu_0 = 0.3\text{g}, \ n = 30, \ s = 0.20$

귀무가설 : 표본의 모평균 μ는 $\mu_0 = 0.3$보다 작거나 같다.

대립가설 : 표본의 모평균 μ는 $\mu_0 = 0.3$보다 크다.

$$t = \frac{\bar{x} - \mu_0}{s/\sqrt{n}} = \frac{0.4 - 0.3}{0.2/\sqrt{30}} = 2.74, \ t_{\alpha, n-1} = t_{0.05, 29} = 1.70$$

$t = 2.74 > t_{0.05, 29} = 1.70$이므로 귀무가설이 기각되고 대립가설이 채택되므로 호르몬주사를 맞으면 계란의 무게는 증가한다고 할 수 있다.

3) 좌측검정

평균이 $\bar{x}$인 표본의 모평균 μ가 가설의 모평균 μ_0보다 작다고 할 수 있느냐에 대한 검정을 좌측검정(left sided test)이라고 하며, 이때 귀무가설은 표본의 모평균 μ는 가설의 모평균 μ_0보다 크거나 같다이고 대립가설은 표본의 평균 μ는 가설의 모평균 μ_0보다 작다이다. 이 경우 $t=\dfrac{\bar{x}-\mu_0}{s/\sqrt{n}}<-t_{\alpha,n-1}$이면 유의수준 α에서 귀무가설은 기각되고 대립가설이 채택된다. 이를 그래프로 나타낸 것이 [그림 8-8]이다.

▸ **좌측검정에서 정규분포의 평균에 대한 가설의 기각규칙** :

$H_0 : \mu \geq \mu_0$

$H_a : \mu < \mu_0$

기각 규칙 : $t < -t_{\alpha,n-1}$이면 H_0는 기각

여기서 $t=\dfrac{\bar{x}-\mu_0}{s/\sqrt{n}}$

그림 8-8 좌측검정에서 기각영역

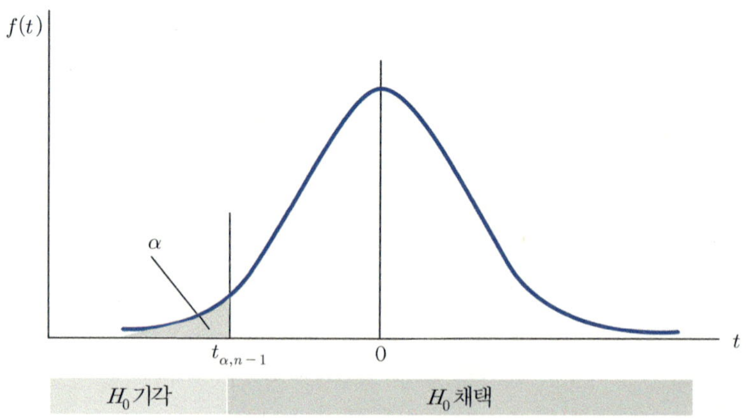

예제 8-4

쥐는 생후 3개월에 평균체중이 65g이다. 12마리 쥐를 특별사료로 사육한 3개월 후의 체중은 평균 60.75g이고 표준편차가 3.84g인 것으로 나타났다. 이 특별한 사료가 쥐의 체중감량에 영향을 주었다고 할 수 있는가를 $\alpha = 5\%$에서 검정하라.

$\bar{x} = 60.75\text{g}, \quad \mu_0 = 65\text{g}, \quad s = 3.84\text{g}$

귀무가설 : 특별사료는 쥐의 체중감량에 영향을 미치지 못할 것이다.

대립가설 : 특별사료는 쥐의 체중감량에 영향을 미칠 것이다.

$$t = \frac{\bar{x} - \mu_0}{s/\sqrt{n}} = \frac{60.75 - 65}{3.84/\sqrt{12}} = -3.83, \quad -t_{\alpha, n-1} = -t_{0.05, 11} = -1.796$$

$t = -3.83 < -t_{0.05,11} = -1.796$이므로 귀무가설이 기각되고 대립가설이 채택되어 특별사료는 쥐의 체중감량에 유의수준 5%에서 영향을 미친다고 할 수 있다.

4 단일집단에 대한 가설검정

다음의 사례를 중심으로 설명한다.

사례

K전기회사에서는 건전지를 생산하여 공급하고 있는데 이 회사에서 생산하는 건전지의 출력은 정상부하가 걸리는 조건 하에서 0.8암페어 이상을 유지한다고 한다.

이 회사에서 생산하는 건전지를 16개 표본추출하여 측정한 결과 각각 다음과 같은 출력을 나타내었다.

0.5 0.9 0.7 1.1 1.1 0.8 0.3 0.7

0.6 0.8 0.6 0.4 0.8 0.2 0.5 0.6

이 회사에서 생산하는 건전지의 평균 출력이 0.8암페어 이상이라는 귀무가설을 5%의 유의수준에서 기각시킬 수 있겠는가

이 문제를 먼저 공식에 의해 풀면 다음과 같이 된다.

귀무가설 H_1 : $\mu \geq 0.8$

대립가설 H_a : $\mu < 0.8$

$$\bar{x} = \frac{1}{n}\sum x_i = \frac{1}{16}(0.5 + 0.9 + \ldots, + 0.6) = 0.6625$$

$$s = \sqrt{\frac{1}{n-1}\sum(x_i - \bar{x})^2}$$

$$= \sqrt{\frac{1}{15}\ [(0.5-0.663)^2 + (0.9-0.663)^2 + \ldots + (0.6-0.663)^2}$$

$$= 0.2553$$

$$t = \frac{\bar{x} - \mu_0}{s/\sqrt{n}} = \frac{0.663 - 0.8}{0.255/\sqrt{16}} = -2.155$$

$$-t_{\alpha,n-1} = -t_{0.05,15} = -1.753$$

$t = -2.155 < -t_{0.05,15} = -1.753$이므로 평균출력이 0.8암페어 이상이라는 귀무가설은 기각되고 대립가설이 채택되어 이 회사에서 생산하는 건전지의 평균출력은 0.8암페어 보다 낮다고 할 수 있다.

이 문제를 SPSS프로그램으로 처리하면 다음과 같은 과정을 거친다.

먼저 [그림 8-9]와 같이 데이터를 입력하고 변수를 지정한다. 여기서 변수 X는 16개 표본건전지의 출력량을 의미한다.

그림 8-9 데이터 및 변수입력

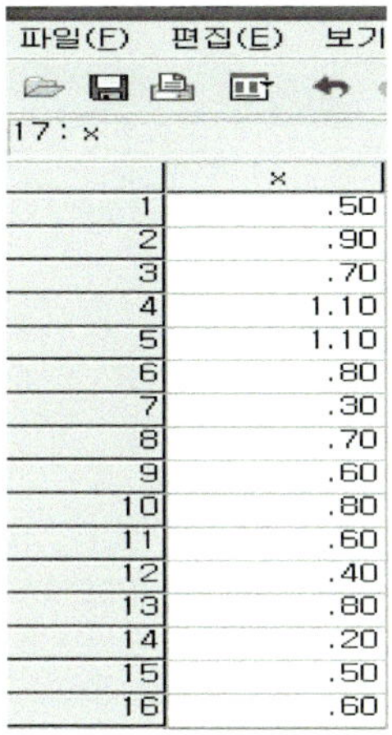

다음으로 [그림 8-10]과 같이 분석방법을 선택한다.

여기서 평균비교 메뉴를 선택하는 이유는 표본평균과 모평균을 비교하게 때문이다.

그림 8-10 분석방법의 선택

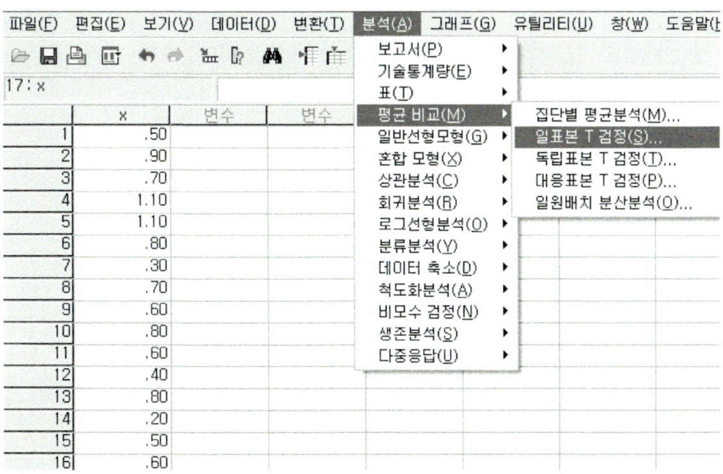

그림 8-11 검정준비를 위한 변수입력

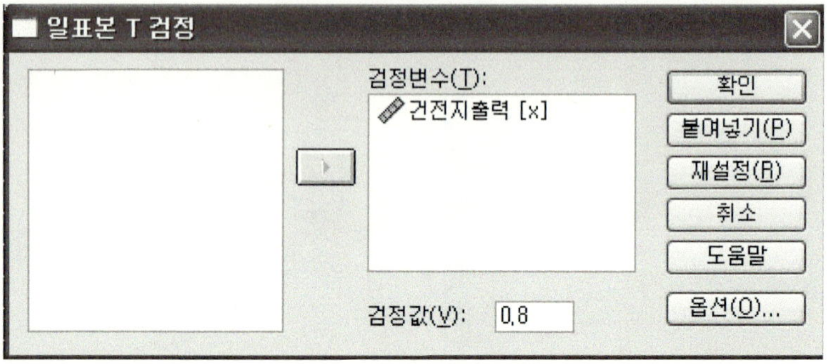

다음은 검정을 위한 준비단계로 해당변수를 입력하고 이때 검정값에 0.8를 입력하면 [그림 8-11]과 같이 된다.

그리고 마지막으로 확인버턴을 누르면 [그림 8-12]와 같이 검정결과가 출력된다.

[그림 8-12]에 나타난 바와 같이 표본수 16개에 대한 평균출력량은 $\overline{x}$=0.6625이며 표준편차 S=0.2553이고, 자유도 df=15에서 t=−2.155로 나타나 유의확률 sigt=0.048로서 유의수준 5%보다 작기 때문에 결국 이 회사에서 생산하는 건전지의 평균출력량은 0.8암페어 이상이라는 귀무가설이 기각됨을 알 수 있다. 즉, 이 회사에서 생산출하하는 건전지의 평균출력은 0.8암페어 보다 낮다고 할 수 있다. 이상의 결과는 공식에 의한 풀이결과와 일치함을 알 수 있다

그림 8-12 검정결과의 출력

➜ T-검정

[DataSet0]

일표본 통계량

	N	평균	표준편차	평균의 표준오차
건전지출력	16	.6625	.25528	.06382

일표본 검정

	검정값 = 0.8					
	t	자유도	유의확률 (양쪽)	평균차	차이의 95% 신뢰구간	
					하한	상한
건전지출력	-2.155	15	.048	-.13750	-.2735	-.0015

검정결과를 토대로 보고서 양식으로 나타내면 다음의 〈표 8-1〉과 같다.

〈표 8-1〉 **건전지 출력에 대한 t검정결과**

변수	표본수	평균	표준편차	t값(sigt)
건전지출력 (x)	16	0.6625	0.2553	-2.155 (0.048)

사례 2

H고무벤드 생산업체에서는 한 케이스에 6개씩 담아 생산공급하고 있다. 그런데 이 회사에서 생산 공급하는 고무벤드 상자의 평균 무게는 6g이라고 한다. 실제로 평균 무게가 6g인지를 확인하기 위해 9개 상자를 표본으로 추출하여 조사한 결과 각 케이스의 무게가 다음과 같이 나타났다.

14, 6, 7, 6, 6, 10, 7, 11, 5

과연 이 회사에서 생산 공급하는 고무밴드 케이스의 평균 무게가 6g이라고 할 수 있겠는가? 5%유의수준에서 검정하라.

$$\bar{x} = \frac{1}{n}\sum x_i = \frac{1}{9}(14+6+7+\ldots+5) = 8$$

$$s = \sqrt{\frac{1}{n-1}\sum(x_i - \bar{x})^2}$$

$$= \sqrt{\frac{1}{8}\ [(14-8)^2+(6-8)^2+\ldots+(5-8)^2} = 3$$

$$t = \frac{\bar{x}-\mu_0}{s/\sqrt{n}} = \frac{8-6}{3/\sqrt{9}} = 2\text{가 된다.}$$

$t_{\alpha/2,\, n-1} = t_{0.025,\, 8} = 2.306$이 되어 $t = 2 < 2.306$이기 때문에 유의수준 0.05에서 귀무가설이 채택된다.

SPSSWIN패키지를 활용하여 검정해 보자. 먼저 데이터 입력과 변수의 지정을 한 후 분석방법을 선택하면 다음의 [그림 8-13]과 같이 나타난다.

그림 8-13 데이터와 입력 및 분석방법의 선택

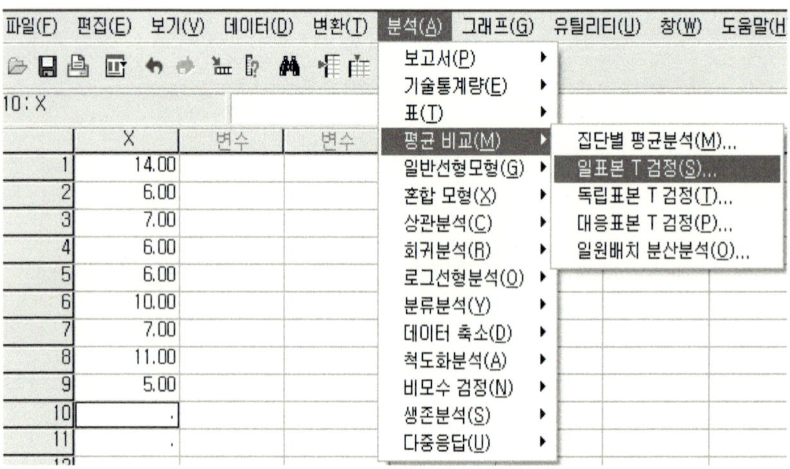

다음으로 검정변수를 선택하고 검정값(6)을 입력하면 [그림 8-14]와 같이 분석 준비가 완료된다.

그림 8-14 검정변수의 선택과 검정값 입력

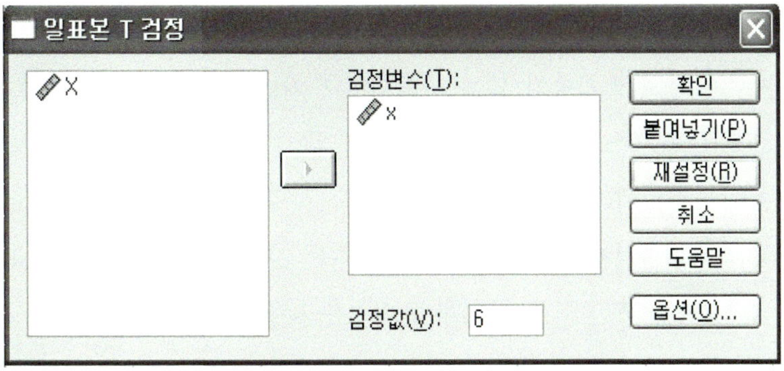

여기서 확인버턴을 누르면 검정결과가 [그림 8-15]와 같이 나타난다.

그림 8-15 검정결과의 출력

➡ T-검정

[DataSet0]

일표본 통계량

	N	평균	표준편차	평균의 표준오차
X	9	8.0000	3.00000	1.00000

일표본 검정

	검정값 = 6					
	t	자유도	유의확률 (양쪽)	평균차	차이의 95% 신뢰구간 하한	상한
X	2.000	8	.081	2.00000	-.3060	4.3060

출력결과 $\bar{x}$=8.0, s=3.0, t=2로 나타나 공식에 의한 결과와 동일하며 유의확률 sigt= 0.081로서 이것이 p-값이다. 따라서 유의수준 α= 0.05보다 크기 때문에 (p = 0.081〉α= 0.05) 귀무가설이 채택된다.

연구대상 집단에서 표본을 추출하여 이 표본의 특성을 바탕으로 모집단의 특성과 실제로 차이가 나는지 여부를 밝히는 데는 컴퓨터 소프트웨어, 예컨대 SPSS, SASS, LISREL, MINITAB과 같은 패키지 프로그램으로 처리한다. 이 경우 귀무가설이 참이라는 가정 하에 자료가 통계 처리되므로 처리된 검정통계량에 대한 유의확률(significance probability)에 따라 귀무가설의 기각여부를 결정한다. 이 유의확률을 p-값(p-value)이라고 하며 이 p값과 유의수준 α와 비교하여 $p < \alpha$이면 귀무가설이 기각된다. 이때 p값의 크기에 따라 유의수준 α를 0.1%, 1%, 5% 등으로 조정하여 그 결과를 판단한다. 이렇게 유의수준 α를 p값의 크기에 따라 조정하여 가설검정 결과를 판단하는 것을 유의수준 α를 조정한다고 한다.

검정결과에 대한 판단기준은 p-값의 크기에 따라 달라진다.

> ▸ ***P*-Value를 이용한 귀무가설에 대한 판단기준** :
>
> $p < \alpha \quad H_0$: 기각
>
> $p \geqq \alpha \quad H_0$: 채택

5 두집단의 평균치차에 대한 검정(가설 $\mu_1 = \mu_2$ 의 검정)-독립표본에 대한 검정

귀무가설이 두 정규모집단의 평균치의 차가 δ_0와 같다. 즉, $H_0 : \mu_1 - \mu_2 = \delta_0$을 고려할 때 이 귀무가설의 검정은 두 표본의 결과에 의존한다.

두 개의 표본을 취할 때 관찰치 X_{ij}는 첫째, 평균이 μ_1인 정규모집단에서 n_1개의 표본을 추출할 때의 표본이 X_{11}, X_{21}, X_{31}, ⋯, Xn_1이며, 둘째, 평균이 μ_2인 정규모집단에서 n_2개의 표본을 추출할 때의 표본이 X_{12}, X_{22}, X_{32},⋯, Xn_2임을

의미한다. 여기서 첫째 표본집단의 모집단에 대한 표준편차가 σ_1이며 둘째 표본집단의 모집단에 대한 표준편차가 σ_2이다. 이러한 서로 다른 두 표본집단은 다음과 같은 두 가지 기본 가정을 전제로 한다.

① 표본은 독립적인 랜덤표본이며

② 모집단은 정규분포이다.

두 표본의 평균치차인 $\overline{X_1} - \overline{X_2}$는 귀무가설 $Ho: \mu_1 - \mu_2 = \delta_0$를 검정하는데 사용된다.

두 평균치차의 검정에서 다음과 같은 두 경우로 구분할 수 있다.

① 모집단의 공통 표준편차인 경우 $\sigma_1 = \sigma_2 = \sigma$

② 모집단의 표준편차가 차가 있는 경우 $\sigma_1 \neq \sigma_2$

1) $\sigma_1 = \sigma_2 = \sigma$인 경우의 Ho : $\mu_1 = \mu_2$에 대한 가설검정

Ho : $\mu_1 = \mu_2 = \delta_0$를 검정하고자 할 경우 모집단은 공통 표준편차를 갖는다는 점을 가정한다. 즉, $\sigma_1 = \sigma_2 = \sigma$ 을 가정할 때이다.

독립적인 랜덤표본의 가정 하에서 표본평균차인 표본분포의 표준편차 $\sigma_{\overline{x_1} - \overline{x_2}}$는 다음과 같다.

$$\sigma_{\overline{x_1} - \overline{x_2}} = \sqrt{\frac{\sigma_1{}^2}{n_1} + \frac{\sigma_2{}^2}{n_2}}$$

두 모집단의 분산이 같다고 가정하기 때문에 각 표본으로부터 공통분산 $\sigma^2 = \sigma_1^2 = \sigma_2^2$에 대한 불편추정량을 구할 수 있다. 그래서 공통추정분산(Pooled estimate of vasiance) S^2pooled이라는 것을 구하는 양 표본에서 Pooled 정보에 의하여 최적 불편추정량을 얻을 수 있다. 이 공통추정분산은 공통 모분산 σ^2의 추정량으로 다음과 같은 두 가지 방법으로 구할 수 있다.

첫째 방법은 각 표본으로부터 공통제곱의 합(sum of squares)을 공통으로 계산한 Pooled SS를 공동자유도 (Pooled.d.f) $n_1 + n_2 - 2$로 나누면 다음과 같이 구할 수 있다.

$$S^2\ \text{pooled}=r\frac{PooledSS}{Pooled\ \ d.f}=\frac{\sum(X_{i1}-\overline{X_1})^2+\sum(X_{i2}-\overline{X_2})^2}{n_1+n_2-2}$$

두 번째 방법은 개별 표본의 추정분산의 가중 평균치가 포함된 공통추정분산을 구하는 것인데 여기서 가중치는 개별자유도이다.

$$S^2\text{pooled}=\frac{(n_1-1)S_1^2+(n_2-1)S_2^2}{n_1+n_2-2},\ \text{여기서}\ \ S_1^2=\frac{\sum(X_{i1}-\overline{X_1})^2}{n_1-1}$$

$$S_2^2=\frac{\sum(X_{i2}-\overline{X_2})^2}{n_2-1}\text{이다.}$$

두 방법 모두 같은 결과를 가져오며 어떤 방법이든 편리한 쪽을 선택하면 된다. 이제 모집단의 표준편차 $\sigma_{\overline{x_1}-\overline{x_2}}$와 표본의 추정치 $S_{\overline{x_1}-\overline{x_2}}$를 계산하는데 S^2 pooled를 이용할 수 있다.

$$S_{\overline{x_1}-\overline{x_2}}=\sqrt{S^2pooled\left(\frac{1}{n_1}+\frac{1}{n_2}\right)}$$

귀무가설 $Ho:\mu_1-\mu_2=\delta_0$를 검정하기 위해 다음의 공식으로 t값을 구한다.

$$t=\frac{\overline{X_1}-\overline{X_2}-\delta_0}{S_{\overline{x_1}-\overline{x_2}}}$$

귀무가설을 세울 때 이 통계치는 자유도 n_1+n_2-2인 t-분포를 따른다. 이 검정은 모집단이 동일 분산을 갖는다는 가정을 제외하면 단순 t-검정이다.

따라서 두 표본집단의 평균치 차에 대한 가설은 $Ho:\mu_1=\mu_2$로서 두집단의 평균치 간에 차가 없다는 것이다. 그러므로 $\delta_0=0$가 되어 통계량은 $t=\frac{\overline{X_1}-\overline{X_2}}{S_{\overline{x_1}-\overline{x_2}}}$이 된다.

양측 검정에서 검정절차는 다음과 같이 된다.

▶ **$\sigma_1 = \sigma_2 = \sigma$ 때 양측검정의 두 평균치 차의 가설과 기각역 :**

$$H_0 : \mu_1 = \mu_2$$

$$H_a : \mu_1 \neq \mu_2$$

기각규칙 : $t < -t_{\alpha/2, n_1+n_2-2}$ 또는

$t > t_{\alpha/2, n_1+n_2-2}$이면 H_0기각

여기서 $t = \dfrac{\overline{X_1} - \overline{X_2}}{S_{\overline{x_1} - \overline{x_2}}}$

우측검정의 검정절차는 다음과 같다.

▶ **$\sigma_1 = \sigma_2 = \sigma$때 $H_a : \mu_1 > \mu_2$ 에 대한 검정의 기각규칙 :**

$$H_0 : \mu_1 \leq \mu_2$$

$$Ha : \mu_1 > \mu_2$$

기각규칙 : $t > t_{\alpha, n_1+n_2-2}$이면 H_0는 기각

여기서 $t = \dfrac{\overline{X_1} - \overline{X_2}}{S_{\overline{x_1} - \overline{x_2}}}$이다.

좌측검정에 대한 검정절차는 다음과 같다.

▶ **$\sigma_1 = \sigma_2 = \sigma$, $Ha : \mu_1 < \mu_2$ 에 대한 검정의 기각규칙 :**

$$Ho : \mu_1 \geq \mu_2$$

$$Ha : \mu_1 < \mu_2$$

기각규칙 : $t < -t_{\alpha, n_1+n_2-2}$이면 H_0는 기각

여기서 $t = \dfrac{\overline{X_1} - \overline{X_2}}{S_{\overline{x_1} - \overline{x_2}}}$이다.

예제 8-5

K페인트 회사에서는 A, B 두 페인트를 생산 공급하고 있다. A, B 두 페인트간에 내구성에서 차이를 보이는지 여부를 확인하기 위해 A, B 두 페인트에서 각각 12통씩 표본추출하여 다음과 같은 결과를 얻었다.

페인트 A	12.5	9.9	10.3	9.4	8.7	10.6
	11.7	9.6	9.6	11.3	11.5	9.7
페인트 B	9.4	9.7	6.9	8.4	7.0	12.7
	11.6	10.4	7.3	7.2	8.2	9.2

유의수준 5%에서 검정하라.

페인트 A : $\sum X_{i1}$=124.8, $\overline{X_1}= \frac{1}{n_1}\sum X_{i1}=\frac{1}{12}(124.8) = 10.4$

$$\sum X_{i1}^2 = 1312,\ (\frac{1}{n_1})(\sum X_{i1})^2 = 1297.92$$

$$\sum (X_{i1} - \overline{X_1})^2 = 1312 - 1297.92 = 14.08$$

페인트 B : $\sum X_{i2}$=108, $\overline{X_2}= \frac{1}{n_2}\sum X_{i2}=\frac{1}{12}(108) = 9.0$

$$\sum X_{i2}^2 = 1010.64,\ (\frac{1}{n_2})(\sum X_{i2})^2 = 972.0$$

$$\sum (X_{i2} - \overline{X_2})^2 = 1010.64 - 972.0 = 38.64$$

페인트 A :	n_1=12 ,	$df_1 = n_1 - 1$=11 ,	$\overline{X_1}$=10.4 ,	SSA=14.08
페인트 B :	n_2=12 ,	$df_2 = n_2 - 1$=11 ,	$\overline{X_2}$=9.0 ,	SSB=38.64
합 계	24	22		52.72

$$\overline{X_1} - \overline{X_2} = 10.4 - 9.0 = 1.4, \qquad S^2 pooled = \frac{SSA + SSB}{df_1 + df_2} = \frac{52.72}{22} = 2.40$$

$$S_{\bar{x}_1 - \bar{x}_2} = \sqrt{S^2 pooled(\frac{1}{n_1} + \frac{1}{n_2})} = \sqrt{2.40(\frac{1}{12} + \frac{1}{12})} = \sqrt{0.40} = 0.63$$

통계량 $t = \dfrac{\overline{X_1} - \overline{X_2}}{S_{\bar{x}_1 - \bar{x}_2}} = \dfrac{1.4}{0.63} = 2.215$가 된다.

유의수준 5%에서 $t_{\alpha/2, n_1 + n_2 - 2} = t_{0.025,\ 22} = 2.074$이므로

$t = 2.215 > t_{0.025,\ 22} = 2.074$가 되어 귀무가설이 기각된다. 따라서 페인트 A와 페인트 B의 평균내구성은 다르다고 할 수 있다.

이 문제를 SPSSWIN패키지를 활용하여 검정하면 다음과 같이 된다. 먼저 데이터와 변수를 입력하고 분석방법을 선택하면 [그림 8-16]과 같이 나타난다. 여기서 Sample은 페인트 A가 1, 페인트 B가 2라는 것을 구분하는 변수이다.

그림 8-16 데이터와 변수입력 및 분석방법의 선택

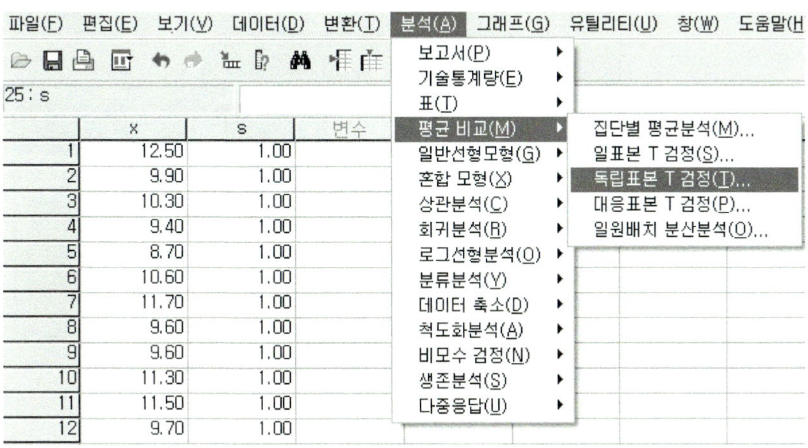

다음으로 검정준비단계로서 [그림 8-17]과 같이 된다.

그림 8-17 검정 준비단계

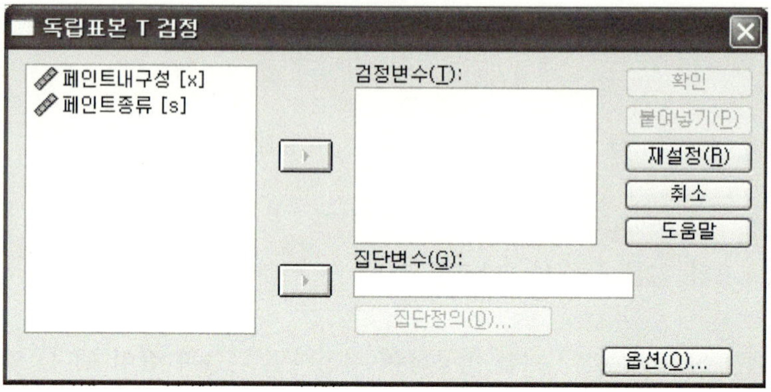

다음으로 검정변수를 선택하고 집단변수를 선택하면 [그림 8-18]과 같이 된다.

그림 8-18 검정 준비완료

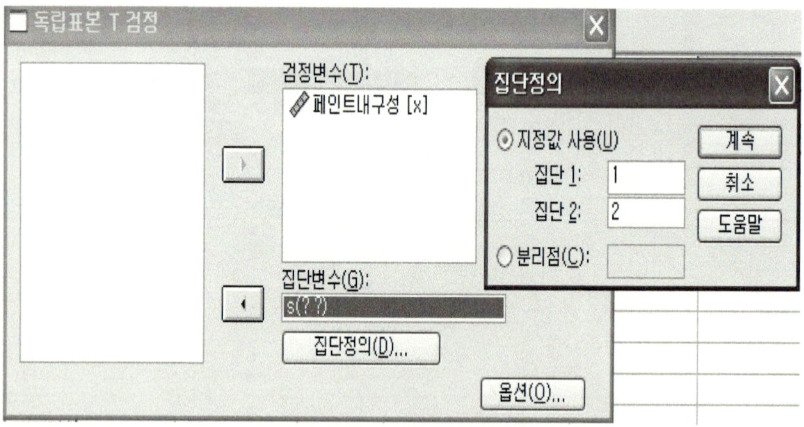

다음은 신뢰수준 조정 및 확인을 하면 [그림 8-19]와 같이 된다.

그림 8-19 신뢰수준 조정 및 확인

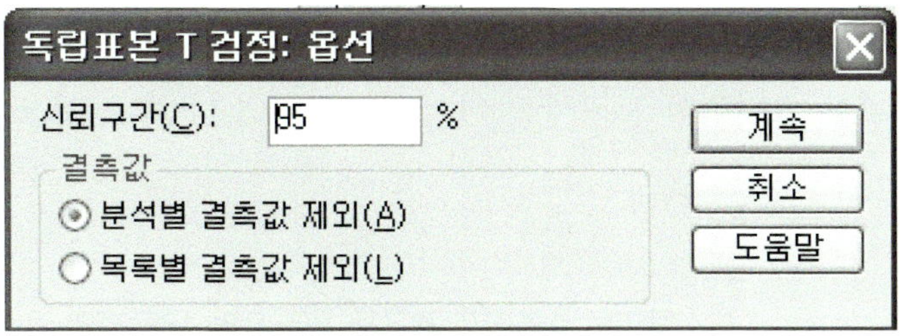

다시 계속버턴을 누르고 마지막 확인버턴을 누르면 [그림 8-20]과 같이 검정결과가 출력된다.

그림 8-20 검정결과의 출력

➧T-검정

[DataSet0]

집단통계량

	페인트종류	N	평균	표준편차	평균의 표준오차
페인트내구성	페인트A	12	10,4000	1,13137	,32660
	페인트B	12	9,0000	1,87423	,54104

독립표본 검정

		Levene의 등분산 검정		평균의 동일성에 대한 t-검정						
									차이의 95% 신뢰구간	
		F	유의확률	t	자유도	유의확률 (양쪽)	평균차	차이의 표준오차	하한	상한
페인트내구성	등분산이 가정됨	2,776	,110	2,215	22	,037	1,40000	,63198	,08936	2,71064
	등분산이 가정되지 않음			2,215	18,077	,040	1,40000	,63198	,07267	2,72733

화면에 나타난 바와 같이 페인트 A의 평균 $\overline{X_1}$= 10.4, 페인트 B의 평균 $\overline{X_2}$= 9.0이며 동일분산(동일 표준편차)이라고 가정하였으므로 t값은 t=2.215이고 자유도가 22로서 $P-$값(Sig t)이 0.037로 나타났다. 따라서 P= 0.037 <α=0.05이기 때문에 귀무가설이 기각되어 페인트 A와 B의 평균 내구성은 같다고 할 수 없다. 이와 같은 검정결과를 요약해서 보고서 양식으로 나타내면 다음의 〈표 8-2〉와 같이 된다.

〈표 8-2〉 **페인트 A와 B의 평균치 차에 대한 t검정결과**

변수	표본수(n)	평균	표준편차	t값(Sig t)
페인트 A	12	10.40	1.134	2.215
페인트 B	12	9.00	1.874	(0.037)

2) $\sigma_1 \neq \sigma_2$ 인 경우의 Ho : $\mu_1 = \mu_2$에 대한 가설검정

모집단의 표준편차의 차가 있다고 ($\sigma_1 \neq \sigma_2$) 가정할 때 Ho : $\mu_1 - \mu_2 = \delta_0$에 대한 검정으로서 $\overline{X_j}$는 평균 μ_j와 표준편차 σ_j / n_j를 가지고, 편차 $\overline{X_1} - \overline{X_2}$는 평균 $\mu_1 - \mu_2$와 표준편차 $\sigma_{\overline{x_1} - \overline{x_2}} = \sqrt{\dfrac{\sigma_1^2}{n_1} + \dfrac{\sigma_2^2}{n_2}}$ 을 가지기 때문에 모집단의 표준편차의 $\sigma_{\overline{x_1} - \overline{x_2}}$에 대한 표본추정치 $S_{\overline{x_1} - \overline{x_2}}$는 $S_{\overline{x_1} - \overline{x_2}} = \sqrt{\dfrac{S_1^2}{n_1} + \dfrac{S_2^2}{n_2}}$ 이다. 여기서 S_1^2와 S_2^2은 각 표본의 분산이다.

$\sigma_1^2 = \sigma_2^2 = \sigma^2$을 가정하지 않기 때문에 σ_1^2과 σ_2^2의 추정치 S_1^2과 S_2^2 및 공통제곱합이 아닌 것을 사용한다. 귀무가설 Ho : $\mu_1 - \mu_2 = \delta_0$의 검정에서 t분포에 접근하는 다음 통계량을 사용한다.

$$t = \frac{(\overline{x_1} - \overline{x_2}) - (\mu_1 - \mu_2)}{S_{\overline{x_1} - \overline{x_2}}}$$

이 t통계량의 자유도 ν는 다음 식으로 계산된다.

$$\nu = \frac{(S_1^2/n_1 + S_2^2/n_2)^2}{\dfrac{(S_1^2/n_1)^2}{n_1 - 1} + \dfrac{(S_2^2/n_2)^2}{n_2 - 1}}$$

따라서 두 모집단의 표준편차가 같지 않은 경우의 평균치 차이에 대한 양측검정절차는 다음과 같다.

► $\sigma_1 \neq \sigma_2$ **때 두 평균치 차의 가설과 기각규칙** :

$$H_0 : \mu_1 = \mu_2$$
$$H_a : \mu_1 \neq \mu_2$$

기각규칙 : $t < -t_{\alpha/2,\nu}$ 또는 $t > t_{\alpha/2,\nu}$이면 귀무가설이 기각

여기서 $t = \dfrac{(\overline{X_1} - \overline{X_2})}{S_{\overline{x_1} - \overline{x_2}}}$

$$S_{\overline{x_1} - \overline{x_2}} = \sqrt{\frac{S_1^2}{n_1} + \frac{S_2^2}{n_2}}$$

자유도 v의 값은 다음 식에 의하여 계산된다.

$$\nu = \frac{(S_1^2/n_1 + S_2^2/n_2)^2}{\dfrac{(S_1^2/n_1)^2}{n_1 - 1} + \dfrac{(S_2^2/n_2)^2}{n_2 - 1}}$$

예제 8-6

한 투자자가 주식에 투자를 하는데 있어 증권회사 직원의 자문을 받아 추천해 주는 투자안에 투자했을 때와 자기 개인적 판단에 의하여 투자했을 때의 평균 기대수익에서 차이가 나겠는가에 대해 직접실행에 옮겼다. 증권회사 직원의 추천에 의해 선택한 투자 안 8개에 투자했을 때의 기대수익과 개인적 판단에 의해 9개 투자안에 투자했을 경우의 기대수익은 각각 다음과 같이 나타났다.

두 투자안의 평균치간에 유의적인 차이가 있는지를 $\alpha = 5\%$에서 검정하라.

추천투자안(X_1)	16	10	4	10	14	12	6	8	
개인판단투자안(X_2)	10	6	4	5	4	7	5	8	5

$H_0 : \mu_1 - \mu_2 = 0, \quad H_a = \mu_1 - \mu_2 \neq 0$

$\overline{x_1} = \frac{1}{8}(16+10+...+8) = 10$,$\overline{x_2} = \frac{1}{9}(10+6+...+5) = 6$ 이므로

$S_1 = 4, \ S_2 = 2$가 된다.

$\alpha = 0.05, \ n_1 = 8, \ n_2 = 9$이므로

$$\nu = \frac{[(4)^2/8 + (2)^2/9]}{\frac{[(4)^2/8]^2}{8-1} + \frac{[(2)^2/9]^2}{9-1}} = \frac{(2+0.444)^2}{\frac{(2)^2}{7} + \frac{(0.444)^2}{8}}$$

$= \frac{5.97}{0.596} = 10.02$ 따라서 자유도 $\nu = 10$이 된다.

$\alpha = 0.05$이므로 $t_{\alpha/2,\nu} = t_{0.025,10} = 2.228$이다.

$$S_{\overline{x_1} - \overline{x_2}} = \sqrt{\frac{S_1^2}{n_1} + \frac{S_2^2}{n_2}} = \sqrt{\frac{(4)^2}{8} + \frac{(2)^2}{9}} = 1.56$$

$$t = \frac{\overline{X_1} - \overline{X_2}}{S_{\overline{x_1} - \overline{x_2}}} = \frac{10-6}{1.56} = 2.56$$

$t = 2.56 > t_{0.025,10} = 2.28$이므로 귀무가설은 기각되어 두 집단의 평균치간에 유의수준 5%에서 유의적인 차이가 있다고 할 수 있다.

【문제】 이 문제에 대해 SPSSWIN패키지로 검정하여 보아라.

먼저 주어진 문제의 데이터와 변수를 입력하면 [그림 8-21]과 같이 된다.

그림 8-21 데이터 및 변수입력

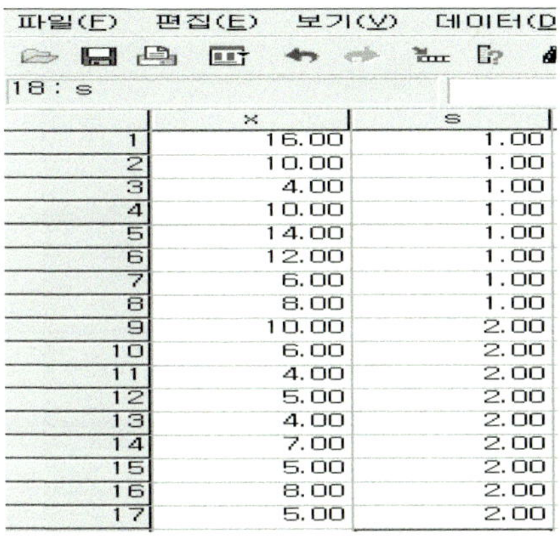

다음으로 분석방법을 선택하면 [그림 8-22]와 같이 된다.

그림 8-22 분석방법의 선택

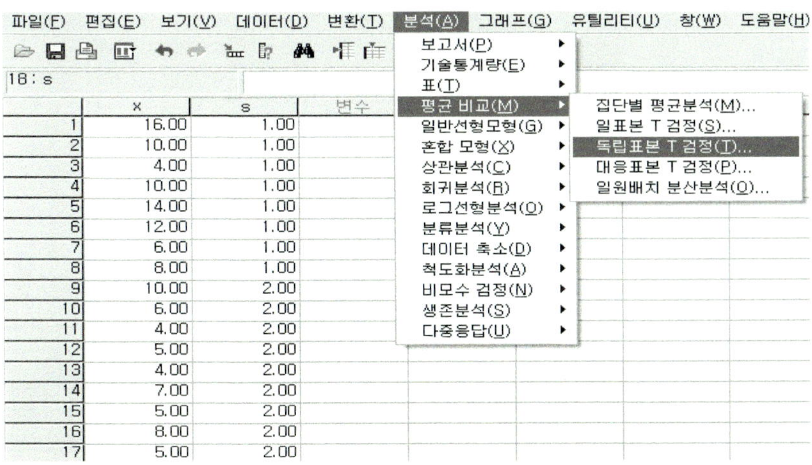

다음으로 검정변수와 집단변수를 선택하면 [그림 8-23]과 같이 된다.

그림 8-23

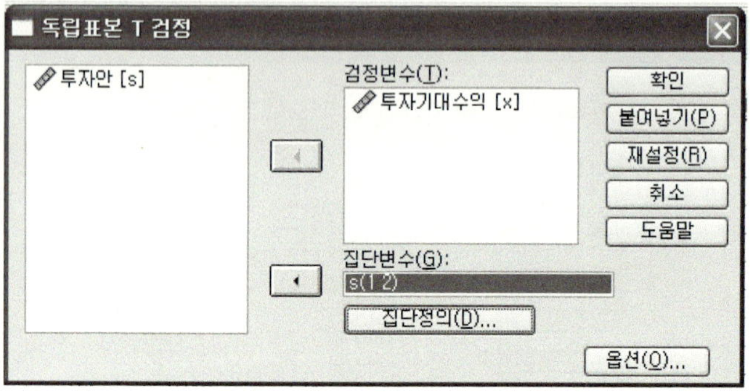

끝으로 계속버턴을 누르고 확인버턴을 누르면 최종 검정결과가 [그림 8-24]와 같이 출력된다.

그림 8-24 검정결과의 출력

➡ T-검정

[DataSet0]

집단통계량

	투자안	N	평균	표준편차	평균의 표준오차
투자기대수익	추천투자안	8	10,0000	4,00000	1,41421
	개인판단투자안	9	6,0000	2,00000	,66667

독립표본 검정

		Levene의 등분산 검정		평균의 동일성에 대한 t-검정						
									차이의 95% 신뢰구간	
		F	유의확률	t	자유도	유의확률 (양쪽)	평균차	차이의 표준오차	하한	상한
투자기대수익	등분산이 가정됨	2,639	,125	2,657	15	,018	4,00000	1,50555	,79101	7,20899
	등분산이 가정되지 않음			2,558	10,024	,028	4,00000	1,56347	,51748	7,48252

검정결과 추천 투자안의 평균 기대수익은 10이고 표준편차가 4.0, 평균의 표준오차가 1.4142인 것으로 나타났으며, 개인판단 투자안의 경우 평균기대수익은 6.0, 표준편차가 2.0, 평균의 표준오차가 0.6667인 것으로 나타났다. 두 표본간에 등분산이 가정되지 않았기 때문에 자유도가 10.024로서 약 10이며 t값은 2.558로서 약 2.56인 것으로 나타나 이에 대한 유의확률, 즉 p-value가 0.028로서 유의수준 5%에서 유의적인 것으로 판단할 수 있다. 즉, 추천 투자안의 평균 기대수익과 개인판단 투자안의 평균 기대수익간에는 유의수준 5%수준에서 유의적인 차이가 있다고 할 수 있다. 따라서 추천 투자안의 평균 기대수익(10.0)이 개인판단 투자안의 기대수익(6.0)보다 높다고 할 수 있다.

3) $\sigma_1^2=\sigma_2^2$의 가설검정과 F-분포

여기서는 F-확률 분포를 따르는 두 모집단의 분산이 같은지 여부에 대한 가설검정에 대하여 살펴본다.

만일 두 모집단이 같은 분산을 갖는다면 $\sigma_1^2=\sigma_2^2$이 된다. 만약 이들 모집단에서 각각 표본을 취한다면 이들 모집단의 분산에 대한 추적 추정치는 S_1^2과 S_2^2이 된다. 만일 이 두 값이 서로 다르면 아마 두 모분산은 같지 않을 것이다.

여기서 그들의 비율 S_1^2/S_2^2을 계산하여 표본분산을 비교할 수 있다. 같은 분산을 갖는 두 정규모집단에서 반복된 독립표본을 추출할 때 그 비율 $F=\dfrac{S_1^2}{S_2^2}$은 F-확률분포를 따른다. 이러한 F분포는 두 개의 자유도에 따라 분포의 모양이 달라진다. 첫 번째 자유도 ν_1은 분자에 관한 것이고 두 번째 자유도 ν_2는 분모에 관한 것이다. 이러한 자유도의 크기에 따라 분포의 모양은 달라진다.

가설검정의 절차는 다음과 같다.

첫째, 귀무가설 H_0 : $\sigma_1^2=\sigma_2^2$과 대립가설을 세운다.

둘째, $F=\dfrac{S_1^2}{S_2^2}$으로서 F비율을 계산한다. 귀무가설이 진실이면 이 비율은 1.0보다 크지 않다. 그러나 계산된 F값이 1.0보다 크면 분산이 같다는 귀무가설은 기각된다.

다음 방정식은 H_0 : $\sigma_1^2 = \sigma_2^2$을 검정하기 위해 F값을 구하는 식이다.

> ► $\sigma_1^2 = \sigma_2^2$**가설을 검정하기 위한 F-통계량** :
>
> $$F = \frac{S_1^2}{S_2^2}$$
>
> 큰 표본분산은 분자에 할당된다.

물론 두 모집단의 분산이 갖다는 가설을 기각시키기에 앞서 S_1^2/S_2^2의 F 비율이 어느 정도 커야만 하는가가 큰 문제이다.

앞서 지적한 바와 같이 관련된 각 F값과 두 개의 자유도가 있다. F통계량에 대해 보다 큰 표본분산 S_1^2에서의 자유도가 ν_1이고 작은 표본분산 S_2^2에서의 자유도가 ν_2이다. 따라서 $\nu_1 = n_1 - 1$과 $\nu_2 = n_2 - 1$이다.

계산된 F값이 두 모집단의 분산이 같다는 가설을 기각시킬 만큼 큰가를 결정하기 위해서는 부록의 F분포표를 참조해야 한다. 유의수준 α가 주어지고 $\nu_1 = n_1 - 1$과 $\nu_2 = n_2 - 1$만 알면 이는 F- 분포표에서 찾을 수 있다.

예컨대 α=0.05이고 $\nu_1 = n_1 - 1$=4, $\nu_2 = n_2 - 1$=7이라면 부록의 F분포표에서 $F_{\alpha,\nu_1,\nu_2} = F_{0.05,4,7} = 4.1203$을 찾을 수 있다.

F=S_1^2/S_2^2에서 구한 값과 F_{α,ν_1,ν_2}를 비교하여 가설의 기각여부를 결정한다.

결론적으로 F-분포표에서 주어진 α에 해당하는 자유도 $\nu_1 = n_1 - 1$과 $\nu_2 = n_2 - 1$에서 찾은 $F_{\alpha/2,\nu_1,\nu_2}$의 값과 계산된 F값을 비교하여 $\sigma_1^2 = \sigma_2^2$인 귀무가설이 기각될 만큼 계산된 비율의 크기에 의해 결정한다.

두 분산이 같다는 가설의 검정절차는 다음과 같다.

▸ **두 집단의 분산은 같다는 가설(양측검정)과 기각규칙 :**

$$H_0 : \sigma_1^2 = \sigma_2^2$$
$$H_a : \sigma_1^2 \neq \sigma_2^2$$

기각규칙 : $F > F_{\alpha/2,\nu_1,\nu_2}$이면 H_0는 기각

여기서 $F = \frac{S_1^2}{S_2^2}$

예제 8-7

H택배에서는 김해공항발 오전 8시반 서울행 비행기에다 화물을 실어보내기 위해서는 매일 출근시간대에 김해공항으로 출발해야 한다. 그래서 H택배에서는 국도와 고속도로 두 곳을 한 주식 바꾸어 가면서 주 5일 동안 이용한다. 국도를 이용할 때와 고속도로를 이용할 때의 평균주행시간과 표준편차는 다음과 같다.

국도($\overline{X_1}$) = 34.2분 , S_1 = 6.1분

고속도로($\overline{X_2}$) = 33.8분 , S_2 = 16.4분

두 루트 이용시간에 대한 분산에 차이가 있는지 여부를 유의수준 α=0.1에서 검정하라.

$$H_0 : \sigma_1^2 = \sigma_2^2$$
$$H_a : \sigma_1^2 \neq \sigma_2^2$$
$$F = \frac{S_1^2}{S_2^2} = \frac{(16.4)^2}{(6.1)^2} = 7.23$$

$\alpha = 0.1$,$\nu_1 = n_1 - 1 = 4$,$\nu_2 = n_2 - 1 = 4$이므로 $F_{\alpha/2,\nu_1,\nu_2} = F_{0.05,4,4} = 6.3883$ 이다. 따라서 $F = 7.23 > F_{0.05,4,4} = 6.3883$이므로 귀무가설은 기각되어 두 루트 간의 분산은 같다고 할 수 없다.

6 쌍체표본(대응표본) t-검정

앞서 다룬 t검정에서는 서로 독립된 두 모집단에서 각각 표본을 추출한 경우에 대한 내용을 다루었다. 동일모집단에서 추출한 표본을 대상으로 서로 다른 시험의 결과를 측정하여 그 결과에서 차이를 보이는지 여부를 비교하는 것을 상체(대응)표본 t-검정(paired sample t-test)이라고 한다. 일반적으로 서로 다른 두 독립표본을 이용할 경우 각 표본대상의 이질성에서 오는 차이가 클 수 있기 때문에 동일 모집단에서 추출한 표본을 대상으로 대응되는 두 개의 관찰치를 측정하는 쌍체 t-검정이 보다 정확한 분석을 가능케 한다. 여기서는 수식에 의한 예는 생략하고 간단한 예로서 SPSSWIN패키지를 이용하여 검정해 보고자 한다.

예제 8-8

식약청에서는 자체 개발한 살균법이 특정 음식물에 대한 박테리아 서식정도를 억제하는데 어느 정도 효과가 있는지를 테스터하기 위해 12번을 시행한 결과와 시행하기 전의 결과를 다음과 같이 측정하였17다.

살균처리 전	6.98	7.08	8.34	5.30	6.26	6.77	7.03	5.56	5.97	6.64	7.03	7.69
살균처리 후	6.95	6.94	7.17	5.15	6.28	6.81	6.59	5.34	5.98	6.51	6.84	6.99

살균처리 전의 평균 박테리아 서식정도와 살균처리 후 평균 박테리아 서식정도 간에 차이가 있는지를 검정하라.

먼저 데이터와 변수를 [그림 8-25]와 같이 입력한다.

그림 8-25 데이터 및 변수입력

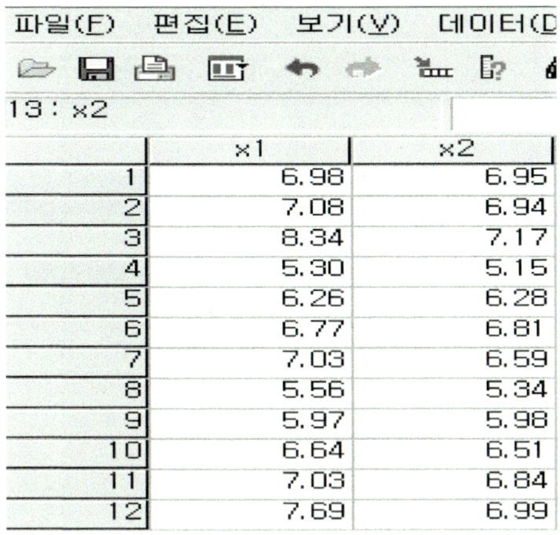

다음으로 분석방법으로 평균비교의 대응표본을 선택하면 [그림 8-26]과 같이 된다.

그림 8-26 분석방법의 선택

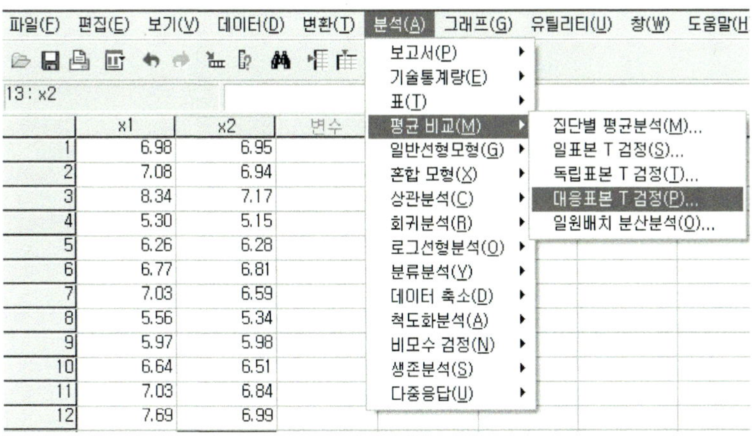

다음으로 검정변수를 선택하여 대응변수 창에다 입력하면 [그림 8-27]과 같이 된다.

그림 8-27 검정변수의 선택

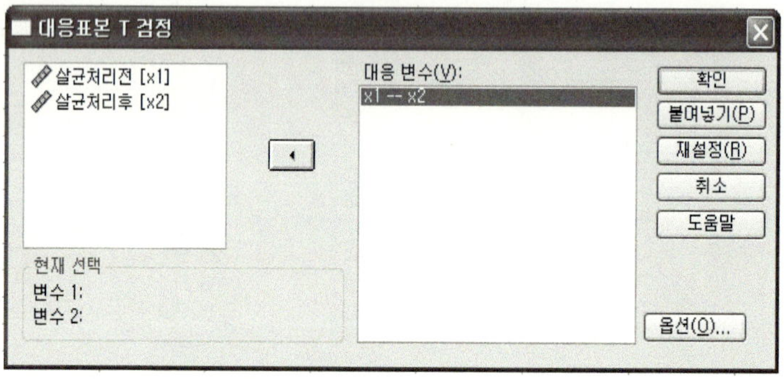

끝으로 계속버튼을 누르고 확인버튼을 누르면 검정결과가 [그림 8-28]과 같이 출력된다.

그림 8-28 검정결과의 출력

➜ T-검정

[DataSet0]

대응표본 통계량

		평균	N	표준편차	평균의 표준오차
대응 1	살균처리전	6.7208	12	.85810	.24771
	살균처리후	6.4625	12	.65886	.19020

대응표본 상관계수

		N	상관계수	유의확률
대응 1	살균처리전 & 살균처리후	12	.923	.000

대응표본 검정

		대응차					t	자유도	유의확률 (양쪽)
		평균	표준편차	평균의 표준오차	차이의 95% 신뢰구간 하한	차이의 95% 신뢰구간 상한			
대응 1	살균처리전 - 살균처리후	.25833	.35652	.10292	.03181	.48485	2.510	11	.029

이를 토대로 검정결과를 다음 〈표 8-3〉과 같이 요약해서 나타낼 수 있다.

〈표 8-3〉 살균처리 전·후의 박테리아 서식정도의 차이 검정

변수	표본수	평균	표준편차	t값(sigt)
살균처리전	12	6.7208	0.8581	2.510
살균처리후	12	6.4625	0.6589	(0.029)

검정결과 p-값이 0.029로서 유의수준 α = 0.05보다 작다. 따라서 살균처리 전과 살균처리 후의 박테리아의 평균 서식정도는 유의적인 차이가 난다고 할 수 있다. 즉, 살균처리 후의 박테리아 평균 서식정도가 살균처리 전의 그것보다 유의적으로 적다고 할 수 있다.

연 · 습 · 문 · 제

1. 다음을 간단히 설명하라.
   1) 유의수준(significance level)
   2) Type Ⅰerror and Type Ⅱerror
   3) 불편추정량(unbiased estimator)
   4) 검정의 P-Value.
   5) 신뢰구간(Confidence Interval)
   6) Z-test와 t-test의 차이점

2. 베아링을 생산하는 어떤 공정이 정상적으로 가동할 때, 베아링의 무게는 평균 5온스이고 표준편차가 0.1온스인 정규분포를 이룬다. 그런데 그 공정에 어떤 조정을 가한 뒤 표준편차는 변함이 없는데도 베아링의 평균무게는 증가하지 않겠는가?에 대해 공장관리자는 염려하고 있다. 그래서 그 공정에서 생산되는 베아링 중에서 16개를 임의표본으로 취한 결과 평균 무게는 5.038온스였다. 모평균의 무게가 5온스 이상이다는 대립가설에 대해 유의수준 0.05와 0.1(즉, 5%와 10%)에서 검정하라.

3. 두리방 제약회사에서는 두통약을 새로 개발하여 평균 28분 내에 두통을 완치할 수 있다고 광고를 하고 있다. 이에 대해 암씨롱 경쟁업체에서는 두통을 완치하는 데 소요되는 시간은 두리방 제약회사에서 주장하는 것 보다 더 길 것으로 판단하여 100명의 복용자를 표본추출하여 조사하기로 하였는데, 조사결과 평균완치 소요시간은 28.6분으로 나타났으며, 소요시간에 대한 모집단 표준편차는 5.2분인 것으로 알려져 있다. 이 경우 평균 28분 내에 두통을 완치할 수 있다는 두리방 제약회사의 주장을 5%의 유의수준에서 검정하고자 한다면,

1) 귀무가설(Null hypothesis)과 대립가설(Alternative or Research hypothesis)을 설정하라.
2) 어떤 검정통계량을 사용해야 하는가? 즉, 어떤 검정기법을 써야 하는가?
3) critical value란 무엇이며 이 경우의 critical value를 구하라.
4) 검정통계량을 구하라.
5) 귀무가설의 채택역과 기각역을 구하라.
6) 결론을 내리고 결과에 대해 해석하라.
7) 만약 두통을 완치하는데 소요되는 평균시간(μ)의 실제값이 28.5분이라고 하면 제2종의 오류를 범할 확률 β는 얼마가 되며 이때 검정력(power)은 얼마가 되는가?

4. H초등학교에서 작년에 IQ테스트를 한 결과 분산이 2.56으로 나타났다. 금년에도 작년과 동일한 분포를 이루는지 알아보기 위해 25명을 표본추출해서 IQ테스트를 실시한 결과 다음과 같이 나타났다.

91	96	106	116	97
102	111	124	115	121
95	129	105	101	86
88	96	112	82	98
104	118	127	66	102

금년의 IQ의 분산이 작년과 동일하다고 할 수 있는지를 10% 유의수준으로 검정하라. 단, 이 학교 학생들의 IQ는 정규분포를 이룬다고 가정한다.

5. 최근에 신설된 의류업체와 서비스업체를 각각 8개씩 표본추출하여 자본금을 조사한 결과는 다음과 같았다.

〈단위 : 천만원〉

의류업체	11	11	1	1	3	3	5	5
서비스업체	7	1	6	2	5	3	4	4

1) 두 업체의 각각 평균 자본금을 구하라.
2) 두 업체 각각의 자본금에 대한 분산을 구하라.

3) 5%의 유의수준에서 두 업체의 자본금에 대한 모집단 분산이 동일하다고 할 수 있는지에 대해 검정하라. 〈단, 두 모집단의 자본금의 분포는 정규분포라고 가정한다.〉

제9장 범주적 자료

여러 개의 비율에 대한 가설검정을 다항검정(multinomial test)이라고 한다. 다항검정에 사용되는 통계량은 카이자승 통계량이며 이 장에서 사용되는 카이자승분포는 분할표(contingency table)이다. 두 개의 범주적 변수(categorical variables)를 사용하여 분할표에서 항목들을 범주로 분류하고 $H_0 : p_1 = p_2 = ... = p_k$ 인 k개 비율의 동질성(homogeneity) 가설검정과 범주변수의 독립성 가설검정을 위해 분할표를 사용한다.

1 다항분포

종종 분석자들은 모집단의 요소가 k등급 중의 하나에 속하는 것으로 분류되는 보다 일반적인 경우를 고려해야 한다. 단, 여기서 $k \geq 2$이다.

우리가 다항모집단으로서 k개의 등급범주변수로 구성된 모집단에 대해 고려할 때 만약 각 등급에 속하는 원소들의 비율이 선택된 표본에 의하여 변화되지 않으면 이에 적절한 모델이 다항분포(multinomial distrition)이다.

비복원으로 유한한 큰 다항 모집단에서 표본을 추출한다면 표본의 크기 n은 모집단의 크기 N보다 작다. 이때 표본검사의 분포는 다항분포에 접급한다.

다항분포는 다항모집단의 k개의 등급 각각에 속하는 표본의 크기 n에 대한 원소들의 수인 확률변수 $Y_1, Y_2, \ldots, Y_k$에 대한 결합분포이다. 여기서 Y_j는 j번째 등급에 속하는 수이다.

표본비율 $\hat{p_j} = Y_j/n$은 다음의 조건을 만족한다.

$$\sum_{j=1}^{k} Y_j = n \ , \ \sum_{j=1}^{k} \hat{p_j} = 1$$

다항분포의 모수는 표본의 크기 n과 j번째 급에 속하는 비율 p_j인 각 k급에 속하는 모집단 요소의 비율 $p_1, p_2, \ldots, p_k$이다. 여기서 k급은 모든 원소를 포함하기 때문에 $\sum_{j=1}^{k} p_j = 1$이 된다. 그리고 표본비율 $p_j = Y_j/n$에 의해 각 p_j는 정확히 추정된다.

2 다항 모수에 대한 가설

여기에 고려되어야 할 기본가설은 범주변수의 k급에 속하는 비율이 지정된 값의 집합과 같다는 것이다. 따라서 $H_0 \ : \ p_1 = p_{1_0}, \ p_2 = p_{2_0}, \ \ldots \ p_k = p_{k_0}$가설이 참이면 표본의 크기 n에 대한 j번째 급의 원소수인 기대치는 $E_j = np_{jo}$이다. j번째 급의 관찰치는 Y_j이며 각 급에 대해 $\frac{(Y_j - E_j)^2}{E_j}$를 계산한다면, 관찰치와 기대치의 차의 제곱, 즉 그 급의 기대치 E_j에 관련된 $(Y_j - E_j)^2$을 취하게 되고, 전체급에 있어 기대도수에 관련된 이들 차의 제곱의 합인 χ^2은 다음 식과 같다.

$$\chi^2 = \frac{(Y_1 - E_1)^2}{E_1} + \frac{(Y_2 - E_2)^2}{E_2} + \cdots + \frac{(Y_j - E_j)^2}{E_j}$$

따라서 이 식은 다음과 같이 된다.

카이자승식 :

$$\chi^2 = \sum_{j=1} \frac{(Y_j - E_j)^2}{E_j}$$

χ^2 통계량은 가설과 자료 사이의 차이에 대한 측정치이다.

이러한 생각은 귀무가설이 진실이면 관찰횟수 $Y_1, Y_2, Y_3 \ldots Y_j$가 각각의 기대치 $E_1, E_2 \ldots E_j$와 그리 많은 편차가 나지 않을 것이라는데서 비롯된 것이다. 귀무가설을 검정하기 위해서는 χ^2통계량과 주어진 유의수준과 자유도($\nu = k-1$)에 해당하는 $\chi^2_{\alpha,\nu}$의 값을 비교해야 한다.

그림 9-1 자유도의 크기에 따른 χ^2분포

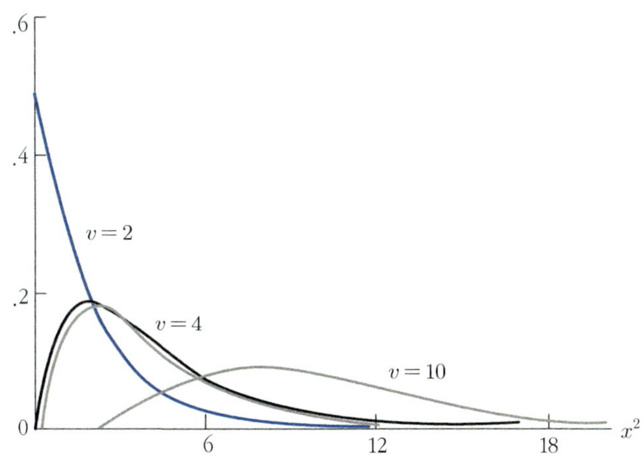

χ^2분포는 독립적인 표준정규변수의 제곱합의 표본분포와 같이 유도된 통산적인 연속분포로서 변수 χ^2가 비음값을 갖는 비대칭분포이다. [그림 9-1]은 자유도의 크기에 따라 χ^2분포의 모양이 달라지는 것을 나타낸 것으로 자유도가 크질수록 비대칭도가 감소함을 알 수 있다.

χ^2분포의 각 유의수준에 해당하는 값은 부록의 χ^2분포표에 주어져 있으며 $P(\chi^2_\nu \geq \chi^2_{\alpha,\nu})$로 정의된다. 예컨대 유의수준 α = 5%이고 자유도 ν = 20이라면 부록의 χ^2분포표에서 $\chi^2_{0.05,20}$ = 31.41이 된다.

이를 그림으로 나타내면 [그림 9-2]와 같이 된다.

그림 9-2 유의수준 α = 5%, 자유도 ν = 20인 χ^2분포

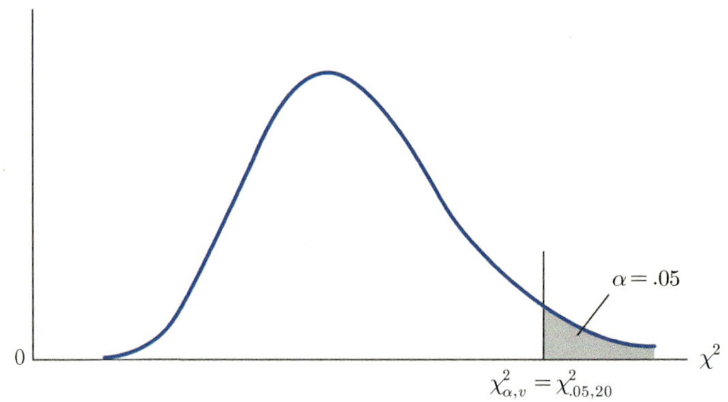

검정통계량 χ^2와 주어진 유의수준 α와 자유도 $\nu = k - 1$에서의 $\chi^2_{\alpha,\nu}$의 값을 비교하여 $\chi^2 > \chi^2_{\alpha,\nu}$이면 귀무가설은 기각된다. k급에 속하는 비율이 특정비율 집합과 같을 것이라는 가설에 대한 검정절차는 다음과 같다.

► k**비율 검정의 가설과 기각법칙 :**

H_0 : $p_1 = p_{1_0}$, $p_2 = p_{2_0}$, ... $p_k = p_{k_0}$

H_a : 그 비율의 하나 이상은 설정된 값과 같지 않다.

기각규칙 : $\chi^2 > \chi^2_{\alpha,\nu}$이면 H_0는 기각

여기서, $\chi^2 = \sum \frac{(Y_j - E_j)^2}{E_j}$

$\mathrm{v} = k-1$, $E_j(E_j \geq 5)$

예제 9-1

한 신용대출기관은 기업들에 대출해준 미수금 계정을 현재, 조금 늦게, 매우 늦게, 회수불능의 4단계로서 각각 9 : 3 : 3 : 1의 비율로 분류하고 있다. 이 기관에서는 800개 미수금 계정을 각 급별로 439, 168, 133, 60으로 보유하고 있다. 이들 미수금 계정의 수가 산업비율과 일치하는지를 α = 5% 수준에서 검정하여라.

H_0 : p_1 = 9/16, p_2 = 3/16, p_3 = 3/16, p_4 = 1/16

H_a : 이들 비율 중 하나 이상은 귀무가설에서 주어진 비율과 일치하지 않는다.

급	Y_j	$E_j = nP_{j0}$	$Y_j - E_j$	$(Y_j - E_j)^2$	$(Y_j - E_j)^2 / E_j$
현재	439	450	−11	121	0.27
조금늦게	168	150	18	324	2.16
매우늦게	133	150	−17	289	1.93
회수불능	60	50	10	100	2.00
					합계: 6.36

$n = 800$, α = 0.05, $\nu = k-1 = 4-1 = 3$, $\chi^2_{0.05,3}$ = 7.81이 된다.

$\chi^2 = \sum \frac{(Y_j - E_j)^2}{E_j} = 6.36$이므로 $\chi^2 = 6.36 < \chi^2_{0.05,3} = 7.81$이 되어 귀무가설은 기각되지 않는다.

3 분할표(contingency table)

이 절에서는 두 이항비율의 동질성 검정에서 분할표 검정으로 확장된 내용을 다룬다.

우리는 사람의 제품 칼라 선호도가 성별에 따라 독립적인지를 알고자 한다면 이 경우 사람과 그들의 성별의 기록 및 칼라의 선호도에 대한 표본을 취할 수 있고, 성별이나 칼라 선호도에 의한 그들의 반응을 분류할 수 있다.

비슷한 방법으로 우리는 상표의 선호도와 소득수준이 독립적인지 여부를 알기 위해서도 검정하고 싶어 할 것이다.

두 범주변수 또는 기준에 의하여 분류되는 무한 모집단으로부터 취한 랜덤 표본의 자료를 취한다면 기준의 하나에 기초한 등급은 2원 표(two-way table)의 행에 나타내고 다른 기준에 의한 등급은 열에 나타낼 수 있다. 셀은 행과 열의 교차에 의하여 형성된다. 그리고 테이블의 각 셀에 속하는 표본에 대한 원소의 수를 카운터한다. r행과 c열로 되는 일반적인 2원 분할표 또는 교차분석표는 〈표 9-1〉과 같이 나타낸다.

〈표 9-1〉 $r \times c$ 분할표

행	열					행의 합
	1	2	3	·········	c	
1	Y_{11}	Y_{12}	Y_{13}	·········	Y_{1c}	R_1
2	Y_{21}	Y_{22}	Y_{23}	·········	Y_{2c}	R_2
3	Y_{31}	Y_{32}	Y_{33}	·········	Y_{3c}	R_3
·	·	·	·		·	·
·	·	·	·		·	·
·	·	·	·		·	·
r	Yr_1	Yr_2	Yr_3	·········	Y_{rc}	R_n
열의 합	c_1	c_2	c_3		c_n	

여기서,

Y_{ij} = i번째 행과 j번째 열에 속하는 관찰된 랜덤 표본의 수,

R_i : i번째 행의 총 관찰수
C_j : j번째 열의 총 관찰수
n : 표본의 크기 = $\sum_{i=1}^{r} R_i = \sum_{j=1}^{c} C_i$

행과 열에 속하는 범주변수들이 독립적인지 여부를 검정하기 위해서는 각 셀 E_{ij}에 대한 기대표본수와 카이자승 분포를 따르는 χ^2통계량을 계산해야 한다.

가설의 독립성은 j번째 열에 속하는 각 행의 비율이 모든 행에 똑같다는 것을 의미한다. 이러한 조건을 수식으로 나타내면 하나의 임의 원소가 (i,j)번째 셀에 속할 확률은 그것이 i번째 행에 속할 확률에다 j번째 열에 속할 확률을 곱한 것과 같다. 즉, 가설은

H_0 : $p_{ij} = p_{i.}p_{.j}$ (i = 1,2,3…, r, j = 1,2,3… , c)이다.

여기서

p_{ij} : i번째 행과 j번째 열의 확률
$p_{i.}$: i번째 행의 확률
$p_{.j}$: j번째 열의 확률이다.

귀무가설과 대립가설은 다음과 같이 나타낼 때가 이해하기 쉽다.

H_0 : 행과 열의 분류기준은 독립적이다.
H_a : 행과 열의 분류기준은 종속적이다.

한계확율 $p_{i.}$는 i번째 행의 관찰비율로서 R_i/n에 의하여 추정되고 $p_{.j}$는 j번째 열의 관찰비율로서 C_j/n에 의하여 추정된다. 독립성 가정 하에 p_{ij}의 값은 R_i/n와 C_j/n의 결합확률로서 추정된다. 기대수는 표본의 크기 (n)에다 추정확률, $(R_i/n)(C_j/n)$을 곱한 것이므로 $r \times c$의 분할표의 ij번째 셀에서의 기대도수 E_{ij}의 추정치는 행의 총 도수에다 열의 총 도수를 곱하여 n으로 나눔으로서 구할 수 있으며 이는 다음 방정식과 같다.

$$E_{ij} = \frac{\text{총 행} \times \text{총 열}}{\text{표본의 크기}} = \frac{R_i C_j}{n}$$

가설검정을 하기 위해 χ^2값을 구해야 하는데 이것은 다음의 공식에 의해 구할 수 있다.

> ▸ **분할표의** χ^2 :
>
> $$\chi^2 = \sum_{i=1}^{r}\sum_{j=1}^{c}\frac{(Y_{ij}-E_{ij})^2}{E_{ij}}$$

이 χ^2는 $(r-1)(c-1)$의 자유도를 갖는데, $\sum R_i = \sum C_j = n$이어야 하기 때문에 자유도는 행의 수보다 하나 작은 값과 열의 수보다 하나 작은 값을 곱한 것이다.

만일 계산된 χ^2의 값이 확률 α에 해당하는 값을 초과하게 되면 가설이 기각되고 행과 열은 독립적인 분류로 나타나지 않는다. 계산된 χ^2의 값이 주어진 유의수준 α와 자유도에 해당하는 카이자승 분포표에서 찾은 값을 초과하지 않으면 가설은 기각시킬 수 없다.

관찰된 수와 기대수와의 좋은 일치성은 χ^2값이 작고, 완전한 일치성은 χ^2값이 0이기 때문에 가설이 기각된다고 할 수 있다. 이러한 x^2검정은 항상 우측 검정이기 때문에 주어진 유의수준 α와 자유도 $\nu = (r-1)(c-1)$에 해당하는 $\chi^2_{\alpha,\nu}$와 통계량 χ^2와 비교하여 검정을 결정하는데 $\chi^2 > \chi^2_{\alpha,\nu}$이면 귀무가설($H_0$)은 기각된다.

분류기준인 행과 열의 독립성 검정절차는 다음과 같다.

▶ **분할표 검정의 가설과 기각규칙** :

H_0 : 행과 열의 분류기준은 독립적이다.

H_a : 행과 열의 분류기준은 종속적이다.

기각규칙 : $\chi^2 > \chi^2_{\alpha,\nu}$ 이면 H_0 기각

여기서 $\chi^2 = \sum_{i=1}^{r}\sum_{j=1}^{c}\frac{(Y_{ij}-E_{ij})^2}{E_{ij}}$

Y_{ij} : i번째 행과 j번째 열에 속하는 표본원소의 수

R_i : i번째 행의 총 관찰건수

C_j : j번째 열의 총 관찰건수

$$E_{ij} = \frac{R_i C_j}{n}, \quad E_{ij} \geq 5$$

자유도 $\nu = (r-1)(c-1)$

예제 9-2

H기업의 인적자원관리부장은 종업원 500명을 대상으로 종업원의 결근 행위가 신상에 따라 어떻게 분포되는가를 조사해 보는데 관심을 갖고서 실제 조사해본 결과는 〈표 9-2〉와 같이 나타났다. 여기서 신상은 기혼, 이혼, 과부, 독신으로 분류하고 결근행위는 잦은 결근, 가끔 결근, 무결근으로 분류하였다.

〈표 9-2〉 **신상에 따른 결근 행위에 대한 분할표**

결근행위	신 상				행의 합계
	1. 기혼	2. 이혼	3. 과부	4. 독신	
1. 잦은 결근	36	16	14	34	100
2. 가끔 결근	64	34	20	82	200
3. 무 결근	50	50	16	84	200
열의 합계	150	100	50	200	500

종업원의 결근 행위는 종업원의 신상에 따라 독립적이다는 가설을 유의수준 5%에서 검정하라.

$E_{ij} = \frac{R_i C_j}{n}$ 에서

$$E_{11} = \frac{(100)(150)}{500} = 30 \quad E_{21} = \frac{(200)(150)}{500} = 60 \quad E_{31} = \frac{(200)(150)}{500} = 60$$

$$E_{12} = \frac{(100)(100)}{500} = 20 \quad E_{22} = \frac{(200)(100)}{500} = 40 \quad E_{32} = \frac{(200)(100)}{500} = 40$$

$$E_{13} = \frac{(100)(50)}{500} = 10 \quad E_{23} = \frac{(200)(50)}{500} = 20 \quad E_{33} = \frac{(200)(50)}{500} = 20$$

$$E_{14} = \frac{(200)(200)}{500} = 40 \quad E_{24} = \frac{(200)(200)}{500} = 80 \quad E_{34} = \frac{(200)(200)}{500} = 80$$

H_0 = 분류기준은 독립적이다.

H_a = 분류기준은 종속적이다.

n = 500, α = 0.05, ν = $(r-1)(c-1) = (3-1)(4-1) = 6$이므로

$\chi^2_{\alpha,\nu} = \chi^2_{0.05,6} = 12.59$가 된다.

$$\chi^2 = \frac{(36-30)^2}{30} + \frac{(16-20)^2}{20} + \frac{(14-10)^2}{10} + \frac{(34-40)^2}{40} + \frac{(64-60)^2}{60}$$
$$+ \frac{(34-40)^2}{40} + \frac{(20-20)^2}{20} + \frac{(82-80)^2}{80} + \frac{(50-60)^2}{60}$$
$$+ \frac{(50-40)^2}{40} + \frac{(16-20)^2}{20} + \frac{(84-80)^2}{80} = 10.88$$

$\chi^2 = 10.88 < \chi^2_{0.05,6} = 12.59$이므로 귀무가설을 기각시킬 수 없다.

이 문제를 SPSS 프로그램으로 풀어보면 다음과 같은 순서대로 하면 된다. 먼저 주어진 문제에 대해 [그림 9-3]과 같이 변수와 데이터를 입력한다.

그림 9-3 데이터 및 변수입력

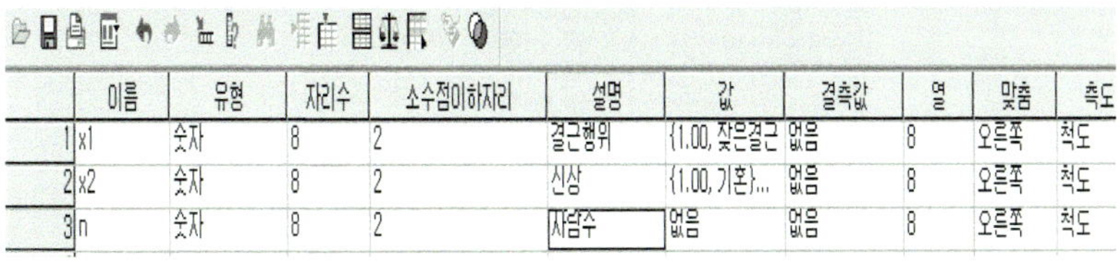

	이름	유형	자리수	소수점이하자리	설명	값	결측값	열	맞춤	측도
1	x1	숫자	8	2	결근행위	{1.00, 잦은결근	없음	8	오른쪽	척도
2	x2	숫자	8	2	신상	{1.00, 기혼}...	없음	8	오른쪽	척도
3	n	숫자	8	2	사람수	없음	없음	8	오른쪽	척도

여기서 결근행위와 신상에 대해서는 각각 구분을 짓는 값을 부과한다. 예컨대 결근행위에 대해 1은 잦은 결근, 2는 가끔 결근, 3은 무결근과 같이 값을 부과하면 된다.

다음으로 [그림 9-4]와 같이 데이터를 입력한다.

그림 9-4 데이터입력

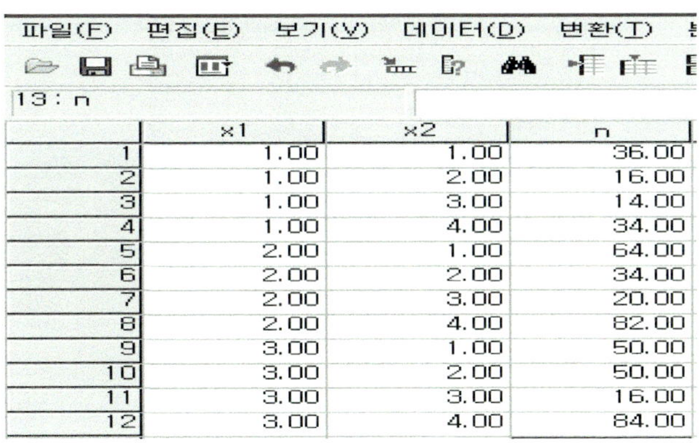

	x1	x2	n
1	1.00	1.00	36.00
2	1.00	2.00	16.00
3	1.00	3.00	14.00
4	1.00	4.00	34.00
5	2.00	1.00	64.00
6	2.00	2.00	34.00
7	2.00	3.00	20.00
8	2.00	4.00	82.00
9	3.00	1.00	50.00
10	3.00	2.00	50.00
11	3.00	3.00	16.00
12	3.00	4.00	84.00

다음으로 각 행과 열에 해당하는 사람의 수에 대해 [그림 9-5]와 같이 메뉴에서 데이터를 선택하고 가중케이스를 선택한다.

그림 9-5 데이터메뉴에서 가중케이스선택

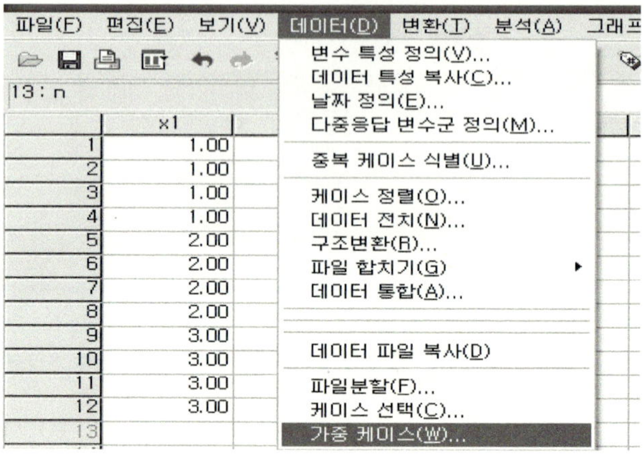

다음으로 사람의 수(n)를 [그림 9-6]과 같이 가중케이스로 지정한다.

그림 9-6 사람수(n)를 가중케이스로 지정

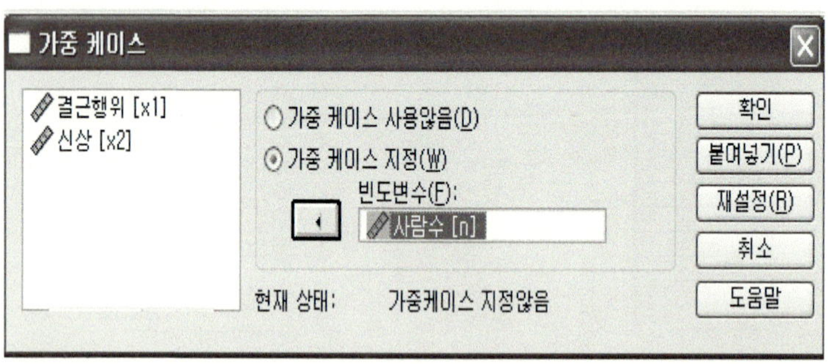

[그림 9-7]과 같이 메뉴에서 기술통계량(E) 교차분석기법(C)을 선택한다.

그림 9-7 교차분석 초기화면

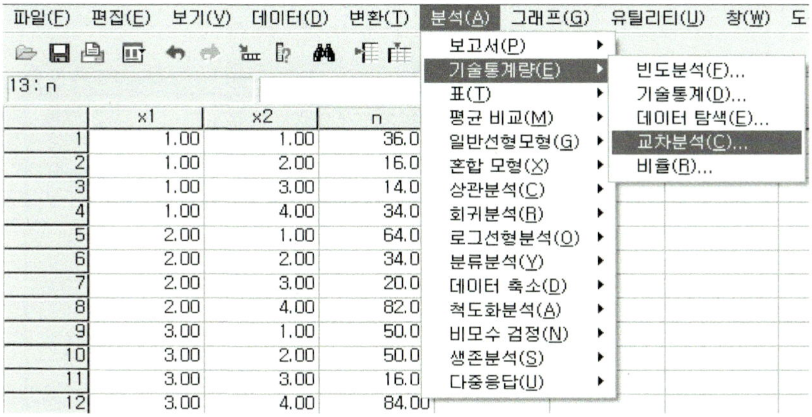

다음으로 [그림 9-8]과 같이 분석변수를 선택하여 각각 행과 열에 입력한다.

그림 9-8 변수의 선택 입력

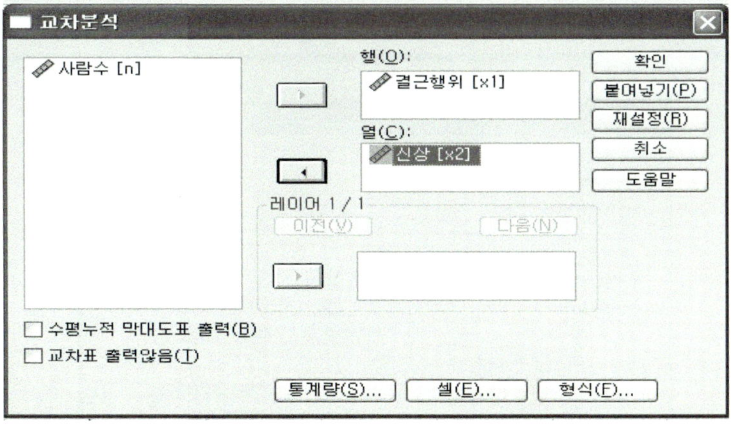

다음으로 교차분석통계량을 선택하여 출력하고자 하는 통계량을 [그림 9-9]와 같이 지정한다.

그림 9-9 교차분석의 통계량 선택

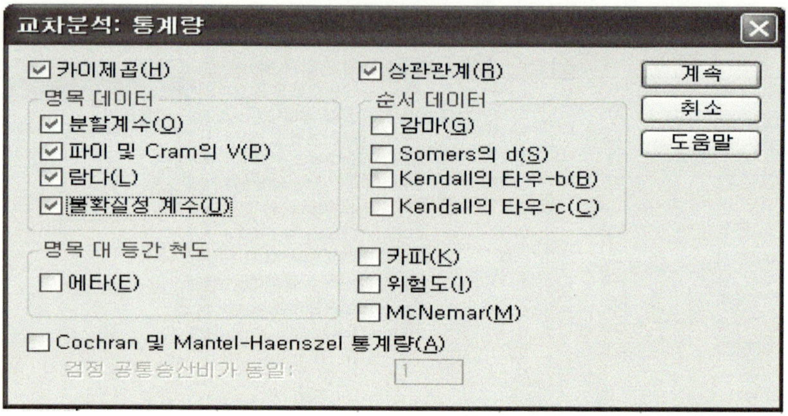

다음은 [그림 9-10]과 같이 교차분석 셀출력을 선택하여 출력하고자 하는 각 셀을 지정한다.

그림 9-10 셀출력

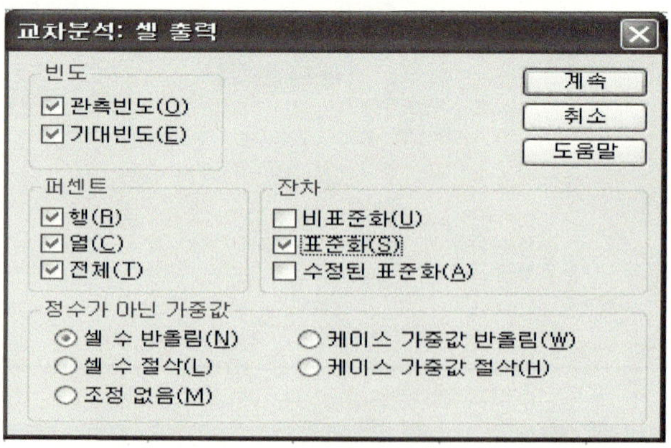

다음으로 [그림 9-11]과 같이 교차분석 표 형식을 선택한다.

그림 9-11 표 형식

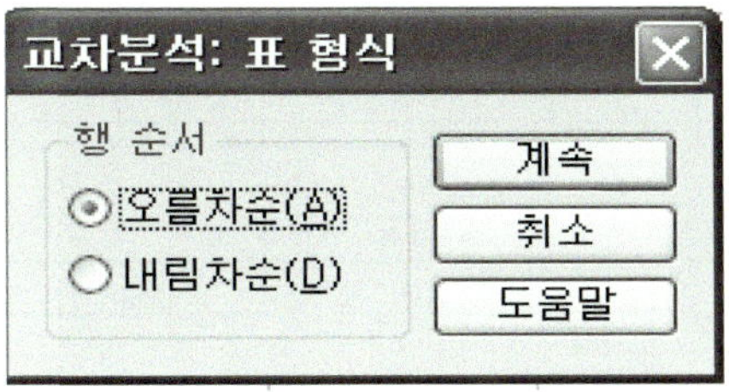

끝으로 계속버턴을 누르고 확인버턴을 누르면 [그림 9-12]와 같이 분석결과가 출력된다.

[그림 9-12]의 출력결과 전체 유효케이스는 N=500이며 결근행위*신상 교차표에서 각 셀의 빈도와 기대빈도 및 행과 열의 백분율과 전체 백분율을 알 수 있다. 예컨대 결근행위의 잦은 결근과 신상의 기혼, 이혼, 과부, 독신과의 관계를 보면 결근행위의 전체 100명 중에 신상의 기혼에 36명, 이혼에 16명, 과부에 14명, 독신에 34명이 해당되며, 이들에 대한 기대빈도는 앞서 공식에 의해 구한 결과와 같이 각각 30, 20, 10, 40이 된다. 그리고 행의 백분율인 잦은 결근행위의 백분율은 신상의 기혼에 36%, 이혼에 16%, 과부에 14%, 독신에 34%가 된다. 열의 백분율인 신상의 백분율은 잦은 결근행위의 경우 신상의 기혼에 24%(36/150), 이혼에 16%, 과부에 28%, 독신에 17%로서 전체의 20%(100/500)가 된다. 또한 전체비율은 기혼이 7.2%(36/500), 이혼이 3.2%, 과부가 2.8%, 독신이 6.8%로서 모두 20%거 된다. 나머지도 이와 같은 방법으로 해석하면 된다.

다음으로 피어슨의 카이제곱 값이 10.883으로서 유의확률이 0.092가 되어 종업원의 결근행위는 신상에 따라 독립적일 것이라는 대립가설이 기각됨을 알 수 있다.

그림 9-12 출력결과

➜ 교차분석

[DataSet0]

케이스 처리 요약

	케이스					
	유효		결측		전체	
	N	퍼센트	N	퍼센트	N	퍼센트
결근행위 * 신상	500	100.0%	0	.0%	500	100.0%

결근행위 * 신상 교차표

			신상				전체
			기혼	이혼	과부	독신	
결근행위	잦은결근	빈도	36	16	14	34	100
		기대빈도	30.0	20.0	10.0	40.0	100.0
		결근행위의 %	36.0%	16.0%	14.0%	34.0%	100.0%
		신상의 %	24.0%	16.0%	28.0%	17.0%	20.0%
		전체 %	7.2%	3.2%	2.8%	6.8%	20.0%
		표준화 잔차	1.1	-.9	1.3	-.9	
	가끔결근	빈도	64	34	20	82	200
		기대빈도	60.0	40.0	20.0	80.0	200.0
		결근행위의 %	32.0%	17.0%	10.0%	41.0%	100.0%
		신상의 %	42.7%	34.0%	40.0%	41.0%	40.0%
		전체 %	12.8%	6.8%	4.0%	16.4%	40.0%
		표준화 잔차	.5	-.9	.0	.2	
	무결근	빈도	50	50	16	84	200
		기대빈도	60.0	40.0	20.0	80.0	200.0
		결근행위의 %	25.0%	25.0%	8.0%	42.0%	100.0%
		신상의 %	33.3%	50.0%	32.0%	42.0%	40.0%
		전체 %	10.0%	10.0%	3.2%	16.8%	40.0%
		표준화 잔차	-1.3	1.6	-.9	.4	
전체		빈도	150	100	50	200	500
		기대빈도	150.0	100.0	50.0	200.0	500.0
		결근행위의 %	30.0%	20.0%	10.0%	40.0%	100.0%
		신상의 %	100.0%	100.0%	100.0%	100.0%	100.0%
		전체 %	30.0%	20.0%	10.0%	40.0%	100.0%

카이제곱 검정

	값	자유도	점근 유의확률 (양측검정)
Pearson 카이제곱	10.883[a]	6	.092
우도비	10.754	6	.096
선형 대 선형결합	1.704	1	.192
유효 케이스 수	500		

a. 0 셀 (.0%)은(는) 5보다 작은 기대 빈도를 가지는 셀입니다. 최소 기대빈도는 10.00입니다.

연 습 문 제

1. K은행 신용카드 운영 부서에서는 신용카드 소지자 비율은 학력에 따라 다음과 같은 것으로 알고 있다.

고졸 이하 : $p_1 = 0.2$　　전문대졸 : $p_3 = 0.25$

고졸 : $p_2 = 0.15$　　대졸 : $p_4 = 0.58$

$p_1 + p_2 + p_3 + p_4 = 1.0$

카드이용료를 지불하지 않은 500명의 카드이용자를 무작위로 추출하여 조사한 결과 학력수준에 따라 다음과 같이 나타났다.

고졸 이하 : 50명　　전문대졸 : 790명

고졸 : 100명　　대졸 : 160명

카드신용도는 학력에 대해 독립적인가를 검정하라. 즉, 500명의 학력분포와 500명의 카드소지자에서의 학력분포에 대한 기대치와 채납자 500명의 학력분포를 유의수준 $\alpha = 0.01$에서 비교하라.

2. 미 연방수사국에 따르면 자난 해 은행, 신용조합 등은 범인들로부터 6천 8백만 달러를 도난당한 것으로 나타났다. 주중에 은행범죄가 많은 횟수는 다음과 같이 나타났다.

요일	월	화	수	목	금
범죄수	1,559	1,518	1,306	1,375	1,946

1) 주 중의 은행범죄는 일정하게 분포한다는 가설을 유의수준 $\alpha = 0.05$에서 검정하라.

2) 은행관리자는 언제 안전을 강화해야 하는가?

3. 금일과 어제의 주가에 대해 오름, 하락, 변화 없음과 같이 주가변동을 100일 동안 조사하여 분류한 자료가 다음과 같다.

금일주가변화	어제 주가변화		
	오름	변화없음	하락
오름	18	6	16
변화없음	8	6	6
하락	16	10	14

주식시장이 효율적이거나 또는 주가흐름이 랜덤워크라면, 즉 현재주가가 미래 기대수익률을 충분히 반영한다면 금일 주가변화는 어제 주가변화에 따라 결정되어야 한다. 주식에 대한 매일의 주가변화는 독립적이다는 가설을 유의수준 $\alpha = 0.05$ 에서 검정하라.

4. K공장에서 재배되는 씨앗의 랜덤표본에다 두 가지 화학처리를 하였다. 처리 후에 발아 테스트를 실시한 결과 다음과 같이 나타났다.

씨앗	처리	
	화학처리1	화학처리2
발아	120	30
미발아	110	15

이들 화학처리가 발아에 미치는 효과에서 차이가 난다고 할 수 있겠는가를 type I error 확률 0.05에서 검정하라.

제10장 분산분석

1 분산분석의 개념과 그 계산

제8장에서는 두 모집단의 평균치차에 대한 검정내용을 다루었다. 그러나 우리가 접하는 많은 문제는 두 모집단 이상의 모집단의 모수에 대한 비교분석을 필요로 하는 경우가 있다. 이러한 둘 이상의 모집단의 평균에 대한 차이검정에 분산분석(analysis of variance : ANOVA)을 이용한다.

> ▸ **분산분석(ANOVA)**은 다수의 모집단이 같은 평균치를 갖는다는 가설을 검정하는 절차이다.

분산분석을 실행하고 $H_0 : \mu_1 = \mu_2 = \cdots = \mu_k$라는 귀무가설을 검증하기 위해서는 각 모집단으로부터 독립적인 무작위표본을 취하여 이들 표본에 대한 표본평균과 표본분산(또는 표준편차)을 구해야 한다.

예제 10-1

물의 오염도를 감소시키는 4개의 서로 다른 필터의 효율성 검정을 위해 네 개의 서로 다른 표본에서 각각 세 번씩 실험한 독립적인 무작위표본을 추출하여 이들 표본에 대한 물의 오염도를 측정한 값이 〈표 10-1〉과 같이 나타났다고 하자.

〈표 10-1〉 4개의 서로 다른 필터를 각각 세 번씩 실험한 결과치

그룹			
필터 1	필터 2	필터 3	필터 4
10	11	13	18
9	16	8	23
5	9	9	25

오염도를 계산한 평균치가 4개의 필터 모두 같다는 가설을 검정하고자 할 때 H_a : 하나 이상의 필터가 오염도의 계산에서 차가 있다는 대립가설에 대한 H_0 = $\mu_1 = \mu_2 = \cdots = \mu_k$인 귀무가설을 검정하는 것이다.

〈표 10-2〉는 오염도를 계산한 표본결과를 요약한 것이다.

〈표 10-2〉 표본에 대한 오염도 계산의 요약

	그룹				
	필터 1	필터 2	필터 3	필터 4	
	10	11	13	18	
	9	16	8	23	
	5	9	9	25	
합계	24	36	30	66	
	n_1=3	n_2=3	n_3=3	n_4=3	
	$\overline{X}_1$=8	$\overline{X}_2$=12	$\overline{X}_3$=10	$\overline{X}_4$=22	$\overline{\overline{X}}$=13
	S_1^2=7	S_2^2=13	S_3^2=7	S_4^2=13	

여기서 j번째 열의 평균치 $\overline{X}_j$는 j번째 집단에서의 요인수 n_j로서 j번째 집단에서의 i번째 요인에 해당하는 독립변수의 값 X_{ij}의 합을 나눈 값이다.

즉, $\overline{X}_j = (\sum_{i=1}^{n_j} X_{ij})/n_j$이다. 또한 $\overline{\overline{X}}$는 전체 표본요인의 평균치이다.

총평균 $\overline{\overline{X}}$는 모든 관찰치의 전체 표본의 평균이다.
총평균 값을 구하는 것은 각 모집단의 모든 표본을 더하여 총관찰 수의 합으로 나눈 것이다.

$$\text{총평균 } \overline{\overline{X}} = \frac{\sum_{i=1}^{n_j}\sum_{j=1}^{k} X_{ij}}{n_T}$$

여기서, k : 검정할 모집단의 수
n_T : 총 표본 항목수$= n_1 + n_2 + \ldots + n_k$

〈예제 10-1〉의 경우 총 표본 항목수(총 관찰수)는 $n_T = n_1 + n_2 + n_3 + n_4$ = 3 + 3 + 3 + 3 = 12이다. 이들 12개 관찰수의 오염도의 합은 $\sum_{i=1}^{n_j}\sum_{j=1}^{k} X_{ij}$=10 + 11 + 13 + ⋯ + 25 = 156이다.

$$\text{따라서 총평균 } \overline{\overline{X}} = \frac{\sum_{i=1}^{n_j}\sum_{j=1}^{k} X_{ij}}{n_T} = \frac{156}{12} = 13\text{이 된다.}$$

〈표 10-2〉에 계산되어 있는 각 집단의 표본분산은 $S_j^2 = \frac{\sum_{i=1}^{n_j}(X_{ij} - \overline{X})^2}{n_j - 1}$에 의해 구한 것이다. 예컨대 필터 3에 대한 열 j = 3이므로

$$S_3^2 = \frac{\sum_{i=1}^{n_3}(X_{i3} - \overline{X_3})^2}{n_3 - 1} = \frac{(13-10)^2 + (8-10)^2 + (9-10)^2}{3-1} = \frac{14}{2} = 7\text{이 된다.}$$

이들 표본의 네 집단은 같은 평균을 갖는 모집단에서 추출되었다는 가설은 다음과 같은 조건 하에서 검정될 수 있다.

① 무작위로 선택된 모든 표본은 서로 독립적이다.

② 표본을 추출한 모집단은 정규분포이다.

③ 모든 모집단은 같은 분산(σ^2)을 갖는다.

예의 경우 물을 담는 용기가 무작위로 선택되고, 어떤 한 용기의 오염도 계산은 다른 콘테이너의 오염도 계산에 영향을 미치지 않는다는 것을 의미한다. 또한 오

염도의 계산은 정규분포를 이루며 한 형태의 필터에서 다음 형태의 필터까지 같은 분산을 갖는다는 것을 의미한다.

세 번째 조건을 충족시키는가에 대한 조사로서 생산된 모든 필터가 같은 평균치를 갖는다는 가설을 검정한다.

H_0 : $\mu_1 = \mu_2 = \mu_3 = \mu_4$를 검정하는 일반적인 개요는 다음과 같다.

세 번째 조건이 사실이라고 가정할 수 있다면 σ^2의 값이 얼마이고, 모든 k모집단의 분산이 얼마인가를 확인해야 한다. 모분산 σ^2을 추정하는데는 두 가지 방법이 있다. 그 첫째는 공통모분산의 추정치를 구하기 위해 다음 식을 이용하는 것이다.

$$\text{표준편차}(\overline{X}) = \sigma_{\overline{x}} = \frac{\sigma}{\sqrt{n}}$$

σ^2인 모분산으로부터 취한 표본의 크기가 n이고, 많은 표본평균이 $\overline{X_j}$이면 많은 표본평균의 표준편차는 모집단의 표준편차를 표본의 크기 n의 제곱근으로 나눈 것과 같다는 것을 알 수 있다.

오염도 측정의 예는 많은 표본이 아닌 4개의 표본을 취한 것이다. 그래서 4개의 표본에서 $\overline{x_1}, \overline{x_2}, \overline{x_3}, \overline{x_4}$의 4개의 평균을 얻는다. 이들 4개의 표본평균은 $\sigma_{\overline{x}}$의 값을 구하는데 사용된다. 우리가 이 값을 구하면 모분산 σ^2을 추정할 수 있다.

$$\sigma_{\overline{x}} = \frac{\sigma}{\sqrt{n}}$$

이 방정식의 양변을 제곱하면

$\sigma_{\overline{x}}{}^2 = \dfrac{\sigma^2}{n}$, $n\sigma_{\overline{x}}^2 = \sigma^2$이 된다.

총분산을 중심으로 표본평균의 분산에 n을 곱한 값이 오염도의 계산에서 그룹간(between-groups)의 모분산의 추정치 S_B^2이다. S_B^2을 그룹간의 자유도 k-1로 나눈 값이 그룹간 평균분산(MSB : Mean squares between groups)이다.

$n_1 = n_2 = n_3 = ... = n_k$ 때일 때

그룹간의 분산(between-groups variance) 추정 방정식 :

$$S_B^2 = n[(\overline{X_1} - \overline{\overline{X}})^2 + (\overline{X_2} - \overline{\overline{X}})^2 + \cdots + (\overline{X_k} - \overline{\overline{X}})^2] = n\sum_{j=1}^{k}(\overline{X_j} - \overline{\overline{X}})^2$$

$$\text{MSB} = n\sum_{j=1}^{k}(\overline{X_j} - \overline{\overline{X}})^2 / k-1$$

여기서 $k-1$은 자유도(degree of freedom : $d.f$)이다.

이 분산 추정치 S_B^2는 한 표본평균에서 다음 표본평균까지의 분산 또는 표본들 간의 변동량에 기초하기 때문에 그룹간 분산의 추정치라 한다.

오염도 계산 예에서 그룹간 평균분산의 추정치는

$$MSB = S_B^2/k-1 = \frac{n\sum_{j=1}^{k}(\overline{X_j} - \overline{\overline{X}})^2}{k-1} = \frac{3\{(8-13)^2 + (12-13)^2 + (10-13)^2 + (22-13)^2\}}{4-1}$$

$= \frac{348}{3} = 116$이 된다.

모분산을 추정하는 두 번째 방법은 다음과 같다.

모든 표본의 표본분산은 S_j^2이기 때문에 이들 분산은 공통 모분산의 좋은 추정치가 되어야 한다.

그래서 모든 표본분산의 가중평균을 취할 수 있다. 제9장에서 표본분산을 동시에 고려할 때 두 표본분산의 가중평균을 취한 경우와 동일한 절차에 의해 각 표본의 자유도를 이용한 표본분산의 가중평균으로 구한 집단 내 분산의 추정치 S_W^2로서 모분산을 추정한다. S_W^2를 집단 내 자유도 $n_T - k$로 나눈 것이 집단 내 평균분산(MSW : Mean squares within groups)이다.

▶ **집단 내 분산 추정치** : $S_W^2 = \sum_{j=1}^{k}(n_j-1)S_j^2$

$\text{MSW}=S_W^2 / n_T - k$

여기서 : $n_T - k$는 각 표본의 자유도 값이다.

S_W^2은 모분산의 두 번째 추정치로서 집단 내 분산의 추정치이다.

예컨대 〈예제 10-1〉의 경우 그룹 내 평균분산의 추정치는

$$MSW = S_W^2 = \sum_{j=1}^{k}(n_j-1)S_j^2 \ / n_T - k$$

$$= \frac{(3-1)(7)+(3-1)(13)+(3-1)(7)+(3-1)(13)}{12-4}$$

$= \frac{80}{8} = 10$이 된다.

2 다수의 동일 평균에 대한 가설검정

모든 k개의 모분산이 두 개의 분산의 추정치인 S_B^2과 S_W^2 사이의 관계에 있는 같은 평균을 갖는다는 것이 가설검정의 요점이다. 우리는 모든 모집단이 같은 분산을 갖는다고 가정하기 때문에 모든 모집단의 가장 합리적인 추정분산으로서 두 번째 추정치 S_W^2을 생각할 수 있다. 그래서 표본분산은 공통분산의 좋은 추정치이다.

그러나 첫 번째 추정모분산 S_B^2은 모든 모분산이 같은 평균을 갖는다라는 논리에 근거하기는 다소 의문의 여지가 있다. 즉, 단지 가설이 진실이면 모든 모집단의 평균은 같다. 즉, $\mu_1=\mu_2= \cdots =\mu_k$인 경우에만 추정치 S_B^2는 모분산의 좋은 추정치이다.

사실 모집단의 평균 μ_i가 기본적으로 서로가 다르다고 가정하면 표본의 평균치

$\overline{X_j}$도 대부분이 서로가 차가 날 것이다. 이 차이는 첫 번째의 추정분산 S_B^2에 영향을 미칠 것이다.

따라서 만일 모집단의 평균이 모두 같지 않으면 분산의 추정치 S_B^2은 S_W^2 추정치와 크게 차이가 난다. 그래서 그룹간의 분산의 추정치가 그룹 내의 분산의 추정치와 크게 차이가 난다면 모든 모집단은 평균이 같다는 가설은 참이 아닐 것이다.

중요한 문제는 그 차의 크기가 어느 정도이며 두 분산의 추정치의 상대적 크기를 어떻게 측정하는가이다. 이런 문제에 대한 해답은 F분포표에서 찾을 수 있다. 만약 같은 크기의 분산을 갖는 k개의 정규모집단에서 각각 $n_j(j=1, 2, \cdots, k)$개로 구성되는 k개의 표본을 취하여 이에 대한 귀무가설 $H_0 : \mu_1 = \mu_2 = \mu_3 = \cdots = \mu_k$가 참이라면 이때 그룹 내 평균분산의 추정치에 대한 그룹간 평균분산의 추정치의 비율은 F확률분포를 따르는 F값이다.

▶ **ANOVA F통계량** :

$$F = \frac{MSB}{MSW}$$

$$\nu_1 = k-1,\ \ \nu_2 = n_T - k$$

각 F값은 분자의 분산 추정치의 자유도 ν_1과 분모의 분산 추정치의 자유도 ν_2를 갖는다.

$F = \dfrac{MSB}{MSW}$의 값이 크면 일반적으로 귀무가설 $H_0 : \mu_1 = \mu_2 = \cdots\cdots = \mu_k$는 기각된다. 이와 같이 구한 F값이 주어진 유의수준 α와 각각의 자유도 ν_1과 ν_2에 해당하는 F_{α, ν_1, ν_2}의 값보다 작으면 귀무가설은 채택되고 그 반대일 경우에는 귀무가설이 기각된다. 따라서 다수의 동일평균에 대한 검정절차는 다음과 같이 요약할 수 있다.

> ▶ **다수의 동일 모평균에 대한 가설과 기각규칙** :
>
> $H_0 : \mu_1 = \mu_2 = \mu_3 = \cdots = \mu_k$
>
> H_a : 한 개 이상의 모집단의 평균이 서로 다르다.
>
> $F > F_{\alpha, \nu_1, \nu_2}$이면 귀무가설 H_0는 기각된다.
>
> 여기서, $F = \dfrac{MSB}{MSW}$
>
> $\nu_1 = k-1, \ \nu_2 = n_T - k$

예컨대 〈예제 10-1〉의 필터문제의 표본자료에 대해 유의수준 $\alpha = 0.05$에서 가설을 검정하고자 하면 검정절차는 다음과 같다.

$H_0 : \mu_1 = \mu_2 = \mu_3 = \mu_4$

H_a : 한 개 이상의 모집단의 평균은 서로 같지 않다.

$\alpha = 0.05 \quad n_1 = 3, \ n_2 = 3, \ n_3 = 3, \ n_4 = 3$

$\nu_1 = k - 1 = 4 - 1 = 3$

$\nu_2 = n_T - k = 12 - 4 = 8$

$F_{\alpha, \nu_1, \nu_2} = F_{0.05, 3, 8} = 4.0662$

$F > 4.0662$면 귀무가설 H_0는 기각된다.

이미 앞서 구한 $S_B^2 = 116$, $S_W^2 = 10$이므로

$$F = \frac{MSB}{MSW} = \frac{116}{10} = 11.6$$

$F = 11.6 > 4.066$이므로 귀무가설이 기각되어 한 개 이상의 필터의 오염도의 평균치가 서로 다르다고 할 수 있다.

이와 같이 다수의 모집단은 같은 평균을 갖는다는 가설검정의 절차를 분산분석이라고 한다. 분산분석의 결과를 〈표 10-3〉과 같이 나타낸 것이 분산분석표(ANOVA table)이다.

변동의 원천은 그룹 간 변동(SSB :Sum of squares between groups)과 그룹 내

변동(SSW :Sum of squares within groups)으로서 이 둘을 합한 것이 총변동(SST : Sum of squares total groups)이다. SSB를 이 자유도 $df_1(\nu_1)$으로 나눈 것이 그룹 간 평균제곱(MSB)이고, 그룹 내 변동인 SSW를 이에 대한 $df_2(\nu_2)$로 나눈 것이 그룹 내 평균제곱(MSW)이다. 따라서 F = MSB / MSW가 된다.

〈표 10-3〉 분산분석표(ANOVA Table)

변동의 원천	*df*	SS	평균제곱	*F*
그룹간	3	348	116	11.6
그룹내	8	80	10	
총합	11	428		

3 표본의 크기가 다른 분산분석의 계산

세 개의 모집단에서 각기 서로 다른 크기의 표본을 취하는 경우를 고려해 보자. 이러한 경우의 모집단의 평균이 동일하다고 할 수 있는가에 대해 예를 들어 설명하기로 한다.

예컨대 S그룹이 소유한 지역 체인점은 6개의 매장으로 구성되어 있다. 그런데 3년 전에 이 그룹에서는 다른 2개의 체인점을 확보하였다. 이 두 개의 체인점은 각각 4개와 5개의 매장을 가지고 있다. 최근에 이들 15개 매장의 판매원의 이직문제로 인하여 머리를 앓고 있다. 지난해 각 매점에서 결원된 판매원의 수는 다음 표에서 나타나 있다. 모든 매장이 시작할 때 똑같은 판매인원으로 시작했다고 가정한다. 각 체인점 매장그룹의 종업원의 보수와 복지정책은 표준화되어 있지 않은 상태에서 각 매장그룹에서는 옛날 정책을 유지해 왔다. 15개 매점체인의 인사관리자는 세 개의 매점 그룹에서 인원보충에 실질적인 차이가 있는지에 관심을 가지고 있다. 만약 그렇다면 보수와 복지에 대한 표준화를 시도할 계획을 가지고 있다.

그룹1	그룹2	그룹3
10	6	14
8	9	13
3	8	10
12	13	17
14		16
11		

표본의 크기가 서로 다른 집단에 대해 분산분석 방법을 사용하여 이 문제를 풀어보고자 한다. 검정하고자 하는 가설은 $H_0 : \mu_1 = \mu_2 = \mu_3$이다. 즉, 년간 평균 이직자 수는 세 집단의 모든 매장에 대해 같다는 것이다. 가설검정에 앞서 다음과 같은 가정을 전제해야 한다.

① 표본은 무작위이고 독립적이다. (즉, 지난 해는 이직자 수의 관점에서 무작위이며 세 집단의 이직자 수는 서로 독립적이다.)

② 이직자 수는 정규분포를 이룬다.

③ 세 집단은 같은 모분산을 갖는다.

분산분석의 첫 번째 단계는 15개 매점의 결원인원의 총평균과 세 집단의 표본의 평균과 분산을 구하는 것이다. 이에 대한 값은 다음과 같다.

$$\overline{\overline{x}} = 11.07\ ,\ \overline{X_1} = 10.0\ ,\ \overline{X_2} = 9.0\ ,\ \overline{X_3} = 14.0$$

$$S_1^2 = 10.0\ ,\ S_2^2 = 8.67\ ,\ S_3^2 = 7.50$$

여기서는 표본의 크기가 다르기 때문에 앞서 다룬 공통모분산의 그룹간 추정치를 구하는 식을 적용할 수가 없다. 앞서 다룬 공식은 표본이 모두 같은 크기의 n을 취한다는 조건에서 개발된 것이다. 이 문제에서는 각 표본이 크기가 다르기 때문에 앞서 다룬 공식을 표본의 크기가 다른 n_j에 대해 허용할 수 있도록 수정해야 한다. 다음과 같이 수정식을 유도할 수 있다.

$$MSB = S_B^2 / k-1 = \frac{\sum_{j=1}^{k} n_j (\overline{X_j} - \overline{\overline{X}})^2}{k-1}$$

이 식에서 총평균으로부터 각 표본평균 제곱의 표준편차는 표본의 크기로 가중 계산된다. 동일한 논리에 의해 이 문제에 대한 집단간의 공통평균분산의 추정치는 다음과 같이 계산된다.

$$MSB = S_B^2/k-1 = \frac{\sum_{j=1}^{k} n_j(\overline{X_j} - \overline{\overline{X}})^2}{k-1}$$

$$= \frac{6(10.0-11.07)^2 + 4(9.0-11.07)^2 + 5(14.0-11.07)^2}{3-1}$$

$$= \frac{66.93}{2} = 33.47$$

이 추정치의 자유도는 $\nu_1 = 2$이다. $(\nu_1 = k-1 = 3-1 = 2)$

집단 내의 평균분산의 추정치는 다음과 같이 계산된다.

$$MSW = S_W^2 / n_T - k = \frac{\sum_{j=1}^{k} (n_j - 1)S_j^2}{n_T - k}$$

$$= \frac{(6-1)10.0 + (4-1)8.67 + (5-1)7.5}{15-3}$$

$$= \frac{106}{12} = 8.83$$

이 추정치의 자유도는 12이며 이것은 각 세 집단 내의 자유도의 합과 같다.

F-분포표에서 $F_{0.05,\,2,\,12} = 3.88538$ 구할 수 있다.

F통계량을 구하여 $F > F_{\alpha,\,\nu_1,\nu_2}$이면 귀무가설은 기각된다.

$$F = \frac{MSB}{MSW} = \frac{33.47}{8.83} = 3.79$$

$F = 3.79 < F_{0.05,\,2,\,12} = 3.88538$이므로 귀무가설은 기각되지 않는다.

인사 담당자는 단지 이들 자료의 기초로만 보상과 복리의 표준화를 고려하지 않을 것이다.

이 문제에 대해 요약된 분산분석표는 다음과 같다.

▸ **분산분석표(ANOVA Table) :**

	d.f	SS	평균분산	F
그룹간	2	66.93	33.47	3.79
그룹내	12	106.0	8.83	
총합	14	172.93		

4 제곱합의 분할에 의한 분산분석

어떤 분석자들은 다른 관점에서 분산분석 의제에 접근하려고 한다. 이러한 접근방법에서 그들은 그룹집합의 총 평균으로부터 그룹집합의 개별항목의 제곱합을 조사하는데 이것을 총 제곱합(SST : total sum of squares)이라고 한다.

[그림 10-1]은 앞서 다룬 예에 대한 〈표 10-2〉에 의해 〈표 10-4〉를 작성할 수 있으며, 이를 이용하여 총 평균을 중심으로 총 제곱합을 어떻게 구하는지를 그래프로 나타낸 것이다.

그림 10-1 총 평균을 중심으로 한 편차

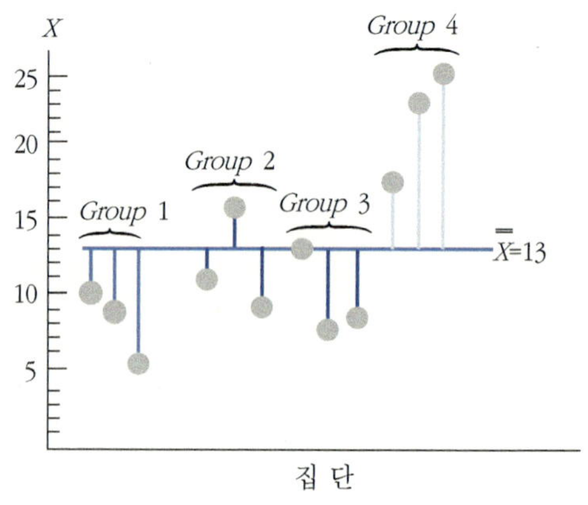

〈표 10-4〉의 12개의 각 항목이 총 평균 $\overline{\overline{X}}$=13을 중심으로 산포되어 있다. 이 평균값으로부터 개개의 항목의 편차가 그래프 상에서 수직적 편차에 의하여 나타난다. 총평균 위의 편차는 양의 값이고 총평균 아래의 편차는 음의 값이다. 총 제곱합(SST)은 총평균 $\overline{\overline{X}}$와 X_{ij}의 편차의 제곱의 합을 더한 것이다.

▸ **총 제곱합(SST)의 계산공식** :

$$\text{Total SS} = \text{SST} = \sum_{j=1}^{k}\sum_{i=1}^{n_j}(X_{ij} - \overline{\overline{X}})^2$$

〈표 10-4〉 필터오염도 계산

필터1	필터2	필터3	필터4	
10	11	13	18	
9	16	8	23	$\overline{\overline{X}}$=13
5	9	9	25	
$\overline{X_1}$=8	$\overline{X_2}$=12	$\overline{X_3}$=10	$\overline{X_4}$=22	

$$\begin{aligned}\text{Total SS} = \text{SST} &= \sum_{j=1}^{k}\sum_{i=1}^{n_j}(X_{ij} - \overline{\overline{X}})^2 \\ &= \left[(10-13)^2 + (9-13)^2 + (5-13)^2\right] + \\ &\quad \left[(11-13)^2 + (16-13)^2 + (9-13)^2\right] + \\ &\quad \left[(13-13)^2 + (8-13)^2 + (9-13)^2\right] + \\ &\quad \left[(18-13)^2 + (23-13)^2 + (25-13)^2\right] = 428\end{aligned}$$

총 제곱합 SST는 그룹 간의 제곱합(SSB)과 그룹 내의 제곱합(SSW)으로 분할된다.

▸ **분할된 제곱합의 공식** :

$$\sum_{j=1}^{k}\sum_{i=1}^{n_j}(X_{ij}-\overline{\overline{X}})^2=\sum_{j=1}^{k}n_j(\overline{X_j}-\overline{\overline{X}})^2+\sum_{j=1}^{k}\sum_{i=1}^{n_j}(X_{ij}-\overline{X_j})^2$$

SST = SSB + SSW

[그림 10-2]는 그룹 간의 제곱합인 SSB가 의미하는 것을 그래프로 나타낸 것이다. 총평균 $\overline{\overline{X}}$=13과 4개 그룹 평균과의 편차를 나타내고 있다.

그림 10-2 SSB를 구하는데 사용되는 편차

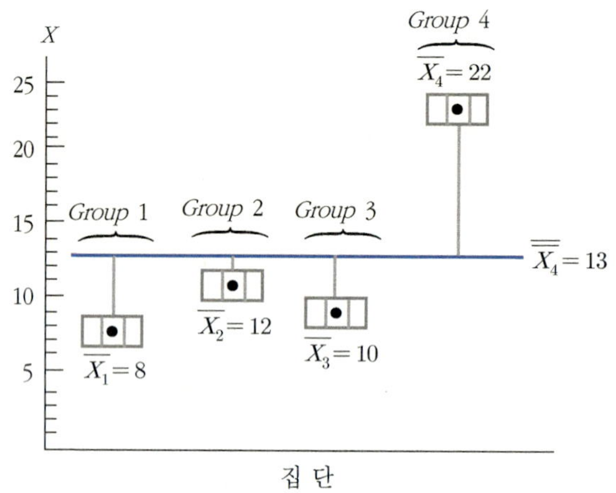

예의 오염도 계산자료에서 그룹 간의 제곱합 SSB는 다음과 같이 계산된다.

$$\text{SSB} = \sum_{j=1}^{k}n_j(\overline{X_j}-\overline{\overline{X}})^2$$

$$= 3(8-13)^2 + 3(12-13)^2 + 3(10-13)^2 + 3(22-13)^2$$

$$= 348$$

이와 같은 그룹 간 제곱합 또는 그룹 간 변동(SSB)은 각 요인수준의 평균이 총

평균 ($\overline{\overline{X}}$)에서 떨어져 있는 정도를 나타내며, 총변동(SST) 중에서 각 요인수준에 의해 설명되는 변동이다.

그룹 내의 제곱합(SSW)은 그룹 내 변동이라고도 하는데 이것은 각 요인수준의 평균(총평균)을 중심으로 각 요인의 자료들이 흩어져 있는 정도를 나타내며, 총변동 중에서 요인수준으로 설명이 안되는 변동이다. 이것은 표본평균과 각 개별요인과의 편차제곱의 합으로서 $i = 1$에서 $i = n_j$까지의 합이다.

그림 10-3 SSW를 구하는데 사용되는 편차

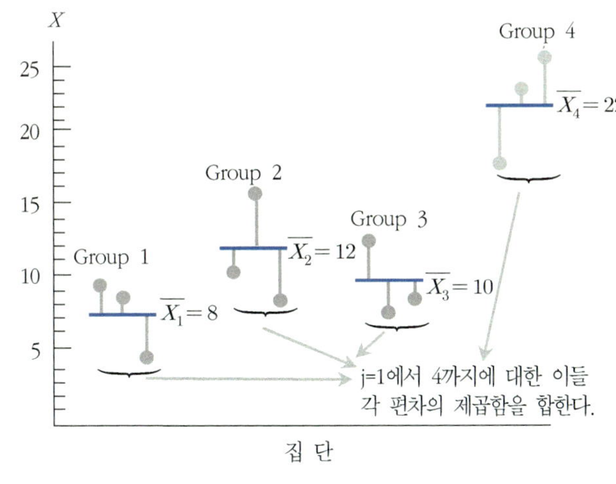

[그림 10-3]은 그룹 내의 제곱합이 어떻게 나타나는지를 그래프로 나타낸 것이다. 각 표본의 개별요인은 평균치를 중심으로 퍼져 있고 평균치와 개별요인과의 편차는 그래프에 그러진 수직편차로 나타난다.

평균치 위의 편차는 양의 값이고 평균치 밑의 편차는 음의 값이다. 만약 어떤 한 표본에 대한 이들 편차를 합하면 양의 편차와 음의 편차가 상쇄되어 모든 4개 표본의 편차의 합은 0이 될 것이다. 그래서 이들을 합하기 전에 각 편차를 제곱한다. 따라서 SSW = $\sum_{j=1}^{k}\sum_{i=1}^{n_j}(X_{ij} - \overline{X_j})^2$이 된다.

앞서 다른 오염도측정 문제에서의 그룹 내 제곱합 SSW은 다음과 같이 구할 수 있다.

$$\begin{aligned} \text{SSW} &= \sum_{j=1}^{k}\sum_{i=1}^{n_j}(X_{ij}-\overline{X_j})^2 \\ &= \left[(10-8)^2+(9-8)^2+(5-8)^2\right]+ \\ &\quad \left[(11-12)^2+(16-12)^2+(9-12)^2\right]+ \\ &\quad \left[(13-10)^2+(8-10)^2+(9-10)^2\right]+ \\ &\quad \left[(18-22)^2+(23-22)^2+(25-22)^2\right] \\ &= (14)+(26)+(14)+(26)=80 \end{aligned}$$

이상의 그룹 간 변동 SSB와 그룹 내 변동 SSW를 합한 것이 총 제곱합(총변동) SST가 된다. 따라서 SST = SSB + SSW= 348 + 80 = 428이다.

만일 SST값과 SSB를 먼저 결정하면 다음 공식을 사용하여 SSW를 계산할 수 있다.

$$\text{SSW} = \text{SST} - \text{SSB}$$

총 제곱합은 결합표본의 크기보다 하나 작은 자유도인 n_T-1를 가지며 그룹 내의 제곱합은 $\{(n_1-1)+(n_2-2)+\cdots\cdots+(n_k-1)\}$의 자유도를 갖는다. 이것은 간단하게 $(n_1+n_2+\cdots+n_k-k)$로 나타낼 수 있으며, 결국 표본의 크기의 합에서 모집단의 수를 뺀 n_T-k가 된다. 그리고 그룹 간의 제곱합의 자유도는 $k-1$이다.

SST의 자유도는 SSB의 자유도와 SSW의 자유도를 합한 것으로 다음식과 같다.

> ▶ **총자유도 = 그룹 간 자유도 + 그룹 내 자유도**
> $n_T - 1 \quad = \quad (k-1) \quad + \quad (n_T-k)$

분산분석의 결과는 앞서 나타낸 〈표 10-3〉과 같이 요약할 수 있다. 이 표는 다시 〈표 10-5〉와 같이 간단하게 나타낼 수 있다.

그룹 간 평균제곱(MSB : mean squares between groups)은 그룹 간의 제곱합을 그룹 간의 자유도로서 나눈 값이다. 즉, MSB = $\dfrac{\text{그룹 간 } SS}{\text{그룹 간 } df} = \dfrac{SSB}{k-1}$이다.

같은 방법으로 그룹 내 평균제곱(MSW : mean squares within groups)은 그룹 내의 제곱합을 그룹 내의 자유도로서 나눈 값이다. 즉, MSW = $\frac{\text{그룹 내 } SS}{\text{그룹 내 } d.f}$ = $\frac{SSW}{n_T - k}$이다.

〈표 10-5〉 **오염도 자료에 대한 분산분석**

Source	$d.f$	SS	MS	F
그룹간	3	348	116	11.6
그룹내	8	80	10	
총합	11	428		

앞서 다룬 예의 오염자료 〈표 10-4〉의 그룹 간 평균제곱(MSB)과 그룹 내 평균제곱(MSW)은 다음과 같다.

$$\text{그룹 간 MS} = \text{MSB} = \frac{SSB}{k-1} = \frac{348}{4-1} = 116$$

$$\text{그룹 내 MS} = \text{MSW} = \frac{SSW}{n_T - k} = \frac{80}{12-4} = 10$$

4개 그룹의 공통 모분산을 추정하면 $S_B^2 = 116$, $S_W^2 = 10$이 된다. 그룹 간의 분산의 추정치는 그룹 간의 평균제곱과 같으며 그룹 내 분산 추정치는 그룹 내 평균제곱과 같다. 따라서

$$S_B^2 = \text{그룹 간 MS} = \text{MSB}$$

$$S_W^2 = \text{그룹 내 MS} = \text{MSW}$$

이러한 관계에서 몇 개의 그룹은 같은 평균치를 갖는다는 가설을, 즉 $H_0 : \mu_1 = \mu_2 \cdots = \mu_k$을 검정하기 위해 다음 식에 의해 구해진 F비율의 값을 주어진 유의수준 α에 해당하는 임계치 F_{α, ν_1, ν_2}와 비교하는데 F > F_{α, ν_1, ν_2}이면 귀무가설은

기각된다.

$$F = \frac{\text{그룹 간 } MS}{\text{그룹 내 } MS} = \frac{MSB}{MSW}$$

► **여러 개의 모집단의 평균이 같다는 가설과 ANOVA의 기각규칙** :

H_0 : $\mu_1 = \mu_2 \cdots = \mu_k$

H_a : 한 개 이상의 모집단의 평균이 다를 것이다.

기각규칙 : $F > F_{\alpha, \nu_1, \nu_2}$이면 H_0기각

여기서, $F = \dfrac{MSB}{MSW}$

$\nu_1 = k-1$, $\nu_2 = n_T - k$

앞서 다룬 오염도 문제에 대해 유의수준 $\alpha = 0.05$에서 다음의 검정을 실시하면

H_0 : $\mu_1 = \mu_2 \cdots = \mu_k$

H_a : 모집단의 평균치 하나 이상이 서로 같지 않다.

$$\nu_1 = k-1 = 4 - 1 = 3$$

$$\nu_2 = n_T - k = 12 - 4 = 8$$

$$F_{\alpha, \nu_1, \nu_2} = F_{0.05, 3, 8} = 4.0662$$

$F > 4.0662$이면 가설은 기각된다.

〈표 10-1〉의 자료에서 MSB =116, MSW=10이므로

$F = \dfrac{MSB}{MSW} = \dfrac{116}{10} = 11.6$이다.

F = 11.6 > $F_{0.05,3,8}$ = 4.0662이므로 귀무가설은 기각되고 필터의 오염제거 평균치는 서로 다르다고 결론을 내릴 수 있다.

지금까지 설명한 분산분석의 분석과정을 요약해서 〈표 10-6〉과 같이 간단한 표로 나타낼 수 있는데 이것을 분산분석표(ANOVA table)라고 한다.

〈표 10-6〉 **일원분산분석표(one-way ANOVA table)**

변동의 원천	자유도(*df*)	자승합(SS)	평균자승합(MS)	F값
그룹 간	$k-1$	$SSB = \sum_{j=1}^{k} n_j(\overline{X}_j - \overline{\overline{X}})^2$	$MSB = \dfrac{SSB}{k-1}$	$F = \dfrac{MSB}{MSW}$
그룹 내	$n_T - k$	$SSW = \sum_{j=1}^{k}\sum_{i=1}^{n_j}(X_{ij} - \overline{X}_j)^2$	$MSW = \dfrac{SSW}{n_T - k}$	
총 합	$n_T - 1$	$SST = \sum_{j=1}^{k}\sum_{i=1}^{n_j}(X_{ij} - \overline{\overline{X}})^2$		

$F = \dfrac{MSB}{MSW}$의 값과 F_{α, ν_1, ν_2}의 값을 비교하여 검정의 결론을 내린다.

만약 $F > F_{\alpha, \nu_1, \nu_2}$이면 귀무가설은 기각되고 대립가설이 채택된다.

지금까지의 내용은 모집단의 자료를 구분하는 기준(요인)의 수가 하나인 일원분산분석(one-way ANOVA)에 관한 것이었다.

〈예제 10-1〉의 자료에 대해 SPSSWIN패키지를 활용하여 ANOVA분석을 하면 다음과 같이 된다. 먼저 데이터의 입력과 변수를 지정하면 [그림 10-4]와 같이 나타난다. 여기서 group은 필터의 집단을 1, 2, 3, 4로 분류한 변수이다.

그림 10-4 데이터의 입력과 변수의 정의

	y	g
1	10.00	1.00
2	9.00	1.00
3	5.00	1.00
4	11.00	2.00
5	16.00	2.00
6	9.00	2.00
7	13.00	3.00
8	8.00	3.00
9	9.00	3.00
10	18.00	4.00
11	23.00	4.00
12	25.00	4.00

일원분산분석을 수행하기 위해 분석메뉴를 선택하여 평균비교(M)와 일원배치 분산분석(One-way ANOVA)메뉴를 계속하여 선택하면 [그림 10-5]와 같이 나타난다.

그림 10-5 분석방법의 선택

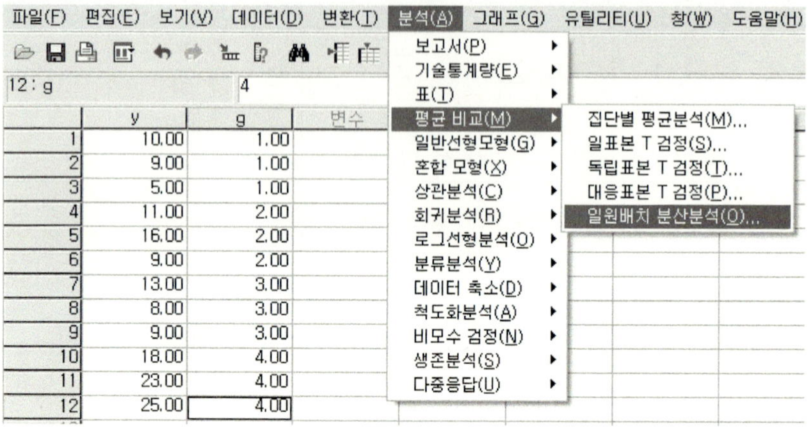

여기서 종속변수 : 창에다 변수 y를, 요인분석: 창에다 변수 group을 선택하면 [그림 10-6]과 같이 된다.

그림 10-6 변수의 선택

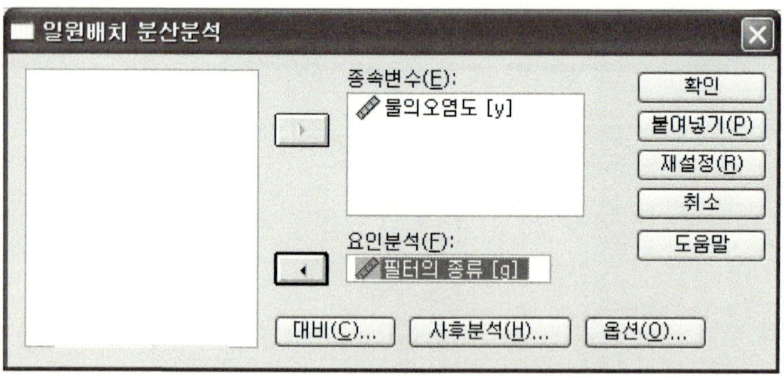

여기서 대비(C), 사후분석(H), 옵션(O) 단추를 이용하면 필요한 추가정보를 얻을 수 있다. 여기서는 요인수준들의 평균간에 어떠한 차이를 보이는가에 대한 사후검정을 위해 사후분석 메뉴를 선택하면 [그림 10-7]과 같이 나타난다.

그림 10-7 요인수준간의 평균치 차이에 대한 사후검정 선택

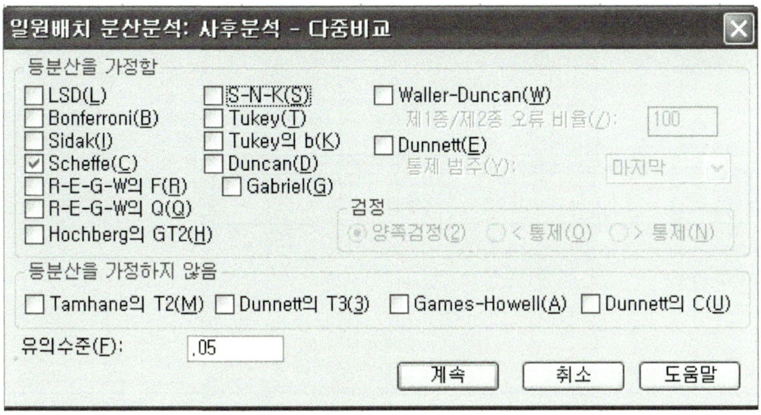

여기서 Scheffe를 선택하고 계속 버턴을 누른 다음 확인 버턴을 누르면 최종 출력결과는 [그림 10-8]과 같이 나타난다.

분석결과 집단간분산(SSB) = 348.000이며 집단간 자유도 $\nu_1(df_1)=k-1=3$이고, 집단내 분산(SSW)=80.00, 집단내 자유도 $\nu_2(df_2)=n_T-k=8$이므로 총분산(합계)은 SST=SSB+SSW=348+80=428이 되며, 총자유도는 $n_T=\nu_1+\nu_2=3+8=11$이 된다.

그리고 MSB = SSB/k−1= SSB/ν_1= 348.00/3 = 116.00, MSW=SSW/n_T-k = SSW/ν_2 = 80.00/8 = 10이 된다.

따라서 F = MSB/MSW = 116.00/10 = 11.60이 된다. 이에 대한 p-값이 0.003이므로 유의수준 α = 0.05보다 작다. 그러므로 귀무가설은 기각되고 이 회사에서 만드는 오염도제거 필터의 평균성능은 다를 것이라는 대립가설이 채택된다.

그림 10-8 검정결과의 출력

➡ 일원배치 분산분석

[DataSet0]

분산분석

물의오염도

	제곱합	자유도	평균제곱	F	유의확률
집단-간	348.000	3	116.000	11.600	.003
집단-내	80.000	8	10.000		
합계	428.000	11			

사후검정

다중 비교

종속변수: 물의오염도
Scheffe

(I) 필터의 종류	(J) 필터의 종류	평균 차이(I-J)	표준오차	유의확률	95% 신뢰구간	
					하한값	상한값
필터1	필터2	-4.00000	2.58199	.528	-13.0180	5.0180
	필터3	-2.00000	2.58199	.894	-11.0180	7.0180
	필터4	-14.00000*	2.58199	.005	-23.0180	-4.9820
필터2	필터1	4.00000	2.58199	.528	-5.0180	13.0180
	필터3	2.00000	2.58199	.894	-7.0180	11.0180
	필터4	-10.00000*	2.58199	.031	-19.0180	-.9820
필터3	필터1	2.00000	2.58199	.894	-7.0180	11.0180
	필터2	-2.00000	2.58199	.894	-11.0180	7.0180
	필터4	-12.00000*	2.58199	.012	-21.0180	-2.9820
필터4	필터1	14.00000*	2.58199	.005	4.9820	23.0180
	필터2	10.00000*	2.58199	.031	.9820	19.0180
	필터3	12.00000*	2.58199	.012	2.9820	21.0180

*. 평균 차이는 .05 수준에서 유의합니다.

5 이원분산분석(two-way ANOVA)

1) 확률화된 완전블록설계 문제의 분석

지금까지 다룬 일원분산분석(one-way ANOVA)은 〈예제 10-1〉에서와 같이 각 모집단에서 n_1, n_2, n_3개의 표본자료를 추출하되 각 표본이 상호 독립하도록 실험설계된 완전확률계획법(completely randomized design)으로 표본의 특성에 의한 모집단의 특성간에 차이가 나는지 여부를 검정하는 내용이었다. 그러나 여기서는 처리요인(treatment factor)과 집단변수(group variable)를 포함하는 이원분류기획으로 실험설계된 확률화된 완전블록설계(randomized complete block design)로 된 이원분산분석에 대하여 다루고자 한다. 이원분산분석은 두 개의 요인으로 자료를 분류하여 평균을 비교할 때 사용되는 기법이다.

> **정의** :
> 실험에 포함되는 요소들이 n개의 동질집단으로 분류될 때, 한 블록에 포함되는 각 실험요소가 k수준처리요인의 하나로 무작위로 할당되는 설계를 확률화된 완전블록설계(randomized complete block design)라고 한다.

이와 같이 처리요인과 블록변수가 확률화된 완전블록설계에 포함되면 이원분산분석을 필요로 한다. 이원분산분석도 일원분산분석과 같이 각 처리요인은 정규분포를 이루며 동일한 분산을 갖는다는 가정을 전제하고 있다.

이러한 이원분산분석을 위한 변수는 다음과 같이 정의된다.

X_{ij} = i번째 블록과 j번째 처리의 실험요소에 대한 종속변수의 값

k = 처리의수

n = 블록의 수

n_T = 표본실험요소의 총수 = kn

$\overline{X_j} = \sum_{i=1}^{n} X_{ij} / n$ = j번째열 처리요소의 표본평균

$\overline{X_i} = \sum_{j=1}^{k} X_{ij} / n$ = i번째 블록의 표본평균

$\overline{\overline{X}} = \sum_{i=1}^{n} \sum_{j=1}^{k} X_{ij} / n_T$ = 전체실험요소의 평균인 총평균

일원분산분석에서 설명한 원리와 마찬가지로 총변동량인 총 자승합 SST는 처리요소간의 자승합(SSTR : sum of squares between treatments)과 블록간 자승합(SSBL : sum of squares between blocks) 및 자승오차합(SSE : error sum of squares)의 합이 된다.

여기서, $SST = \sum_{i=1}^{n}\sum_{j=1}^{k}(X_{ij} - \overline{\overline{X}})^2$

$$SSTR = n\sum_{j=1}^{k}(\overline{X_j} - \overline{\overline{X}})^2$$

$$SSBL = k\sum_{i=1}^{n}(\overline{X_i} - \overline{\overline{X}})^2$$

$$SST = SSTR + SSBL + SSE$$

또한 SSTR의 자유도는 $k-1$이며, SSBL의 자유도는 $n-1$이므로 SSE의 자유도는 $(k-1)(n-1)$이 된다. 그리고 SST의 자유도는 $n_T - 1$이다. 이러한 내용을 기초로 하여 처리요소간의 평균자승(MSTR : between-treatments mean squares)과 블록간 평균자승(MSBL : between-block mean squares) 및 평균자승오차(MSE : error mean squares)를 다음과 같이 구할 수 있다.

$$MSTR = SSTR / k-1$$
$$MSBL = SSBL / n-1$$
$$MSE = SSE / (k-1)(n-1)$$

같은 분산(σ^2)을 갖는 k_n개의 정규모집단에서 k_n개의 독립표본을 취할 때 이에 대한 귀무가설 $H_0 : \mu_{.1} = \mu_{.2} = \cdots\cdots = \mu_{.k}$가 참이면 F = MSTR / MSE는 자유도 $\nu_1 = k-1$과 $\nu_2 = (k-1)(n-1)$을 갖는 F분포를 따른다. 또한 블록의 평균치도 같다는 귀무가설 $H_0 : \mu_{1.} = \mu_{2.} = \cdots\cdots = \mu_{n.}$가 참이면 F = MSBL/MSE 도 역시 자유도 ν_1과 ν_2로 된 F분포를 따른다. 따라서 F = MSTR/MSE가 주어진 유의수준 α에서 F_{α,ν_1,ν_2}보다 크면 귀무가설은 기각되고, 마찬가지로 F = MSBL/MSE가 F_{α,ν_1,ν_2}보다 크면 귀무가설은 기각된다.

이상의 분석결과를 간단히 나타낸 것이 〈표 10-7〉의 이원분산분석표이다.

〈표 10-7〉 이원분산분석표(확률화된 완전블록설계)

변동의 원천	*df*	SS	MS	*F*
처리요소간	$k-1$	SSTR	MSTR	F = MSTR / MSE
블록간	$n-1$	SSBL	MSBL	F = MSBL / MSE
오차	$(k-1)(n-1)$	SSE	MSE	
총합	n_T-1	SST		

예제 10-2

세 가지 타입의 필터를 이용한 각각의 용기에다 생활하수, 정화조하수, 시냇물, 우무물을 각각 채워 K전기회사의 쿨링시스템에다 실험을 하였다. 실험의 목적은 세가지 타입의 필터를 이용한 각 용기에 들어있는 각 물속의 오염도 수치를 계산하여 이들 오염도 수치에 대한 평균치가 유의적인 차이를 나타내는가를 밝히는 것이다. 실험의 결과는 다음과 같이 나타났다.

블록	처 리		
	필터 1	필터 2	필터 3
생활하수	6	4	2
정하조하수	11	7	3
시냇물	15	11	7
우물물	24	22	20

세 가지 타입의 필터에 대한 평균오염도 수치가 같다는 가설을 유의수준 5%에서 검정하라.

이것은 j번째 처리(열)에 대해 종속변수인 오염도의 평균수치 $\mu_{.j}$가 같은가, 즉 H_0 : $\mu_{.1} = \mu_{.2} = \mu_{.3}$을 검정하는 문제이다. 각 처리요인과 블록에 대한 평균은 다음과 같다.

블록	처리			블록평균
	필터1	필터2	필터3	
생활하수	6	4	2	$\overline{X_{1.}} = 4$
정하조하수	11	7	3	$\overline{X_{2.}} = 7$
시냇물	15	11	7	$\overline{X_{3.}} = 11$
우물물	24	22	20	$\overline{X_{4.}} = 22$
처리평균	$\overline{X_{.1}} = 14$	$\overline{X_{.2}} = 11$	$\overline{X_{.3}} = 8$	$\overline{\overline{X}} = 11$

이를 이용하여 분산분석에 필요한 기초자료는 다음과 같이 구할 수 있다.

$$SST = \sum_{i=1}^{n}\sum_{j=1}^{k}(X_{ij} - \overline{\overline{X}})^2$$

$$= (6-11)^2 + (4-11)^2 + (2-11)^2 + (11-11)^2 + (7-11)^2 + (3-11)^2 + (15-11)^2 + \ldots\ldots + (20-11)^2 = 638$$

$$SSTR = n\sum_{j=1}^{k}(\overline{X_j} - \overline{\overline{X}})^2$$

$$= 4\left[(14-11)^2 + (11-11)^2 + (8-11)^2\right] = 4(18) = 72$$

$$SSBL = k\sum_{i=1}^{n}(\overline{X_i} - \overline{\overline{X}})^2$$

$$= 3\left[(4-11)^2 + (7-11)^2 + (11-11)^2 + (22-11)^2\right] = 3(186) = 558$$

SST = SSTR + SSBL + SSE에서

SSE = SST - SSTR - SSBL = 638 - 72 - 558 = 8

MSTR = SSTR/k-1 = 72/(3-1) = 36

MSBL = SSBL/n-1 = 558/4-1 =186

$$MSE = SSE/(k-1)(n-1) = \frac{8}{(3-1)(4-1)} = 1.333$$

F = MSTR/MSE = 36/1.333 = 27

F = MSBL/MSE = 186/1.333 = 139.3

따라서 분산분석표는 다음과 같이 된다.

변동원천	*df*	SS	MS	F
처리간	2	72	36	27
블록간	3	558	186	139.3
오차	6	8	1.333	
총합	11	638		

주어진 유의수준 5%에서 $F_{0.05,2,6} = 5.1433$이므로 $F = 27$은 이 값보다 훨씬 크기 때문에 귀무가설은 기각된다. 따라서 필터 간에도 평균오염도 수치에서 차이가 있다고 할 수 있다. 또한 블록 간, 즉 물의 종류에 따라 평균간의 차이에 대한 검정결과 $F = 139.3$으로 나타나 역시 주어진 유의수준에 해당하는 F값 5.1433보다 크므로 귀무가설은 기각되며 물의 종류에 따라 평균오염도 수치는 다르다고 할 수 있다.

이 문제를 SPSSWIN패키지로 처리할 경우, 먼저 [그림 10-9]와 같이 데이터와 변수를 입력한다.

그림 10-9 데이터 및 변수입력

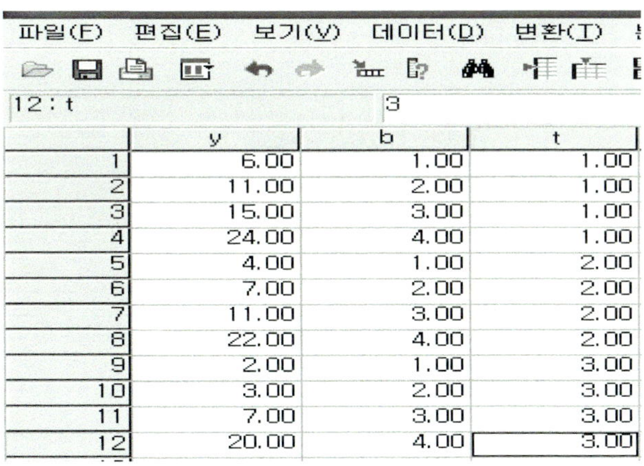

	y	b	t
1	6.00	1.00	1.00
2	11.00	2.00	1.00
3	15.00	3.00	1.00
4	24.00	4.00	1.00
5	4.00	1.00	2.00
6	7.00	2.00	2.00
7	11.00	3.00	2.00
8	22.00	4.00	2.00
9	2.00	1.00	3.00
10	3.00	2.00	3.00
11	7.00	3.00	3.00
12	20.00	4.00	3.00

여기서 분석 메뉴를 선택하여 일반선형모형을 선택하고 계속해서 일변량(U)을 선택하면 [그림 10-10]과 같이 된다.

그림 10-10 분석방법의 선택화면

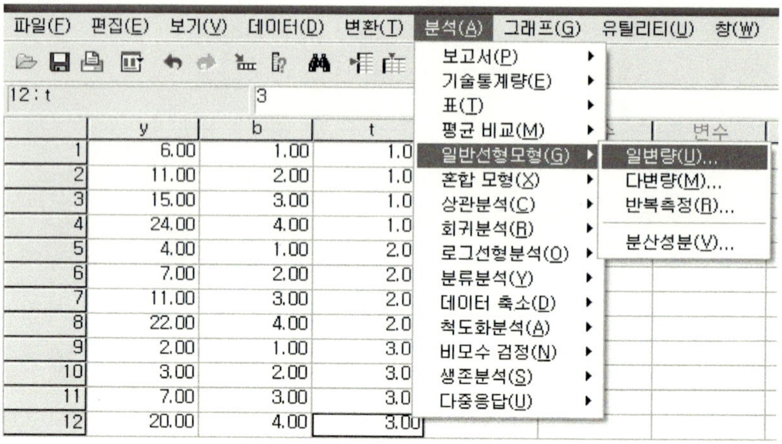

다음으로 [그림 10-11]과 같이 종속변수 창에다 물의 오염도, 모수요인 창에다 물의 종류와 필터의 종류 변수를 입력한다.

그림 10-11 변수와 분석모델이 선택된 화면

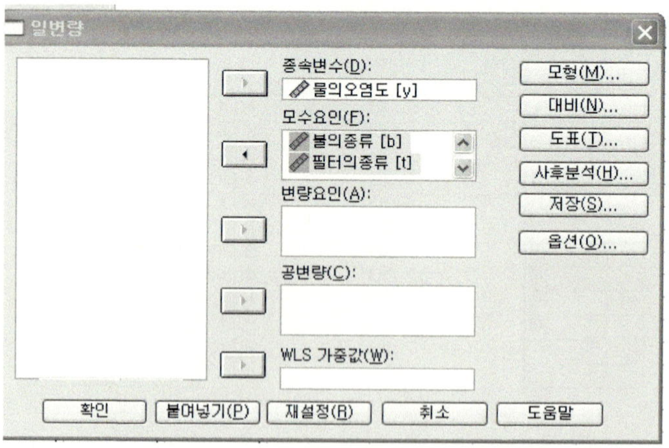

그리고 화면의 우측상단에 있는 모형(M) 메뉴를 선택하여 사용자정의(C)를 선택하고, 주효과와 제1유형을 선택하면 [그림 10-12]와 같이 나타난다.

그림 10-12 모형의 선택과 항설정 및 제곱합 선택

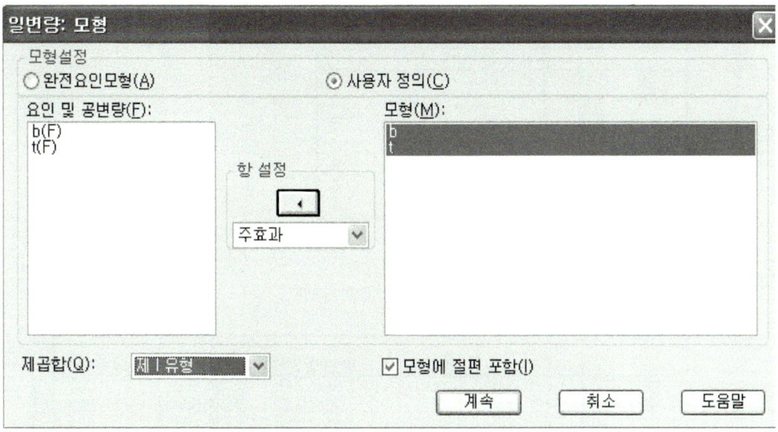

여기서 계속 단추를 선택하고 확인버턴을 누르면 검정결과가 [그림 10-13]과 같이 출력된다.

분석결과 처리간(*t*) 제곱합(SSTR) = 72.00, 블락간 제곱합(*b*)SS(SSBL) = 558.00이고, 오차제곱합(SSE) = 8.00, 이에 대한 자유도(*df*)가 각각 2와 3, 6이다. 그러므로 MSTR = 72/2 = 36, MSBL = 558/3 =186, MSE=8/6=1.333이 되어 F= MSTR/MSE = 36/1.333 = 27.00, F = MSBL/MSE=186/1.333=139.5가 된다. 이들 각각에 대한 *P*값이 0.001과 0.000이므로 모두 유의수준 1%보다 작다. 따라서 귀무가설은 기각되어 필터간에도 평균치 차가 있으며 물의 종류에 따라서도 평균오염도 수치는 다르다고 할 수 있다.

그림 10-13 검정결과의 출력

➜ 일변량 분산분석

[DataSet0]

개체-간 요인

		변수값 설명	N
물의 종류	1.00	생활하수	3
	2.00	정하조하수	3
	3.00	시냇물	3
	4.00	우물물	3
필터의종류	1.00	필터1	4
	2.00	필터2	4
	3.00	필터3	4

개체-간 효과 검정

종속변수: 물의오염도

소스	제 I 유형 제곱합	자유도	평균제곱	F	유의확률
수정 모형	630.000[a]	5	126.000	94.500	.000
절편	1452.000	1	1452.000	1089.000	.000
b	558.000	3	186.000	139.500	.000
t	72.000	2	36.000	27.000	.001
오차	8.000	6	1.333		
합계	2090.000	12			
수정 합계	638.000	11			

a. R 제곱 = .987 (수정된 R 제곱 = .977)

2) 펙토리얼 설계 문제의 분석

요인 A의 a 수준과 요인 B의 b수준으로된 펙토리얼 설계를 a×b펙토리얼 설계라고 한다. 요인 A의 a 수준과 요인 B의 b수준이 있으면 요인 A의 a 수준과 요인 B의 b수준이 결합된 ab조합이 된다. 요인 A의 한 수준과 요인 B의 한 수준의 각 조합은 펙토리얼 설계에서 처리요소이다.

이와 같이 설계된 문제에 대한 SST는 요인 A 수준간의 자승합(SSA : sum of squares between levels of factor A)과 요인 B 수준의 자승합(SSB : sum of squares between levels of factor B), 이들 AB의 상호작용에 의한 자승합(SSAB : sum of squares owing to interactions), 그리고 오차자승합(SSE)의 합으로 구성

된다. 즉, SST = SSA + SSB + SSAB + SSE이다. 이러한 이원분산분석을 위한 변수는 다음과 같이 정의된다.

X_{ijk} = 요인 A의 i번째 수준과 요인 B의 j번째 수준의 k번째 실험요소에 대한 종속변수 값

a = 요인 A의 수준 수, b = 요인 B의 수준 수,

n = 요인 A의 i번째 수준과 요인 B의 j번째 수준으로 정의된 처리를 받는 실험요소의 수

n_T = 표본실험요소의 전체 수 = $n$ab ,

$\overline{X_{ij}}$ = 요인 A의 i번째 수준과 요인 B의 j번째 수준에 해당하는 처리의 표본평균(i행과 j열에 해당하는 셀의 표본평균) = $\sum_{k=1}^{n} X_{ijk} / n$

$\overline{X_j}$ = 요인 B의 j번째(열) 수준의 표본평균 = $\sum_{i=1}^{a}\sum_{k=1}^{n} X_{ijk} / na$

$\overline{X_i}$ = 요인 A의 i번째(행) 수준의 표본평균 = $\sum_{j=1}^{b}\sum_{k=1}^{n} X_{ijk} / nb$

$\overline{\overline{X}}$ = 모든 실험요소에 대한 표본평균인 총평균 = $\sum_{i=1}^{a}\sum_{j=1}^{b}\sum_{k=1}^{n} X_{ijk} / n_T$

$$\text{SST} = \sum_{i=1}^{a}\sum_{j=1}^{b}\sum_{k=1}^{n}(X_{ijk} - \overline{\overline{X}})^2$$

$$\text{SSA} = nb\sum_{i=1}^{a}(\overline{X_i} - \overline{\overline{X}})^2$$

$$\text{SSB} = na\sum_{j=1}^{b}(\overline{X_j} - \overline{\overline{X}})^2$$

$$\text{SSAB} = n\sum_{i=1}^{a}\sum_{j=1}^{b}(\overline{X_{ij}} - \overline{X_i} - \overline{X_j} + \overline{\overline{X}})^2$$

SST = SSA + SSB + SSAB + SSE

SSE = SST - SSA - SSB - SSAB

또한 SST의 자유도는 n_T-1, SSA의 자유도는 $a-1$, SSB의 자유도는 $b-1$,

SSAB의 자유도는 (a-1)(b-1)이 되고 SSE의 자유도는 n_T - ab가 된다.

따라서 요인 A의 평균자승(MSA : mean square for factor A)과 요인 B의 평균자승(MSB : mean square for factor B), 상호작용에 의한 평균자승(MSAB : mean square due to interaction), 평균오차자승합(MSE : error mean square)은 다음과 같이 계산된다.

$$\begin{aligned} MSA &= SSA \ / \ a-1 \\ MSB &= SSB \ / \ b-1 \\ MSAB &= SSAB \ / \ (a-1)(b-1) \\ MSE &= SSE \ / n_T - ab \end{aligned}$$

이상의 결과를 요약하여 간단히 표로 나타낸 것이 다음의 분산분석표이다.

〈표 10-8〉 이원분산분석표(펙토링설계)

변동원천	*df*	SS	MS	*F*
요인A	a-1	SSA	MSA	F = MSA / MSE
요인B	b-1	SSB	MSB	F = MSB / MSE
상호작용AB	(a-1)(b-1)	SSAB	MSAB	F = MSAB / MSE
오차	n_T-ab	SSE	MSE	
총합	n_T-1	SST		

가설검정의 판단은 다음과 같이한다.

첫째, 요인 A가 실험의 종속변수 X_{ijk}에 영향을 미치는지 여부의 판단은 F = MSA/MSE가 $F_{\alpha,\, a-1,\, n_T-ab}$의 값보다 크면 귀무가설은 기각되고 대립가설이 채택된다.

둘째, 요인 B가 실험의 종속변수 X_{ijk}에 영향을 미치는지 여부의 판단은 F = MSB/MSE가 $F_{\alpha,\, b-1,\, n_T-ab}$의 값보다 크면 귀무가설이 기각되고 대립가설이 채택된다.

셋째, 요인 A와 B의 상호작용효과가 종속변수 X_{ijk}에 영향을 미치는지 여부의 판단은 F = MSAB/MSE가 $F_{\alpha,(a-1)(b-1),n_T-ab}$의 값보다 크면 귀무가설은 기각되고 대립가설이 채택된다.

예제 10-3

K기업 마케팅부서에서는 선물포장과 판매가격의 차별화에 따라 판매량에 차이가 있는가를 실험하기 위해 포장방법을 세 가지로 개발하여 그에 따른 판매가격을 표준가격보다 조금 높게와 조금 낮게 두 가지로 설계하였다. 각 포장방법마다 2개의 독립된 백화점을 선택하여 전체 12개 백화점의 고객을 무작위로 하여 실험한 결과 다음과 같이 나타났다.

요인A 표장설계	요인 B : 판매가격	
	조금 높게	조금 낮게
포장 1	14 12	17 13
포장 2	37 41	35 41
포장 3	12 16	11 9

첫째, 포장방법과 판매가격의 상호작용효과가 판매량에 영향을 미치는가
둘째, 포장방법에 따라 판매량에 차이가 나는가
셋째, 판매가격에 따라 판매량에 차이가 나는가를 검정해 보아라.

각각에 대한 평균치는 다음과 같이 된다.

요인A 포장설계	요인B : 판매가격		블록평균
	조금 높게	조금 낮게	
포장 1	$\overline{X_{11}} = 13$	$\overline{X_{12}} = 15$	$\overline{X_{1.}} = 14$
포장 2	$\overline{X_{21}} = 39$	$\overline{X_{22}} = 38$	$\overline{X_{2.}} = 38.5$
포장 3	$\overline{X_{31}} = 14$	$\overline{X_{32}} = 10$	$\overline{X_{3.}} = 12$
	$\overline{X_{.1}} = 22$	$\overline{X_{.2}} = 21$	$\overline{\overline{X}} = 21.5$

따라서,

$$\text{SST} = \sum_{i=1}^{a}\sum_{j=1}^{b}\sum_{k=1}^{n}(X_{ijk} - \overline{\overline{X}})^2$$

$$= (14-21.5)^2 + (12-21.5)^2 + (17-21.5)^2 + (13-21.5)^2 +$$

$$(37-21.5)^2 + \ldots\ldots\ldots + (9-21.5)^2 = 1809$$

$$\text{SSA} = nb\sum_{i=1}^{a}(\overline{X_i} - \overline{\overline{X}})^2$$

$$= (2)(2)\left[(14-21.5)^2 + (38-21.5)^2 + (12-21.5)^2\right]$$

$$= 4(435.5) = 1742$$

$$\text{SSB} = na\sum_{j=1}^{b}(\overline{X_j} - \overline{\overline{X}})^2$$

$$= (2)(3)\left[(22-21.5)^2 + (21-21.5)^2\right] = 6(0.5) = 3$$

$$\text{SSAB} = n\sum_{i=1}^{a}\sum_{j=1}^{b}(\overline{X}_{ij} - \overline{X}_i - \overline{X}_j + \overline{\overline{X}})^2$$

$$= (2)\left[(13-14-22+21.5)^2 + (15-14-21+21.5)^2\right.$$

$$\left.(39-38.5-22+21.5)^2 + \ldots\ldots + (10-12-21+21.5)^2\right] = (2)(9) = 18$$

$$\text{SSE} = \text{SST} - \text{SSA} - \text{SSB} - \text{SSAB} = 1809 - 1742 - 3 - 18 = 46$$

$$\text{MSA} = \frac{SSA}{a-1} = \frac{1742}{3-1} = 871$$

$$\text{MSB} = \frac{SSB}{b-1} = \frac{3}{2-1} = 3$$

$$\text{MSAB} = \frac{SSAB}{(a-1)(b-1)} = \frac{18}{(3-1)(2-1)} = 9$$

$$\text{MSE} = \frac{SSE}{n_T - ab} = \frac{46}{12-(3)(2)} = 7.667$$

$$\text{F} = \frac{MSAB}{MSE} = \frac{9}{7.667} = 1.174$$

$$\text{F} = \frac{MSA}{MSE} = \frac{871}{7.667} = 113.609$$

$$\text{F} = \frac{MSB}{MSE} = \frac{3}{7.667} = 0.391$$

이상의 내용을 간단히 요약하면 다음의 표와 같이 된다.

변동원천	*df*	SS	MS	F
요인A	2	1742	871	113.609
요인B	1	3	3	0.391
상호작용AB	2	18	9	1.174
오차	6	46	7.667	
총합	11	1809		

첫째, 상호작용 효과 AB에 대한 $F_{0.05,2,6} = 5.1433 > F = 1.174$이므로 귀무가설이 채택된다. 따라서 포장방법과 판매가격의 동시효과는 백화점마다 평균판매량에 영향을 미친다고 할 수 없다. 즉, 백화점마다의 판매량에 차이가 없다고 할 수 있다.

둘째, 포장방법에 대한 $F_{0.05,2,6} = 5.1433 < F = 113.609$이므로 귀무가설은 기각되어 포장방법에 따라 백화점마다의 판매량에 차이가 난다고 할 수 있다.

셋째, 판매가격에 대한 $F_{0.05,1,6} = 5.9874 > F = 0.391$이므로 귀무가설이 채택된다. 따라서 판매가격에 따라 백화점마다의 판매량에는 차이가 나지 않는다고 할 수 있다.

이를 SPSSWIN패키지를 활용하여 분석하면, 먼저 데이터와 변수를 입력하면 다음의 [그림 10-14]와 같이 된다.

그림 10-14 데이터 및 변수의 입력

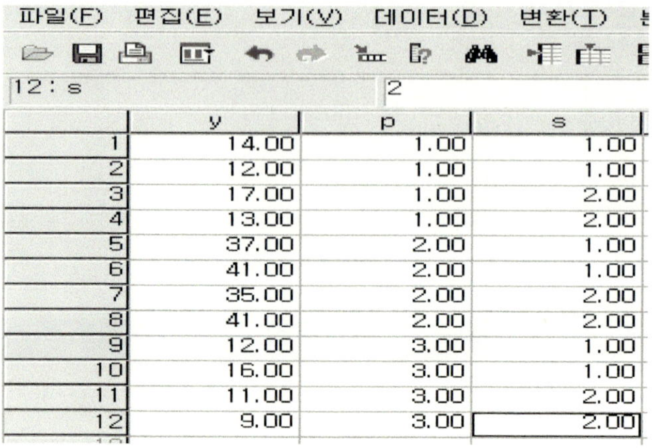

	y	p	s
1	14.00	1.00	1.00
2	12.00	1.00	1.00
3	17.00	1.00	2.00
4	13.00	1.00	2.00
5	37.00	2.00	1.00
6	41.00	2.00	1.00
7	35.00	2.00	2.00
8	41.00	2.00	2.00
9	12.00	3.00	1.00
10	16.00	3.00	1.00
11	11.00	3.00	2.00
12	9.00	3.00	2.00

여기서 분석메뉴를 선택하여 일반선형모형(G)을 선택하고 계속해서 일변량(U)을 선택하면 [그림 10-15]와 같이 된다.

그림 10-15 분석방법의 선택

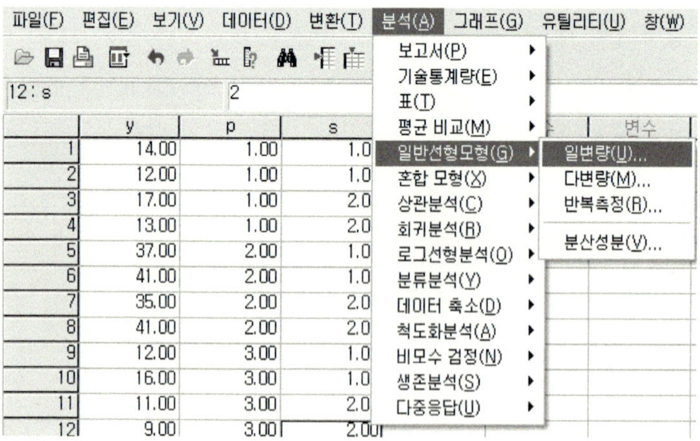

여기서 판매량을 종속변수 창에다, 포장방법(P)과 판매가격(S)를 모수요인 창에다 입력하면 [그림 10-16]과 같이 된다.

그림10-16 변수의 선택

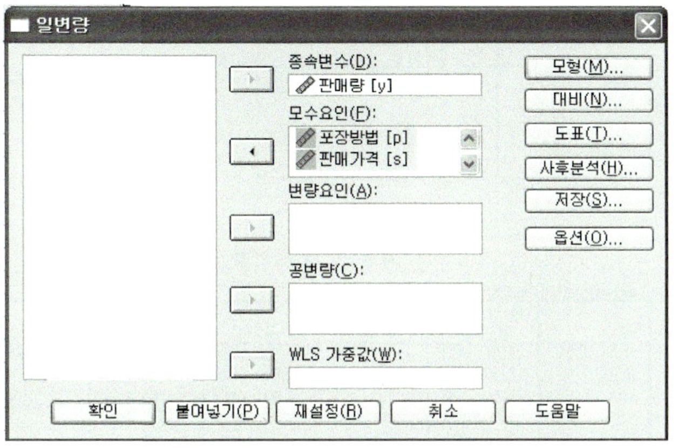

여기서 화면의 우측상단에 있는 모형 단추를 클릭하여 완전요인모형OA)을 선택하고 제 111의 유형을 선택하면 [그림 10-17]과 같이 된다.

그림10-17 모형의 선택과 항설정 및 제곱합 선택

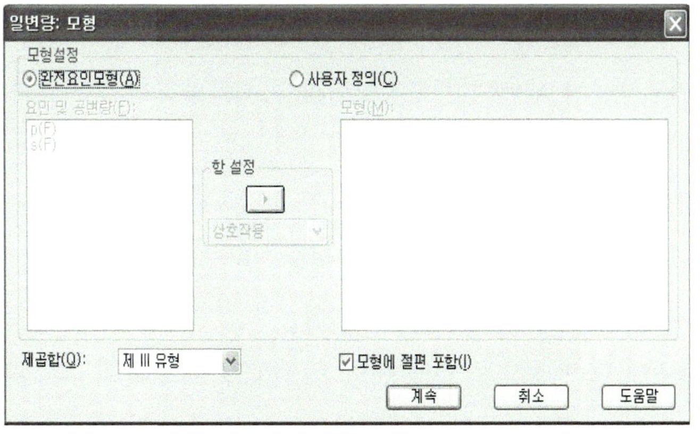

그림 10-18 검정결과의 출력

➜ 일변량 분산분석

[DataSet0]

개체-간 요인

		변수값 설명	N
포장방법	1.00	포장1	4
	2.00	포장2	4
	3.00	포장3	4
판매가격	1.00	조금높게	6
	2.00	조금낮게	6

개체-간 효과 검정

종속변수: 판매량

소스	제 III 유형 제곱합	자유도	평균제곱	F	유의확률
수정 모형	1763.000[a]	5	352.600	45.991	.000
절편	5547.000	1	5547.000	723.522	.000
p	1742.000	2	871.000	113.609	.000
s	3.000	1	3.000	.391	.555
p * s	18.000	2	9.000	1.174	.371
오차	46.000	6	7.667		
합계	7356.000	12			
수정 합계	1809.000	11			

a. R 제곱 = .975 (수정된 R 제곱 = .953)

여기서 계속버턴을 누르고 마지막 확인버턴을 누르면 [그림 10-18]과 같은 분석결과가 출력된다.

여기서 포장방법(P)×판매가격(S)이 상호작용효과 분석이다. 이에 대한 $F=1.174$의 p값이 0.371로 나타나 유의수준 $\alpha=0.05$보다 크기 때문에 유의성이 없다. 따라서 귀무가설이 채택되어 포장방법과 가격차별화의 동시효과는 백화점마다 차이가 나지 않는다고 할 수 있다.

P는 포장방법에 대한 것으로 이에 대한 F = 113.609의 p값이 0.000으로 나타나 유의수준 α=1%보다 작다. 따라서 귀무가설은 기각되고 포장방법에 따라 백화점마다의 판매량에 차이가 난다고 할 수 있다.

S는 판매가격에 대한 것으로 이에 대한 $F=0.391$의 p값이 0.555로 나타나 유의성이 없다. 따라서 귀무가설이 채택되어 판매가격에 따라 백화점마다의 판매량에는 차이가 없다고 할 수 있다.

연·습·문·제

1. 우리나라에서는 국제유가의 폭등과 승용차 수요의 폭증에 따라 국내 4개 자동차 회사로 하여금 국민차를 생산하도록 정부에서 유도한 결과 이들 4개회사에서는 국민차를 생산하고 있다. 이들 회사에서 생산되는 국민차를 몇 대씩 표본 추출하여 l당 주행거리(km/l)를 측정한 결과가 다음표와 같았다.

〈차종별 주행거리(km/l)〉

A	15	10	13	14	17	9	13.0
B	17	12	18	13	15	12	14.5
C	17	7	9	13	8	12	11.0
D	10	12	8	7	9	11	9.5

각 회사에서 생산하는 차종별 평균주행거리가 차이가 난다고 할 수 있겠는가에 대해 5% 유의수준에서 검정하라. 또한 SPSSWIN 패키지를 활용하여 검정해 보라.

2. 〈차종별, 운전자별, 평균주행거리〉 (km/l)

차종 \ 운전자	1	2	3	4	5	6	차종별 평균 주행거리
A	15	10	13	14	17	9	13.00
B	17	12	18	13	15	12	14.50
C	17	7	9	13	8	12	11.00
D	10	12	8	7	9	11	9.50
운전자별 평균주행거리	14.75	10.25	12.00	11.75	12.25	11.00	12.00

위의 표와 같이 차종별로 여섯 번 측정한 결과가 각각 다른 운전자에 의한 결과였다면,

1) 차종에 따라 리터당 주행거리의 차이가 발생하는가?

2) 운전자에 따라 리터당 주행거리의 차이가 발생하는가?
각각, $\alpha = 0.05$에 대해 검정하라.

3. 한국산 시계의 품질이 예전에 비해 많이 향상되어 주당 발생하는 오차의 분산이 +1초 이내인 것으로 평가되고 있다. 이것이 사실인지 여부를 파악하기 위해 20개의 표본을 추출하여 1주일동안 발생하는 오차를 측정한 결과 다음과 같이 나타났다.

0.6	2.3	2.0	-2.1	-1.4
-0.5	1.5	-0.3	0.4	0.6
0.4	-2.2	0.7	0.5	-1.3
0.2	-2.6	-0.8	1.0	-0.6

한국산 시계의 주당 발생오차에 대한 분산이 1초를 초과한다고 할 수 있는가를 1%의 유의수준으로 검정하고자 한다.(단, 주당 발생하는 오차는 정규분포를 이룬다고 가정한다.)

1) 가설을 설정하라.
2) 유의수준(significance level) 1%란 의미는 무엇인가?
3) 어떤 검정기법을 써야 하는가? 또한 단측검정 중 어떤 검정이 되겠는가?
4) critical value를 구하고 귀무가설의 채택역과 기각역을 구하여라.
5) 검정통계량을 구하고, 결론을 내리고 결과에 대해 해석하라.
6) SPSSWIN 패키지를 활용하여 검정해 보아라.

4. A, B, C, D 네 가지 식품의 콜레스테롤 함유량을 비교하려고 한다. 각 식품별로 세 개씩 표본추출하여 콜레스테롤 함유량을 측정한 결과가 다음 표와 같이 나타났다.

〈단위 : mg〉

A	3.6	4.1	4.0
B	3.1	3.2	3.9
C	3.2	3.5	3.5
D	3.5	3.8	3.8

네 가지 다이어트 식품의 콜레스테롤 함유량이 같다고 할 수 있는지 여부에 대해 5%의 유의수준에서 검정하고자 한다. 다음 각 물음에 대하여 답하라.

1) 연구가설(대립가설)을 설정하라.
2) 그룹간 자유도(v_1)와 그룹 내 자유도(v_2)를 각각 구하라.
3) 주어진 유의수준에 대해 대립가설의 채택영역과 기각영역을 구하라.
4) 그룹 간 변동(SSB)과 그룹 내 변동(SSW)를 구하라.
5) 총 변동(SST)을 구하고 총 변동의 자유도를 구하라.
6) MBS와 MSW를 구하고 F값(통계량)을 구하라.
7) ANOVA Table를 작성하라.
8) 검정의 결론을 내려라.
9) SPSSWIN 패키지를 활용하여 검정해 보아라.

5. 4종류의 전기면도기에 3종류의 각기 다른 건전지를 사용하여 수명을 조사하였다. 상표에 따라 건전지의 수명에 차이가 있는지를 $\alpha = 0.01$에서 검정하라.

전기면도기 \ 건전지	A	B	C
1	60	69	72
2	64	75	77
3	65	70	78
4	55	66	65

x_1 : 전기면도기의 종류
x_2 : 건전지의 종류
x_3 : 건전지의 수명시간
H_0 : 상품에 따라 건전지의 수명에는 차가 없다.
H_a : 상품에 따라 건전지의 수명에는 차가 있다.

제11장 회귀와 상관

제10장까지 논의해 온 통계적 추론에서는 단일변수 x에 대한 가설의 검정과 추정에 관한 내용을 다루었다. 그러나 실제로 많은 응용문제에서 우리는 두 변수 x와 y사이의 관계에 관심을 가진다.

이 장의 목적은 두 변수 x와 y사이의 관계를 연구하는 것이다. 두 변수 사이의 관계를 연구하는 방법의 하나가 회귀분석(regression analysis)이다. 회귀분석은 확률변수 x와 y 사이의 함수관계를 추정하는 과정으로서 선형회귀 방정식의 모수를 추정하는 것이다. 회귀방정식은 흔히 x값이 주어지면 y값을 예측하는데 사용된다. 이와 같이 두 변수 사이의 관계를 연구하는 수단의 하나가 회귀분석이다. 이러한 회귀분석은 두 확률변수 x와 y 사이의 선형관계의 강도와 방향을 측정하는데 사용된다. 그리고 두 확률변수 사이의 선형관계의 강도와 방향을 측정하는데 사용되는 수치상의 값을 상관계수(correlation coefficient)라고 한다.

많은 문제에서 회귀분석과 상관분석이 이용되므로 x와 y에 관련된 방정식을 구하고 두 변수 사이의 선형관계의 강도나 방향을 측정한다. 여기서 y에 관련되는 독립변수가 하나인 회귀분석을 단순회귀분석이라 하며, y에 관련된 두 개나 그 이상의 변수에 관한 문제, 즉 종속변수 y에 관련되는 독립변수가 2개 이상인 경우의 회귀분석을 다중회귀분석이라고 한다.

1 단순선형회귀의 개요

회귀분석을 이용하기 위해서는 변수간의 관계에 대한 함수형태를 가정하거나 알아야 한다. 이러한 관계는 종속변수 Y에 대한 수리함수의 형태로 표현된다. 예컨대 다음과 같은 두 변수 사이의 단순형태 관계를 가정해보면

$$Y = \beta_1 X$$

여기서 Y는 X의 값에 의해 결정된다.

즉, X가 한 단위 변하면 Y는 β_1단위 변화에 관련된다. 이 형태는 다음과 같은 일반선형방정식의 특별한 경우이다.

$$Y = \beta_0 + \beta_1 X$$

여기서 β_0을 절편이라 하고, β_1을 방정식의 기울기라고 한다. 이 방정식은 $X = 0$일 때 Y가 기본값 β_0를 갖는다는 것을 의미하며, Y값은 X의 매 단위 변화에 따라 β_1 단위만큼 변한다는 것을 의미한다.

예제 11-1

기업의 제품의 가격 공식을 생각해보자. 기업에서 제공하는 제품의 기본 가격은 케이스 당 2.0$이고 40케이스를 구매할 경우 1케이스 당 2센트가 할인된다면 가격공식은 다음과 같이 된다.

$$Y = 2.02 - 0.02X,\ 0 \le X \le 40$$

여기서, Y는 케이스 당 가격, X는 주문케이스의 수이다.

이 방정식의 절편($X = 0$일 때 가격)은 2.02이며 $X = 1$일 때

$$Y = 2.02 - 0.02X_1 = 2.00\text{가 된다..}$$

이 방정식의 기울기는 -0.02이며, 이는 모든 추가된 주문 케이스 가격이 0.02$씩 떨어지는 것을 의미한다. 주문이 40케이스일 때 케이스 당 가격은 $Y = 2.02$

$-(0.02)\times 40 = 1.22$가 되어 이때의 총비용은 $1.22\times 40 = 48.8$$가 된다.

▸ **단순 선형회귀모델** :

$Y_i = \beta_0 + \beta_1 X_i + \epsilon_i$

Y_i : i번째 관찰치에 대한 종속변수의 값

X_i : i번째 관찰치에 대한 독립변수의 값

ϵ_i : i번째 관찰치에 대한 오차나 임의 변동치

β_0 : 모회귀선의 절편을 나타내는 매개변수. β_0는 $X=0$일 때 Y값을 의미한다.

β_1 : 모회귀선의 기울기를 나타내는 매개변수로 β_1은 독립변수 X가 한 단위 증가할 때 종속변수의 평균치의 변화를 나타낸다.

단순선형회귀 모델을 완성하기 위해서는 다음과 같은 세 개의 가정이 모집단의 자료에 의해 충족되어야 한다.

① X 값은 미지수이며, 이는 무작위 수가 아니다.

② 각 X, Y의 값은 $\beta_0 + \beta_1 X$와 같은 평균 $\mu_{Y \setminus X}$와 분산 $\sigma^2_{Y \setminus X}$를 갖는 정규독립분포이다. 여기서 β_0, β_1과 $\sigma^2_{Y \setminus X}$는 미지의 모수이다.

③ 각 X에 대한 Y의 분산은 같다. 즉, 모든 X에 대하여 $\sigma^2_{Y \setminus X} = \sigma^2$이다.

이러한 가정 하에서 모집단의 회귀방정식은 다음과 같다.

▸ **모집단의 단순선형회귀 방정식** :

$\mu_{Y \setminus X} = \beta_0 + \beta_1 X$

즉, X의 특정 값에 대한 Y의 평균치 $\mu_{Y \setminus X}$는 $\beta_0 + \beta_1 X$와 같다. 여기서 β_0와 β_1은 모집단 회귀방정식의 절편과 기울기이다. 다음 절에서 개발된 분석방법에 의해 모수 β_0, β_1과 $\sigma^2_{Y \setminus X}$을 추정하는데 무작위 표본자료를 사용한다. 우리는 표본자료를 이용하여 모집단 단순선형회귀 방정식의 모수를 추정할 수 있다. 그 결

과가 다음과 같은 표본 또는 추정 단순선형회귀 방정식이다.

> ▸ **표본 단순선형회귀 방정식** :
> $$\hat{Y} = b_0 + b_1 X$$

이 방정식의 $\hat{Y}$값은 X값이 주어질 때 Y값의 평균치의 추정치 또는 $\mu_{Y \setminus X}$의 추정치이다. b_0값은 표본자료로부터 결정되고 모집단의 회귀식의 절편 β_0의 추정치이며, b_1값은 표본자료로부터 결정되며 모집단의 회귀방정식의 기울기 β_1의 추정치이다.

예제 11-2

UPC 부동산 투자회사는 최근에 매매된 n=5 콘도미니엄을 무작위로 표본 추출하여 조사한 결과 다음과 같은 판매가격 Y와 면적X(100평방피트)에 대한 자료를 입수하였다.

Y=(판매가격)×100만원	X=(면적, 평방피트)×100
36	9
80	15
44	10
55	11
35	10

[그림 11-1]은 이 표본의 산포도(scatter diagram)를 나타낸 것이다.

그림 11-1 콘도미니엄 판매가에 대한 산포도(n=5)

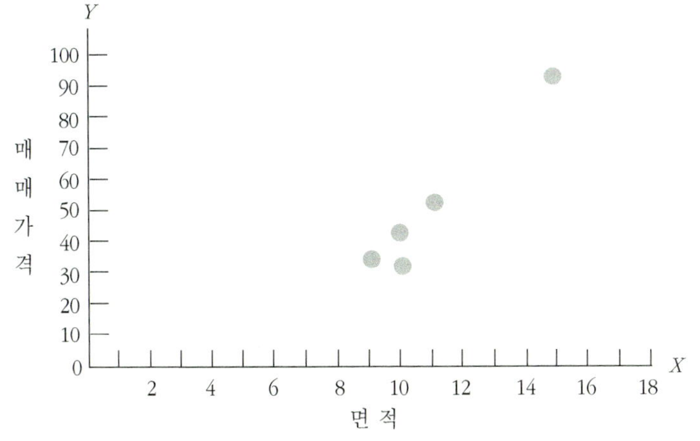

이 부동산 투자회사는 모든 콘도미니엄 판매가격이 이와 같은 산포도를 나타내는 회귀직선방정식 $\mu_{Y \backslash X} = \beta_0 + \beta_1 X$를 알고자 한다. 이 자료를 이용하여 이 회사는 모집단의 회귀방정식 $\mu_{Y \backslash X} = \beta_0 + \beta_1 X$를 추정할 수 있을 것이다.

모집단의 자료에 의해 계산된 회귀방정식과 표본자료에 의해 계산된 회귀방정식을 구분하기 위해 표본회귀방정식을 $\hat{Y} = b_0 + b_1 X$로 나타낸다.

예제의 표본자료에서 b_0, b_1의 값을 구하기 위해 [그림 11-1]의 산포도의 모든 점을 가장 가깝게 지나는 방법으로 각 점을 통하는 직선을 그을 수 있다. 이 경우 절편 b_0와 기울기 b_1을 측정할 수 있으나 매우 부정확할 수 있다. 따라서 각 점을 통하는 회귀직선의 절편과 기울기를 찾는데 이러한 편차를 줄일 수 있는 최적의 방법이 최소자승법(least squares method)이다. 최소자승법의 원리를 나타내고 있는 것이 [그림 11-2]이다.

그림 11-2 점 표본과 추정회귀선 및 잔차와의 관계

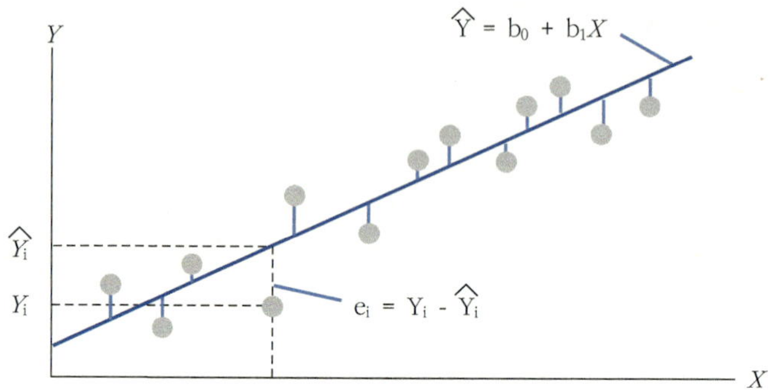

점 표본에서 관찰된 모든 Y_i에 대해서는 그에 대응하는 추정치 $\hat{Y} = b_0 + b_1X$가 있다. 예측치 $\hat{Y}$과 관찰치 Y_i사이의 표준편차는 $e_i = Y_i - \hat{Y}_i$, 즉 $e_i = Y_i - b_0 - b_1X_i$와 같다. 이 경우의 표본오차 또는 잔차 e_i는 확률모집단오차 ϵ_i에 해당한다.

회귀직선으로부터 이들 편차의 자승합은 $\sum e_i^2 = \sum(Y_i - \hat{Y}_i)^2 = \sum(Y_i - b_0 - b_1X_i)^2$이며, 여기서 추정량 b_0, b_1은 이 최소자승합을 구하는 표본값의 함수이다.

▸ **기울기 b_1과 절편 b_0를 구하는 방정식 :**

$$b_1 = \frac{\Sigma(X_i - \overline{X})(Y_i - \overline{Y})}{\Sigma(X_i - \overline{X})^2} = \frac{SCP}{SSX}$$

$$b_0 = \overline{Y} - b_1\overline{X}$$

여기서 SCP=편차의 곱의 합(sum of cross products of deviations)

$$SCP = \Sigma(X_i - \overline{X})(Y_i - \overline{Y})$$

$$= \Sigma X_iY_i - \frac{(\Sigma X_i)(\Sigma Y_i)}{n}$$

SSX = X에 대한 편차의 자승합(sum of squared deviations for X)

$$SSX = \sum(X_i - \overline{X})^2 = \sum X_i^2 - \frac{(\sum X_i)^2}{n}$$

$b_0 = \overline{Y} - b_1\overline{X}$는 회귀직선이 X의 평균치와 Y의 평균치 또는 점$(\overline{X}, \overline{Y})$를 통과하는 것을 의미한다.

절편 b_0와 기울기 b_1은 최소자승법에 의해서 구할 수 있고 이는 모집단의 기울기 β_1, 절편 β_0의 최소변동 추정치이다.

〈예제 11-2〉의 자료를 이용하여 표본회귀선 $\hat{Y} = b_0 + b_1X$의 기울기 b_1과 절편 b_0을 구해보자.

Y	X	Y^2	X^2	XY
36	9	1,296	81	324
80	15	6,400	225	1,200
44	10	1,936	100	440
55	11	3,025	121	605
35	10	1,225	100	350
합계 250	55	13,882	627	2,919

$$\overline{Y} = \frac{\sum Y}{n} = \frac{250}{5} = 50$$

$$\overline{X} = \frac{\sum X}{n} = \frac{55}{5} = 11$$

$$SCP = \sum XY - \frac{\sum X \sum Y}{n} = 2919 - \frac{55 \times 250}{5} = 169$$

$$SSX = \sum X^2 - \frac{(\sum X)^2}{n} = 627 - \frac{(55)^2}{5} = 22$$

$$b_1 = \frac{SCP}{SSX} = \frac{169}{22} = 7.68, \; b_0 = \hat{Y} - b_1\overline{X} = 50 - 7.68 \times 11 = -34.5$$

따라서 표본회귀직선은 다음과 같이 된다.

$$\hat{Y} = -34.5 + 7.68X$$

이 문제를 SPSSWIN 패키지로 분석할 경우, 먼저 데이터와 변수를 입력하면 다음의 [그림 11-3]과 같이 나타난다.

그림 11-3 데이터 및 변수입력

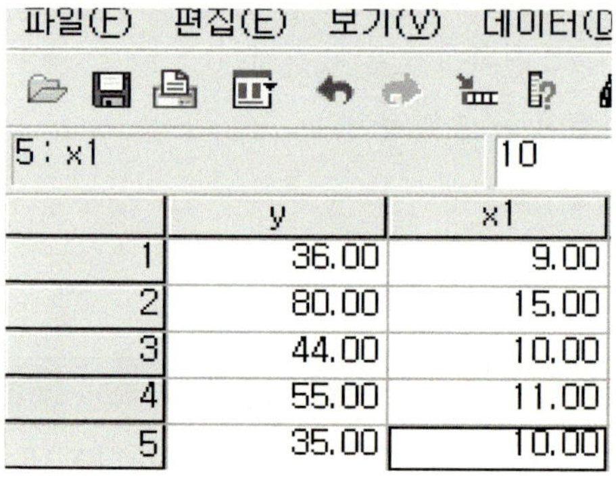

여기서 [그림 11-4]와 같이 분석 메뉴를 선택하여 회귀분석(R)을 선택하고 계속하여 선형(L)을 선택한다.

그림 11-4 분석방법의 선택

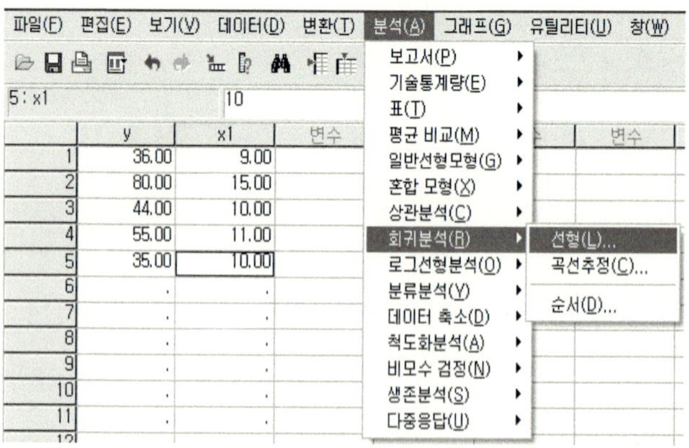

여기서 [그림 11-5]와 같이 판매가격(y)을 종속변수 창에다, 면적(X_1)을 독립변수 창에다 입력한다.

그림 11-5 변수 선택

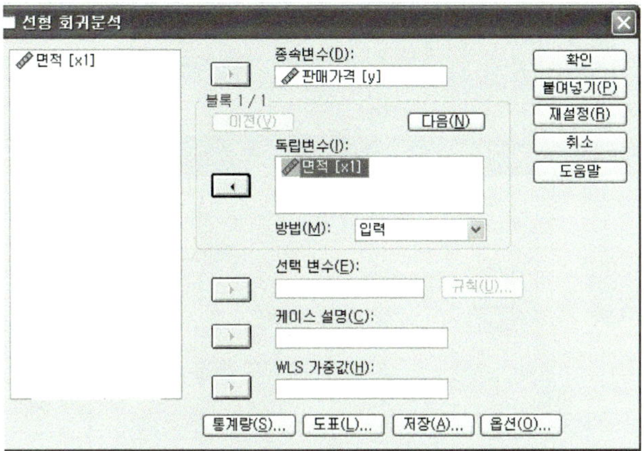

여기서 [그림 11-6]과 같이 필요한 통계량을 분석하고자 하면 화면하단에 있는 통계량을 선택한다.

그림 11-6 통계량의 선택

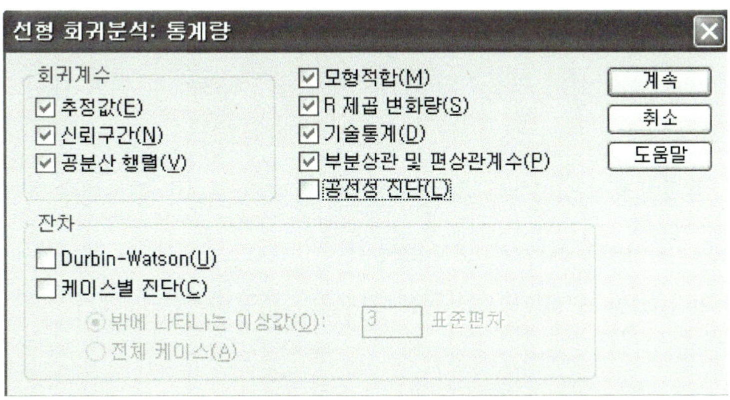

그리고 [그림 11-6]의 우측상단에 있는 계속버턴을 누르면 나타나는 화면의 하단에 있는 도표(L) 메뉴를 선택하여 Y : 창과 X : 창에다 ZPRED를 선택하여 입력하면 [그림 11-7]과 같이 된다.

그림 11-7 추정회귀방정식의 분포도 선택

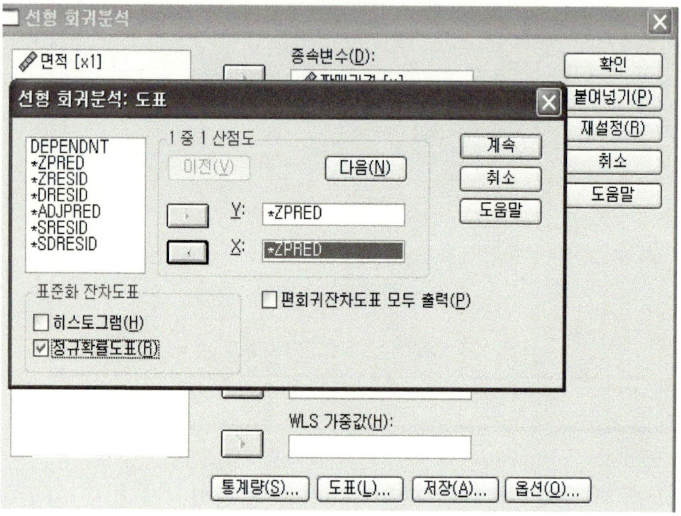

여기서 계속버턴을 누르고 확인버턴을 누르면 [그림 11-8]과 같은 분석결과가 나타난다.

분석결과 회귀식의 상수(절편)에 해당하는 값이 -34.5이며 이에 대한 표준오차가 12.616이다. 회귀식의 기울기인 X_1의 계수는 7.682이며, 이에 대한 표준오차는 1.127이다.

따라서 추정방정식은 $Y = -34.5 + 7.682X_1$이며 X_1이 종속변수 Y에 미치는 영향의 유의성을 나타내는 $t = 6.818$로서 p값 0.006으로 나타나 1%의 유의수준에서 유의적이라고 할 수 있다. 즉, 콘도미니엄의 분양면적은 매매가격에 유의적인 영향을 미친다.

그림 11-8 검정결과의 출력

모형 요약[b]

모형	R	R 제곱	수정된 R 제곱	추정값의 표준오차	통계량 변화량				
					R 제곱 변화량	F 변화량	자유도1	자유도2	유의확률 F 변화량
1	.969[a]	.939	.919	5,28434	.939	46,491	1	3	,006

a. 예측값: (상수), 면적
b. 종속변수: 판매가격

분산분석[b]

모형		제곱합	자유도	평균제곱	F	유의확률
1	선형회귀분석	1298,227	1	1298,227	46,491	,006[a]
	잔차	83,773	3	27,924		
	합계	1382,000	4			

a. 예측값: (상수), 면적
b. 종속변수: 판매가격

계수[a]

모형		비표준화 계수		표준화 계수	t	유의확률	B에 대한 95% 신뢰구간		상관계수		
		B	표준오차	베타			하한값	상한값	0차	편	부분
1	(상수)	-34,500	12,616		-2,735	,072	-74,650	5,650			
	면적	7,682	1,127	.969	6,818	,006	4,096	11,267	.969	.969	.969

a. 종속변수: 판매가격

그림 11-9 분포도

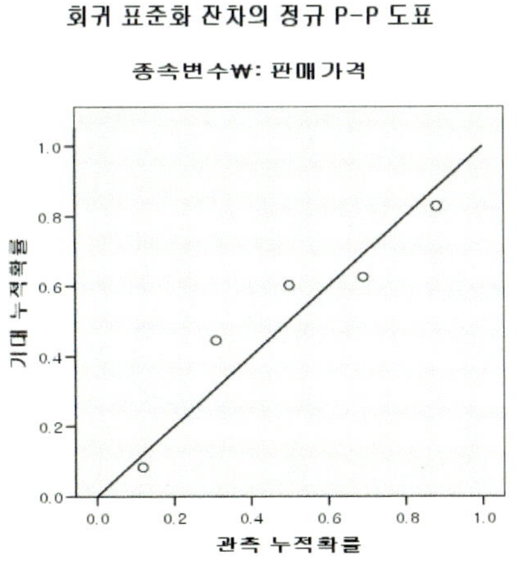

2 단순회귀식에서 제곱합의 분할

앞 절에서는 표본회귀직선의 절편과 기울기를 구하는 방법과 회귀분석의 개념에 대하여 논의했다. 이 절에서는 회귀문제의 종속변수 Y에 대한 변동이 어떻게 두 분야로 나누어지는가에 대해 다루고자 한다.

종속변수 Y에서의 변동은 Y값과 그들의 평균 $\overline{Y}$와의 편차의 제곱합으로 측정된다. 이러한 변동은 설명되지 않는 변동에 기인하는 것으로 고려되기 때문에 Y의 추정변동량은 총변동량에 의한다. 그러나 표본 Y들 중의 몇몇 관찰변동은 Y와 X 사이의 관계와 관련된다. [그림 11-10]의 (a)는 하나의 관찰점(X_i, Y_i), 최적점(X_i, $\widehat{Y}_i$), 그리고 이들이 조정된 최적선상의 점은 평균($\overline{X}$, $\overline{Y}$)이라는 것을 보여 준다.

그림 11-10 총편차, 설명 가능한 편차, 설명 불가능한 편차와 변동

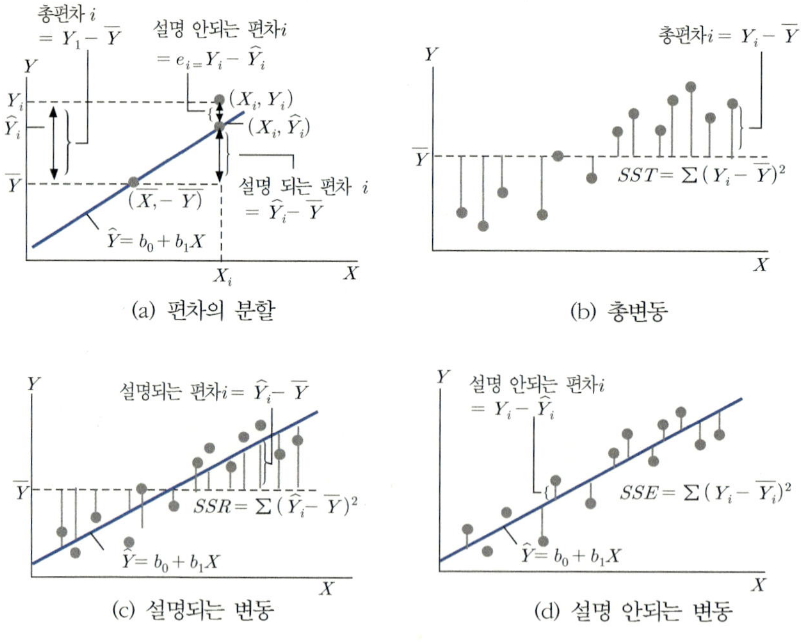

여기서 평균에 대한 총편차 $Y_i - \overline{Y}$는 회귀직선에 의해 설명 가능한 편차 $\widehat{Y}_i - \overline{Y}$와 잔차 또는 설명 불가능한 편차 $Y_i - \widehat{Y}_i$의 합이 된다는 것을 알 수 있다.

$$\text{즉, } (Y_i - \overline{Y}) = (\widehat{Y}_i - \overline{Y}) + (Y_i - \widehat{Y}_i)$$

(총변동) = (설명되는 변동) + (설명되지 않는 변동)

$\widehat{Y}_i$로부터 $\overline{Y}$까지$(\widehat{Y}_i - \overline{Y})$ 설명되는 변동은 Y와 X사이의 관계와 관련성이 있다. 따라서 총변동에서 차지하는 이 비율은 X에 대한 Y의 회귀로서 설명될 수 있다. 한편 $\widehat{Y}_i$로부터 Y_i의 변동$(Y_i - \widehat{Y}_i)$은 설명되지 않는 변동이다.

위 식을 양변에 제곱하여 모든 n값에 대해 합하면 총변동(sum of squares total : SST)과 설명되는 변동(sum of squares explained by regression : SSR) 및 설명되지 않는 변동(sum of squares due to error, SSE)을 얻을 수 있다.

▸ **제곱합의 분할방정식** :

$$\sum (Y_i - \overline{Y})^2 = \sum (\widehat{Y}_i - \overline{Y})^2 + \sum (Y_i - \widehat{Y}_i)^2$$

SST = SSR + SSE

총변동 = 설명되는 변동 + 설명되지 않는 변동

[그림 11-10]의 (b)에서 (d)까지는 이들 변동에 대해 나타낸 것이다.

이러한 제곱합은 다음 공식을 이용하여 더욱 더 간단히 구할 수 있다.

▸ **제곱합의 방정식** :

$$SST = \sum (Y_i - \overline{Y})^2 = \sum Y^2 - \frac{(\sum Y)^2}{n}$$

$$SSR = \sum (\widehat{Y}_i - \overline{Y})^2 = (b_1)(SCP)$$

$$SSE = \sum (Y_i - \widehat{Y}_i)^2 = SST - (b_1)(SCP)$$

이상의 내용을 요약하여 다음과 같이 분산분석표를 나타낼 수 있다.

〈표 11-1〉 단순회귀의 분산분석표

변동원천	자유도	제곱합	제곱평균	F
회귀	1	$SSR=(b_1)SCP$	$MSR=\frac{SSR}{1}$	$\frac{MSR}{MSE}$
오차	$n-2$	$SSE=SST-(b_1)SCP$	$MSE=\frac{SSE}{n-2}$	
총합	$n-1$	$SST=\sum Y^2-\frac{(\sum Y)^2}{n}$		

회귀식의 독립변수의 수가 k개이면 회귀자승합(SSR)의 자유도는 k이고, 설명되지 않은 변동(SSE)의 자유도는 $n-k-1$이다. 그리고 총변동(SST)의 자유도는 회귀의 자유도와 잔차의 자유도의 합, 즉 $k+(n-k-1)$이므로 항상 $n-1$이다.

단순회귀에서 변수 X가 하나이므로 k=1이 된다.

분산분석에서 평균자승은 자승합을 관련된 자유도로 나눈 것이다. 회귀에서 중요한 두 개의 평균자승은 회귀의 평균자승(mean square due to regression : MSR)과 잔차의 평균자승(mean square due to error : MSE)이다.

〈예제 11-2〉의 자료에 의하면

$SST=\sum(Y_i-\overline{Y})^2=\sum Y^2-\frac{(\sum Y)^2}{n}=13,882-\frac{250^2}{5}=1382$가 되며 $df=n-1=5-1=4$가 된다.

$SSR=(b_1)(SCP)=7.682\times169=1298.2$가 되고, 회귀의 자유도는 독립변수가 하나이므로 k=1이 된다.

$SSE=SST-(b_1)(SCP)=1382-7.682(169)=83.8$이 되고, 잔차의 자유도는 $n-k-1=5-1-1=3$이 된다.

따라서, $MSR=\frac{SSR}{k}=\frac{1298.2}{1}=1298.2$, $MSE=\frac{SSE}{n-k-1}=\frac{83.8}{5-1-1}=27.9$가 된다.

이상의 내용을 간단히 정리한 것이 다음의 분산분석표이다.

〈표 11-2〉 UPC예제의 분산분석표

변동원천	*df*	제곱합	평균제곱	*F*
회귀	1	1298.2	1298.2	46.5
오차	3	83.8	27.9	
총합	4	1382		

여기서 $F = MSR/MSE = 1298.2/27.9 = 46.5$이다.

이 분산분석표는 앞서 SPSSWIN으로 처리한 분석결과 [그림 11-8]의 ANOVA와 같은 것이다.

3 추정치의 표준오차와 결정계수

1) 추정치 표준오차

많은 회귀문제에서 회귀방정식을 세우는 중요한 이유는 기지의 독립변수 X와 관련되는 종속변수 Y의 값을 예측하는데 사용할 수 있는 도구를 얻기 위한 것이다. 우리는 종종 Y값을 예측하는데 있어서 정확한 회귀직선을 평가하기를 원한다. 회귀직선의 절편 β_0와 기울기 β_1을 알 경우 특정값 Y_i를 예측하는데 나타나는 오차는 확률모집단의 ϵ_i이다. 이 값을 찾음으로서 회귀방정식에 대한 보다 정확한 예측치를 측정할 수 있다. 이미 오차항의 평균은 $E(\epsilon_i) = 0$이라고 알고 있다. 그러나 이들 오차항의 분산을 회귀직선상의 평균제곱 변동이라 하고, 이것은 직선 주변의 점의 분포를 측정하는데 사용된다. 이 값을 $r^2_{Y\backslash X}$로 나타내고 이것은 회귀직선을 중심으로한 Y_i의 단순한 분산이다.

전형적인 회귀문제에서 우리는 모든 Y_i값의 모집단을 알 수 없다. 우리는 항상 표본을 사용하며, 이 표본 평균 제곱오차(sample mean squared error)는 다음과 같다.

$$S^2_{Y \setminus X} = \frac{1}{n-2} \sum e_i^2$$

표본오차 또는 잔차는 $e_i = Y_i - \widehat{Y}_i$이기 때문에 다음과 같은 방정식을 취하게 된다.

> ▸ **표본평균 제곱오차 방정식** :
>
> $$S^2_{Y \setminus X} = \frac{1}{n-2} \sum (Y_i - \widehat{Y}_i)^2$$
>
> $$= \frac{1}{n-2} (SSE) = MSE$$

회귀모델에서 $S^2_{Y \setminus X}$은 $\sigma^2_{Y \setminus X}$의 불편추정량이다.

이 방정식은 왜 $S^2_{Y \setminus X}$가 표본회귀 방정식을 이용하여 구한 예측의 정확성에 대한 좋은 추정치인가를 보여준다. 만일 잔차 e_i값이 크면 $S^2_{Y \setminus X}$의 값도 커질 것이다. 그러나 만일 모든 Y_i의 값이 회귀직선상 위에 바로 잡혀있다면 각 $e_i = 0$와 $S^2_{Y \setminus X} = 0$이 된다. $S^2_{Y \setminus X}$는 주어진 X값에 대한 그들의 평균 $\mu_{Y \setminus X}$주변의 모든 Y_i값의 모집단의 추정분산이다. 이러한 것은 회귀직선을 중심으로 표본변동을 구분하는데 사용된다.

$$S^2_Y = \frac{1}{n-1} \sum (Y_i - \overline{Y})^2 = \frac{1}{n-1} (SST)$$

$S^2_{Y \setminus X}$는 회귀직선의 예측값 $\widehat{Y}_i$에 대한 개별 Y_i의 표본 변동을 나타낸다. 이것은 [그림 11-2]에 나타낸 편차의 분산이다.

S^2_Y은 평균으로부터 Y_i값의 편차제곱의 평균으로 생각할 수 있고, $S^2_{Y \setminus X}$를 표본회귀직선의 예측치로부터 Y_i값의 편차제곱의 평균치로서 생각할 수 있다.

$S^2_{Y \setminus X}$제곱근은 표본회귀직선을 중심으로 한 Y_i값의 표준편차이다. 이것을 추정치의 표준오차(standard error of the estimate)라 하고 다음과 같이 된다.

$$S_{Y \setminus X} = \sqrt{S^2_{Y \setminus X}} = \sqrt{MSE}$$

〈예제 11-2〉을 이용하여 이들을 구하면 다음과 같이 된다.

$$S^2_Y = \frac{1}{n-1}\Sigma(Y_i - \overline{Y})^2 = \frac{1}{n-1}(SST)$$
$$= \frac{1}{4}(1382) = 345.50$$
$$S^2_{Y \setminus X} = \frac{1}{n-2}\Sigma(Y_i - \hat{Y})^2 = \frac{1}{n-2}(SSE)$$
$$= \frac{1}{3}(83.8) = 27.9$$

추정치의 표준오차 $S_{Y \setminus X} = \sqrt{S^2_{Y \setminus X}} = \sqrt{27.9} = 5.28$이 된다.

따라서 콘도미니엄의 평균가격 $\overline{Y}$를 중심으로 한 분산은 345.5이며, 반면에 회귀직선의 예측치를 중심으로 한 가격의 분산은 27.9이다. 회귀직선을 중심으로 한 분산이 평균치를 중심으로 한 분산보다 훨씬 작다. 이와 같은 추정치의 표준오차 $S_{Y \setminus X}$는 회귀분석의 통계적 추론에 이용된다.

2) 결정계수

위의 예에서 나타난 바와 같이 회귀직선을 중심으로 한 Y의 변동량 $\Sigma(Y_i - \hat{Y}_i)^2$이 평균을 중심으로 한 변동량$(\Sigma Y_i - \overline{Y})^2$ 보다 작다. 이러한 조건은 회귀직선에 의한 예측의 정확성을 측정하는 하나의 방법을 제시한다. 이러한 정확성은 예측치의 제곱오차로 정의되어 왔다. 이러한 정확성을 측정하는데 이용되는 가장 일반적인 것이 표본의 결정계수(sample coefficient of determination)인 r^2로서 다음과 같이 정의된다.

▸ **결정계수(r^2)의 정의와 방정식** :

결정계수r^2는 Y와 X 사이의 선형관계에 의해 설명되는 Y의 총변동량의 비율이며 그 식은 다음과 같다.

$$r^2 = 1 - \frac{\Sigma(Y_i - \hat{Y})^2}{\Sigma(Y_i - \overline{Y})^2} = 1 - \frac{SSE}{SST} = \frac{SSR}{SST}$$

여기서 $(\Sigma Y_i - \overline{Y})^2$은 총제곱합이며, $\Sigma(Y_i - \hat{Y}_i)^2$은 잔차의 제곱합으로서 이것은 회귀식으로 설명되지 않는 변동량이다. 총변동량은 회귀식으로 설명되는 회귀제곱합(SSR)과 회귀식으로 설명되지 않는 잔차의 제곱합(SSE)의 합으로 전체 1이 된다. 결정계수 r^2는 회귀의 총 변동량 중에서 회귀제곱합이 차지하는 비율이므로 전체 1에서 잔차의 제곱합이 차지하는 비율을 뺀 값이 된다. r^2의 값이 크면 클수록 독립변수 X가 종속변수 Y에 대한 설명력이 높다. 즉, 주어진 X에 대한 방정식 Y의 예측력이 높아진다.

〈예제 11-2〉의 경우 $r^2 = \frac{SSR}{SST} = \frac{1298.2}{1382} = 0.939$가 된다.

r^2는 $0 \leq r^2 \leq 1$의 값을 취한다.

만약 회귀방정식이 평균치 $\overline{Y}$보다 Y의 예측이 좋지 못하다면 변동 또는 오차가 소거되지 않은 결과가 되어 $r^2 = 0$이 된다. 그러나 만일 회귀방정식이 Y_i값의 완벽한 예측치라면 그때 모든 Y_i값은 회귀직선상에 있게 되어 예측의 모든 오차의 제곱이 소거되므로 $r^2 = 1$이 될 것이다.

$0 \leq r^2 \leq 1$의 r^2값은 회귀방정식에 있어서 변수 X와 Y 사이의 관계의 상대적 강도를 나타낸다. r^2의 값이 1에 가까워지면 회귀방정식에서 Y값의 예측의 상대적 정확도가 강해지는 것이다.

회귀방정식에 있어서 r^2의 값은 문제의 전후관계에 상관없이 방정식의 정확성을 측정하는데 일반적으로 사용된다.

4 β_1에 관한 가설과 추론

β_1에 관한 가설을 검정하고 추론하기 위해서는 표본분포의 b_1을 알아야 한다.

회귀모델의 가정 하에서 b_1의 표본분포는 평균 $E(b_1)=\beta_1$과 표준편차 σ_{b_1}을 갖는 정규분포이며, σ_{b_1}은 표본회귀 기울기의 표준오차 S_{b_1}으로 추정할 수 있다. S_{b_1}의 값은 다음 방정식으로 구할 수 있다.

▸ **표본회귀기울기의 표준오차방정식** :

$$S_{b_1} = \frac{S_{Y \setminus X}}{\sqrt{SSX}}$$

이 식에서 $S_{Y \setminus X}$는 추정치의 표준오차이다.

모집단의 회귀직선의 기울기에 관한 가설검정을 하고자 한다면 다음과 같은 과정을 따른다.

회귀방정식의 기울기는 주어진 β_{1_0}와 같다는 귀무가설, 즉 $H_0 : \beta_1 = \beta_{1_0}$하에 $t = \frac{b_1 - \beta_{1_0}}{S_{b_1}}$는 $df = n-2$인 t-분포이다. 여기서 $df = n-2$가 되는 것은 단순회귀방식은 독립변수의 수 k가 하나이기 때문이다. 즉, $df = n-k-1 = n-1-1 = n-2$가 된다.

만약 귀무가설이 참이면 $\beta_1 = 0$가 되어 회귀방정식은 X의 변화에 따른 $\hat{Y}$의 변화를 전혀 예측할 수 없다.

▸ **가설의 검정 :**

$$H_0 \ : \ \beta_1 = 0$$

$$H_a \ : \ \beta_1 \neq 0$$

기각규칙 : $t \ < - t_{\alpha/2, n-2}$ 또는

$t \ > \ t_{\alpha/2, n-2}$일 때 H_0기각

여기서 $t = \dfrac{b_1}{S_{b_1}}$

$\dfrac{b_1}{S_{b_1}}$은 $\beta_1 = 0$일 때 자유도 $df = n-2$로 된 t 분포를 따른다. 이러한 상황에서 대립가설은 $\beta_1 \neq 0$이다. t 통계량이 주어진 유의수준이 α일 때 $-t_{\alpha/2, n-2}$보다 작거나 $t_{\alpha/2, n-2}$보다 크면 귀무가설은 기각되고 대립가설이 채택된다.

예컨대 〈예제 11-1〉의 경우 대립가설 $H_1 : \beta_1 \neq 0$에 대한 귀무가설 H_0 : $\beta_1 = 0$을 유의수준 $\alpha = 0.05$에서 검정하고자 하면 SSX=22이고, $S_{Y \setminus X} = 5.28$이므로 (이들은 앞서 구한 것임) 다음과 같이 S_{b_1}을 구할 수 있다.

$$S_{b_1} = \frac{S_{Y \setminus X}}{\sqrt{SSX}} = \frac{5.28}{\sqrt{22}} = 1.13$$

t 분포표에서 $t_{\alpha/2, n-2} = t_{0.025, 3} = 3.182$이고 $b_1 = 7.68$인 것을 앞서 알았기 때문에 $t = \dfrac{b_1}{S_{b_1}} = \dfrac{7.68}{1.13} = 6.8$이 된다. $t = 6.8 > 3.182$이므로 유의수준 $\alpha = 5\%$에서 귀무가설은 기각된다.

두 변수 서로간에 아무런 관계가 없다는 가설을 검정하는 또 하나의 방법은 회귀요약표(ANOVA table)의 평균제곱값을 조사하는 것이다. 〈예제 11-1〉과 관련되는 ANOVA table인 〈표 11-2〉에서 MSR=1298.2이고 회귀의 자유도가 1이며, 평균제곱오차 MSE=27.9이고 잔차의 자유도가 3인 것으로 나타나 있다. 앞 장의 분산분석에서 다룬 바와 같이 회귀문제에서 변수들 간에 아무런 관계가 없다는

것은 회귀직선이 $\hat{Y} = \overline{Y}$가 되는 것이다. 이러한 경우 평균에 관한 회귀직선값의 제곱합이 0이기 때문에 회귀의 평균제곱(MSR)은 0이다. 회귀의 평균제곱(MSR)이 클수록 두 변수간의 유의성은 커지므로 $\beta_1 \neq 0$가 된다. MSR/MSE는 회귀의 자유도 $\nu_1 = k$와 잔차의 자유도 $\nu_2 = n - k - 1$인 F분포를 따른다. 따라서 F = MSR/MSE가된다.

주어진 유의수준 α에서 $F > F_{\alpha, \nu_1, \nu_2}$이면 $H_0 : \beta_1 = 0$를 기각하고 변수 Y와 X는 유의한 선형관계에 있다고 결론을 내린다. 이러한 가설 검정 절차는 다음과 같다.

▸ ***F* 통계량으로 $H_0 : \beta_1 = 0$, $H_1 : \beta_1 \neq 0$의 가설검정** :

$H_0 : \beta_1 = 0$

$H_a : \beta_1 \neq 0$

기각규칙 : $F > F_{\alpha, \nu_1, \nu_2}$이면 H_0 기각

여기서 $F = \dfrac{MSR}{MSE}$이고,

$\nu_1 = 1$, $\nu_2 = n - 2$이다.(단순회귀방정식이므로)

〈예제 11-2〉에 대한 회귀분석의 요약 결과인 ANOVA table 〈표 11-2〉에 나타나 있는 바와 같이 F = MSR/MSE = 46.5이다. 유의수준이 5%이고, 회귀의 자유도 $\nu_1 = 1$이고, 잔차의 자유도 $\nu_2 = n - k - 1 = 5 - 1 - 1 = 3$이므로 $F_{0.05,1,3} = 10.128$이 된다.

$F = 46.5 > F_{0.05,1,3} = 10.128$이므로 귀무가설은 기각되고 대립가설이 채택된다. 즉 콘도미니엄 매매가격과 면적과는 선형관계가 있다고 결론을 내릴 수 있다.

5 상관관계

두 변수 X와 Y가 확률변수이고, 결합분포를 갖는다고 가정할 때 두 변수 사이의 관계를 추론할 수 있는 적절한 방법을 고려해 보자. 회귀직선을 추정하지 않고, 두 변수간의 선형관계를 추론하고자 하면, X와 Y의 결합분포를 측정하는 방법 중에 하나가 상관계수(correlation coefficient)이다.

> 상관계수 r은 두 확률변수 사이의 선형관계의 방향과 강도의 척도이다.
> $$-1 \le r \le 1$$

만일 r이 -1이거나 1이면 모든 점이 직선 위에 정확히 위치해 있는 완전한 선형관계이며, r이 -1과 1에 가까이 있으면 선형관계가 높다는 것이다.

상관계수가 양의 값이면 상관관계는 한 변수가 증가하면 다른 변수도 증가하는 것을 의미하고, 상관계수가 음의 값이면 음의 상관관계로서 한 변수가 증가하면 다른 변수는 감소하는 것을 의미한다. $r = 0$이면 두 변수는 상관관계가 없는 무상관이다.

여기서 고려되는 두 개의 확률변수에 대한 결합분포는 이변량 정규분포(bivariate normal distribution)이다. 따라서 모집단의 상관계수 r은 평균치 μ_X와 μ_Y, 표준편차 σ_X와 σ_Y인 결합분포의 모수이다.

표본상관계수 r은 결합분포의 상관계수 ρ에 대한 추정량이며 이는 다음의 공식으로 구할 수 있다.

▸ **표본상관계수 방정식 :**

$$r = \frac{S_{X,Y}}{S_X S_Y} = \frac{SCP}{\sqrt{(SSX)(SSY)}}$$

$$SST = \sum(Y_i - \overline{Y})^2 = \sum Y^2 - \frac{(\sum Y)^2}{n}$$

$$SSY = SST$$

예제 11-3

한 경제학자는 가족수입액과 세금공제비율과의 관계연구에 관심을 갖고서 6가구를 조사하여 년간 수입액 X와 세금공제비율 Y에 대한 자료를 수집하였다. 다음의 〈표 11-3〉은 이들 관계를 계산한 것이다. 두 변수간의 상관계수를 구하라.

〈표 11-3〉 6가구의 년간 수입액과 세공공제비율

	세금공제비율 Y	년간수입액 X	Y^2	X^2	XY
	70	13	4,900	169	910
	55	18	3,025	324	990
	100	9	10,000	81	900
	40	25	1,600	625	1,000
	15	36	225	1,296	540
	20	19	400	361	380
합계	300	120	20,150	2,856	4720

$\overline{Y} = 300/6 = 50, \quad \overline{X} = 120/6 = 20$

$$SCP = \sum XY - \frac{\sum X \sum Y}{n} = 4720 - \frac{(120)(300)}{6} = -1280$$

$$SSX = \sum X^2 - \frac{(\sum X)^2}{n} = 2856 - \frac{(120)^2}{6} = 456$$

$$SSY = SST = \sum Y^2 - \frac{(\sum Y)^2}{n} = 20150 - \frac{(300)^2}{6} = 5150$$

$$r = \frac{S_{X,Y}}{\sqrt{S_X^2 S_Y^2}} = \frac{-256}{\sqrt{(91.2)(1030)}} = -0.835$$

$$r = \frac{SCP}{\sqrt{(SSX)(SST)}} = \frac{-1280}{\sqrt{(456)(5150)}} = -0.835$$

따라서 년간 수입액과 세금공제비율과는 강한 음의 상관관계에 있다. 이것은 년간 수입액이 높을수록 세금공제비율은 낮아진다는 것을 의미한다.

단순 회귀기법과 상관계수 방법은 서로 관련성이 있다. 상관계수 r은 모집단의 상관계수 ρ 의 추정치이다. 회귀에서 r^2는 단순히 적합성의 척도이다. 표본상관계수 r은 두 확률변수 사이의 관계의 방향과 강도를 추정하는데 사용된다. 반면에 결정계수 r^2는 예측치로서 표본평균보다는 회귀방정식을 사용할 때 회귀방정식이 설명할 수 있는 오차제곱의 비율이다.

변수간에 선형관계에 있지 않다는 가설, 즉 $\rho = 0$를 검정하려면 t-test를 사용할 수 있으며, 여기서 $t = \frac{r}{\sqrt{(1-r^2)/(n-2)}}$ 이다.

$\rho = 0$일 때 t-통계량은 자유도 $n-2$인 t-분포를 취한다. 여기서 자유도가 $n-2$인 것은 독립변수 k가 하나이기 때문이다. $(v = n-k-1)$

가설검정의 절차는 다음과 같다.

▸ **가설의 검정** :

H_0 : $\rho = 0$

H_a : $\rho \neq 0$

기각규칙 : $t < -t_{\alpha/2, n-2}$ 또는

$t > t_{\alpha/2, n-2}$이면 H_0 기각

여기서, $t = \frac{r}{\sqrt{(1-r^2)/(n-2)}}$

예제 11-4

앞의 〈예제 11-3〉에서 가족의 년간 수입액과 년간 세금공제 비율간에는 상관이 없다는 가설을 유의수준 $\alpha = 0.05$에서 검정하라.

$H_0 \ : \ \rho = 0 \quad H_a \ : \ \rho \neq 0$

n=6, α=0.05, 자유도 = $n-k-1$ = 6-1-1 = 4 이므로

$t_{\alpha/2,v} = t_{0.025,4} = 2.776$ 또는 $-t_{0.025,4} = -2.776$이 된다.

$$t = \frac{r}{\sqrt{(1-r^2)/(n-2)}} = \frac{-0.835}{\sqrt{(1-(-0.835)^2)/(6-2)}} = \frac{-0.835}{0.2751} = -3.03$$

$t = -3.03 \ < \ t_{0.025,4} = -2.776$이므로 귀무가설은 기각된다. 년간 수입액과 년간 세금공제 비율은 강한 음의 관계가 있다고 할 수 있다.

이상의 〈예제 11-3〉과 〈예제 11-4〉에 대해 SPSSWIN 패키지로 분석하면, 〈예제 11-3〉의 경우는 상관관계분석에 의한 것이며 〈예제 11-4〉는 회귀검정에 의한 것이다. 전자를 먼저 해 보면, 먼저 [그림 11-11]과 같이 데이터와 변수를 입력한다.

그림 11-11 데이터 및 변수입력

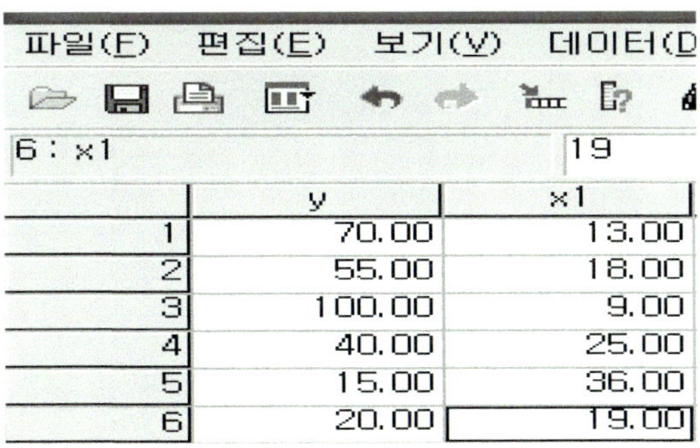

다음으로 [그림 11-12]와 같이 분석메뉴에서 상관분석에서 이변량 상관계수를 선택한다.

그림 11-12 분석방법의 선택

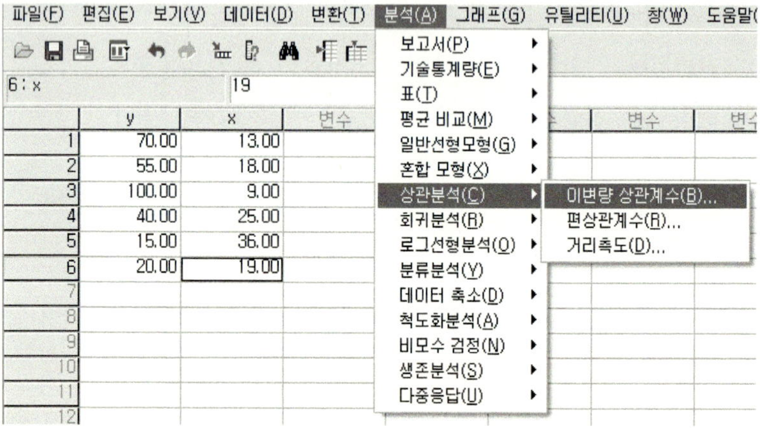

다음으로 [그림 11-13]과 같이 변수를 선택한다.

그림 11-13 변수선택

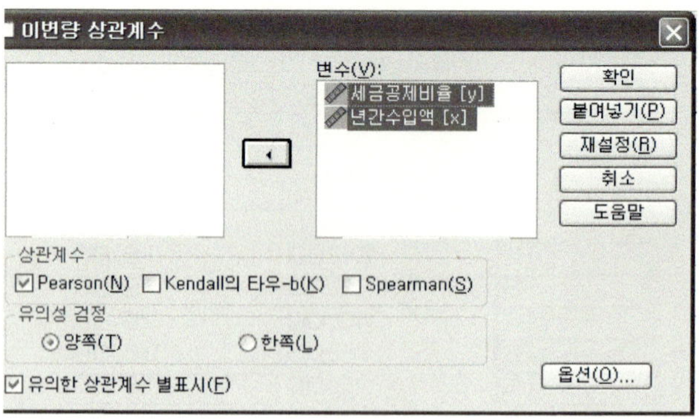

다음으로 확인버턴을 누르면 [그림 11-14]와 같이 검정결과가 출력된다.

그림 11-14 검정결과의 출력

➡ 상관계수

[DataSet0]

기술통계량

	평균	표준편차	N
세금공제비율	50,0000	32,09361	6
년간수입액	20,0000	9,54987	6

상관계수

		세금공제비율	년간수입액
세금공제비율	Pearson 상관계수	1	-,835*
	유의확률 (양쪽)		,038
	N	6	6
년간수입액	Pearson 상관계수	-,835*	1
	유의확률 (양쪽)	,038	
	N	6	6

*. 상관계수는 0,05 수준(양쪽)에서 유의합니다.

다음은 회귀분석으로 검정해보면 먼저 데이터의 입력과 변수의 정의는 상관관계분석과 동일하다. 그리고 나머지 전 과정은 <예제 11-1>의 분석절차와 동일하다. 이러한 과정을 거쳐 최종검정결과는 [그림 11-15]와 같이 나타난다.

그림 11-15 회귀검정결과의 출력

모형 요약[b]

모형	R	R 제곱	수정된 R 제곱	추정값의 표준오차	통계량 변화량				
					R 제곱 변화량	F 변화량	자유도1	자유도2	유의확률 F 변화량
1	.835[a]	.698	.622	19.72953	.698	9.230	1	4	.038

a. 예측값: (상수), 년간수입앤
b. 종속변수: 세금공제비율

분산분석[b]

모형		제곱합	자유도	평균제곱	F	유의확률
1	선형회귀분석	3592.982	1	3592.982	9.230	.038[a]
	잔차	1557.018	4	389.254		
	합계	5150.000	5			

a. 예측값: (상수), 년간수입앤
b. 종속변수: 세금공제비율

계수[a]

모형		비표준화 계수		표준화 계수	t	유의확률	B에 대한 95% 신뢰구간		상관계수		
		B	표준오차	베타			하한값	상한값	0차	편	부분
1	(상수)	106.140	20.158		5.266	.006	50.174	162.107			
	년간수입앤	-2.807	.924	-.835	-3.038	.038	-5.372	-.242	-.835	-.835	-.835

a. 종속변수: 세금공제비율

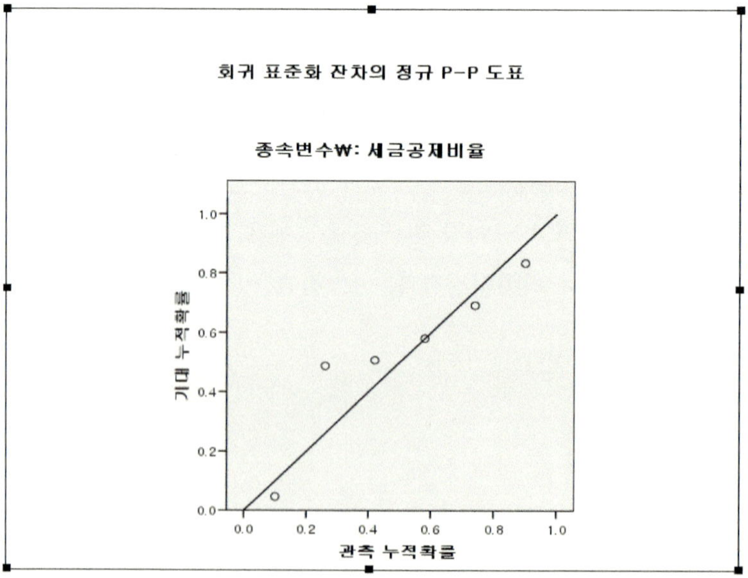

분석결과 먼저 [그림 11-14]의 상관검정 출력 결과 상관계수 r = −0.835이고 이에 대한 유의확률 0.038로 나타나 이는 유의수준 α=0.05보다 작다. 따라서 년간 가족수입액과 년간 세금공제비율과는 유의적인 음의 상관이 있다. 또한 [그림 11-15]의 회귀검정 출력 결과 추정회귀방정식은 $y = 106.14 - 2.807X$이며 여기서 t값은 −3.038로서 p값이 0.038로 나타나 유의수준 α=0.05보다 작다. 따라서 년간 가족수입액과 년간 세금공제비율과는 유의적인 음의 상관이 있다. 즉, 년간 가족수입액이 증가할수록 년간 세금공제비율은 떨어진다고 할 수 있다. F= 9.230으로서 p값이 0.038로 나타나 유의수준 α=0.05보다 작아 유의적이므로 이 회귀식은 유의적이라고 할 수 있다. 그리고 $r^2 = 0.698$인데 이는 독립변수 X(년간 가족 수입액)가 종속변수 Y(년간 세금공제비율)에 대해 69.8%의 설명력을 가진다는 것을 의미한다. r^2는 독립변수의 종속변수에 대한 설명력으로서 전체1에서 추정회귀방정식으로 설명되지 않는 비율을 뺀 설명 가능한 비율이 차지하는 값이다. 일반적으로 사회과학의 조사방법에서 r^2가 0.6 이상이면 설명력이 높다고 알려져 있다. 여기서 상관계수(r)의 제곱이 단순회귀분석에서의 결정계수(r^2)가 된다는 사실을 알 수 있다.

연 · 습 · 문 · 제

1. 표분수 $n=11$, SSY= 400, SCP = 400, SSX= 625인 자료를 이용하여 귀무가설 $H_0: \rho = 0$를 대립가설 $H_a: \rho \neq 0$에 대해 유의수준 $\alpha = 0.05$에서 검정하고 표본의 상관계수를 구하라.

2. 회귀문제에서 $n = 30$, $\sum X_i = 15$, $\sum Y_i = 30$, SCP=−30, SSX=10, SST=160일 때
   1) 회귀방정식 $\hat{Y} = b_0 + b_1 X$를 구하라.
   2) 분산 $\sigma^2_{Y \backslash X}$를 추정하라.
   3) 유의수준 α =0.05에서 H_0 : $\beta_1 = 0$를 H_a : $\beta_1 \neq 0$에 대해 검정하라.

3. 주가와 배당금액간의 관계는 명확하게 알려져 있지는 않지만 경험적 연구에 의하면 현재시점기간에서의 주가 Y는 그 기간에서의 배당금 X와 관계있는 것으로 나타난다. 다음과 같이 주어진 현재기간에 대한 주가와 배당금액에 대한 자료를 이용하여 물음에 답하라. 단, 표본평균에 대한 표준편차를 이용하라.

주가 Y	14	12	12	12	10
배당금 X	11	9	10	11	9

   1) 회귀식 $\hat{Y} = b_0 + b_1 X_1$를 구하라.
   2) X = 10일 때 Y의 예측치를 구하라.
   3) SST, SSR, SSE의 값을 구하라.
   4) SST, SSR, SSE의 자유도를 구하라.
   5) MSR과 MSE의 값을 구하라.
   6) ANOVA table를 나타내고 결과를 해석하라.
   7) $S^2_{Y \backslash X}$, $S_{Y \backslash X}$ 의 표준오차 및 결정계수 r^2를 구하라.
   8) SPSSWIN 패키지를 활용하여 1)에서 7)까지에 대해 설명하고 검정하라.

4. 경영대학원 졸업생 32명을 표본 추출하여 그들의 출발년도의 연봉에 대한 자료를 기초로 하여 출발년도의 평균 추정연봉회귀식을 다음과 같이 도출하였다.(여기서 X=년도)

$$\hat{Y} = 7130 + 700(X - 1995)$$

1) 출발년도의 연봉예측치로서 이 선형회귀식이 타당한가?
2) 이 방정식의 구성요소에 대해 어떻게 설명할 수 있겠는가?
3) 1999년도의 평균추정연봉(출발년도)은 얼마가 되는가?

5. 회귀분석에서 $n = 38$, $\overline{Y} = 20$, $\overline{X} = 7$, SST=900, SSX=60, SCP= 180으로 나타났다.
1) 회귀식을 구하라.
2) β_1에 대한 90% 신뢰구간을 구하라.
3) $\overline{Y}$보다는 예측치로서 회귀직선을 이용할 때 Y에서의 예측에 대한 제곱오차를 얼마나 제거시킬 수 있겠는가?

6. 헬스클럽 경영자는 헬스 프로그램에 참여할 당시의 몸무게와 프로그램 참여 일정기간 후의 체중감량과는 관계가 있다고 주장한다. 이러한 주장에 대한 검정을 위해 8명을 표본 추출한 결과의 자료는 다음과 같다.

X(참여 당시무게)	205	165	289	154	142	306	261	177
Y(감량)	25	15	36	12	15	146	73	50

이들 관계에 대한 회귀정보는 다음과 같다.

$$\hat{Y} = -67.78 + 0.54X,\ r^2 = 0.583,\ S_{Y \backslash X} = 31.60,\ S_{b_1} = 0.186,$$
$$SSX = 28{,}911.87,$$
$$SSY = SST = 14{,}362.0,\ SCP = 15{,}557.48$$

1) 참여당시 몸무게와 감량과의 관계가 없다는 귀무가설을 회귀직선의 기울기에 대한 t 검정으로서 유의수준 $\alpha = 0.05$에서 검정하라.
2) 상관계수 r을 이용하여 1)을 다시 검정하라.
3) 회귀자승합의 분할에 대한 ANOVA를 이용하여 1)를 다시 검정하라.

제12장 다중회귀

앞 장에서는 단순회귀와 상관을 이용하여 종속변수 Y와 독립변수 X와의 관계에 대하여 살펴보았다. 그러나 많은 경영 및 경제문제에 있어서 우리는 종속변수 Y와 다수의 독립변수 $x_1, x_2, \ldots x_k$와의 관계에 관심을 가진다. 예컨대 Y주유소의 주유공급량은 주유소의 위치 x_1 뿐만 아니라 주유구의 수 x_2와 관련성이 있을 것이다.

이 장의 목적은 종속변수 Y와 다수의 독립변수 $x_1, x_2, \ldots x_k$와의 관련성을 연구하는 것이다. 종속변수 Y와 두 개 이상의 x변수 사이의 관련성을 연구하는 방법 중의 하나가 다중회귀(multiple regression)이다. 다중회귀방정식은 둘 이상 다수의 독립변수를 이용함으로써 더욱 정확하게 종속변수를 예측할 수 있을 때 이용된다.

이 장에서는 다중회귀 모델과 그 분석절차에 대해 설명하고자 한다.

1 다중선형회귀

k개의 독립변수 $x_1, x_2, \ldots\ldots, x_k$로 된 다중선형회귀 모델은 다음과 같다.

▸ **다중선형회귀 모델** :

$Y_i = \beta_0 + \beta_1 x_{i1} + \beta_2 x_{i2} + \cdots\cdots + \beta_k x_{ik} + \epsilon_i$

Y_i : i번째 관찰치에 대한 종속변수 값

x_{ij} : i번째 관찰치의 j번째 독립변수의 값, j=1, 2, 3, ……, k

ϵ_i = i번째 관찰치의 확률변동 또는 오차 값

β_0 : 모집단의 회귀식의 절편을 나타내는 모수 또는 $x_1, x_2, \ldots\ldots, x_k$가 모두 0과 같을 때 β_0는 Y의 평균이다.

β_j = j번째 독립변수에 대한 모집단 회귀식의 기울기를 나타내는 모수, 또는 β_j는 이 모델에서 다른 독립변수가 일정할 때, 독립변수 x_i가 한 단위 증가할 때의 Y값의 평균치의 변화를 나타낸다.

이와 같은 다중선형회귀 모델은 다음과 같은 가정을 둔다.

① 각 독립변수의 x값은 기지의 수이다.

② $x_1, x_2, \ldots, x_k$ 값의 각 집합에 대해 y는 $\beta_0 + \beta_1 x_1 + \beta_2 x_2 + \ldots\ldots + \beta_k x_k$ 와 같은 평균 $\mu_{y \backslash x_1 + x_2 + \ldots + x_k}$ 와 분산 $\sigma^2_{y \backslash x_1 + x_2 + \ldots + x_k}$ 를 갖는 정규독립분포를 이룬다.

여기서 $\beta_0, \beta_1, \beta_2 \ldots\ldots, \beta_k$와 $\sigma^2_{y \backslash x_1 + x_2 + \ldots + x_k}$ 는 미지의 모수이다.

③ $x_1, x_2, \ldots\ldots, x_k$값의 각 집합에 대해 $x_1, x_2, \ldots\ldots, x_k$ 값이 주어진 y의 분산은 $x_1, x_2, \ldots\ldots, x_k$ 값의 전체집합에 대해 동일하다. 즉, $\sigma^2_{y \backslash x_1 + x_2 + \ldots + x_k}$ 이다.

이와 같은 가정 하에 모집단 다중선형 회귀방정식은 다음과 같이 된다.

▸ **모집단의 다중선형회귀 방정식** :

$\mu_{Y \backslash X_1, X_2, \ldots\ldots, x_k} = \beta_0 + \beta_1 x_1 + \beta_2 x_2 + \ldots\ldots + \beta_k x_k$

$x_1, x_2, \ldots\ldots, x_k$가 고정된 어떤 집합에 대해 Y의 평균치는 $\beta_0 + \beta_1 x_1 + \beta_2 x_2 + \ldots\ldots + \beta_k x_k$ 와 같다. 여기서 $\beta_0, \beta_1, \beta_2 \ldots\ldots, \beta_k$는 모집단 각각의 절편과 기울기이다.

확률표본자료를 이용하여 모수 $\beta_0, \beta_1, \beta_2, \ldots, \beta_k$와 $\sigma^2_{y \backslash x_1 + x_2 + \ldots + x_k}$를 추정하기 위한 분석방법은 다음과 같다.

> ▸ **표본(추정) 다중선형회귀 방정식** :
> $$\widehat{Y} = b_0 + b_1 x_1 + b_2 x_2 + \ldots + b_k x_k$$

여기서 $\widehat{Y}$의 값은 $x_1, x_2, \ldots, x_k$의 값이 주어질 때 Y값의 평균치의 추정치, 즉 $\widehat{Y}$는 $\sigma^2_{y \backslash x_1 + x_2 + \ldots + x_k}$의 추정치이다. b_0의 값은 표본자료로부터 결정되고 모집단 회귀식의 절편 β_0의 추정치이며, b_j의 값은 표본자료에서 결정되며 모집단의 회귀식의 기울기인 β_j의 추정치이다.

예제 12-1

UPC 부동산회사에서는 최근에 매매된 $n = 5$개의 콘도미니엄을 무작위로 표본추출하여 조사한 결과 각각의 표본에 대한 판매가격과 면적, 땅값은 다음과 같이 나타났다. 이를 이용하여 추정다중선형회귀 방정식을 공식에 의해 도출하라.

〈표 12-1〉 콘도미니엄 기초자료

Y=판매가격(1,000만원)	x_1=면적(100)	x_2=땅값(1,000만원)
36	9	8
80	15	7
44	10	9
55	11	10
35	10	6

제11장에서 설명한 바와 같이 모집단의 모수 $\beta_0, \beta_1, \beta_2, \ldots, \beta_k$의 최소제곱추정치는 잔차제곱합 SSE를 최소로 하는 값 $b_0, b_1, b_2, \ldots, b_k$이다.

여기서 $SSE = \Sigma(Y_i - \widehat{Y}_i)^2 = \Sigma(Y_i - b_o - b_1 x_{i1} - b_2 x_{i2} - \ldots - b_k x_{ik})^2$ 이다.

독립변수가 두개인 표본(추정)회귀식은 $\hat{Y} = b_0 + b_1x_1 + b_2x_2$이므로 잔차제곱합 SSE를 최소로 하는 추정치 b_0와 b_1, b_2를 구하면 된다.

$$SSE = \sum_{i=1}^{n} e_i^2 = \sum_{i=1}^{n}(Y_i - \hat{Y}_i)^2$$

$$= \sum_{i=1}^{n}(Y_i - b_0 - b_1x_1 - b_2x_2)^2 \text{이다.}$$

이 식을 b_0, b_1, b_2에 대해 편미분하면 다음과 같은 정규방정식(normal equation)을 얻게 된다.

$$\sum Y_i = b_0 n + b_1\sum x_1 + b_2\sum x_2$$

$$\sum x_1 Y_i = b_0\sum x_1 + b_1\sum x^2_{+\, b_1\sum x_1 x_2 1}$$

$$\sum x_2 Y_i = b_0\sum x_2 + b_1\sum x_1x_2 + b_2\sum x_2^2$$

주어진 자료에 의해 다음과 같이 된다.

Y	x_1	x_2	x_1^2	x_2^2	x_1x_2	x_1Y	x_2Y
36	9	8	81	64	72	324	288
80	15	7	225	49	105	1200	560
44	10	9	100	81	90	396	396
55	11	10	121	100	110	550	550
35	10	6	100	36	60	210	210
$\sum Y = 258$	$\sum x_1 = 56$	$\sum x_2 = 40$	$\sum x_1^2 = 627$	$\sum x_2^2 = 338$	$\sum x_1x_2 = 437$	$\sum x_1Y = 2918$	$\sum x_2Y = 2004$

$$258 = b_0(5) + b_1(56) + b_2(40)$$

$$2918 = b_0(56) + b_1(627) + b_2(437)$$

$$2004 = b_0(40) + b_1(437) + b_2(378)$$

이를 연립방정식으로 풀면 $b_0 = -61.289$, $b_1 = 8.066$, $b_2 = 2.820$이 된다. 따

라서 추정방정식 $\hat{Y} = -61.289 + 8.066x_1 + 2.820x_2$가 된다.

2 다중회귀식에서 제곱합의 분할

다중회귀분석에서도 단순회귀분석에서와 같이 평균치 $\overline{Y}$로부터 종속변수 Y의 총편차제곱의 합(total sum of squared deviations : SST)은 회귀의 제곱합(sum of squares due to regression : SSR)과 오차 또는 잔차의 제곱합(sum of squares of residual or of deviations due to error : SSE)으로 분할될 수 있다. 이러한 다중회귀식에서의 제곱의 분할은 다음과 같이 된다.

> **▸ 다중회귀식에서 제곱합의 분할 방정식 :**
>
> $$\sum(Y_i - \overline{Y})^2 = \sum(\hat{Y}_i - \overline{Y})^2 + \sum(Y_i - \hat{Y}_i)^2$$
>
> SST = SSR + SSE

다중회귀식에서도 단순회귀와 같은 논리가 적용되어 회귀의 제곱합은 추정회귀식에 의해 설명되는 변동량이며 잔차의 제곱합은 설명되지 않는 변동량이다. 다중회귀에서 회귀의 제곱합(SSR)의 자유도 $df = k$이고 잔차의 제곱합 SSE의 자유도 $df = n - k - 1$이다. 따라서 총제곱합(SST)의 자유도 $df = n - 1$이다.

분산분석에서 평균제곱은 그들에게 관련된 자유도로서 각각의 제곱합을 나눈 것임을 고려하면 다중회귀식에서 중요한 두 평균제곱은 다음과 같이 된다.

> **▸ 다중회귀식의 회귀평균제곱과 잔차의 평균제곱 :**
>
> $$MSR = \frac{SSR}{k}$$
>
> $$MSE = \frac{SSE}{n-k-1}$$

이상과 같은 제곱합의 공식과 자유도, 평균제곱은 분산분석에서 다음과 같이 요약될 수 있다.

변동원천	자유도	제곱합	제곱평균	F
회귀	k	$SSR=\sum(\hat{Y}_i-\overline{Y})^2$	$MSR=\dfrac{SSR}{k}$	$\dfrac{MSR}{MSE}$
오차(잔차)	$n-k-1$	$SSE=\sum(Y_i-\hat{Y}i)^2$	$MSE=\dfrac{SSE}{n-k-1}$	
총합	$n-1$	$SST=\sum(Y_i-\overline{Y_i})^2$ $=\sum Y^2-\dfrac{(\sum Y^2)}{n}$		

예제 12-2

〈예제 12-1〉의 자료를 바탕으로 요약된 분산분석표를 만들어 보아라.

〈예제 12-1〉의 자료에 의해 다음과 같이 전개할 수 있다.

표본수	Y_i	$\hat{Y}_i$	$\hat{Y}_i-\overline{Y}$	$(\hat{Y}_i-\overline{Y})^2$	$Y_i-\hat{Y}_i$	$(Y_i-\hat{Y})^2$	$Y_i-\overline{Y}$	$(Y_i-\overline{Y})^2$
1	36	33.8673	-16.1327	260.264	2.13270	4.54842	-14	196
2	80	79.4455	29.4455	867.037	0.55450	0.30748	30	900
3	44	44.7536	-5.2464	27.525	-0.75356	0.56785	-6	36
4	55	55.6398	5.6398	31.807	-0.63981	0.40936	5	25
5	35	36.2938	-13.7062	187.859	-1.29384	1.67402	-15	225
총합	250		0.0000	1374.492	0.0000	7.50711	0	1382
	$\overline{Y}=250/5=50$			$SSR=1374.492$		SSE=7.50711		SST=1382

$$MSR=\frac{SSR}{k}=\frac{1374.5}{2}=687.25,$$

$$MSE=\frac{SSE}{n-k-1}=\frac{7.5}{5-2-1}=3.75$$

$F=\dfrac{MSR}{MSE}=\dfrac{687.25}{3.75}=183.1$이 된다. (여기서 $k=2$는 독립변수의 수가 x_1과 x_2로서 2이기 때문이다.) 그리고 $\hat{Y}_i$의 값은 〈예제 12-1〉에서 구한 추정방정식 $\hat{Y}=-61.289+8.066x_1+2.820x_2$에다 해당하는 표본수의 x_1값과 x_2값을 대입하여 구한 것이다. 따라서 분산분석은 다음과 같이 요약된다.

〈표 12-2〉 분산분석표(ANOVA Table)

변동의 원천	자유도	SS	MS	F
회귀	2	1374.5	687.25	183.1
잔차	2	7.5	3.75	
총합	4	1382.0		

3 추정치의 표준오차와 다중결정계수

제11장에서 단순회귀직선의 예측의 정확성은 두 가지 방법으로 측정할 수 있다는 것을 알았다. 첫째, 오차의 분산 $S^2_{Y\backslash X}$에 의하여 측정되는데 이 값은 단순회귀직선 $\hat{Y}=b_0+b_1X$을 중심으로 한 Y_i값의 분산의 척도이다. 이와 같은 논리에 의해 k개의 독립변수로 된 다중회귀방정식 $\hat{Y}=b_0+b_1X_1+b_2X_2+\ldots+b_kX_k$ 에 대한 잔차의 (residuals)의 분산은 다음과 같이 나타낼 수 있다.

▸ **다중회귀식에서 표본평균의 제곱오차 :**

$$S^2_{y\backslash x_1,x_2,\ldots,x_k}=\frac{1}{n-k-1}\sum(Y_i-\hat{Y}_i)^2$$
$$=\frac{1}{n-k-1}(SSE)=MSE$$

$S^2_{y\backslash x_1,x_2,\ldots,x_k}$은 변수 $X_1,X_2,X_3\ \ldots,X_k$에 대해 구한 회귀식을 중심으로 한 Y의 변동을 나타낸다. 다중회귀모델에 있어 $S^2_{y\backslash x_1,x_2,\ldots,x_k}$은 $\sigma^2_{Y\backslash x_1,x_2,\ldots,x_k}$의 불편추정량이다. $S^2_{y\backslash x_1,x_2,\ldots,x_k}$의 제곱근은 회귀식을 중심으로 한 Y_i 값의 표준편차이고 이는 추정치의 표준오차이다.

> ▸ **다중회귀식에서 추정치의 표준오차 $S^2_{Y\backslash 1,2,...,k}$ 공식** :
>
> $$S_{Y\backslash x_1, x_2, ..., x_k} = \sqrt{S^2_{y\backslash x_1, x_2, ..., x_k}} = \sqrt{MSE}$$

회귀문제에서 예측의 정확성은 제곱오차의 측면에서 평가된다는 점을 11장에서 다루었다. 단순회귀문제에서 정확성을 측정하기 위해 결정계수 r^2를 구한 논리가 동일하게 다중회귀식의 다중결정계수 R^2를 구하는데 적용된다. 다중결정계수 R^2는 변수 X와 Y 사이의 관계로 설명되는 Y의 총변동의 비율로서 다음과 같이 구할 수 있다.

$$R^2 = 1 - \frac{\sum(Y_i - \widehat{Y}_i)^2}{\sum(Y_i - \overline{Y})^2} = 1 - \frac{SSE}{SST} = \frac{SSR}{SST}$$

다중결정계수 R^2는 $\overline{Y}$보다 좋은 추정치로서 회귀방정식 $\widehat{Y} = b_0 + b_1X_1 + b_2X_2 + ... + b_kX_k$ 을 사용하여 추정될 수 있는 Y_i값은 추정함에 있어서의 오차제곱의 비율이다. 다중결정계수 R^2도 단순회귀의 결정계수와 마찬가지로 0과 1 사이의 값을 취한다. 만일 종속변수 Y와 독립변수 X 사이에 선형관계가 아니라면 회귀방정식에서 $R^2 = 0$이 된다. 또 회귀방정식에서 자료가 완전하거나 Y값의 예측이나 추정이 정확하다면 $R^2 = 1$이다.

예제 12-3

앞의 〈예제 12-2〉에서 구한 자료를 이용하여 추정치의 표준오차와 다중결정계수를 구하여라.

〈표 12-2〉을 이용하면 회귀방정식에 의한 총 변동량(SST) = 1382이고, 회귀제곱합(SSR)=1374.5이며, 잔차(오차)의 제곱합(SSE)=1.94이다. 그리고 회귀의 자유도가 2이며 잔차의 자유도도 2이다. 따라서 $S^2_{y\backslash x_1, x_2} = \frac{SSE}{n-k-1} = \frac{7.5}{5-2-1} = 3.75$

이므로 $S^2_{y\backslash x_1,x_2} = \sqrt{S^2_{y\backslash x_1,x_2}} = \sqrt{3.75} = 1.94$ 가 된다.

결정계수 $R^2 = 1 - \dfrac{SSE}{SST} = \dfrac{SSR}{SST} = \dfrac{1374.5}{1382} = 0.995$가 된다.

일반적으로 표본의 관찰수를 고정시킨 상태에서 다중회귀식에다 독립변수를 추가하게되면 R^2는 증가한다. 그 이유는 회귀식에 X개의 독립변수가 추가됨으로써 총 변동량 SST는 변하지 않으면서 일반적으로 SSR이 증가하는 반면 SSE는 감소하기 때문이다. 이것은 결국 설명 가능 변동량이 증가하는 결과가 되므로 R^2값이 증가하게 된다. 그러나 이러한 독립변수의 추가는 R^2값을 증가시키나 종속변수의 설명에는 유의적인 기여를 못할 수도 있다. 따라서 R^2를 증가시킬 목적으로 회귀식에다 독립변수를 추가하는 것은 오히려 좋지 못한 회귀모델의 결과를 가져올 수 있다. 회귀분석에서 이와 같은 초과 적합(overfitting)의 결과를 방지하기 위해 회귀모델이 표본 데이터에 보다 잘 적합할 수 있는 척도로서 수정된 결정계수(Adjusted R^2)를 사용할 수 있다. 수정된 결정계수 값은 다중회귀방정식에 추가되는 독립변수의 효과를 포함한 전체효과를 조정한다. 여기서 수정된다는 것은 자유도에 의해 수정되는 것을 의미한다. 수정된 R^2는 다음과 같이 구할 수 있다.

$$\text{Adjusted } R^2 = 1 - \frac{\Sigma(Y_i - \widehat{Y}_i)^2/(n-k-1)}{\Sigma(Y_i - \overline{Y})^2/(n-1)} = 1 - \frac{(SSE)/(n-k-1)}{(SST)/(n-1)}$$

예제의 경우 Adjusted $R^2 = 1 - \dfrac{7.5/(5-2-1)}{1382/(5-1)} = 0.989$가 된다.

표본 수 n이 크면 R^2와 AdjustedR^2값은 비슷해진다. 추가적인 독립변수의 투입에 따른 설명 불가능한 변동(SSE)은 항상 감소하지만 잔차의 자유도$(n-k-1)$가 작아 이러한 감소는 상쇄되기 때문에 수정된 결정계수는 결정계수 R^2보다 작아진다. 결론적으로 기존의 독립변수의 투입에 따른 회귀방정식에 의한 설명력과 추가적인 독립변수의 투입에 따른 회귀방정식에 의한 설명력을 비교할 때 수정된 R^2를 이용한다.

4 다중회귀분석에 있어서 통계적 추론과 유의성 검정

단순회귀분석에서 설명한 바와 같이 다중회귀분석에서도 평균제곱비율을 사용하여 유의성 검정을 할 수 있다. 즉, 다중회귀관계의 유의성 검정을 위해 MSE에 대한 MSR의 비율, 즉 F-비율을 사용할 수 있다. 여기서 MSR은 다중회귀분석에서 자유도 $v_1 = k$를, MSE는 자유도 $v_2 = n-k-1$를 가진다. 이와 같은 F의 비율을 사용하여 다중회귀의 유의성을 검정하는 과정은 다음과 같다.

> H_0 : $\beta_1 = \beta_2 = ... = \beta_k = 0$
> H_a : 하나 이상의 β_j가 0과 같지 않다.
> $F > F_{\alpha, k, n-k-1}$이면 가설 H_0는 기각된다.
> 여기서, F=MSR/MSE이다.

$H_0 : \beta_1 = \beta_2 = ... = \beta_k = 0$ 은 변수 X_i와 종속변수 Y 사이가 선형관계가 아니다는 것을 의미하며, 대립가설은 하나 이상의 독립변수 X_i가 종속변수 Y와 관계가 있다는 것을 의미한다. F값이 주어진 유의수준에서의 $F_{\alpha, k, n-k-1}$보다 크면 다중회귀관계가 없다는 귀무가설이 기각되고 대립가설이 채택된다.

예제 12-4

앞의 〈예제 12-3〉을 이용하여 UPC회사의 다중회귀관계의 유의성을 검정하라.

H_0 : $\beta_1 = \beta_2 = 0$, H_a : β_j의 하나 이상이 0과 같지 않다.

〈표 12-2〉에서 $MSR = 687.25$, $MSE = 3.75$, $\nu_1 = k = 2$,

$\nu_2 = n-k-1 = 5-2-1 = 2$이다. 유의수준 $\alpha = 0.05$에서 $F_{0.05,2,2} = 19.00$ 이다.(부록의 F 분포표에서) $F = MSR/MSE = 687.25/3.75 = 183$이 되어 $F > F_{0.05,2,2}$ 보다 크므로 귀무가설은 기각된다. 따라서 콘도미니엄 매매가격 Y는 면적(X_1)과 땅값(X_2)과 선형관계에 있다고 결론을 내린다.

독립변수 X_j의 계수 β_j에 대한 다중회귀식의 가설을 검정하고, 신뢰구간을 설정하기 위해서는 표본계수 b_j와 표본분포를 알아야 한다.

다중회귀모델의 가정 하에 각 b_j의 표본분포는 평균치 $E(b_j)=\beta_j$, 표준편차 σ_{b_j}로 된 정규분표이고 이것은 표본회귀계수의 표준오차 S_{b_j}에 의하여 추정될 수 있다.

H_0 : $\beta_j=0$의 가설을 검정하고자 한다면 $t=b_j/S_{b_j}$에 대한 값을 구한다.

귀무가설 H_0 : $\beta_j=0$과 다중회귀모델의 가정 하에서 $t=b_j/S_{b_j}$는 자유도가 $v=n-k-1$인 $t-$분포를 따른다. 그러나 귀무가설이 $\beta_j=0$라는 것에 한해서는 $t=b_j/S_{b_j}$가 타당하다. 만약 귀무가설이 β_j는 특정값 β_{j_0}와 같다는 것이면 이때 t값의 분자 b_j는 $b_j-\beta_{j_0}$로 대체 된다.

H_0 : $\beta_j=0$검정의 절차를 요약하면 다음과 같다.

> H_0 : $\beta_j=0$
> H_a : $\beta_j\neq 0$
> 기각규칙 : $t<-t_{\alpha/2,n-k-1}$ 또는
> $t>t_{\alpha/2,n-k-1}$이면 H_0는 기각
> 여기서 $t=b_j/S_{b_j}$이다.

방정식 $t=b_j/S_{b_j}$는 S_{b_j}가 $\nu=n-k-1$를 갖는 $S^2_{Y\backslash x_1,x_2}$의 함수이기 때문에 $n-k-1$의 자유도를 갖는다.

S_{b_j}는 컴퓨터 프로그램으로 쉽게 구할 수 있겠지만, 두 독립변수 X_1과 X_2를 갖는 다중회귀 문제에서 S_{b_1}, S_{b_2}의 값은 다음과 같이 구할 수 있다.

$$S_{b_1}=\frac{S_{Y\backslash x_1,x_2}}{\sqrt{SSX_1(1-r_{12}^2)}}$$

$$S_{b_2}=\frac{S_{Y\backslash x_1,x_2}}{\sqrt{SSX_2(1-r_{12}^2)}}$$

여기서 $S_{Y\backslash x_1, x_2} = \sqrt{MSE}$는 추정치의 표본의 표준오차이다.

$r^2_{1,2}$는 X_1과 X_2 사이의 결정계수이다.

$$SSX_1 = \Sigma(X_{i1} - \overline{X_1})^2$$

$$SSX_2 = \Sigma(X_{i2} - \overline{X_2})^2$$

만약 X_1과 X_2가 상관관계가 있으면 r^2_{12}는 0보다 크며, X_1과 X_2가 높은 상관관계가 있으면 추정되는 기울기의 표준편차가 클 것이다.

$H_0 : \beta_j = 0$의 가설을 검정하기 위해서는 주어진 유의수준 α에 대한 $t_{\alpha/2, n-k-1}$의 값을 구하고, $t = b_j / S_{b_j}$의 값을 구해야 한다. 그 결과 $t > t_{\alpha/2, n-k-1}$이거나 $t < -t_{\alpha/2, n-k-1}$이면 귀무가설은 기각되고 대립가설이 채택된다.

모집단의 다중회귀방정식의 기울기 β_j의 신뢰구간 추정치를 구한다면 신뢰구간 $(1-\alpha)100\%$는 다음과 같은 식으로 정의된다.

▸ **β_j의 신뢰구간의 한계식** :

$$L = b_j - t_{\alpha/2, n-k-1} S_{b_j}$$

$$R = b_j + t_{\alpha/2, n-k-1} S_{b_j}$$

예제 12-5

앞의 UPC부동산회사의 문제에서 콘도미니엄의 땅값(X_2)은 매매가격 Y에 대해 설명력을 갖지 못할 것이다라는 귀무가설, 즉 $H_0 : \beta_2 = 0$를 검정하라. (유의수준 5%에서)

이 문제의 경우 귀무가설과 대립가설은 다음과 같다.

$H_0 : \beta_2 = 0$

$H_1 : \beta_2 \neq 0$

표본다중회귀식은 $\hat{Y} = -61.29 + 8.07X_1 + 2.82X_2$로 결정되어 있다. 〈예제 12-1〉 검정에 필요한 기초자료는 〈표 12-3〉과 같이 전개된다.

〈표 12-3〉 기초자료

면적 X_1	땅값 X_2	X_1^2	X_2^2	X_1X_2
9	8	81	64	72
15	7	225	49	105
10	9	100	81	90
11	10	121	100	110
10	6	100	36	60
계 55	40	627	330	437

$$\overline{X_1} = 55/5 = 11,\quad \overline{X_2} = 40/5 = 8$$

$$SCP_{X_{1x_2}} = \Sigma(X_1 - \overline{X_1})(X_2 - \overline{X_2})$$

$$= \Sigma X_1X_2 - \frac{\Sigma X_1 \Sigma X_2}{n} = 437 - \frac{55 \times 40}{5} = -3$$

$$SSX_1 = \Sigma(X_1 - \overline{X_1})^2 = \Sigma X_1^2 - \frac{(\Sigma X_1)^2}{n} = 627 - \frac{55^2}{5} = 22$$

$$SSX_2 = \Sigma(X_2 - \overline{X_2})^2 = \Sigma X_2^2 - \frac{(\Sigma X_2)^2}{n} = 330 - \frac{40^2}{5} = 10$$

이 자료를 이용하면 $r_{1,2}^2 = \dfrac{(SCP_{X_{1x_2}})^2}{(SSX_1)(SSX_2)} = \dfrac{(-3)^2}{(22)\times(10)} = 0.04$

$$S_{b_2} = \frac{S_{Y \backslash x_1, x_2}}{\sqrt{SSX_2(1 - r_{1,2}^2)}} = \frac{1.94}{\sqrt{10(1-0.04)}} = 0.63$$

유의수준 $\alpha = 0.05$에서 $t_{\alpha/2, n-k-1} = t_{0.025,2} = 4.303$이 된다.

$t = \dfrac{b_2}{S_{b_2}} = \dfrac{2.82}{0.63} = 4.51$이므로 $t = 4.51 > 4.303$이 되어 가설은 기각되고 결론적으로 $\beta_2 \neq 0$이라고 할 수 있다. 따라서 땅값(X_2)는 콘도미니엄 가격 Y를 예측하는데 있어서 부가적인 설명력이 있다고 결론을 내린다.

예제 12-6

UPC 회사의 콘도미니엄 예에서 β_1의 추정치에 대한 95%의 신뢰구간을 구하여라.

〈예제 12-5〉에서 제시한 〈표 12-3〉의 기초자료를 이용하여 S_{b_1}을 계산하면,

$S_{b_1} = \dfrac{S_{Y \backslash x_1, x_2}}{\sqrt{SSX_1(1-r_{1,2}^2)}} = \dfrac{1.94}{(22)(1-0.4)} = 0.42$가 된다.

UPC 회사의 추정회귀방정식은 $\widehat{Y} = -61.29 + 8.07X_1 + 2.92X_2$로서 이미 앞의 〈예제 12-1〉에서 주어져 있다. 신뢰수준이 (1-α)%=95%이므로 유의수준 α=5%가 된다. 따라서 $t_{\alpha/2, n-k-1} = t_{0.025, 2} = 4.303$이 된다.

β_1의 95% 신뢰구간을 구하면 다음과 같이 된다.

$$L = b_j - t_{\alpha/2, n-k-1} S_{b_j} = 8.07 - (4.303)(0.42) = 6.26$$

$$R = b_j + t_{\alpha/2, n-k-1} S_{b_j} = 8.07 + (4.303)(0.42) = 9.88$$

결과적으로 X_1에 대한 β_1의 95% 신뢰구간은 $6.26 \le \beta_1 \le 9.88$이 된다.

Y의 평균치에 대한 신뢰구간과 새로운 개별 변수의 예측구간은 다음과 같은 논리에 의해 구할 수 있다.

새로운 값 X_{1_0}와 X_{2_0}를 이용한 어떤 특정 추정에 대한 Y의 평균인 $\mu_{Y \backslash x_{10}, x_{20}}$은 얼마가 되며, 주어진 와 X_{2_0}에 대한 어떤 특정 예측을 위한 개별값인 Y_0는 얼마가 되는 가에 대한 문제로서 주어진 X_{1_0}와 X_{2_0}에 대한 Y의 평균인 $\mu_{Y \backslash x_{10}, x_{20}}$의 점 추정치는 $\widehat{Y_0} = b_0 + b_1 X_{1_0} + b_2 X_{2_0}$가 된다. 이 평균치에 대한 신뢰구간은 $\widehat{Y}_0 \pm t_{\alpha/2, n-k-1} S_{\widehat{Y}_0}$으로 구할 수 있다.

또한 주어진 X_{1_0}와 X_{2_0}에 대한 새로운 개별치 Y_0의 예측구간은 $\widehat{Y}_0 \pm t_{\alpha/2, n-k-1} S_{Y_0}$에 의해 구할 수 있다.

예컨대 〈예제 12-1〉의 문제의 경우 $X_{1_0} = 10$과 $X_{2_0} = 9$, 즉 콘도미니엄 면적 1,000제곱 피트를 단위당 9백만원으로 어떤 구매자가 구입할 계획이라면 그 도시에서 이러한 조건의 콘도미니엄이 팔릴 평균 판매가격에 대한 95%의 신뢰구간과

콘도미니엄 구매자에 대해 그 도시에서 같은 조건을 갖춘 개별 콘도미니엄의 판매 가격에 대한 95%의 예측구간을 구한다면 위의 공식으로 구할 수 있다.

지금까지 설명한 내용을 주어진 〈예제 12-1〉의 자료를 이용하여 SPSSWIN 패키지로 처리하면, 먼저 [그림 12-1]과 같이 데이터와 변수를 입력한다.

그림 12-1 데이터 및 변수입력

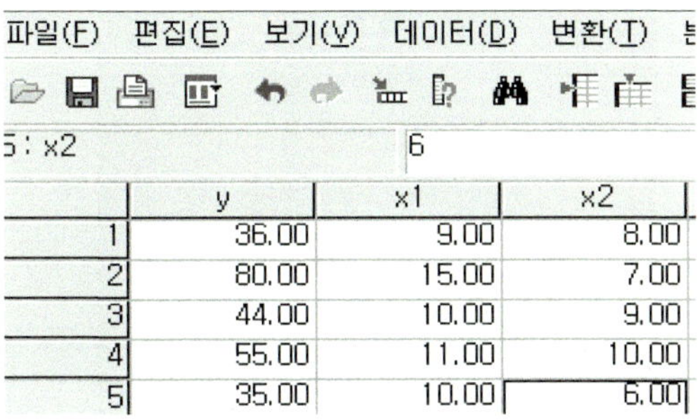

다음은 [그림 12-2]와 같이 분석메뉴의 회귀분석(R)에서 선형(L)을 선택한다.

그림 12-2 분석방법의 선택

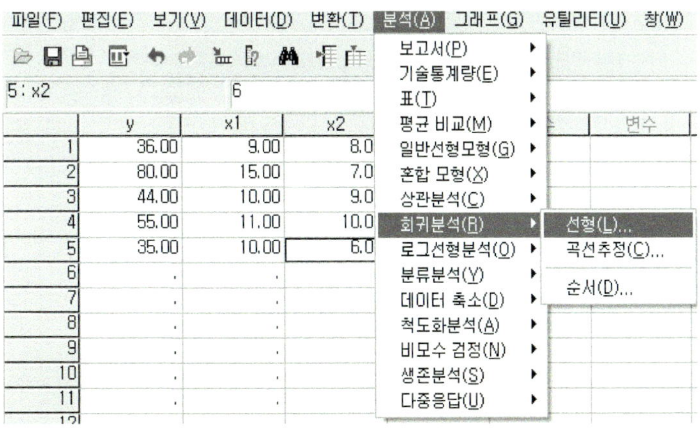

다음은 [그림 12-3]과 같이 변수를 선택하여 입력한다.

그림 12-3 변수의 선택

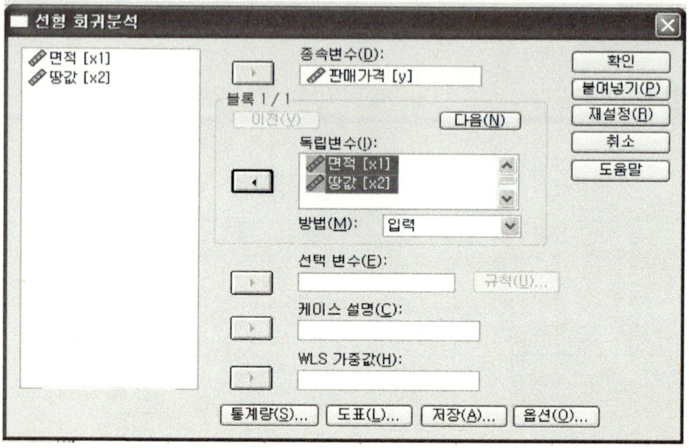

그리고 [그림 12-4]와 같이 통계량 메뉴를 선택하여 필요한 통계량을 지정한다.

그림 12-4 통계량 선택

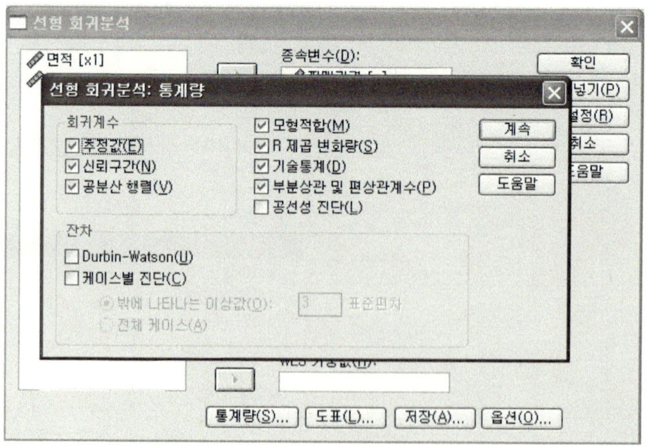

다음으로 [그림 12-5]와 같이 분포도를 선택하여 변수를 입력한다.

그림 12-5 분포도 선택

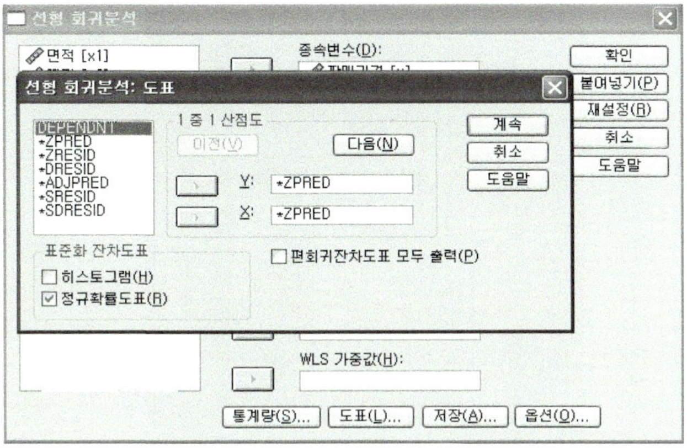

다음으로 계속버턴을 누르고 확인버턴을 누르면 [그림 12-6]과 같이 검정결과가 출력된다.

그림 12-6 검정결과의 출력

모형요약

모형	R	R 제곱	수정된 R 제곱	추정값의 표준오차	통계량 변화량				
					R 제곱 변화량	F 변화량	자유도1	자유도2	유의확률 F 변화량
1	.997[a]	.995	.989	1.93741	.995	183.092	2	2	.005

a. 예측값: (상수), 땅값, 면적

b. 종속변수: 판매가격

분산분석[b]

모형		제곱합	자유도	평균제곱	F	유의확률
1	선형회귀분석	1374.493	2	687.246	183.092	.005[a]
	잔차	7.507	2	3.754		
	합계	1382.000	4			

a. 예측값: (상수), 땅값, 면적

b. 종속변수: 판매가격

계수[a]

모형		비표준화 계수		표준화 계수	t	유의확률	B에 대한 95% 신뢰구간		상관계수		
		B	표준오차	베타			하한값	상한값	0차	편	부분
1	(상수)	-61.289	7.531		-8.138	.015	-93.692	-28.886			
	면적	8.066	.422	1.018	19.125	.003	6.252	9.881	.969	.997	.997
	땅값	2.820	.626	.240	4.508	.046	.128	5.512	.034	.954	.235

다음으로 [그림 12-7]과 같이 분포도가 출력된다.

그림 12-7 분포도

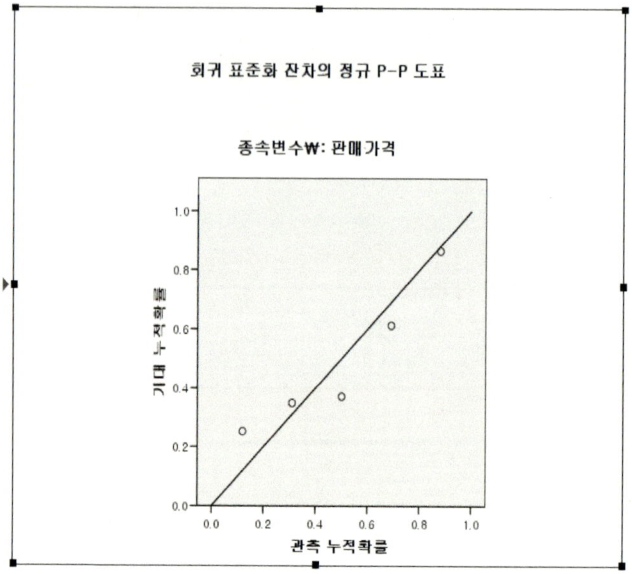

이러한 검정결과는 앞서 이론 전개에서 설명한 것과 동일하게 해석될 수 있다. 이와 같이 분석된 내용을 종합적으로 정리하여 나타내는 보고서 양식(reporting style)은 일반적으로 다음과 같다.

▸ **보고서 양식** :

$y = \beta_0 + \beta_1 x_1 + \beta_2 x_2$ (여기서, y=콘도매매가격, x_1=면적, x_2=땅값)

$y = -61.289 + 8.066x_1 + 2.820x_2$ (일반회귀계수 b_1, b_2)

*$y = -61.289 + 1.018x_1 + 0.240x_2$(표준화된 회귀계수 β_1, β_2)

t값 : −8.138 19.125 4.508

Sig t : 0.015 0.003 0.046

$R^2 = 0.995$, $Adj\ R^2 = 0.989$, $F = 183.092$, $SigF = 0.005$

이에 대한 해석은 다음과 같이 할 수 있다.

콘도매매가격에 대해 면적(X_1)과 땅값(X_2)은 모두 유의적인 영향을 미친다고 할 수 있다. 즉, 면적의 경우 회귀계수 $b_1 = 8.066$으로서 이에 대한 t값이 19.125로서 Sig t, 즉 p값이 0.003으로 나타나 유의수준 $\alpha = 0.01$ 보다 작다. 따라서 면적(X_1)요인은 매매가격에 유의적인 영향을 미친다고 할 수 있다. 이는 면적이 넓을수록 매매가격은 높아진다는 것을 의미한다. 또한 땅값(X_2)의 회귀계수 $b_2 = 2.820$으로서 이에 대한 t값이 4.508로서 p값이 0.046이므로 유의수준 $\alpha =$ 0.05보다 작다. 그러므로 땅값요인은 매매가격에 유의적인 영향을 미친다고 할 수 있다. 이와 같이 x_1요인과 x_2요인이 모두 유의적인 것으로 나타났지만 x_1의 회귀계수가 x_2의 회귀계수보다 크기 때문에 매매가격에는 면적요인이 땅값요인보다 더 크게 영향을 미친다고 할 수 있다. 이러한 두 요인의 매매가격에 대한 영향을 미치는 정도를 나타내는 설명력의 기준인 다중결정계수 $R^2 = 0.995$로서 매우 높게 나타났으며, 이에 대한 유의성 판단기준인 F=183.092로서 p값(Sig F) = 0.005는 유의 수준 $\alpha = 0.01$보다 작다. 따라서 x_1, x_2변수의 y에 대한 설명력이 99.5%라고 해도 좋을 확률이 99.999%로서 신뢰성이 있다고 할 수 있다. 즉, 이 다중회귀모델은 타당성이 있다고 결론을 내릴 수 있다.($R^2 = 1 - \frac{SSE}{SST} = 1 - \frac{7.507}{1382} = 0.995$: [그림 12-6]의 ANOVA table 참조)

5 다중공선성

1) 다중공선성의 개념

사회과학에서 가장 많이 사용되는 설문조사나 실지연구(field study)에서는 독립변수에 대한 통제가 상대적으로 어렵기 때문에 다중공선성 문제에 직면하게 된다. 다중공선성(multicollinearity)이란 독립변수들 사이에 선형관계가 존재하는 경우로서 선형관계란 한 독립변수가 다른 독립변수들의 선형조합으로 표시될 수 있는 것을 말한다. 즉, 선형모델 $y = \beta X + \epsilon$ 에서 X 에 완벽한 선형관계(perfect linear dependency)가 존재하면 회귀방정식의 해를 구할 수 없다. 하나의 독립변수가 다른 독립변수들의 선형조합으로 표시될 수 있을 때에는 완전선형성(perfect linearity)이라 하나, 대부분의 경우 완벽한 선형조합이 아닌 완벽에 가까운 선형조합(nearly perfect linearity)으로 나타날 때 이를 공선성(collinearity)이라 하고, 여러 개의 변수 사이의 공선성을 다중공선성이라 한다.

(1) 다중공선성의 원인

첫째, 하나의 독립변수가 모집단의 일부만을 측정하고, 또 다른 독립변수가 다른 일부를 측정한 결과일 때 발생하는데 이러한 결과는 주로 표본을 제대로 추출되지 못했거나 또는 잘못된 표본조사방법에서 기인한다.

둘째, 모형의 선택으로 다항회귀모형(polynomial model)이나 독립변수의 값에 따라 기울기가 바뀌는 회귀모형(shifting slope model)의 경우, 다중공선성이 내재해 있기 쉽다. 이러한 모델의 경우 대부분 독립변수는 시간일 경우가 많고, 또한 상호작용항(interaction term)이 포함되기 때문이다. 시계열자료(time series data)인 경우 자기상관문제와 함께 종종 문제가 된다.

셋째, 변수의 수가 자료의 수보다 많을 경우로서 의학자료의 분석(medical research)이나, 인력선발의 경우 가끔 발생하나 사회과학의 연구에서는 그리 흔치 않으나 분석자료의 수와 독립변수의 수의 비율이 작은 경우 다중공선성에 주의하여야 한다.

(2) 다중공선성이 추정치에 미치는 효과

첫째, 다중공선성이 존재하는 경우 연구자가 당면하는 가장 큰 문제는 최소제곱 추정치의 분산이 매우 크고 고유치(eigenvalues)의 값이 작아져 최소제곱 추정치는 최적 선행 불편 추정치(best linear unbiased estimate)라고 할 수 있지만 모집단에서의 모수와는 큰 차이가 있을 수 있다. 따라서 일부 최소제곱 추정치는 과대 추정치가 되는 경우가 있고 그 부호(Sign)도 이론적인 근거와는 반대로 나타나는 경우도 흔히 발생한다.

둘째, 분산확대지수(VIF : variance inflation factor) = $1/(1-r_i^2)$가 커지기 때문에 회귀계수의 표준오차가 과대 계상되는 경향이 생기기에 표본의 일부가 바뀌는 경우 자료의 조그마한 변화도 최소제곱 추정치에 크게 영향을 미칠 수 있다. 실제로 자료의 끝자리 수만을 바꾼 경우 최소제곱 추정치에 급격한 변화를 초래한 경우를 보고한 연구결과도 있다.

셋째, 회귀분석모형으로부터 한 독립변수를 추가하거나 제거하는 경우 개별 독립변수의 추정치($\hat{\beta}_i$)가 매우 급격히 변화할 수 있다.

넷째, 다중공선성이 있는 경우, 자료의 추가 또는 일부 삭제가 개별 독립변수의 추정치($\hat{\beta}_i$)의 값에 큰 변화를 초래할 수 있다.

따라서 결론적으로 다중공선성이 존재하는 경우 각 독립변수의 개별 중요성을 판단하는 것은 무리라고 할 수 있다.

(3) 예측치에 미치는 효과

다중공선성이 존재하는 경우 예측치에는 다음과 같은 영향을 미친다.

예측의 범위가 모델을 만든 범위 내에 있으며 예측범위 내에도 같은 형태의 다중공선성이 존재한다고 볼 수 있을 때, 예측치는 그리 나쁘지 않으며 상당히 정확한 편이다. 그러나 회귀모형의 범위 밖의 예측치는 불안정할 수밖에 없다. 이러한 경우 추가적인 자료의 수집이 최선의 방법이나 불가능하다면 다음에 설명하는 보완방법을 강구하여야 한다.

(4) 모집단계수의 가설검정 및 독립변수의 선택에 미치는 영향

다중공선성이 존재하는 경우, 가설검정 및 변수선택에 미치는 영향은 분산확대지수가 매우 커지고 따라서 기울기의 표준오차도 커지기 때문에 개별 변수의 중요성을 나타내는 t-통계량이 실제보다 적게 나타나기에 독립변수가 유의적이라고 판별되기가 쉽지 않다. 개별 독립변수의 추정치($\hat{\beta}_i$)도 과대하게 계산되므로 이의 해석 또한 매우 어려워진다.

2) 다중공선성의 진단방법

일반적으로 개별 독립변수의 회귀계수 b_j의 t-값은 대체적으로 낮으나, 전체의 회귀모형의 F-값이나 r^2가 높을 때, 다중공선성이 존재한다고 할 수 있으나 이러한 결과는 독립변수간에 전혀 상관관계가 없는 경우에도 발생할 수 있다. 또한 독립변수들 간의 단순상관계수를 관찰하는 것이 일반적으로 알려진 진단방법이나, 두 독립변수들 간의 상관관계가 높을 때(보통 $|r| \geq 0.70$)에도 다중공선성이 존재하지 않는 것은 아니나 한 독립변수가 세 개 이상의 다른 독립변수들과 높은 다중공선성을 가질 때 이들 간의 단순상관계수는 낮게 나타나는 경우가 있어 이를 진단해 내지 못할 수 있을 뿐만 아니라, 두 변수 사이의 높은 단순상관계수는 다중공선성이 존재한다고 진단할 수 있는 필요조건도 충분조건도 아니다. 따라서 단순상관계수는 연구의 초기단계에서 다중공선성의 진단을 위한 예비검사로서만 사용되어야 한다.

(1) 분산확대지수의 이용

다중공선성을 진단하기 위한 방법으로 사용될 수 있는 것 중의 하나가 분산확대지수(VIF : variance inflation factor)이다. 분산확대지수는 $(X'X)^{-1}$행렬의 대각선상의 값들이다. 이러한 대각선상의 값들은 회귀계수($\hat{\beta}_i$)의 분산(표준오차의 제곱)에 영향을 미치기 때문에 분산확대지수라고 하는데 이는 각 개별 독립변수를 종속변수로 하고 다른 나머지 변수들을 독립변수로 하여 구한 다중결정계수(R_j^2)로부터 계산된 허용오차(tolerance : $1-R_j^2$의 값)의 역수인$(1-R_j^2)^{-1}$의 값이다.

각 개별 독립변수의 다른 독립변수들과의 다중결정계수로부터 계산되는 VIF의 값이 크면 클수록 다중공선성이 더욱 의심된다. 즉, R_j^2의 값이 1.0에 가까울 때, $(1-R_j^2)$의 값은 작아지고 따라서 VIF의 값은 역으로 커지게 된다. 이러한 분산확대지수가 앞에서 설명한 단순상관계수와 크게 다른 점은 분산확대지수는 단지 두 변수간의 상관관계가 아닌 다른 모든 독립변수들과의 공선성의 척도를 제공해 준다는 점이다. 또한 이러한 VIF의 제곱근은 개별 독립변수의 중요성의 판정기준으로도 사용할 수 있다. 일반적으로 VIF가 10보다 작으면 다중공선성 문제가 없다고 보아도 좋다고하나 반드시 그렇다고는 할 수 없다.

3) 다중공선성의 대처방안

다중공선성 문제에 직면하게 되면 연구자가 취할 수 있는 길은 두 가지이다. 첫째는 좀더 많은 자료를 수집하는 것이고, 둘째는 다중공선성을 야기하는 변수를 줄이는 것이다. 그러나 다중공선성의 원인 중 몇 가지는 연구자가 주의를 기울이면 피할 수 있다. 즉,

① 독립변수를 선택할 때나 혹은 그 범위를 고려할 때, 다중공선성의 문제를 항상 염두에 두어야 한다.

② 다항회귀모형(polynomial regression)을 사용할 때에는 직교교차 절차(orthogonal polynomial procedure)를 사용할 수 있도록 연구를 설계해야 한다.

③ 이것이 불가능한 경우, 다항항을 만들기 전에 독립변수를 중심화(centering)하거나 각 독립변수를 표준화해야 하고 그 다음에 다항항이나 교차항을 이러한 표준화된 변수들을 이용하여 만든다.

④ 모집단의 모든 특성을 대표할 수 있는 표본을 추출할 수 있도록 주의하여야 한다.

다중회귀분석에서 나타나는 어려움의 하나가 이러한 다중공선성의 문제이다.

예제 12-7

앞의 〈예제 12-1〉의 문제에서 다중공선성의 존재여부를 분산확대지수(VIF)방법으로 검정하라.

그림 12-8 다중공선성 검정(분산확대지수 :VIF 기준)

분산분석[b]

모형		제곱합	자유도	평균제곱	F	유의확률
1	선형회귀분석	1374,493	2	687,246	183,092	,005[a]
	잔차	7,507	2	3,754		
	합계	1382,000	4			

a. 예측값: (상수), 땅값, 면적

b. 종속변수: 판매가격

계수[a]

모형		비표준화 계수		표준화 계수	t	유의확률	B에 대한 95% 신뢰구간		상관계수			공선성 통계량	
		B	표준오차	베타			하한값	상한값	0차	편	부분	공차한계	VIF
1	(상수)	-61,289	7,531		-8,138	,015	-93,692	-28,886					
	면적	8,066	,422	1,018	19,125	,003	6,252	9,881	,969	,997	,997	,959	1,043
	땅값	2,820	,626	,240	4,508	,046	,128	5,512	,034	,954	,235	,959	1,043

a. 종속변수: 판매가격

검정결과 [그림 12-8]에 나타낸 바와 같이 X_1변수와 X_2변수의 허용오차(tolerance)의 역수인 VIF가 모두 1.043으로 매우 낮게 나타났으므로 이 문제의 추정회귀방정식의 독립변수 X_1과 X_2간에 다중공선성의 문제가 없다고 할 수 있다.

6 단계별 투입방식에 의한 다중회귀

다중회귀분석에서의 단계별 투입방식이란 종속변수 Y에 관련되는 다수의 독립변수(X_j)를 단계별로 투입하여 Y에 유의적인 영향을 미치는 변수만 회귀식에 포함하고 그렇지 않은 변수를 탈락시키는 방법이다.

예컨대 처음 회귀식 $\hat{Y} = b_0 + b_j X_j$는 독립변수 X_j를 투입한 것으로 Y와는 높은 상관관계가 있다. 또 하나의 새로운 변수가 투입되어 $\hat{Y} = b_0 + b_j X_j + b_{j1} X_{j1}$과 같은 회귀식이 되면 X_{j1}은 지금까지 X_j에 의하여 설명되지 않았던 Y의 변동을 가장 잘 설명하게 될 것이므로 X_{j1}은 처음 회귀식에서 사용한 예측의 오차를 제거하는데 최적의 역할을 할 수 있는 변수이다. 따라서 두 번째 회귀식의 b_0와

b_j의 값은 처음 회귀식의 그들의 값과 다소 차이가 나게 된다.

세 번째 단계에서 새로운 변수가 투입되면 $\hat{Y} = b_0 + b_j X_j + b_{j1} X_{j1} + b_{j11} X_{j11}$ 형태의 회귀식이 된다. 여기서 X_{j11}은 두 번째 회귀식의 예측오차를 제거하는데 최적의 역할을 할 수 있는 변수이다.

이와 같은 과정은 주어진 독립변수들 가운데 구하고자 하는 추정 다중회귀식에서 최종 탈락되는 변수가 있을 때까지 반복된다. 이와 같은 단계별 투입회귀 방정식에 나타나는 것이 앞에서 설명한 다중결정계수 R^2의 도출과정에서 설명한 바와 같이 새로운 변수가 추가될 때마다 R^2값은 변한다는 것을 알 수 있다. 또한 수정된 R^2도 앞서 설명한 바와 같이 아울러 조정된다. 이와 같은 내용들은 다음의 예제를 SPSSWIN 패키지로 처리한 결과를 나타낸 [그림 12-11]에 잘 나타나 있다.

예제 12-8

〈예제 12-1〉의 자료에다 UPC 회사에서는 표본수를 20개로 늘려 추가로 도심까지의 거리와 콘도의 침실 수에 대한 자료를 더 조사하였다. 그 결과 자료는 다음과 같다.

콘도의 수 (표본수 i)	매매가격(Y)	면적(X_1)	땅값(X_2)	도심까지의 거리 (X_3)	침실수(X_4)
1	36	9	8	4	1
2	80	15	7	12	4
3	44	10	9	6	2
4	55	11	10	0	2
5	35	10	6	16	2
6	62	12	6	10	3
7	42	11	11	20	2
8	77	16	12	1	3
9	32	7	6	17	2
10	46	9	10	6	3
11	60	10	11	5	3

콘도의 수 (표본수 i)	매매가격(Y)	면적(X_1)	땅값(X_2)	도심까지의 거리 (X_3)	침실수(X_4)
12	36	10	4	11	2
13	100	18	14	6	4
14	45	10	5	2	2
15	46	11	6	13	3
16	35	8	8	3	1
17	25	7	4	1	1
18	48	12	8	16	3
19	40	11	9	8	2
20	58	13	10	2	3

SPSSWIN 패키지로서 이 자료를 이용하여 매매가격(Y)의 추정다중회귀방정식을 단계별 투입방식으로 도출하여라.

먼저 [그림 12-9]와 같이 데이터와 변수를 입력한다.

그림 12-9 데이터 및 변수입력

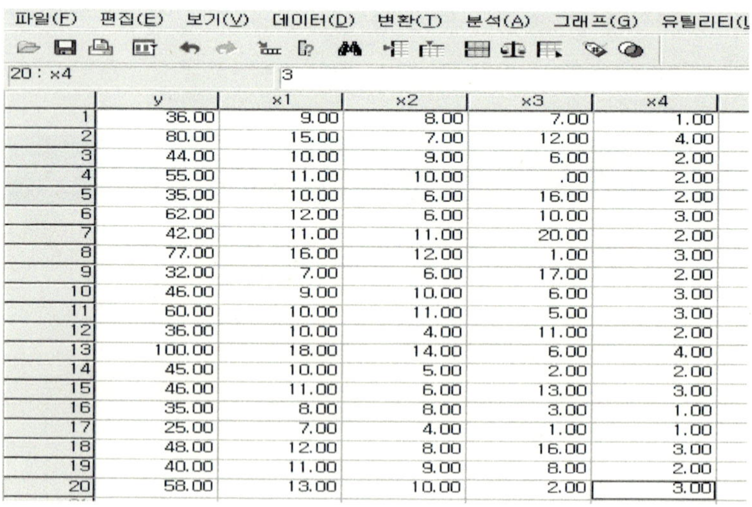

	y	x1	x2	x3	x4
1	36.00	9.00	8.00	7.00	1.00
2	80.00	15.00	7.00	12.00	4.00
3	44.00	10.00	9.00	6.00	2.00
4	55.00	11.00	10.00	.00	2.00
5	35.00	10.00	6.00	16.00	2.00
6	62.00	12.00	6.00	10.00	3.00
7	42.00	11.00	11.00	20.00	2.00
8	77.00	16.00	12.00	1.00	3.00
9	32.00	7.00	6.00	17.00	2.00
10	46.00	9.00	10.00	6.00	3.00
11	60.00	10.00	11.00	5.00	3.00
12	36.00	10.00	4.00	11.00	2.00
13	100.00	18.00	14.00	6.00	4.00
14	45.00	10.00	5.00	2.00	2.00
15	46.00	11.00	6.00	13.00	3.00
16	35.00	8.00	8.00	3.00	1.00
17	25.00	7.00	4.00	1.00	1.00
18	48.00	12.00	8.00	16.00	3.00
19	40.00	11.00	9.00	8.00	2.00
20	58.00	13.00	10.00	2.00	3.00

다음으로 투입변수 선택과 단계투입방식을 선태하면 [그림 12-10]과 같이 된다.

그림 12-10 변수입력과 단계투입방식 선택

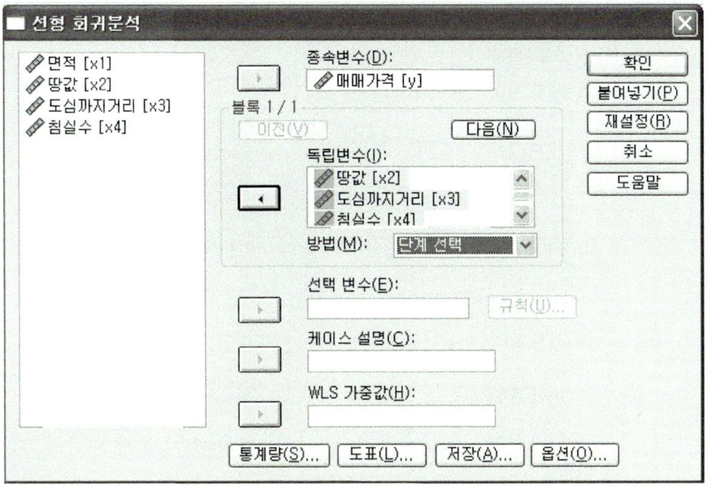

다음으로 필요한 통계량을 [그림 12-11]과 같이 지정한다.

그림 12-11 통계량의 선택

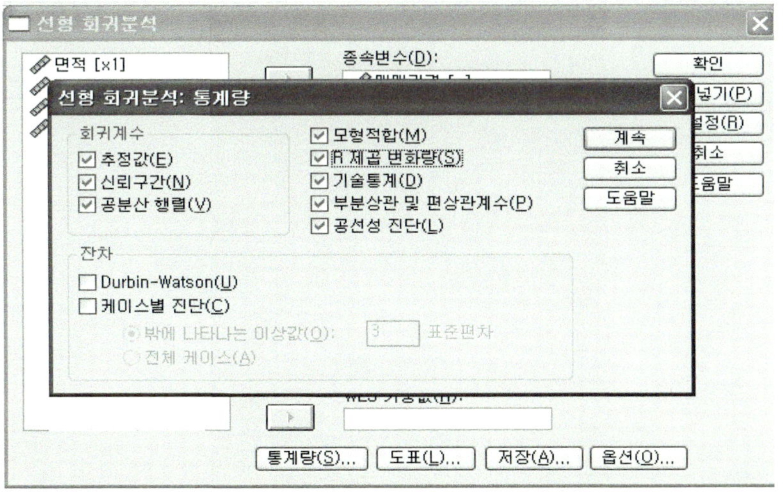

다음은 계속버턴을 누르고 최종적으로 확인버튼을 누르면 [그림 12-12]와 같이 검정결과가 출력된다.

이와 같은 단계별 투입방식에 의한 회귀모형을 정리하면 다음과 같이 된다.

제1단계 : $y = -16.927 + 6.093x_1$

t값	-2.525	10.302
Sig t	0.021	0.000

$R^2 = 0.855,\ Adj\ R^2 = 0.847,\ F = 106.139,\ Sig\ F = 0.000$

제2단계 : $y = -15.008 + 4.582x_1 + 6.125x_4$

t값	-2.447	5.297	2.224
Sig t	0.026	0.000	0.040

$R^2 = 0.888,\ Adj\ R^2 = 0.874,\ F = 67.171,\ Sig\ F = 0.000$

제3단계 : $y = -8.435 + 3.922x_1 + 8.525x_4 - 0.638x_3$

t값	-1.508	5.185	3.492	-2.906
Sig t	0.151	0.000	0.003	0.010

$R^2 = 0.926,\ Adj\ R^2 = 0.913,\ F = 67.201,\ Sig\ F = 0.000$

그림 12-12 검정결과의 출력

모형 요약[d]

모형	R	R 제곱	수정된 R 제곱	추정값의 표준오차	통계량 변화량				
					R 제곱 변화량	F 변화량	자유도1	자유도2	유의확률 F 변화량
1	,925[a]	,855	,847	7,24375	,855	106,139	1	18	,000
2	,942[b]	,888	,874	6,56051	,033	4,944	1	17	,040
3	,963[c]	,926	,913	5,47121	,039	8,443	1	16	,010

분산분석[d]

모형		제곱합	자유도	평균제곱	F	유의확률
1	선형회귀분석	5569,307	1	5569,307	106,139	,000[a]
	잔차	944,493	18	52,472		
	합계	6513,800	19			
2	선형회귀분석	5782,115	2	2891,057	67,171	,000[b]
	잔차	731,685	17	43,040		
	합계	6513,800	19			
3	선형회귀분석	6034,853	3	2011,618	67,201	,000[c]
	잔차	478,947	16	29,934		
	합계	6513,800	19			

계수[a]

모형		비표준화 계수		표준화 계수	t	유의확률	상관계수			공선성 통계량	
		B	표준오차	베타			0차	편	부분	공차한계	VIF
1	(상수)	-16,927	6,705		-2,525	,021					
	면적	6,093	,591	,925	10,302	,000	,925	,925	,925	1,000	1,000
2	(상수)	-15,008	6,133		-2,447	,026					
	면적	4,583	,865	,695	5,297	,000	,925	,789	,431	,383	2,609
	침실수	6,125	2,754	,292	2,224	,040	,838	,475	,181	,383	2,609
3	(상수)	-8,435	5,593		-1,508	,151					
	면적	3,922	,756	,595	5,185	,000	,925	,792	,352	,349	2,867
	침실수	8,525	2,441	,406	3,492	,003	,838	,658	,237	,339	2,946
	도심까지거리	-,638	,220	-,210	-2,906	,010	-,170	-,588	-,197	,883	1,132

그림 12-13 제외된 변수

제외된 변수[d]

모형		진입-베타	t	유의확률	편상관	공선성 통계량		
						공차한계	VIF	최소 공차한계
1	땅값	.140[a]	1.292	.213	.299	.659	1.518	.659
	도심까지거리	-.124[a]	-1.422	.173	-.326	.998	1.002	.998
	침실수	.292[a]	2.224	.040	.475	.383	2.609	.383
2	땅값	.156[b]	1.631	.122	.377	.656	1.525	.307
	도심까지거리	-.210[b]	-2.906	.010	-.588	.883	1.132	.339
3	땅값	.110[c]	1.320	.207	.323	.627	1.594	.296

a. 모형내의 예측값: (상수), 면적
b. 모형내의 예측값: (상수), 면적, 침실수
c. 모형내의 예측값: (상수), 면적, 침실수, 도심까지거리
d. 종속변수: 매매가격

여기서 한가지 눈여겨보아야 할 것은 제2단계에서 x_1요인의 계수가 제1단계에서의 계수보다 값이 낮아진다는 점이다. 이것은 기존에 투입된 변수와 새로 투입되는 변수간에 상호조정에 의해 기존의 변수가 종속변수에 미치는 영향력이 새로 추가 투입되는 변수(x_4)의 종속변수에 대한 영향력에 의해 상쇄되어지기 때문이다. 제3단계의 x_1, x_4변수의 각 계수가 제2단계의 x_1, x_4변수의 계수와 달라지는 것 또한 제3단계에서 x_3변수의 추가투입에 의한 결과이다.

또 한가지 사실은 다중결정계수 R^2값이 단계별로 증가한다는 점이다. 이것은 앞에서 설명한 바와 같이 일반적으로 독립변수가 추가됨에 따라 기존의 총변동량(SST)은 변하지 않는 상태에서 설명되지 않는 변동, 즉 잔차 제곱합(SSE)이 줄어들기 때문에 상대적으로 설명 가능한 변동인 회귀제곱합(SSR)이 늘어나기 때문이다.

최종 단계인 제3단계에서 나타난 바와 같이 콘도미니엄 매매가격에는 면적(x_1)과 도심까지의 거리(x_3), 침실의 수(x_4)가 유의적인 영향을 미치며 이들의 설명력은 $R^2 = 0.926$으로 높게 나타나 이것은 통계적으로 유의적(p값이 0.000)이다. 그런데 매매가격에 미치는 영향력의 크기는 회귀계수가 가장 큰 침실의 수(x_4)가 가장 크게 영향을 미치고 다음으로 면적(x_1)이 영향을 미치는 것으로 나타났다. 그러나 도심까지의 거리(x_3)는 음의 영향을 미치는 것으로 나타났다. 이것은 콘도

에서 도심까지의 거리가 멀수록 매매가격은 떨어지고 거리가 가까울수록 매매가격이 올라간다는 것을 의미한다. 여기서 각 단계별로 나타낸 회귀식은 일반회귀계수에 의한 것, 즉 $y = b_0 + b_1x_1 + b_4x_4 - b_3x_3$ 이다. 그러나 이러한 일반회귀계수의 크기를 상대적으로 비교할 때 종속변수 y에 대한 영향의 크기에 대한 우선순위를 고려하기에는 문제가 있다. 따라서 이러한 문제를 제거시키기 위해 표준화된 회귀계수에 의한 회귀식을 도출하여 각 요인의 표준화된 회귀계수의 크기로 종속변수에 대한 그 영향력의 크기를 비교하여야 한다. 이러한 문제는 다음에서 논의된다.

7 표준화된 회귀계수

우리가 일반적으로 회귀모델을 도출할 때 일반회귀계수 $b_1, b_2, b_3, \ldots, b_n$에 의한 회귀방정식으로 나타낸다. 즉, $\hat{Y} = b_0 + b_1x_1 + b_2x_2 + \ldots + b_nx_n$ 이다. 이렇게 도출된 회귀식에서 일반회귀계수의 상대적인 크기의 비교에 의해 종속변수에 미치는 영향의 크기를 결정하기에는 문제점이 있다. 즉, 투입되는 독립변수는 서로 다른 단위이기 때문에 이를 상대적으로 비교하기란 곤란하다. 따라서 이러한 문제점을 극복하기 위한 방법의 하나가 일반회귀계수를 표준화된 회귀계수로 대체하는 것이다. 여기서 표준화된 회귀계수를 β계수라고 한다. 일반회귀계수 b_1과 b_2를 표준화시키는 방법은 다음과 같다.

$$\beta_1 = b_1\sqrt{SSX_1/SST}, \quad \beta_2 = b_2\sqrt{SSX_2/SST}$$

여기서 β계수란 회귀식에 포함된 변수들의 표준편차의 관점에서 설명될 수 있다. 예컨대 변수 X_1에서 표준편차 변화에 대해 y가 변하는 표준편차의 값이 β_1이 되며 X_2에서 한 단위 표준편차 변화에 대해 y가 변하는 표준편차값이 β_2가 된다. 여기서 주의할 것은 표준화된 회귀계수 β와 회귀모수의 β와는 다른 것임을 알아야 한다.

예제 12-9

〈예제 12-1〉에서 도출된 일반 회귀식은 $\hat{Y} = -61.29 + 8.07x_1 + 2.82x_2$였다. 이것을 표준화된 회귀식으로 나타내어라.

$$\beta_1 = b_1\sqrt{SSX_1/SST} = (8.07)\sqrt{22/1382} = 1.02$$

$$\beta_2 = b_2\sqrt{SSX_2/SST} = (2.82)\sqrt{10/1382} = 0.24$$

$y = -61.29 + 1.02x_1 + 0.24x_2$가 된다.

예제 12-10

〈예제 12-8〉의 단계별 투입방식에 의해 도출된 일반회귀식을 표준화된 회귀식으로 나타내고 그 둘의 차이점을 설명하라.([그림 12-12] 참고)

일반회귀식 : $y = -8.435 + 3.922x_1 + 8.525x_4 - 0.638x_3$

표준화된 회귀식 : $y = -8.435 + 0.595x_1 + 0.406x_4 - 0.210x_3$

차이점은 일반 회귀식에서는 침실 수 (x_4)요인의 회귀계수가 가장 크고, 다음으로 면적 (x_1), 도심까지의 거리 (x_3)의 회귀계수 순으로 나타나지만 표준화된 회귀식에서는 면적 (x_1)의 $\beta_1 = 0.595$로 제일 크고, 침실 수(x_4)의 $\beta_4 = 0.406$으로서 두 번째로 크게 나타나 결국 콘도미니엄 매매가격에는 요인 x_1(면적)이 가장 크게 영향을 미치고, 다음으로 침실의 수(x_4)요인이 크게 영향을 미치는 것으로 나타난다는 사실이다. 이러한 결과는 앞서 단계별 투입방식의 검정결과에서 해석한 일반회귀방정식내용의 우선순위와는 다르다는 것을 의미한다.

연 습 문 제

1. 다음을 설명하라.
    1) 부분회귀계수
    2) 다중결정계수(R^2)
    3) 완전공선성(Perfect Collinearity)
    4) 완전다중공선성(Perfect Multicollinearity)
    5) 개별가설검정
    6) 결합가설검정
    7) 수정된 R^2

2. 다음 data는 K기업의 연간 수익과 투자비율 사이의 관계를 나타낸 것이다.

연도	투자비율	연간수익(억원)
1994	3.0	14
1995	2.8	11
1996	2.5	9
1997	2.0	7
1998	1.5	5
1999	1.0	3

1) 이 data를 이용하여 회귀직선의 방정식을 구하라.
2) 회귀제곱합(SSR)과 총변동(SST)과 잔차제곱합(SSE)를 구하라.
3) 회귀제곱평균(MSR)과 잔차제곱평균(MSE)을 구하라.
4) 검정통계량 F값을 구하라.
5) 5%의 유의수준에서 검정하고자 한다면 회귀분산분석표를 작성하라.
6) 대립가설을 설정하고 주어진 유의수준에서 검정하라.
7) 결정계수(r^2)을 구하고 의미를 설명하라.

8) 추정의 표준오차(S_e)를 구하라.
9) 회귀계수의 표준오차(S_b)를 구하라.
10) 주어진 유의수준에 대한 신뢰구간을 구하라.
11) 이 문제를 SPSSWIN 패키지를 활용하여 검정하고, 보고서를 작성과 검정 결과를 해석해 보아라.

3. 무엇이 에어컨의 가격을 결정하는지를 설명하기 위해 한 연구자는 19대의 표본에어컨에 기초하여 다음과 같은 회귀결과를 얻었다.

$$\hat{Y}_i = -68.236 + 0.023X_1 + 19.729X_2 + 7.653X_3$$

$$S_e = (0.005)\ (8.992)\ (3.082)\ R^2 = 0.84$$

여기서 Y = 가격($)
X_1 = 에어컨의 BTU비율
X_2 = 에너지 효율비
X_3 = 설치대수
S_e = 표준오차

1) 회귀검정결과를 해석하라.
2) 그 결과는 경제적 의미를 지니는가?
3) $\alpha = 5\%$ 에서, BTU비율이 에어컨의 가격에 어떤 영향을 미치지 않는다는 가설을 검정하라.

4. 다음을 설명하라.

1) 회귀의 총변동(SST)
2) 회귀제곱합(SSR)
3) 잔차의 제곱합(SSE)
4) 일반회귀계수와 베타계수
5) 단계별 투입방식의 특징

5. 어떤 주어진 문제에 대한 회귀식이 $\hat{Y} = 20 + 14X_1 - 7X_2$일 때 다음의 물음에 답하라.

1) X_1의 한 단위 증가는 Y에서 14단위 증가시킨다는 것이 맞는가?
2) X_1의 계수가 양의 값이기 때문에 X_2보다 X_1이 Y와 더 높은 관계가

있다고 할 수 있는가?

3) X_2의 값이 충분히 크면 Y의 예측치가 음의 값이 될 수 있는가?

6. K기업의 인적자원 관리부장은 종업원의 근속년수 X_1과 성과 X_2를 바탕으로 한 임금 Y를 추정하기 위해 다중회계 모델을 개발하고자 한다. 10명의 종업원을 대상으로 한 자료는 다음과 같다.

임금(Y)	근속년수(X_1)	성과(X_2)
44	11	73
44	10	67
43	10	55
37	9	56
43	12	71
42	11	68
44	12	68
37	10	70
42	12	80
55	13	55

1) X_1과 X_2에 대한 Y의 다중회귀식을 구하라.
2) X_1 = 10, X_2 = 60일 때 Y의 예측치를 구하라.
3) SST, SSR, SSE, k, $n-k-1$, MSR, MSE를 구하여 ANOVA Table로 나타내어라.
4) 추정치 $S_{Y1_{12}}$의 표준오차값을 구하라.
5) 다중결정계수 R^2를 구하여라.
6) $H_0 : \beta_1 = \beta_2 = 0$를 유의수준 $\alpha = 0.05$에서 검정하라.
7) 회귀식의 설명력에 대한 기여도를 각 독립변수별로 검정하라. 즉 $H_0 : \beta_j = 0$를 $H_a : \beta_j \neq 0$에 대해 유의수준 $\alpha = 0.05$에서 검정하라.
8) 이 문제를 SPSSWIN 패키지를 활용하여 검정하고 보고서를 작성하고, 그 결과를 해석해 보아라.

제13장 비모수법

지금까지 설명해온 분석방법들은 특정 모집단의 분포로부터 취한 표본을 전제로 하였다. 예컨대 가설검정에서 정규분포의 모집단에서 취한 표본을 대상으로 분석하였다. 그러나 우리는 특정 모집단의 분포에 의하지 않는 통계적 추론방법이 필요한데 이것이 비모수법(nonparametric methods)이다.

비모수법은 특정 모집단 분포에 의존하지 않으며 특히 정규모집단의 표본도 요구하지 않는다. 결과적으로 비모수법은 자유분포법(distribution - free methods)로 알려져 있다.

비모수법은 양적자료 값의 순서나 순위 결정에 근간을 두고 있다. 이와는 달리 모수법(parametric methods)은 평균치, 표준편차 같은 모수와 그들의 추정량에 근간을 두고 있다. 비모수법은 특정 모집단 분포를 필요치 않기 때문에 일반성의 이점이 있다. 비모수법은 모수법과 같이 무작위 표본을 필요로 한다.

이 장에서는 중위수에 관한 가설검정을 위한 윌콕슨 부호 순위검정(Wilcoxon signed rank test)과 부호검정(sign test), 두 모집단의 중위수에 대한 가설검정을 위한 맨-위트니 순위합검정(Man-Whitney rank sum test), 그리고 비모수 상관계수의 측도를 위한 스피어맨의 순위상관계수(Spearman's rank correlation coefficient)를 소개하고자 한다.

1 윌콕슨 부호 순위검정

연속적으로 분포된 모집단의 중위수는 η이고 모집단에서 무작위로 추출된 관찰치 X가 η보다 클 확률과 작을 확률은 모두 0.5이다.

즉, $P(X<\eta)=P(X>\eta)=0.5$

모집단은 관찰치 X가 양의 값 a에 대해 $\eta-a$보다 작은 확률과 $\eta+a$보다 큰 확률이 같은 확률을 갖는다면 중위수 η에 대해서 대칭이다.

즉, $P(X<\eta-a)=P(X>\eta+a)$

모집단이 대칭분포이지만 정규분표는 아니더라도 모집단의 중위수에 관한 가설검정이 필요하다. 대칭적인 모집단의 중위수에 관한 가설검정에는 윌콕슨 부호 순위검정을 이용한다. 모집단의 중위수 η가 η_0보다 작거나 같으며 모집단이 대칭적이라는 귀무가설과 모집단의 중위수가 η가 η_0보다 크고 대칭적이라는 대립가설을 고려해보자. 즉,

$H_0: \eta \le \eta_0$, 대칭이다. $H_a: \eta>\eta_0$, 대칭이다. 만약 모집단이 정규분포를 이룬다면 이 문제에서는 t-검정이 적용된다. 그러나 비정규모집단에서 추출한 독립표본이므로 윌콕슨 검정을 적용한다.

비정규 모집단으로부터 추출된 독립표본이 X_1 , X_2 , ⋯ X_n라고 하자. 윌콕슨 통계량은 부호순위의 합으로서 다음의 4단계로서 계산된다.

① 각 관찰치로부터 가정의 중위수 η_0을 빼어 $Y_i = X_i - \eta_0$을 구한다.

만약 Y_i값이 0이면 생략하고 n을 줄인다.

② 절대값이 큰 순서로 관찰치 $Y_1, Y_2, Y_3 \cdots Y_n$를 배열한다.

③ 순서대로 순위를 1, 2, 3,⋯, n으로 정하여 단계 2에서 정해진 각 배열 $Y_1, Y_2, Y_3 \cdots Y_n$에다 대수적 부호를 붙인다. 부호가 부여된 순위가 순위부호 R_i이다.

④ 부호순위의 합을 구한다.

$$W=\sum R_i$$

예제 13-1

K증권에 대한 년간 주가수익률은 인플레이션을 조정한 후 대칭분포를 이룬다.

4년간의 주가수익률을 무작위로 표본추출한 결과 다음과 같이 나타났다.

$$+5.4 \quad -7.3 \quad -3.8 \quad +9.5$$

이 표본자료를 이용하여 인플레이션이 조정된 수익률의 중위수는 0보다 작거나 같다는 가설을 검정하여라.

이에 대한 가설은 다음과 같이 설정된다.

$$H_0 : \eta \leq 0, \quad H_a : \eta > 0$$

가설검정을 위한 첫 단계로

$Y_i = X_i - 0$을 구하는데, 여기서 주어진 가설의 중위수가 0이기 때문에 결과적으로 Y_i의 값은 이 예에서 X_i값과 같다. 2단계로서 Y_i의 값을 절대값이 큰 순서대로 정리하면 다음과 같다.

$$-3.8 \quad +5.4 \quad -7.3 \quad +9.5$$

3단계로서 2단계에서 정해진 순위에 따라 1, 2, 3, 4의 순위 부호인 R_i를 부여한다. 여기서 관찰치가 양의 값이면 +부호를, 음의 값이면 −부호를 붙인다.

$$-1, \quad +2, \quad -3 \quad +4$$

4단계로서 이들 부호순위의 합인 W를 구한다.

$$W = -1 + 2 - 3 + 4 = 2$$

가설검정을 할 때 W가 지나치게 크면 H_0는 기각되고 H_a가 채택된다. 대칭적인 경우 W/n 값은 $\overline{X}$와 n이 같다. 그러나 $\overline{X}$가 지나치게 클 때 귀무가설을 기각시키는 것은 합리적인 판단이 된다. 이 예제의 경우 $\overline{X} = \dfrac{+5.4-7.3-3.8+9.5}{4} = 0.95$, $\dfrac{W}{n} = \dfrac{-1+2-3+4}{4} = 0.5$가 된다.

여기서 $\overline{X}$의 값도 중위수 $\eta = 0$을 초과하고 W/n값도 0을 초과한다. 결론적으로 W/n은 비모수 균형점이며, W은 W/n에 비례하기 때문에 W/n가 0을 초과하거나 지나치게 크면 귀무가설을 기각시키는 것이 합리적이다.

일정하게 정해진 n에 대한 W의 분포는 귀무가설 H_0를 만족시키는 모든 모집단에 대해 동일하다. 많은 실제적용 사례에서 그러한 것처럼 표본의 크기 n이 10개 이상인 경우 정규근사치를 이용한다. 따라서 W의 평균과 표준편차는 $\mu_w = 0$과 $\sigma_W = \sqrt{\sum R_i^2}$ 이 된다. 따라서 표준화된 변수는 W/σ_W 이다.

유의수준 α에서 검정하여 W/σ_W 가 정규곡선상의 Z_α보다 크면 귀무가설을 기각시킨다. 윌콕슨 부호순위 검정의 절차는 다음과 같이 요약될 수 있다.

▸ **단측 윌콕슨 순위부호 검정에 대한 가설과 기각규칙 :**

$H_0 : \eta \leq \eta_0$, 대칭

$H_a : \eta > \eta_0$, 대칭

기각규칙 : $W / \sigma_W > Z_\alpha$이면 H_0기각

여기서, W= 부호순위의 합으로

$W = \sum R_i$ 이며

$\sigma_W = \sqrt{\sum R_i^2}$

$n \geq 10$

우리는 같은 관찰치나 순위를 가지는 경우를 생각해 보자.

두 개 이상의 순위가 같으면 순위를 평균하여 모두 같은 관찰치에 할당한다. 예를 들면 5개의 관찰치 3, 5, 7, 7, 9에서 세 번째와 네 번째 관찰치가 같다. 여기에 세 번째와 네변째 평균순위는 (3+4)/2 = 3.5가 된다. 따라서 5개의 관찰치에 할당되는 순위는 1, 2, 3.5, 3.5, 5이다.

예제 13-2

K기업의 마케팅 연구부장은 제품에 대한 소비자 반응을 조사하기 위한 일환으로 제품의 포장디자인의 선호도에 대하여 조사코자 하였다. 그는 소비자들의 제품포장 디자인의 선호도는 동일한 형태로 나타날 것으로 가설을 설정하였다. 그는 가설을 검정하기 위하여 제품포장 디자인에 대하여 어떻게 느끼느냐고 질문하였

다. 소비자 반응을 7점 척도로 하여 1점은 아주 싫어한다. 7점은 매우 좋아한다. 그리고 4점은 차가 없다로 측정하였다.

예비조사에서 12명의 질문자에게 다음과 같은 반응을 얻었다.

7 3 5 4 7 1 2 2 5 7 6 5

제품포장 디자인에 대한 반응의 중위수가 4라는 가설을 유의수준 α = 0.05에서 검정하라.

검정의 절차에 의하면 다음과 같이 전개할 수 있다.

① H_0 : η_0 = 4, 대칭적

② H_a : $\eta_0 \neq 4$, 대칭적

③ $n = 12$, $\alpha = 0.05$

④ $Z_{0.025}$ = 1.96

$W / \sigma_W < -1.96$ 또는 $W / \sigma_W > 1.96$이면 가설 H_0 : 기각

⑤ 각 반응에서 가설의 중위수 4를 빼면, 즉 $Y_i = X_i - 4$에서 다음과 같이 된다.

3, −1, 1, 0, 3, −3, −2, −2, 1, 3, 2, 1

다음 0을 생략하고 절대값이 큰 순서로 이 값을 정리하면

−1, 1, 1, 1, −2, −2, 2, 3, 3, −3, 3

이에 대한 순위를 결정할 수 있다. 그러나 다수가 동일함을 볼 수 있다.

−2.5 , 2.5, 2.5 , 2.5 , −6, −6, 6, 9.5 , 9.5 , −9.5, 9.5

부호순위의 합에 의해서 W값을 구할 수 있다.

$$W = \sum R_i = -2.5 + 2.5 + 2.5 + \cdots + 9.5 = 18$$

W의 표준편차는 $\sigma_W = \sqrt{\sum R_i^2} = \sqrt{(-2.5)^2 + 2.5^2 + \ldots + 9.5^2} = \sqrt{494}$ = 22.23이다. 따라서 표준화된 값 W는 $\dfrac{W}{\sigma_W} = \dfrac{18}{22.23} = 0.81$이 된다.

⑥ 0.81 < 1.96 이므로 H_0는 기각되지 않는다. 따라서 질문에 대한 고객의 반응, 즉 제품포장 디자인에 대한 고객의 반응은 평균 4와 차이가 있다고 할 수 없다.

〈예제 13-2〉에 대해 SPSSWIN패키지를 활용하여 윌콕슨 부호순위 검정을 실시하기 위해서는 먼저 [그림 13-1]과 같이 데이터와 변수를 입력한다. 여기서 r은 고객의 반응도 변수이며 m은 가설의 중위수 변수이다.

그림 13-1 데이터 및 변수입력

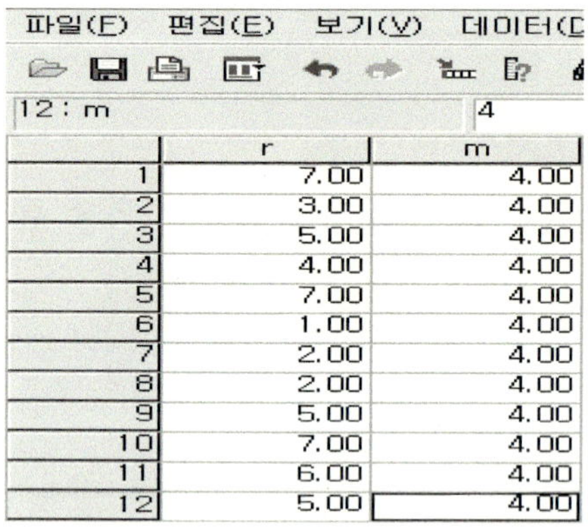

	r	m
1	7.00	4.00
2	3.00	4.00
3	5.00	4.00
4	4.00	4.00
5	7.00	4.00
6	1.00	4.00
7	2.00	4.00
8	2.00	4.00
9	5.00	4.00
10	7.00	4.00
11	6.00	4.00
12	5.00	4.00

다음은 [그림 13-2]와 같이 분석메뉴에서 비모수검정(N)의 대응 2-표본을 선택한다.

그림 13-2 분석방법의 선택

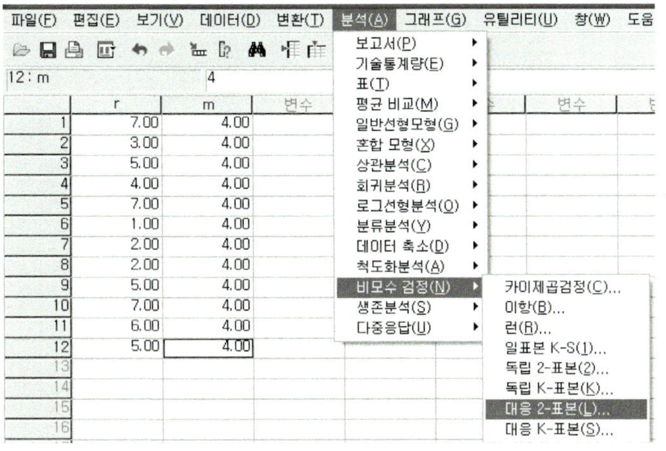

다음은 [그림 13-3]과 같이 변수를 입력하고 검정유형에서 Wilcoxon(W)을 지정한다.

그림 13-3 변수입력과 검정유형의 선택

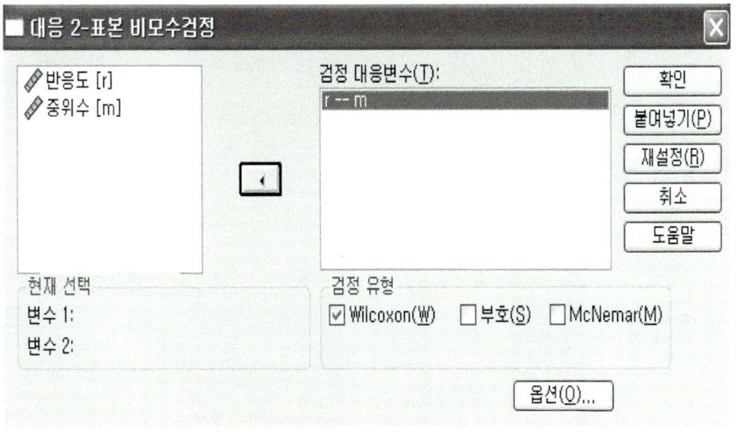

다음으로 확인버턴을 누르면 [그림 13-4]와 같이 검정결과가 출력된다.

그림 13-4 검정결과의 출력

비모수 검정

[DataSet0]

기술통계량

	N	평균	표준편차	최소값	최대값
반응도	12	4.5000	2.11058	1.00	7.00
중위수	12	4.0000	.00000	4.00	4.00

Wilcoxon 부호순위 검정

순위

		N	평균순위	순위합
중위수 - 반응도	음의 순위	7[a]	6.00	42.00
	양의 순위	4[b]	6.00	24.00
	동률	1[c]		
	합계	12		

a. 중위수 < 반응도
b. 중위수 > 반응도
c. 중위수 = 반응도

검정 통계량[b]

	중위수 - 반응도
Z	-.810[a]
근사 유의확률(양측)	.418

a. 양의 순위를 기준으로.
b. Wilcoxon 부호순위 검정

검정결과 음의 차이에 대한 순위합은 42.0이고 양의 차이에 대한 순위합은 24.0이다. 그리고 표준화된 W값은 $Z = -0.810$으로 이에 대한 유의확률이 0.418이므로 귀무가설이 채택된다. 따라서 제품포장 디자인에 대한 고객의 반응은 평균(4)과 차이가 난다고 할 수 없다.

2 부호검정

모집단의 중위수가 η_0보다 크다는 대립가설과 함께 중위수가 η_0보다 작거나 같다는 귀무가설을 고려해보자. 즉, $H_0 : \eta \leq \eta_0$, $H_a : \eta > \eta_0$

만일 모집단이 정규분포이면 이 문제에 t-검정을 적용한다. 그러나 모집단이 정규분포가 아니면 가설을 검정함에 있어서 t-검정을 사용할 수 없고 다른 검정이 필요하다.

윌콕슨 부호순위 검정은 모집단이 중위수에 대하여 대칭이 아니면 이용될 수 없다. 대칭이 아닐 경우 부호검정(sign test)을 대신 사용한다. 부호검정은 윌콕슨 부호순위 검정보다 민감하지는 않으나 대칭성을 가정할 수 없을 때 사용된다.

독립표본 $X_1, X_2 \cdots X_n$을 바탕으로 모집단의 중위수 $\eta = \eta_0$ 라는 귀무가설을 검정한다.

부호검정을 적용함에 있어서 $X_1, X_2 \cdots X_n$ 중에서 η_0를 초과하는 관찰치 y의 수를 계산해야 한다. $P(X < \eta) = P(X > \eta) = 0.5$이기 때문에 H_0 하에서 y의 분포는 $p \leq 0.5$로 된 이항확률분포이며 H_a 하에서 y의 분포는 $p > 0.5$로 된 이항확률분포이다. 따라서 만약 $n \geq 20$이면 많은 실질적인 적용사례에서 처럼 다음과 같은 이항분포의 정규근사분포를 이용할 수 있다.

$$Z = \frac{y - \mu_y}{\sigma_y}$$

여기서 $\mu_y = np$

$$\sigma_y = \sqrt{np(1-p)} \text{ 이다.}$$

부호검정 절차는 다음과 같이 요약된다.

> ▸ **단측부호검정에 대한 가설과 기각규칙** :
>
> $H_0 : \eta \leq \eta_0$
>
> $H_a : \eta > \eta_0$
>
> 기각규칙 : $Z > Z_\alpha$면 가설 Ho 기각
>
> 여기서, $Z = \dfrac{y - \mu_y}{\sigma_y}$, $\mu_y = np$, $\sigma_y = \sqrt{np(1-p)}$ 이다.
>
> $n \geq 20$

예제 13-3

K전자회사에 근무하는 20명 비서가 새로운 형태의 전자타자기를 사용한 결과, 다음과 같은 량의(분당 타수) 타이핑 속도가 증가되었다.

+7	−6	+3	+1	+6	+4	−9	−5	+9	−7
−3	+7	−9	+8	+6	−4	+4	+9	−6	+1

5%의 유의수준에서 타이핑 속도에서 구한 중위수 $\eta > 0$다는 대립가설에 대한 η은 0보다 작거나 같다는 귀무가설을 검정하라.

이 문제에 대한 가설은 다음과 같이 설정된다.

$$H_0 : \eta \leq 0$$
$$H_a : \eta > 0$$

주어진 유의수준 $\alpha = 5\%$에서 $Z_{0.05} = 1.645$이므로 만약 $Z > 1.645$ 이면 귀무가설은 기각된다.

20명의 비서의 타이핑 속도에 대한 변화에서 가설의 중위수 0보다 큰 관찰수 y는 13개이다. 중위수를 초과하는 관찰수 y의 평균과 표준편차는 다음과 같다.

$$\mu_y = np = 20 \times 0.5 = 10$$
$$\sigma_y = \sqrt{np(1-p)} = \sqrt{20 \times 0.5 \times 0.5} = 2.24$$

그래서 표준화된 값은

$$Z = \frac{y-10}{2.24} = \frac{13-10}{2.24} = 1.34\text{이다.}$$

$Z = 1.34 < 1.645$ 이므로 귀무가설이 기각될 수 없다. 즉, 타이핑 속도가 빨라졌다고 할 수 없다.

다음의 예제는 앞에서 논의한 세 가지 전제조건을 제시한 것으로 첫째, 가설의 중위수는 0이 아닌 상황을 제시한다. 둘째, 하나 이상의 값이 0일 때 0의 값은 고려대상에서 제외되고 표본의 크기는 하나 작아진다. 셋째, 표본의 크기가 작은 경우 부호검정을 어떻게 수행하느냐를 제시한다.

예제 13-4

K회사의 마케팅조사 부장은 특수한 제품에 대한 소비자 반응을 조사하기 위하여 설문조사를 실시하였는데, 그것은 제품포장 디자인에 대한 당신의 느낌이 어떠한지에 대한 것이었다. 응답자의 반응을 7점척도로서 1은 매우 싫어한다, 7은 매우 선호한다, 가운데 있는 4는 차가 없다로 하여 조사하였다. 질문지의 예비조사로서 12명으로부터 얻은 질문에 대한 반응은 다음과 같이 나타났다.

7, 3, 5, 4, 7, 1, 2, 2, 5, 7, 6, 5

소비자의 반응은 4가 아니다는 대립가설에 대한 소비자의 반응은 평균 4일 것이다는 귀무가설을 검정하라.

이 문제에 대한 가설은 다음과 같이 설정된다.

$$H_0 : \eta = 4, \ \mathrm{H_a} : \eta \neq 4$$

유의수준 α = 5%로서 부호검정을 실시하면 다음과 같이 전개된다.

먼저 조사결과 개별점수에서 4를 빼면 다음과 같이 된다.

3, −1, 1, 0, 3, −3, −2, −2, 1, 3, 2, 1

이것을 다음과 같이 크기순으로 배열한다.

−3, −2, −1, 0, 1, 1, 1, 2, 3, 3, 3

4개의 값이 음이며 7개가 양의 수이고 1개가 0이다. 여기서 0은 고려대상에서 제외시키고 11개의 관찰치로 수행한다. 긍정적인 반응의 수 y = 7이므로 평균치 $\mu_y = np = 11 \times 0.5 = 5.5$가 되므로 표준편차 $\sigma_y = \sqrt{np(1-p)} = \sqrt{11(0,5)(0.5)}$ = 1.66이 된다.

표준화된 값은 $Z = \dfrac{y - \mu_y}{\sigma_y} = \dfrac{7 - 5.5}{1.66} = 0.90$이다.

여기서 표준화된 값 0.9는 귀무가설을 기각시키는 기준으로 될 수 있는 상황이 되지 못한다. 즉, 표본의 크기 n = 11로 작기 때문에 이 검정통계량을 정규분포의 임계치와 비교할 수 없다. 따라서 (0.5)(0.5)의 확률을 기대할 때 7개 이상의 정의 반응을 얻을 수 있는 확률을 결정하기 위해 이항확률분포를 이용해야 한다.

따라서 $P(X \geqq 7 \setminus n=11, p=0.5) = \sum_{k=7}^{11} \dfrac{11!}{k!(11-k)!}(0.5)^k(0.5)^{11-k} = 0.2744$를 구할 수 있다.

단측검정이면 0.2744가 P-값이다. 그러나 $H_a : \eta \neq 4$, 양측검정이기 때문에 이것을 2배한 0.5488이 P-값이 된다. P-값인 0.5488은 유의수준 α = 0.05보다 크므로 귀무가설은 기각되지 않는다.

이 문제를 SPSSWIN 패키지를 활용하여 분석하면, 먼저 [그림 13-5]와 같이 데이터와 변수를 입력한다. 그리고 [그림 13-6]과 같이 분석방법을 선택한다.

그림 13-5 데이터 및 변수입력

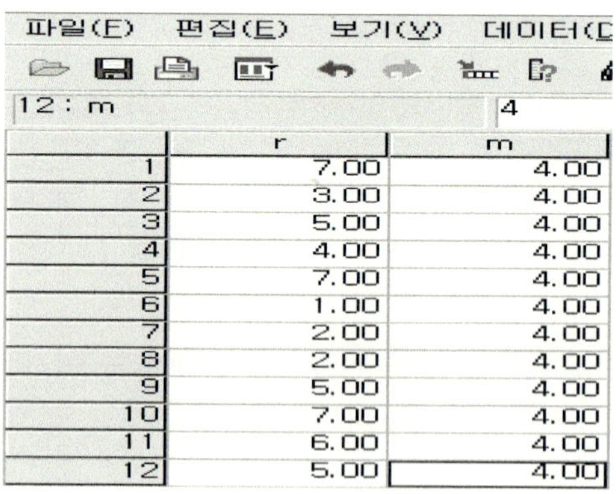

	r	m
1	7.00	4.00
2	3.00	4.00
3	5.00	4.00
4	4.00	4.00
5	7.00	4.00
6	1.00	4.00
7	2.00	4.00
8	2.00	4.00
9	5.00	4.00
10	7.00	4.00
11	6.00	4.00
12	5.00	4.00

그림 13-6 분석방법의 선택

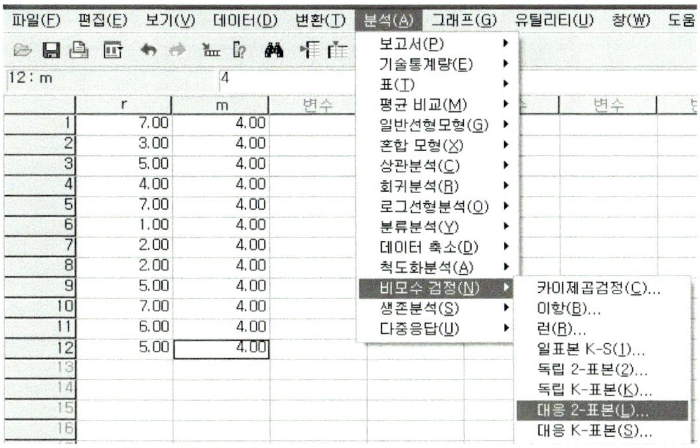

다음으로 [그림 13-7]과 같이 검정대응변수를 입력하고 검정유형에서 부호(S)검정을 선택한다.

그림 13-7 변수입력과 검정유형 선택

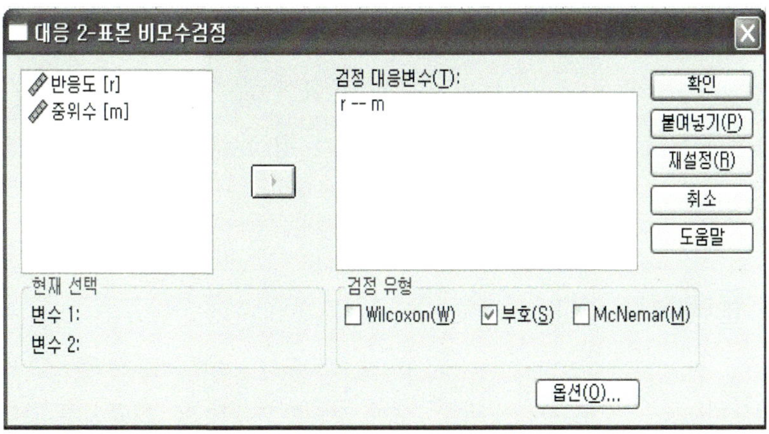

여기서 확인버턴을 누르면 검정결과가 [그림 13-8]과 같이 출력된다.

그림 13-8 검정결과의 출력

기술통계량

	N	평균	표준편차	최소값	최대값
반응도	12	4.5000	2.11058	1.00	7.00
중위수	12	4.0000	.00000	4.00	4.00

빈도 분석

		N
중위수 - 반응도	음수차[a]	7
	양수차[b]	4
	동률[c]	1
	합계	12

a. 중위수 < 반응도
b. 중위수 > 반응도
c. 중위수 = 반응도

검정 통계량[b]

	중위수 - 반응도
정확한 유의확률(양측)	.549[a]

a. 이항분포를 사용함.
b. 부호검정

검정결과 P-값이 0.549로 나타나 유의수준 α = 0.05보다 크다. 따라서 귀무가설은 기각되지 않는다. 즉, 소비자의 반응도가 평균 4와 같다고 할 수 있다.

3 맨-위트니 검정

맨-위트니(Man-Whitney) 검정은 8장의 정규분포에서 두 평균치가 같다는 t-검정에 상응하는 비모수검정이다. 맨-위트니 검정은 두 모집단이 같은 중위수를 갖는지 여부를 검정하는데 사용될 수 있고 이것은 정규분포라는 가정을 필요로 하지 않는다. 이것은 윌콕슨 순위합 검정(Willoxon rank sum test)으로도 알려져 있다.

모집단 1로부터 추출한 랜덤 표본의 크기 n을 X_{11}, X_{21} ,⋯ , X_{n1}1이라 하고 모집단 2에서 추출한 독립랜덤 표본의 크기 n_2가 X_{12}, X_{22} ,⋯, X_{n2}2라고 하자. 두 모집단이 같다는 귀무가설을 H_0라 하고 모집단 1에 대한 확률분포가 모집단 2의 확률분포와 같은 모양을 갖지만 보다 큰 중위수로서 오른쪽으로 이동해 있다는 대립가설을 H_a라 하면 이 문제의 통계량인 처음 모집단 R_1의 순위의 합은 다음 4단계로 계산된다.

① 두 표본을 하나로 결합하고 두 번째 표본의 관찰치에 밑줄을 긋고 계산한다.

② 크기의 순서대로 결합 표본에 대한 관찰치를 배열하고 두 번째 표본의 관찰치 밑에 선을 긋는다.

③ 순서대로 1, 2, 3, 4 , ⋯, n_1+n_2를 메기고, 두 번째 표본요소의 배열에서 해당 하는 위치에 대해 밑줄을 긋는다. 밑줄이 그어지지 않은 순위는 첫 번째 표본관찰치의 순위인 R_{i1}이다.

④ 밑줄이 그어지지 않은 순위의 합 또는 첫 번째 모집단 관찰치의 순위의 합인 R을 구한다. 여기서, $R_1 = \sum R_{i1}$

예제 13-5

채권에서 무작위로 3개 ($n_1=3$)를 표본추출한 결과에 대한 수익률은 3.1, -2.4, 0.6 이었으며, 주식에서 독립랜덤표본 ($n_2=2$)을 취한 결과 이들의 수익률은 7.7, 2.8이었다.

첫 번째 모집단(채권)과 두 번째 모집단(주식)에 대한 수익률의 중위수는 같다는 귀무가설을 검정하는데 필요한 이들 각각에 대한 순위의 합을 계산할 수 있다.

밑줄친 주식 수익률과의 결합표본은 3.1 -2.4 0.6 $\underline{7.7}$ $\underline{2.8}$이며

크기 순서대로 배열된 결합표본은 -2.4 0.6 $\underline{2.8}$ 3.1 $\underline{7.7}$ 이다.

같은 패턴에서 주식에 대해 밑줄친 순위 1, 2, 3, 4, 5 ($n_1+n_2=5$)를 부과

하면 1, 2, 3, 4, 5가 된다.

첫 번째 모집단의 순위의 합은 $R_1 = \sum R_{i1} = 1+2+4 = 7$이다.

두 모집단의 중위수가 같고, 두 모집단 순위가 비슷해야 한다. 처음 모집단의 순위가 두 번째 모집단의 순위보다 작거나 커다면 처음 모집단의 순위의 합은 매우 작거나 크므로 두 모집단의 모수는 다를 것이다.

각각의 n_1과 n_2에 대해 H_0 하에서 첫 번째 모집단 순위합의 분포는 확률밀도함수의 분포모양에 관계없이 바람직한 특성을 갖는다. R_1의 평균과 표준편차는 다음과 같다.

$$\mu_{R_1} = n_1(n_1 + n_2 + 1) / 2$$

$$\sigma_{R_1} = \sqrt{n_1 n_2 (n_1 + n_2 + 1) / 12}$$

$n_1 + n_2$는 12보다 크거나 같기 때문에 $(R_1 - \mu_{R_1})/\sigma_{R_1}$은 정규분포에 접근한다. 만약 $(R_1 - \mu_{R_1})/\sigma_{R_1}$이 $-Z_{\alpha/2}$보다 작거나 $Z_{\alpha/2}$보다 크면 $H_0 : \eta_1 = \eta_2$는 기각되고 $H_a : \eta_1 \neq \eta_2$가 채택된다.

맨-위트니 검정의 절차는 다음과 같이 요약된다.

▸ **두 중위수에 대한 단측 맨-위트니 검정의 가설과 기각규칙** :

$H_0 : \eta_1 \leq \eta_2$

$H_a : \eta_1 > \eta_2$

기각규칙 : $(R_1 - \mu_{R_1}) / \sigma_{R_1} > Z_\alpha$이면 H_0는 기각

여기서, $R_1 = \sum R_{i1}$

$\mu_{R_1} = n_1(n_1 + n_2 + 1) / 2$

$\sigma_{R_1} = \sqrt{n_1 n_2 (n_1 + n_2 + 1) / 12}$

$n_1 + n_2$는 12보다 크거나 같다.

예제 13-6

H유통업체에서는 그들의 제품판매를 증대시키기 위하여 1개월간의 종업원 판매교육 훈련계획을 세웠다. 교육을 받은 종업원 집단과 교육을 받지 않은 종업원 집단에서 각각 7명씩 표본추출하여 몇 개월간의 판매실적을 조사한 결과 아래와 같이 나타났다. 교육을 받은 판매원 집단의 중위수가 교육을 받지 않은 판매원 집단의 중위수 보다 크다는 대립가설에 대해 교육을 받은 집단의 중위수가 교육을 받지 않은 집단의 중위수 보다 작거나 같다는 귀무가설을 유의수준 5%에서 검정하라.

판매원	교육을 받은 경우	교육을 받지 않은 경우
1	4.3	2.6
2	1.2	1.5
3	4.6	4.2
4	2.8	2.5
5	4.6	3.0
6	2.0	1.8
7	2.9	2.6

제8장의 가설검정에서 다룬 바와 같이 이 문제를 해결하고자 한다면 두 표본을 이용하여 $H_0 : \mu_1 \le \mu_2$의 가설을 검정해야 한다. 그러나 그러한 경우는 두 모집단의 매출액이 정규분포를 이룬다는 가정이 전제되어야 한다. 이 문제에서는 그러한 가정이 없기 때문에 $H_0 : \eta_1 \le \eta_2$의 가설을 맨-위트니 비모수검정법으로 전개해야 한다. 앞서 설명한 맨-휘트니 비모수 검정절차에 따라 다음과 같이 순서대로 결합배열된다. 여기서 밑줄친 매출액은 교육을 받지 않은 집단의 것이다.

1.2 <u>1.5</u> <u>1.8</u> 2.0 <u>2.5</u> <u>2.6</u> <u>2.6</u> 2.8 2.9 <u>3.0</u> <u>4.2</u> 4.3 4.6 4.6

다음은 순서에 따라 1, 2, 3 … 14와 같이 순위를 부여하는데 같은 점수에 대해서는 평균치를 부여한다. 그리고 두 번째 모집단으로부터의 판매량은 밑줄을 긋는다.

1 <u>2</u> <u>3</u> 4 <u>5</u> <u>6.5</u> <u>6.5</u> 8 9 <u>10</u> <u>11</u> 12 13.5 13.5

첫 번째, 모집단의 순위인 밑줄을 긋지 않은 순위의 합은

$R_1 = \sum R_{i1} = 1+4+8+9+12+13.5+13.5 = 61$이다.

검정의 단계는 다음과 같다.

① $H_0 : \eta_1 \leq \eta_2$

② $H_a : \eta_1 > \eta_2$

③ $\alpha = 0.05,\ n_1 = 7,\ n_2 = 7$

④ $Z_{0.05} = 1.645$이므로 기각규칙은 $(R_1 - \mu_{R_1}) / \sigma_{R_1} > 1.645$이면 H_0를 기각하는 것이다.

⑤ 평균 R_i의 평균은 $\mu_{R_1} = n_1(n_1 + n_2 + 1) / 2 = 7(7+7+1)/2 = 52.5$

표준편차 $\sigma_{R_1} = \sqrt{n_1 n_2 (n_1 + n_2 + 1) / 12}$

$$= \sqrt{7 \times 7(7+7+1)/12} = \sqrt{735/12} = 7.83$$

따라서, $\dfrac{R_1 - \mu_{R_1}}{\sigma_{R_1}} = \dfrac{61 - 52.5}{7.83} = 1.09$가 된다.

$1.09 < 1.645$ 이므로 귀무가설 H_0는 기각되지 않는다. 즉, 판매교육훈련이 판매량을 증가시킨다고 결론을 내릴 수 없다.

이에 대해 SPSSWIN패키지를 활용하면, 먼저 데이터와 변수를 [그림 13-9]와 같이 입력한다. 여기서 y는 각 집단의 측정치이고, g는 교육유무집단의 구분변수로서 group 1은 교육훈련을 받은 집단이며 group 2는 그렇지 않은 집단이다.

그림 13-9 데이터 및 변수입력

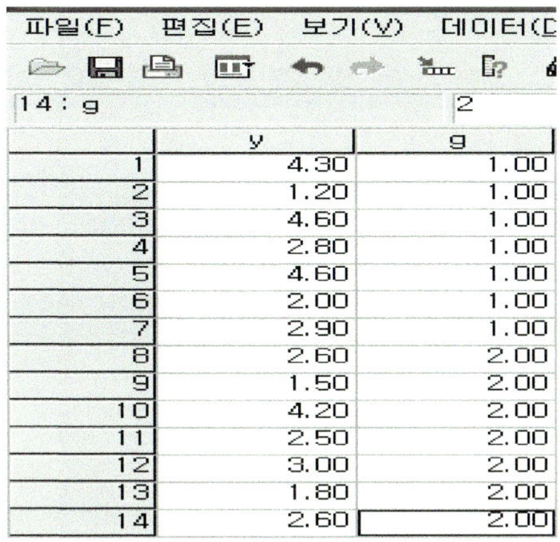

다음으로 [그림 13-10]과 같이 분석메뉴에서 분석방법으로 비모수검정(N)의 독립 2-표본(2)를 선택한다.

그림 13-10 분석방법의 선택

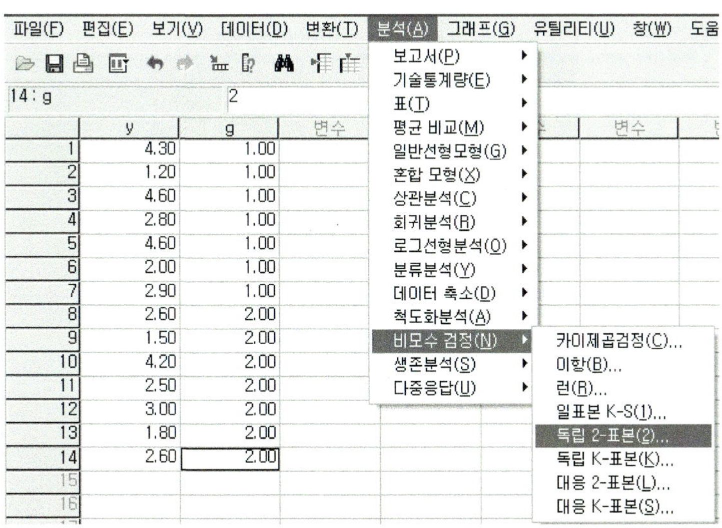

다음은 [그림13-11]과 같이 검정변수를 입력하고 집단을 정의하며 Mann-Whitney의 U(M)를 선택한다.

그림 13-11 변수입력 및 집단정의 및 검정유형의 선택

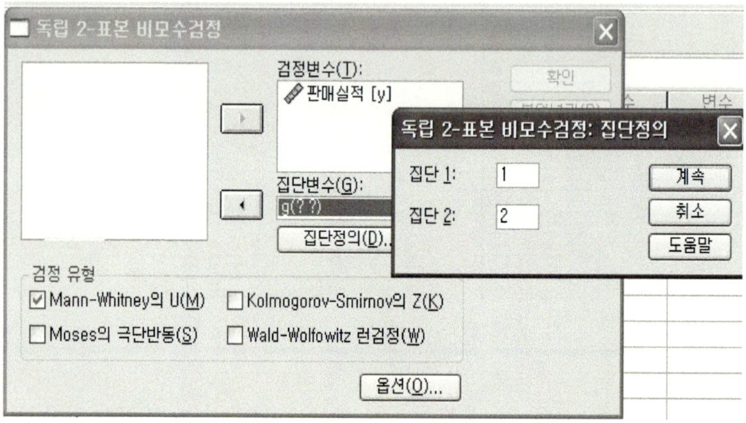

여기서 계속버턴을 누르고 마지막 확인버턴을 누르면 [그림 13-12]와 같이 검정결과가 출력된다.

그림 13-12 검정결과의 출력

Mann-Whitney 검정

순위

	교육받은여부	N	평균순위	순위합
판매실적	교육받은자	7	8.71	61.00
	교육을받지않은자	7	6.29	44.00
	합계	14		

검정 통계량[b]

	판매실적
Mann-Whitney의 U	16.000
Wilcoxon의 W	44.000
Z	-1.088
근사 유의확률(양측)	.276
정확한 유의확률 [2*(단측 유의확률)]	.318[a]

a. 동률에 대해 수정된 사항이 없습니다.
b. 집단변수: 교육받은여부

검정결과 교육을 받은 자의 평균순위는 8.71로 순위합이 61.0이며 교육을 받지 않은 자의 평균순위는 6.29로 순위합이 44.0이다. Z=-1.088로서 p값이 0.276으로 유의확률 0.05보다 크기 때문에 판매교육훈련이 판매량을 증가시킨다고 할 수 없다.

4 스페어맨의 순위상관검정

우리는 제11장에서 정규분포를 이루는 두변수간 선형관계의 정도와 방향의 척도로서 상관관계를 논의 하였다. 만일 변수를 순위에 의하여 측정한다면 이들 변수가 정규분포가 아닌 경우 우리는 순위상관관계에 의하여 측정해야 한다.

예컨대 A, B, C, D 네명의 학생에 대한 수학과 역사성적의 순위가 다음과 같다고 하자.

	A	B	C	D
수학	4	2	3	1
역사	3	1	4	2

즉, 수학은 D가 1위이고, B가 2위, C가 3위, A가 4위이다. 그리고 역사의 순위는 B→D→A→C이다.

두 과목 성적간의 관련성에 차가 있는지를 확인하기 위해 두 과목의 순위가 일치하는 정도를 측정하고자 한다. 이 문제는 두확률 변수 관찰치간의 상관계수인 두 변수 X와 Y사이의 피어슨(pearson)의 상관계수가 다음과 같음을 고려해보자.

$$r = \frac{SCD}{\sqrt{(SSX)(SSY)}} = \frac{\sum(X_i - \overline{X})^2 (Y_i - \overline{Y})}{\sqrt{\sum((X_i - \overline{X})^2 \sum(Y_i - \overline{Y})^2}}$$

역사와 수학에서 $n = 4$명 학생의 순위가 정규분포곡선이 아니라 일양분포(uniform distribution)이다. 따라서 두 순위의 집합 사이에 상관관계를 구하는 새로운 방법이 필요하다. R_{X_i}가 X_i값의 순위를 나타내고, R_{Y_i}는 Y_i값의 순위를 나타낸다면 순위 사이의 상관관계는 두 순위 집합 사이의 방향과 관련성의 정도에 대한 비모수 측정이다. 이러한 상관관계의 비모수 측정이 다음과 같은 스페어맨의 순위상관(Spearman's rank correlation) r_s이다.

▸ **Spearman's의 순위상관관계의 정의와 방정식** :

Spearman's의 순위상관관계 r_s는 두 순위집합 사이의 관련성의 정도와 방향의 측도로서 다음과 같이 구한다.

$$r_s = \frac{SSP_{R_X R_Y}}{\sqrt{(SSR_X)(SSR_Y)}} = \frac{\sum_{i=1}^{n}(R_{X_i} - \overline{R_X})(R_{Y_i} - \overline{R_Y})}{\sqrt{\sum_{i=1}^{n}(R_{X_i} - \overline{R_X})^2 \sum_{i=1}^{n}(R_{Y_i} - \overline{R_Y})^2}}$$

여기서, R_{X_i}는 X_i값의 순위이고, R_{Y_i}는 Y_i값의 순위이며 순위의 평균은

$$\overline{R_X} = \frac{\sum_{i=1}^{n} R_{X_i}}{n} \quad , \quad \overline{R_Y} = \frac{\sum_{i=1}^{n} R_{Y_i}}{n}$$ 이다.

같은 순위가 없을 때는 간단히 다음의 식으로 r_s를 구한다.

▸ **Spearman's의 순위 상관계수의 측정 방정식** :

$$r_s = 1 - \frac{6\sum D_i^2}{n(n^2-1)}$$

여기서, $D_i = R_{X_i} - R_{Y_i}$는 한 변수의 관찰순위와 다른 변수의 관찰순위와의 차이이다.

r_s의 표본분포는 평균 $\mu_{r_s} = 0$과 표준편차 $\sigma_{r_s} = \sqrt{1/(n-1)}$을 갖는다. 여기서 표본의 크기 n이 10개 이상일 때 다음의 통계량은 $Z = \frac{r_s}{\sqrt{1/(n-1)}}$는 근사적으로 표준정규분포를 따른다. r_s는 −1 과 1 사이의 값이다. 두 순위의 집합이 완전히 같으면 모든 D_i 값은 0 이고 $r_s = 1$ 이다.

만일 두 개의 순위 집합이 완전히 역순이면 $6D_i \ / \ n(n^2-1) = 2$가 되고 r_s

= −1이며, 유의성 Z값은 음의값이 된다.

Spearman's 순위상관의 유의성 검정절차는 다음과 같다.

> H_0 : 두 변수의 순위상관은 0 이다.
> H_a : 두 변수의 순위상관은 0 이 아니다.
> $Z < -Z_{\alpha/2}$, 또는 $Z > Z_{\alpha/2}$이면 H_0기각
> 여기서, $Z = \dfrac{r_s}{\sqrt{1/(n-1)}}$이고 $n \geq 0$ 이다.

예제 13-7

증권분석가 K씨는 기업의 안정성 분석을 위하여 기업의 수익성과 유동성간의 관련 정도를 조사하고자 그는 그룹의 수익성과 유동성에 따라 한 산업에서 10개 기업의 순위를 정하였는데 그 결과는 아래와 같다. 다음의 가설을 스페어맨의 순위상관측도를 이용하여 유의수준 5%에서 검정하라.

H_0 : 수익성과 유동성 사이에는 순위상관관계가 없다.
H_a : 수익성과 유동성 사이에는 순위상관관계가 있다.

수익성 :	8	9	4	1	5	10	2	3	7	6
유동성 :	9	1	8	3	4	2	10	5	6	7

가설검정의 단계는 다음과 같다.

① H_0 : 순위상관관계 = 0

② H_a : 순위상관관계 $\neq$ 0

③ n = 10 α = 0.05

④ Z의 임계치가 $Z_{0.025}$ = 1.96이므로 $Z < -1.96$ 또는 $Z > 1.96$ 이면 귀무가설은 기각된다.

⑤ 수익성과 유동성 순위의 차 $D_i = R_{X_i} - R_{Y_i}$는

−1　8　−4　−2　1　8　−8　−2　1　−1

10개 D_i^2 값은 $\sum_{i=1}^{n} D_i^2 = (1+64+16+4+1+64+64+4+1+1) = 220$ 이다.

$r_s = 1 - \dfrac{6 \times 220}{10(10^2-1)} = -0.33$이며 검정 통계량은 $Z = \dfrac{-0.33}{\sqrt{1/(10-1)}}$ $= -0.99$가 된다.

⑥ 통계량 −0.99 〉 −1.96 이므로 귀무가설이 채택된다. 즉, 이들 10개 자료는 수익성과 유동성 순위가 관련성이 없다는 귀무가설을 기각시킬 만한 충분한 정보를 제공하지 못한다고 결론을 내린다.

이 문제를 SPSSWIN프로그램으로 풀기 위해 먼저 다음의 [그림 13-13]과 같이 데이터와 변수를 입력한다.

그림 13-13 데이터 및 변수입력

10 : x2 | 7

	x1	x2
1	8.00	9.00
2	9.00	1.00
3	4.00	8.00
4	1.00	3.00
5	5.00	4.00
6	10.00	2.00
7	2.00	10.00
8	3.00	5.00
9	7.00	6.00
10	6.00	7.00

다음은 [그림 13-14]와 같이 분석메뉴에서 상관분석(C)의 이변량 상관계수(B)를 선택한다.

그림 13-14 분석방법의 선택

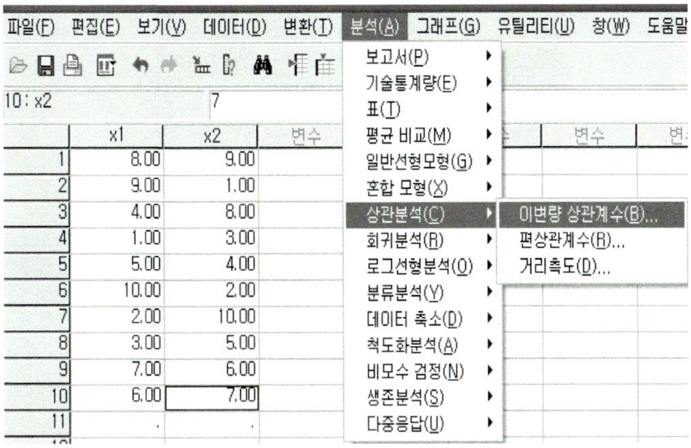

다음은 [그림 13-15]와 같이 변수를 입력하고 Spearman(S)를 선택하고 양쪽검정을 선택한다.

그림 13-15 변수입력과 상관계수의 선택

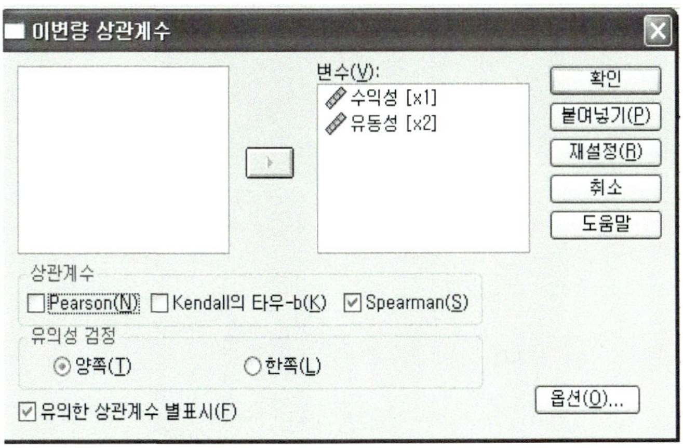

끝으로 확인버턴을 누르면 [그림 13-16]과 같이 검정결과가 출력된다.

그림 13-16 검정결과의 출력

➡ 비모수 상관

[DataSet0]

상관계수

			수익성	유동성
Spearman의 rho	수익성	상관계수	1.000	-.333
		유의확률(양측)	.	.347
		N	10	10
	유동성	상관계수	-.333	1.000
		유의확률(양측)	.347	.
		N	10	10

검정결과 스페어맨의 순위상관계수가 −0.333, 유의확률 p=0.347로 나타나 0.05보다 크다. 따라서 수익성과 유동성간에 순위상관관계가 없는 것으로 판단할 수 있다.

연 · 습 · 문 · 제

1. 다음 달 다우존스 평균주가지수가 10포인트 이상 오를 확률에 대해 20명의 증권분석가들은 각각 다음과 같이 제시하였다.

   0.6 0.7 0.4 0.9 0.7 0.8 0.4 0.3 0.6 0.7

   0.4 0.9 0.7 0.6 0.3 0.6 0.2 0.4 0.6 0.9

   이들 자료의 분포는 비대칭적이다. $H_0 : \eta \leq 0.5$를 대립가설 $\eta > 0.5$에 대해 유의수준 $\alpha = 0.05$에서 검정하라. 어떤 방법이 적절하겠는가?

2. 증권시장에서 거래되는 확률표본 16개 주식에 대한 년간 주가 변화의 자료는 다음과 같다.

   −12.6 −20.5 8.1 −27.3 −21.2 −29.4 15.5 −25.3

   15.9 20.3 −11.7 −9.3 −28.8 32.7 19.2 −27.1

   이들 16개 주식의 년간 주가변화는 중위수를 중심으로 대칭분포를 이룬다. $H_0 : \eta \geq 0$을 대립가설 $H_a : \eta < 0$에 대해 유의수준 5%에서 검정하라.

3. 개업 첫해 이내에 도산하지 않은 기업(계속기업)과 도산의 결과를 가져온 중소기업의 출발 당시 자기지분에 대한 16개 독립확률분표본을 취한 결과 다음과 같이 나타났다.

계속기업	14	2	12	4	6	10	8	8
도산기업	10	10	0	0	2	2	4	4

   개업 1년 이내에 계속기업에 대한 초기 자기지분의 중위수가 도산기업의 그것보다 작거나 같다는 귀무가설을 유의수준 $\alpha = 0.1$에서 검정하라.

제14장 시계열 분석

1 시계열의 개요

많은 역사적 자료들은 시계열(time series) 형태인 일정한 시간 간격으로 기록되고 저장되며, 이들 자료들은 기업경영자나 경제분석가 등 많은 사람들에 의해 유용하게 이용된다. 시계열은 같은 시간 간격으로 나누어지는 $Y_1, Y_2, ..., Y_n$에 대한 연속 자료값이며, Y_t는 시간 t에 해당하는 시계열의 값이다. 예컨대 분기별 국민총생산을 구하고 월별 기업의 수입과 지출을 추적할 수 있는 등 제반 경제현상의 자료들을 시간대별로 정리한 연속자료를 이용하여 과거부터 일정기간까지의 추세 또는 이들 자료에 의한 향후 몇 년도까지의 예측추세 등을 구할 수 있다. 이와 같은 문제를 다루는 것이 시계열 분석의 주된 목적이다.

예제 14-1

다음의 〈표 14-1〉은 지난 5년간 20분기 동안 어느 회사의 종업원 고용에 대한 시계열 자료이다.

〈표 14-1〉 지난 5년간의 분기별 고용된 종업원 수

분기	5년전	4년전	3년전	2년전	1년전
1사분기	150	160	175	180	200
2사분기	175	190	200	220	250
3사분기	450	460	480	495	520
4사분기	140	145	160	180	190

이들 자료에 대한 시계열 분석 결과의 추세선을 나타낸 것이 [그림 14-1]이다.

그림 14-1 지난 5년간의 분기별 종업원 고용에 대한 시계열 추세선

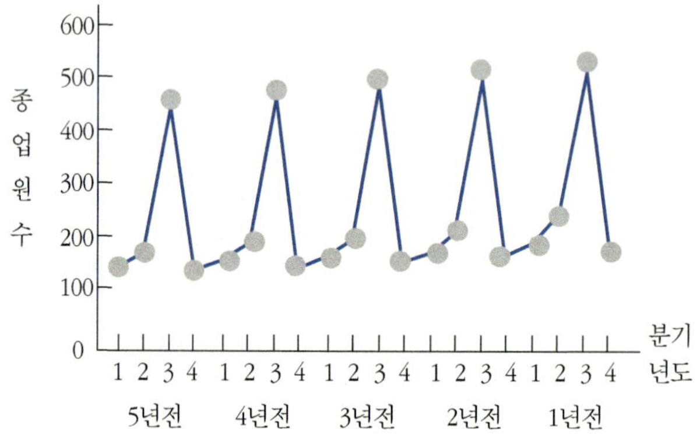

시계열 추세 패턴을 보면 지난 5년간 20분기 동안 이 회사 종업원 고용은 다소 증가 추세이며 특히 여름철(3사분기)에 고용의 피크를 이루고 겨울철(4사분기)에 고용수준이 낮아짐을 알 수 있다. 이와 같은 추세는 일반적으로 건설업이나 재생산 산업에서 나타나는 전형적인 패턴이다. 이러한 추세분석을 통해 기업에서는 차기 년도의 임금에 대한 예산편성에 반영할 수 있으며 종업원 고용정책에 대한 자료로도 활용할 수 있다.

그러나 예측의 보조수단으로 이러한 시계열 추세 자료를 이용하기에 앞서 구체적인 방향에서 이들 패턴이 규명되고 설명되어야 한다. 예컨대 [그림 14-1]의 도표자료를 기초로 판단하면 이 회사의 고용은 다소 상향추세이며, 여름철에 높고 겨울철에 매우 낮아지는 것은 맞으나 다소 애매 모호함이 있다. 이 보다는 매년 평균 약 6%씩 고용이 증가하는 것으로 나타나지만 3사분기의 평균고용은 1사분기의 약2.8배라고 하는 것이 보다 구체적이고 예측에 유용할 것이다. 시계열 분석(time series analysis)은 시계열을 그 구성요소와 이들 구성요소를 자료에 의해 나타낼 수 있는 패턴에 대해 구체적이고 계량적으로 분석하는 것으로 나누어

구성된다. 이렇게 함으로서 시계열의 미래치를 보다 유용하게 예측할 수 있을 것이다.

2 시계열의 구성요소

일반적으로 분석자들은 시계열을 장기추세(long-term trend), 계절변동(seasonal variations), 순환변동(cyclical variations), 불규칙 변동(irregular variation)과 같은 4개의 구성요소로 나눈다.

시계열에서 추세(trends)란 안정적 또는 부분적인 변화율로 나타나는 장기간의 이동양상을 말한다. 이러한 변화율이 다소 가변적일 때의 추세는 완만한 곡선으로 나타나며, 자료가 안정적인 변화율을 가질 때의 추세는 직선으로 나타난다.

[그림 14-1]의 시계열은 직선으로 나타나는 약간의 상향추세 현상을 띠며, [그림 14-2]의 시계열은 완만한 곡선으로 나타나는 하향추세 현상을 띠고 있다. 시계열에서 장기간의 이동추세에 나타나는 기본적인 경제현상으로서는 인구변화와 인플레이션, 기업경쟁, 기술적 변화 추세 등이다.

연료소비량은 겨울에 증가하고 여름철에 떨어지나 가솔린 소비량은 여름철에 늘어나고 겨울철에 줄어드는 반대현상의 계절변동을 띤다. 시계열에서 계절변동은 이와 같이 매년 특정 기간에 예측가능 할 수 있는 변동이다. 계절변동은 1년 단위보다는 분기별, 월별, 주별 단위로 기록된 자료에서 더욱 분명하게 발견할 수 있다. [그림 14-1]에서 분기별 시계열은 현저한 계절변동이 나타나고 있다.

순환변동은 계절변동과 같이 반복적이면서 1년 이상의 장기간의 순환(계절변동과는 달리)으로 나타난다. 순환변동은 년간 기준으로 기록된 시계열뿐만 아니라 보다 세부적인 기간으로 기록된 자료에 발견될 수 있다. [그림 14-3]과 같은 시계열은 1959년에서 1991년까지의 주택건축 착공수에서의 순환변동을 나타낸 년간 시계열이다. 순환변동은 일반적인 경제상태나 정부정책변화 또는 소비자 취향과 구매습관의 변화에 의한 원인으로 나타난다.

불규칙 변동은 앞서 설명한 세 가지 범주에 맞지 않는 시계열 이동급으로 구성된다. 추세와 계절변동 및 순환변동이 규명되었을 때 필연적으로 불규칙변동은 시계열에서 좌측이동이다. 이러한 불규칙 변동은 역사적 자료로서 설명될 수 없으며 근본적으로 기간적으로 나타나는 것이 아니라 일기의 변화나 전쟁, 데모, 선거와 같은 요인에 의해 나타나는 변동이다.

그림 14-2 하향추세를 갖는 자료

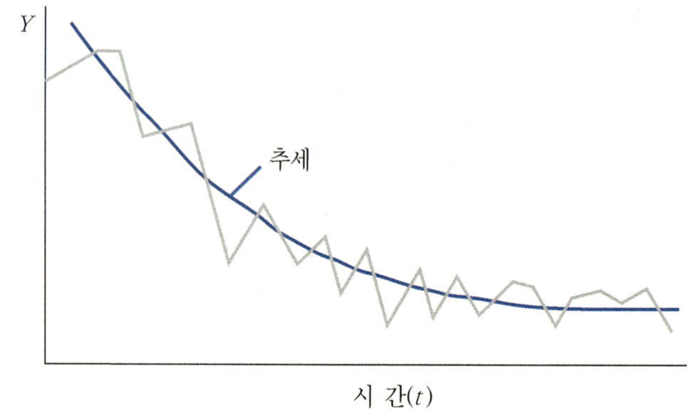

그림 14-3 주택건축 착공수(1996-2011)의 추세

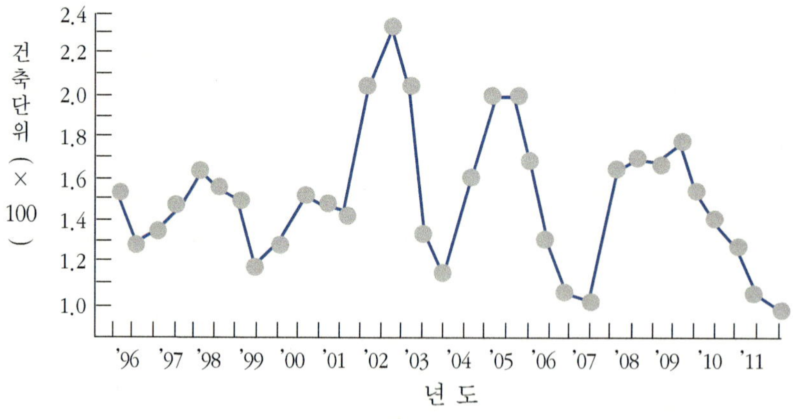

3 평활법

시계열에서 계절변동과 불규칙변동이 너무 크면 추세와 순환변동 요인이 있는지 여부를 결정하기가 어렵다. 이와 같이 큰 변동은 평활기법(smoothing techniques)을 이용하여 시계열에서 완만하게 평활시킬 수 있다. 이러한 기법이 이동평균법(moving averages)과 지수평활법(exponential smoothing)이다.

시계열에서 이동평균은 두 개 이상의 연속적으로 나타나는 값을 평균하여 이것을 평균된 값의 하나로 대체하는 것이다. 예컨대 3개월의 평균은 2월에 대해 평활된 값으로서 1, 2, 3월에 대한 평균으로 사용하는 것이며, 이것은 2월 자료의 평균치이다. 각 새로운 달에 대한 평균이 계산되면 원래의 시계열의 보다 최근값이 평균으로 대체되고 이전의 평균은 떨어져 나간다.

예제 14-2

다음의 자료는 K백화점의 한 점포에서 판매한 전자계산기의 24개월 매출기록이다. 5개월 이동평균시계열을 구하여라.

일반적인 공식에서 t 개월 중 5개월 이동평균을 구해보면

$$\overline{Y_t} = \frac{Y_{t-2} + Y_{t-1} + Y_t + Y_{t+1} + Y_{t+2}}{5}$$ 가 된다.

예컨대 2년전 11월에 대한 5개월 이동평균 값은

$$\overline{Y_{11}} = \frac{25+25+25+20+25}{5} = 24.0$$ 가 된다.

〈표 14-2〉의 2번째 열의 값은 이 계열의 이동평균값을 나타내고 실제치와 5개월 이동평균치는 [그림 14-4]에 나타나 있다.

〈표 14-2〉 전자계산기 판매기록(24개월)

기간	실제판매수	5개월 이동평균	지수평활평균 (α=0.5)
2년전 :			
1월	21	–	21.0
2월	20	–	20.5
3월	19	18.4	19.8
4월	18	17.2	18.9
5월	14	17.6	16.5
6월	15	19.4	15.8
7월	22	20.8	18.9
8월	28	23.0	23.5
9월	25	25.0	24.5
10월	25	24.6	24.7
11월	25	24.0	24.9
12월	20	24.0	22.5
지난해 :			
1월	25	23.8	23.8
2월	25	24.4	24.4
3월	24	27.6	24.2
4월	28	29.0	26.1
5월	36	29.0	31.0
6월	32	28.8	31.5
7월	25	27.6	28.3
8월	23	25.0	25.7
9월	22	23.0	23.8
10월	23	23.4	23.4
11월	22	–	22.7
12월	27	–	24.9

그림 14-4 K백화점 점포의 전자계산기 판매기록 추세

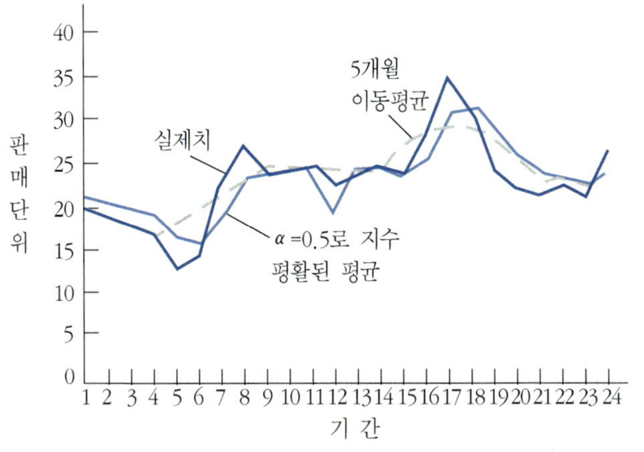

이 그림에서 나타난 두 가지 중요한 내용이 있다. 그 첫째는 시계열 상에 첫 번째 두 기간과 마지막 두 기간의 이동평균치가 계산될 수 없다는 것이다. 만약 2년전의 1월에 대한 이동평균을 구하려면 3년 전의 12월과 11월의 판매대수가 필요하며 마찬가지로 지난 해 11월에 대한 이동평균을 구하기 위해서는 지난 해의 12월과 금년 1월에 대한 자료가 있어야 한다. 두 번째는 평활값이 실제치보다 적은 변동을 나타낸다는 점이다.

자료를 평활하는 두 번째 방법은 지수평활법(exponential smoothing)이다. 평활된 지수값은 각 기간에 대해 얻을 수 있다.

S_t를 기간 t에 대한 평활값이라고 하면 첫 기간에서 시계열의 실제값인 Y_1을 S_1과 같다고 보고 시작한다. 그러면 $S_2 = \alpha Y_2 + (1-\alpha)S_1$이 된다. 여기서 α는 $0 \leqq \alpha \leqq 1$ 이며 평활상수(smoothing constant)라고 한다.

기간 t에 대해 다음과 같은 지수평활식을 갖는다.

▸ **기간 t에 대한 지수평활 값의 식** :

$$S_t = \alpha Y_t + (1-\alpha)S_{t-1} \quad 0 \leqq \alpha \leqq 1$$

위 식은 이 기간의 평활된 값은 이 기간에 대한 시계열의 실제값과 앞 기간의 평활 값의 가중평균치라는 것을 나타낸다. 그러나 이전기간의 평활 값은 이전기간의 실제 시계열 값과 전기기간의 평활 값의 가중평균이다. 기간의 역순으로 처리하면 다음과 같이 된다.

$$S_t = \alpha Y_t + (1-\alpha)\alpha Y_{t-1} + (1-\alpha)^2 Y_{t-2} + (1-\alpha)^3 \alpha Y_{t-3} + \ldots + (1-\alpha)^{t-1} Y_1$$

여기서 S_t는 기간 t=1로 돌아가 시계열에서의 모든 이전 값의 가중합이다.

평활자료의 분석자들은 α의 값을 $0 \leqq \alpha \leqq 1$로 결정할 수 있고 α가 커지면 시계열에서 S의 값은 현재의 Y_i에 접근하게 되며 α의 값이 작아지면 시계열에서 지난 자료의 값에 의존하게 된다. 예측에서 일반적으로 α의 값은 0.1 과 0.3 사이의 값이다.

예제 14-3

K백화점 점포의 계산기 판매의 평균지수의 값을 평활계수(α = 0.5)를 이용하여 구해보자. 이들 값은 〈표 14-2〉의 세 번째 열에 나타나 있으며 또한 [그림 14-4]와 같이 그래프로 나타나 있다.

$$S_1 = Y_1 = 21.0$$

$$S_2 = \alpha Y_2 + (1-\alpha)S_1 = 0.5(20) + 0.5(21.0) = 20.5$$

$$S_3 = \alpha Y_3 + (1-\alpha)S_2 = 0.5(19) + 0.5(20.5) = 19.8$$

$$S_4 = \alpha Y_4 + (1-\alpha)S_3 = 0.5(18) + 0.5(19.8) = 18.9$$

위 식을 이용하여 다시 S_3를 계산하면

$$\begin{aligned} S_3 &= \alpha Y_3 + (1-\alpha)S_2 = \alpha Y_3 + (1-\alpha)[\ \alpha Y_2 + (1-\alpha)S_1\ ] \\ &= \alpha Y_3 + (1-\alpha)(\alpha)Y_2 + (1-\alpha)^2\ Y_1 \\ &= (0.5)(19) + (0.5)(0.5)\times 20 + (0.5)^2\ (21) = 19.8 \end{aligned}$$

이 된다.

4 추세분석

시계열에서 기본자료 또는 평활자료가 분명한 추세를 나타낼 때 통계학자들은 추세를 나타내고 측정하는 적절한 방법을 찾는데 관심을 가질 것이다. 만약 시계열이 지속적인 상승이나 하락의 경향을 보인다면 추세를 나타내는데 직선이 사용될 수 있다. 전반적인 상승과 하락이 증가율과 감소율로 나타난다면 곡선이 사용될 것이다. 어떤 경우이던 간에 추세선(trend line)을 구하는 가장 보편적인 방법은 자료에 최소자승 직선을 적합시키는 것이다.

시계열에서 추세직선은 최소자승법에 의하여 구할 수 있다.

그림 14-5 시간 t에 따른 판매량 y의 추세

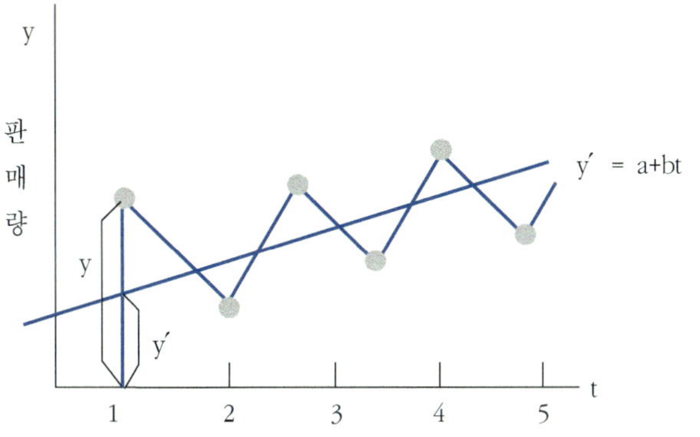

[그림 14-5]에서 시간 t의 흐름에 따라 판매량 y가 변동할 때 이 판매량을 연결한 점선 그래프를 고려하여 시간 t에 해당하는 판매고를 연결하는 회귀직선을 이론치(기대값)라고 한다. 이 회귀직선을 $y' = a+bt$라 한다면 이론치와 실제 판매량의 차를 편차라 하고 이 편차의 합을 수식화하면 $\sum(y-y')=0$이 될 것이다. 따라서 편차의 제곱의 합을 구한다.

여기서 $S = \sum(y-a-bt)^2$ 이 최소가 되려면 $S = \int(a,b)$에서 S를 a와 b의 2변수 함수로 보고 함수 S가 a와 b에 관하여 최소가 될 때는 함수 S가 a와 b에 관한 1차 도함수로서 0이 될 때이다. S를 a와 b에 관하여 편미분하여

$\frac{\partial s}{\partial a} = 0$, $\frac{\partial s}{\partial b} = 0$ 때가 $S = \sum(y-a-bt)^2$ 가 최소가 될 때이다.

$$\frac{\partial s}{\partial a} = 2\sum(y-a-bt)^{2-1}(-1) = 0$$

$$\sum y = \sum(a+bt)$$

$$\sum y = na + b\sum t \quad \cdots\cdots ①$$

$$\frac{\partial s}{\partial b} = 2\sum(y-a-bt)^{2-1}(-t) = 0$$

$$\sum ty = a\sum t + b\sum t^2 \quad \cdots\cdots ②$$

$$\therefore \sum y = na + b\sum t\ ,\ \sum ty = a\sum t + bt^2$$

1) 년도수 n이 홀수일 때

년도수가 홀수일 때, 즉 $N = 2n + 1$ 일 때는 $n + 1$ 연도를 0년도(기준년도)로 하고 시간간격은 1단위로 하면 다음과 같이 된다.

$$t : -n \cdots -3 \quad -2 \quad -1 \quad 0 \quad 1 \quad 2 \quad 3 \quad 4 \cdots\cdots n$$

따라서 $\sum t = 0$이 된다.

그러면 위 식 ①과 ②에서 $\sum t = 0$면 $\sum y = na$가 되어 $a = \frac{\sum y}{n} = \bar{y}$ 가 된다.

$y = a + b\sum t$에서 양변에 $\sum$를 취하면

$$\sum y = \sum a + b\sum t$$

$$\sum y = na + b\sum t$$

$$\frac{\sum y}{n} = a + b\frac{\sum t}{n}$$

$$\bar{y} = a + b\bar{t}$$

②식에서 $\sum ty = b\sum t^2$

$$\therefore\ b = \frac{\sum ty}{\sum t^2}$$

$a = \bar{y}$에서 a와 b를 구하여 $y' = a + bt$에서 대입하면 이것이 구하고자 하는 추정방정식이다.

예제 14-4

다음의 자료는 K기업의 2003년도부터 2011년까지의 판매자료이다. 이 자료를 이용하여 2012년도의 예상판매량을 구하여라.

년도	2003	2004	2005	2006	2007	2008	2009	2010	2011
판매량	2	4	6	8	10	12	14	16	18

년도	판매량	t	t^2	ty
2003	2	−4	16	8
2004	4	−3	9	−12
2005	6	−2	4	−12
2006	8	−1	1	−8
2007	10	0	0	0
2008	12	1	1	12
2009	14	2	4	28
2010	16	3	9	48
2011	18	4	16	72
2012	?	$\sum t=0$	$\sum t^2=60$	$\sum ty=120$

$N = 2n + 1$에서 $2n + 1 = 9$, $2n = 8$, $n = 4$가 되므로 $n + 1 = 4 + 1 = 5$년도가 중심년도가 된다.

$\sum t^2 = 60 \qquad \sum ty = 120$

$$a = \frac{\sum y}{n} = \frac{90}{9} = 10$$

$$b = \frac{\sum ty}{\sum t^2} = \frac{120}{60} = 2$$

따라서 추정방정식은 $y = a + bt = 10 + 2t$가 된다. 2012년도의 기간 t는 5가 되므로 여기서 $t = 5$를 대입하면 $y = 10 + 10 = 20$이 된다. 이것이 2012년도의 판매량의 예측값이다.

2) N = 2n: 연도수가 짝수일 때

연도수가 홀수일 때는 $t = \pm1 \quad \pm2 \quad \pm3 \cdots$ 이나, 짝수일 때는 $t = \pm1 \quad \pm3 \quad \pm5 \quad \pm7 \cdots$ 이 된다.

예제 14-5

K백화점의 2005년부터 2010년까지의 년간 매출액은 다음과 같은 것으로 나타났다. 2011년도의 예상매출액은 얼마가 되겠는가? 추정방정식을 도출하고 그 값을 구하라.

년도	2005	2006	2007	2008	2009	2010
매출액	3	5	7	9	11	13

년도	판매량 y	t	t^2	ty
2005	3	−5	25	−15
2006	5	−3	9	−15
2007	7	−1	1	−7
2008	9	1	1	9
2009	11	3	9	33
2010	13	5	25	65
	$\sum y$=48		$\sum t^2$=70	$\sum ty$=70

$$a = \frac{\sum y}{n} = \frac{48}{6} = 8$$

$$b = \frac{\sum ty}{\sum t^2} = \frac{70}{70} = 1$$

$y' = a + bt$에서 $y = 8 + t$가 추정방정식이 된다. 2011년도의 기간 t는 9이므로 이 식에다 $t = 9$를 대입하면 2011년도의 예상매출액은 $8 + 9 = 17$이 된다.

예제 14-6

다음의 자료는 뉴욕 증권거래소의 지난 9분기 동안의 k주식의 종가를 기준으로 한 주가추세를 나타낸 것이다. 자료에서 일반적인 주가상승으로 이어졌다는 것을 알 수 있다. 이들 자료에 맞는 최소자승추세선을 도출하여라.

분기	분기별 최종가(단위 : 달러)
1	37.75
2	44.00
3	46.25
4	44.00
5	51.75
6	49.00
7	58.50
8	58.00
9	70.25

일반적인 선형추세선은 $\hat{Y} = a + b_1 t$이다.

〈예제 14-4〉에서 구한 절차와 동일하며 이 절차에 따라 $b_0 = 34.26$, $b_1 = 3.36$을 구할 수 있다. 주어진 문제의 최적선형 추세선은 $\hat{Y} = 34.26 + 3.36t$가 된다. 이것은 t=0일 때 주가의 추정치는 주당 34.26달러이며, 9분기에 걸쳐 주가는 분기당 평균 3.36달러씩 상승했다는 것을 의미한다. 이에 대한 시계열의 실제치와 최소자승추세선을 나타낸 것이 [그림 14-6]이다. 이 예제는 최소자승직선에 대해 두 가지 중요한 점을 예시하였다. 그 첫째는 점의 집합에 직선을 적합시키는 최소자승법은 보다 큰 변동에 고 가중치를 부여한다는 점이다. 큰 편차는 매우 큰 편차의 제곱이 되기 때문에 이것은 방정식의 b_0과 b_1의 값에 강한 영향을 미친다. 따라서 7분기와 9분기에서의 빠른 주가상승과 같은 다소 큰 변동은 최소자승직선의 기울기(b_1)에 과다하게 영향을 미친다. [그림 14-6]에서 7분기와 9분기 주가상승은 추세선상과 위쪽에 위치하기 때문에 6분기에서의 주가변동은 추세선의 주변이 아닌 아래쪽에 위치하게 된다는 것을 볼 수 있다.

두 번째 사항은 추세선의 모양에 관한 것으로 주식에 대한 일반적인 주가상승률은 점진적이라는 것을 나타내고 있다는 것이다. 따라서 추세곡선이 이와 같은 시계열의 움직임을 보다 잘 나타낼 것이다. 최소자승곡선은 다중회귀법을 이용함으로서 시계열에 적합될 수 있다.

그림 14-6 K주식의 9분기 동안의 주가 추세

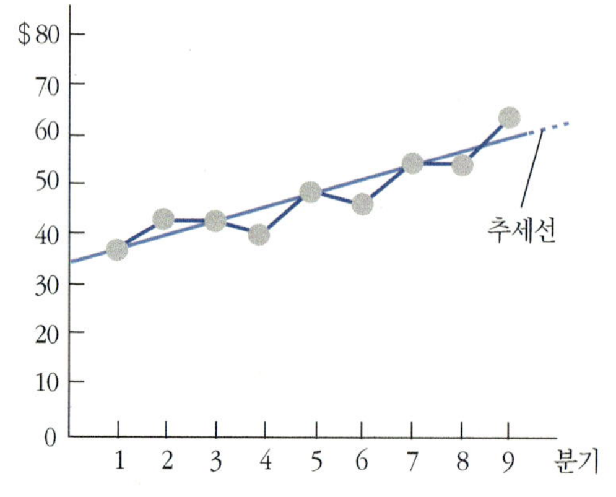

〈예제 14-6〉의 주가자료에 적합한 다항 추세선 $\hat{y}= b_0 + b_1 t + b_2 t^2$을 구하여라.

Y	t	t^2
37.75	1	1
44.00	2	4
46.25	3	9
44.00	4	16
51.75	5	25
49.00	6	36
58.50	7	49
58.00	8	64
70.25	9	81

이에 대해서는 다중회귀방정식을 구하는 방법과 동일하다. 따라서 방정식에서 필요한 두 번째 독립변수 t^2를 구해야 한다. 이러한 형태의 자료를 이용하여 컴퓨터로서 풀면 구하고자 하는 최적 다항식은 $\hat{y} = 39.90 + 0.28t + 0.31t^2$가 된다.

이 문제를 SPSSWIN 패키지를 활용하여 처리하면, 먼저 데이터의 입력과 변수를 지정하면 [그림 14-7]과 같이 나타난다.

그림 14-7 데이터입력과 변수의 정의

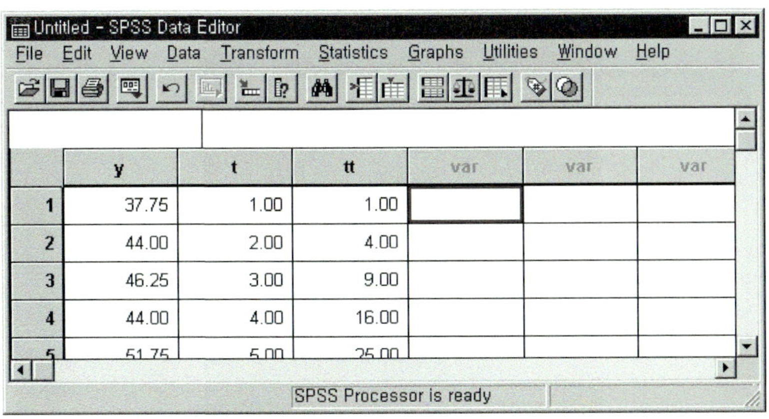

여기서 Statistics 메뉴를 선택하여 Time Series 메뉴를 선택하고, Autoregression …를 선택하면 [그림 14-8]과 같이 나타난다.

그림 14-8 분석방법의 선택

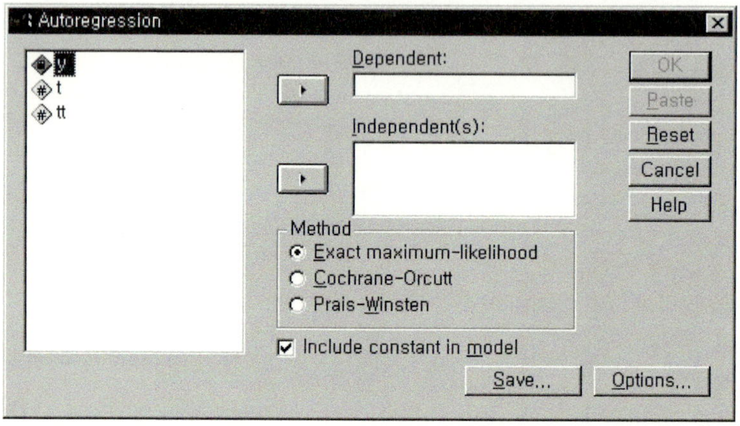

여기서 y를 종속변수 창에다. t와 tt를 독립변수 창에다 입력하면 [그림 14-9]와 같이 된다.

그림 14-9 변수의 선택

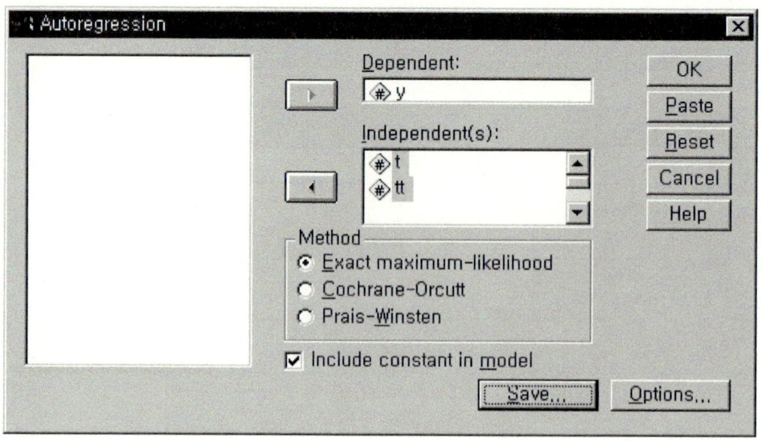

여기서 화면하단의 Save 단추를 클릭하면 [그림 14-10]과 같이 나타난다.

그림 14-10 통계분석 결과의 저장 및 예측요구

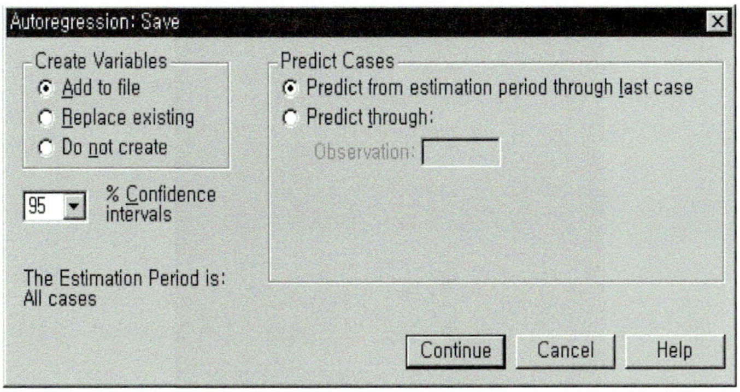

위 화면에서 Predict Cases의 Predict through : 의 Observation : 창에다 기간 t를 입력하면 해당 년도의 예측치를 구할 수 있다. 그러나 여기서는 추정방정식만 도출하므로 시행하지 않고 바로 Continue 단추를 클릭하고 OK단추를 클릭하면 [그림 14-11]과 같이 분석결과가 출력된다.

그림 14-11 분석결과의 출력

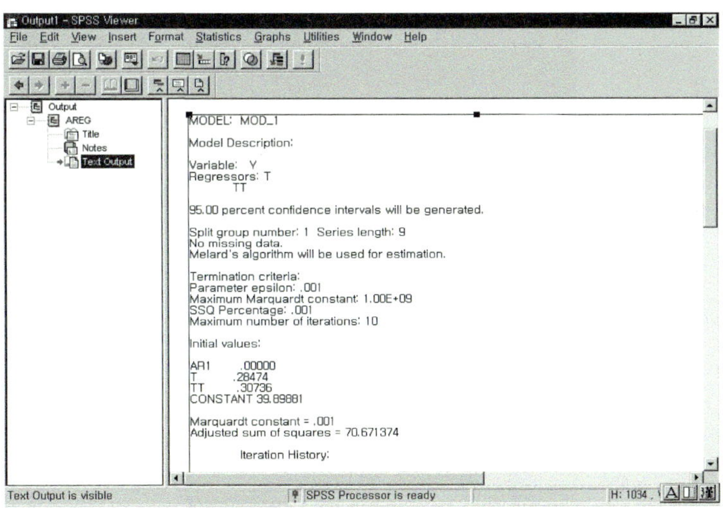

Constant 39.89881가 추정방정식의 b_0값이며, t =0.28474가 t의 계수, 즉 b_1의 추정치이다. 그리고 tt = 0.30736은 t^2의 계수, 즉 b_2의 추정치이다. 따라서 추정방정식은 $y = 39.89881 + 0.28474t + 0.3073t^2$이 된다. 이것은 공식에 의해 구한 추정방정식과 같다.

5 계절지수

여기서는 계절지수(seasonal index)를 사용해서 시계열에서의 계절변동을 측정하는 문제를 다루고자 한다. 계절지수는 100을 기준으로 한 다양한 수이다. 어떤 달에 100의 지수값을 할당할 때 이 값은 그 달에는 계절변동이 없다는 것을 가리킨다.

계절지수를 구하는데는 두 가지 방법이 있다. 첫 번째 방법은 계절평균치를 총평균치와 비교하는데 지수값을 포함시키는 것이다. 이 방법은 강한 추세나 순환변동을 가지지 않는 시계열에 가장 적절한 것이다. 두 번째 방법은 이동평균 비율(ratio - to - moving - average)법으로서 지수를 구하기 위하여 연간이동평균과 각 계절의 실제 값을 비교하는 것이다. 이 방법은 강한 추세와 순환변동으로된 자료에 적합한 계절지수를 부여하기 때문에 가장 널리 이용된다.

예제 14-7

다음은 잔디 애벌레 약으로 사용되는 XB-7제품의 10년간의 매 분기별 판매자료이다. 제조업자는 XB-7을 봄과 가을에 사용할 것을 권고한다. 년간 4사분기의 계절 판매지수를 구해보자.

〈표 14-3〉 XB-7의 분기별 계절지수 산출

년도	1사분기	2사분기	3사분기	4사분기
1	257	288	263	311
2	291	368	341	408
3	319	485	325	381
4	305	364	336	383
5	332	435	410	449
6	368	520	415	444
7	332	464	405	468
8	351	440	411	668
9	355	504	449	527
10	408	490	740	649
합계	3318	4358	4095	4688
총합계				16459
분기별평균	331.8	435.8	409.5	468.8
총평균				411.48
분기별지수	80.7	105.9	99.5	113.9
지수의 합				400.0

계절지수 계산의 첫 번째 방법을 사용해서 분기별 지수를 구하면 〈표 14-3〉에 나타낸 바와 같다. 10년간의 각 분기별 판매량의 평균값은 10년 동안의 각 분기별 전체판매량에 대한 평균이며, 총 평균은 10년간의 각 분기별 평균에 대한 전체평균이다. 1사분기의 계절지수는 4사분기 평균을 총평균으로 나누고 100을 곱하면 된다.

$$1사분기의\ 계절지수 = \frac{331.8}{411.48} \times 100 = 80.7$$

따라서 1사분기의 판매량은 평균 분기 판매량의 약 80.7%이다. 이에 반해 4-4분기의 판매량은 평균분기 판매량을 초과한 약 13.9%이다. 계절지수는 100을 기준으로 다르기 때문에 4분기별 지수는 400이 된다.

〈표 14-4〉는 XB-7제품의 판매량에 대해 10년의 분기별 자료와는 다소 다르

〈표 14-4〉 XB-7 계절지수계산 (1-3단계의 계산)

년도/분기	1열: 실제치	2열 : 1열의 4사분기 이동평균	3열 : 2열의 2사분기 이동평균	4열 : 3열의 실제치의 백분율
1-1사분기	257			
1-2사분기	288	279.75		
1-3사분기	263	288.25	284.0	92.6
1-4사분기	311	308.25	298.2	104.3
2-1사분기	291	327.75	318.0	91.5
2-2사분기	368	352.00	339.9	108.3
2-3사분기	341	359.00	355.5	95.9
2-4사분기	408	388.25	373.6	109.2
3-1사분기	319	384.25	386.2	82.6
3-2사분기	485	377.50	380.9	127.3
3-3사분기	325	374.00	375.8	86.5
3-4사분기	381	343.75	358.9	106.2
4-1사분기	305	346.50	345.1	88.4
4-2사분기	364	347.00	346.8	105.0
4-3사분기	336	353.75	350.4	95.9
4-4사분기	383	371.50	362.6	105.6
5-1사분기	332	390.00	380.8	87.2
5-2사분기	435	406.50	398.2	109.2
5-3사분기	410	415.50	411.0	99.8
5-4사분기	449	436.75	426.1	105.4
6-1사분기	368	437.00	437.4	84.1
6-2사분기	520	436.75	437.4	118.9
6-3사분기	415	427.75	432.2	96.0
6-4사분기	444	413.75	420.8	105.5
7-1사분기	332	411.25	412.5	80.5
7-2사분기	464	417.25	414.2	112.0
7-3사분기	405	422.00	419.6	96.5
7-4사분기	468	416.00	419.0	111.7
8-1사분기	351	417.50	416.8	84.2
8-2사분기	440	467.50	442.5	99.4
8-3사분기	411	468.50	468.0	87.8
8-4사분기	668	484.50	476.5	140.2
9-1사분기	355	494.00	489.2	72.6
9-2사분기	504	457.75	476.4	105.8
9-3사분기	449	472.00	465.4	96.5
9-4사분기	527	468.50	470.2	112.1
10-1사분기	408	541.25	504.9	80.8
10-2사분기	490	571.75	556.5	88.1
10-3사분기	740			
10-4사분기	649			

게 나타내고 있다. 이 문제에서 실제판매량과 4사분기 이동평균과 비교하는 이동평균비율법을 이용하여 계절지수를 구한다.

이 과정은 5단계를 거치는데 1단계에서 3단계까지는 〈표 14-4〉에, 4단계와 5단계는 〈표 14-5〉에 나타나 있다.

단계 1 : 4사분기의 이동평균을 구한다. 이것은 인접한 4개의 값을 합한 총합을 4로 나누어서 구한다. 이 이동평균을 어느 분기에다 할당할 것인가를 결정해야 한다.

기간의 수가 짝수일 때 이동평균은 가운데 기간에 할당될 수 없다. 따라서 4-사분기의 가운데는 2와 3사분기 사이이다. 이와 같이 〈표 14-4〉의 두 번째 열의 이동평균은 분기 사이에 할당될 수 있다.

단계 2 : 2-사분기 이동평균으로부터 4사분기 이동평균열을 구한다. 〈표 14-4〉의 3열로서 이 값은 분기간이 아닌 한 분기에 차지한다. 또한 이 값은 특정 분기에 차지되는 4사분기 이동평균이다. 예컨대 첫 번째 이동평균은 첫째 년도의 3사분기에 차지된다. 이것은 실제로 다음과 같은 가중치가 부여된 분기별 판매자료의 가중평균이다.

년	분기	가중치
1	1사분기	1
1	2사분기	2
1	3사분기	2
1	4사분기	2
2	1사분기	1
		계 8

마찬가지로 각 분기의 이동평균은 5개분기의 자료로 구성되고 첫째와 마지막 분기는 한번 가중되고 사이분기들은 두 번 가중된다.

단계 3 : 이동평균의 백분율로서 각 분기의 실질적인 수치를 나타낸다. 이것은 〈표 14-4〉의 넷째 열에 나타나 있다.

단계 4 : 각 4사분기에 대해 모든 년도에 걸쳐 단계 3으로부터 평균치의 백분율을 찾는다. 이 단계가 완료되면 〈표 14-5〉와 같이 된다. 예컨대 1사분기의 평균치의 백분율은 83.5이다. 이 값은 1사분기의 평균판매량이 1사분기를 중심으로 한 4분기 이동평균의 83.5%였다는 것을 나타낸다. 그러나 이들이 평균 백분율은 계절지수가 100을 기준으로 다르기 때문에 계절지수로 이용될 수 없다.

4개 평균의 백분율은 합해서 400이 아니라 396.9이다. 따라서 계절지수를 구하기 위해 다음 단계 5가 필요하다.

〈표 14-5〉 XB-7 제품의 계절 지수계산(단계 4-5)

년도	1사분기	2사분기	3사분기	4사분기
1	–	–	92.6	104.3
2	91.5	108.3	95.9	109.2
3	82.6	127.3	86.5	106.2
4	88.4	105.0	95.9	105.6
5	87.2	109.2	99.8	105.4
6	84.1	118.9	96.0	105.5
7	80.5	112.0	96.5	111.7
8	84.2	99.4	87.8	140.2
9	72.6	105.8	96.5	112.1
10	80.8	88.1	–	–
평균백분율	83.5	108.2	94.1	111.1
백분율의 합계				396.9
계절지수	84.2	109.0	94.8	112.0
총계절지수				400.0

단계 5 : 평균 백분율이 400이 되도록 조정한다. 이 단계를 완성하기 위해 각 평균의 백분율에다 조정인수인 400/396.9를 곱한다.

이렇게 하여 구한 것이 〈표 14-5〉에 나타나 있는 계절지수이다.

연습문제

1. 다음에 대하여 설명하라.
   1) 시계열과 추세선
   2) 계절변동, 순환변동, 불규칙변동
   3) 계절지수

2. 이동평균법과 지수평활법에 대하여 간단히 설명하라.

3. IPC 공장은 재고로 보유하고 있는 많은 자재의 주간 수요량을 추정하기 위해 재고부품의 하나인 CTR 5922의 주별 수요량을 파악하고 있다. 가장 최근 12주간의 CTR 5922에 대한 수요는 다음과 같다.

주	수요 (단위)	주	수요 (단위)	주	수요 (단위)	주	수요 (단위)
1	169	4	171	7	213	10	158
2	227	5	163	8	175	11	188
3	176	6	157	9	178	12	169

3주를 평균 주기로 하는 단기예측에 관한 이동평균법을 이용하여 13번째 주의 CTR 5922 부품의 수요량을 예측하라.

4. 대규모 지역병원의 외과 윙(surgical wing)에 직원을 배치하는데 필요한 간호사의 수는 분기별(연4회)로 달라진다. 과거 3년간의 자료는 아래와 같이 나타났다.

년	분기	간호사의 수	년	분기	간호사의 수
1	1	114	2	3	111
	2	110		4	112
	3	106	3	1	115
	4	114		2	113
2	1	116		3	110
	2	114		4	116

1) 이동평균을 이용하여 AP=2, 4, 8일 경우 다음 해 첫 분기에 필요한 간호사의 수를 예측하라.
2) 이러한 예측 중 어느 것이 역사적 자료의 근거가 되는 과거 4주기 동안 최소의 예측오차를 나타내는가?
3) 각 예측의 장·단점을 논하라.
4) 이러한 역사적 자료에 추세 및 계절성이 나타날 가능성이 있다. 위의 b, c에 대한 답변에 따라 이러한 가능성을 고려할 때, 어떤 예측을 선호하겠는가? 그러한 예측을 여러분이 권장하는 이유는 무엇인가?

5. 한 회사가 그들의 연간 매출액에 대한 다중회귀 모델을 개발했다.

$$Y = 50.0 + 0.05X_1 + 0.10X_2 - 0.03X_3$$

여기서

Y = 연간 매출액(백만 달러)
X_1 = 산업계 매출액(백만 달러)
X_2 = 수입(천 달러)
X_3 = 부채(천 달러)

다음 해의 변수 X값에 대한 예측은 다음과 같다.

변수	다음 해의 예측값
X_1	$ 890,000,000
X_2	89,500
X_3	12,000

1) 다음 해의 매출액을 추정하라.
2) 이러한 예측에 내포된 가정을 설명해 보아라.

제15장 사회과학논문의 통계분석 기초

본 장에서는 사회과학 분야의 질문지법에 의한 연구에서 일반적으로 실행하는 통계분석의 기본적 접근논리를 중심으로 설명하고자 한다.

1 요인분석

연구자가 분석하고자 하는 많은 변수를 몇 개의 요인으로 묶어 변수들을 축소하고, 변수들 중에서 중요도가 낮은 변수를 제거한 다음 각 요인으로 그룹핑하여 상호 독립적인 특성을 파악하며, 측정도구의 타당성을 판정하는데 요인분석을 이용할 수 있다. 아울러 요인분석결과의 요인점수(factor score)를 이용하여 회귀분석과 군집분석 및 판별분석을 할 수 있다.

요인분석을 하기 위해서는 기본적으로 다음과 같은 조건들이 충족되어야 한다. 첫째, 모든 요인분석의 대상 변수는 정량적 자료인 등간척도이어야 한다. 둘째, 각 변수는 정규분포를 이루고 상호 독립적이며, 등분산이어야 한다. 셋째, 표본의 수가 적어도 변수 수의 두 배 이상은 되어야 한다.

요인분석의 단계는 다음과 같다.

1) 제1단계 : 요인분석 대상변수들에 대한 상관행렬을 구한다.

여기서는 요인분석에 적용할 모든 변수들에 대한 단순상관관계를 구하여 상관계수를 점검하는 단계로, 일부 변수들 간에 높은 상관관계를 보이고 다른 변수들과는 낮은 상관관계를 보이면 몇 개의 공통요인으로 그룹핑될 수 있기 때문에 요인분석에 적합하다고 할 수 있다. 그러나 변수들 간에 모두 높은 상관관계를 보이거나 또는 모두 낮은 상관관계를 보인다면 이것은 공통요인을 갖지 않는다는 것을 의미하므로 요인분석에 적합하지 않게 된다.

2) 제2단계 : 요인추출과 요인수의 결정

변수의 분산은 체계적 분산과 비체계적 분산으로 구성되는데 체계적 분산은 요인공통분산(common variance)과 변수고유분산(unique variance)으로 구성되고, 비체계적 분산은 오차분산 또는 잔차분산(error variance)이다. 최초 요인추출방법에는 체계적 분산 전체를 분석대상으로 하는 주성분분석(principle component analysis)과 요인공통분산과 변수고유분산으로 세분화하여 요인공통분산만을 대상으로 최초 요인행렬을 추출하는 공통요인 추출방법이 있다. 그러나 일반적으로 주성분분석을 많이 이용한다. 주성분분석은 관측된 요인의 선형결합으로 첫 번째의 요인은 표본의 분산 중 가장 많은 부분을 설명해 주는 선형결합이며, 두 번째의 요인은 첫 번째의 요인이 설명하지 못한 분산 중에서 가장 많은 부분을 설명해 주는 선형결합이다. 같은 방식으로 다음 요인을 차례로 구한다.

요인수의 결정은 초기요인을 추출한 뒤 회전시키지 않은 요인행렬에서 몇 개의 요인을 추출해야 할 것인지를 결정해야 하는데 최소 고유치 기준(minimum eigenvalue criterion)과 스크리테스트, 추출될 요인의 수를 논자가 사전에 지정하는 방법 등이 있다.

(1) 최소 고유치 기준(minimum eigenvalue criterion)

각 요인의 고유치가 적어도 1.0은 되어야 한다는 기준으로 가장 많이 이용되고 있으나 잘못 적용되는 경우도 많다.

(2) 스크리테스트(Scree test)

이것은 각 요인의 고유치를 Y축, 요인의 수를 X축으로 하여 도표화한 것으로 요인의 수가 증가할수록 고유치 값이 점점 줄어들다가 일정수준에 이르면 X축과 평행을 이루게 된다. X축과 평행을 이루기 직전의 요인의 수가된다.

(3) 논자가 지정하는 방법

요인분석의 기본조건을 충족하는 상태에서 논자가 객관적이고 타당한 방법으로 설문지를 작성한 경우 구성된 설문의 내용분류에 따라 요인의 수를 사전에 지정하는 방법이다.

3) 제3단계 : 요인의 회전

제2단계를 거치고 나면 보다 나은 해석을 위해 요인행렬을 회전시켜야 한다. 회전방법에는 직각회전(또는 직교회전 : orthogonal rotation)과 비직각회전이 있다. 직각회전은 요인들 간에 독립성을 유지하도록 추출된 요인들이 서로 직각이 되게 회전하여 요인들 간의 상관계수가 '0'이 되게 하는 방법이다. 이것은 각 요인이 서로 독립적이어야 할 때 또는 요인분석의 결과인 요인점수(factor score)를 이용하여 회귀분석이나 군집분석 및 판별분석을 할 때 유용하게 이용된다. 비직각회전법은 요인들 간의 상호관계 파악이나 요인들 간에 서로 독립적이 아닐 때 이용한다.

직각회전법에는 배리맥스회전(Varimax rotation)과 쿼티맥스회전(Quartimax rotation), 이퀴맥스회전(Equimax rotation)이 있다.

(1) 배리맥스회전(Varimax rotation)

요인행렬의 각 열의 요인부하량(factor loading)을 제곱한 값의 분산을 최대화시켜 각 요인을 쉽게 설명하는 방법으로 각 열마다 요인부하량이 높은 변수의 수를 최소화시키는 효과가 있다. 따라서 각 요인들의 특성을 파악하는데 유용하게 활용된다.

(2) 쿼티맥스회전(Quartimax rotation)

이것은 배리맥스회전과는 달리 각 변수별로 행마다 요인부하량이 높은 요인수를 최소화시키는 방법으로 각 변수의 분산이 어느 요인에 주로 분포되어 있으며 대표요인이 무엇인지를 알고자 할 때 유용하게 활용된다.

(3) 이퀴맥스회전 (Equimax rotation)

이 방법은 위의 두 가지 방법을 절충한 것으로 해석상의 어려움이 있어 많이 활용되지 못한다.

4) 제4단계: 보고서의 작성과 결과의 해석

보고서의 작성은 사례문제에서 설명하도록 하고 분석결과를 해석할 때에는 다음과 같은 내용들을 검토하여야 한다.

(1) 요인부하량(factor loading)

각 변수와 요인간의 단순상관관계를 나타내는 것으로 일반적으로 요인적재량이 ±0.4 이상이면 유의적인 것으로 판단하고, ±0.5 이상이면 매우 높은 유의성을 갖는 것으로 판단한다.

(2) 공유치(공통분산치 ; 공통변량 ; 공통요인분산 ; 공통성 : Communality)

추출된 모든 요인에 의해 설명되는 해당변수의 분산비율로서 해당변수의 모든 요인부하량을 제곱하여 합한 값이 된다.

(3) 고유치(eigenvalue)

각 요인의 고유치는 그 요인에 적재된 모든 변수의 요인부하량을 제곱하여 합한 값으로 각 요인의 상대적 중요성을 나타내는 설명력이다.

(4) 각 요인의 백분율

각 요인의 고유치를 변수의 수로 나눈 값으로 추출된 각 요인이 설명할 수 있는 변수들 간의 분산비율이다.

(5) 요인의 결정계수

이것은 공유치의 합을 변수의 수로 나눈 값으로 하나의 요인이 평균적으로 설명할 수 있는 분산비율이다. 공유치의 합은 고유치의 합과 같으며, 요인의 결정계수는 결국 각 요인이 설명할 수 있는 분산비율의 합, 즉 누적분산비율과 일치하는 것으로 이 값은 추출된 요인으로 설명할 수 있는 평균적 분산비율이며, 아울러 추출된 요인으로 설명할 수 있는 전체 변수의 분산비율이다.

예제 15-1

다음의 [그림 15-1]은 어떤 논자가 연구목적에 맞게 설문을 구성하여 표본집단을 대상으로 설문 조사한 결과 유효한 336매의 결과를 입력한 데이터이다. 물론 화면상의 제약으로 전체가 나타나지 않지만 실제는 모두 확인할 수 있다. 이들 자료를 이용하여 논자는 6번의 설문부터 19번까지의 설문문항을 2개의 요인으로 분류하고자 한다. 요인분석을 실시하고 위에서 설명한 분석단계별로 그 과정과 결과를 나타내고 최종 보고서와 함께 결과를 해석하여라.

그림 15-1 변수와 데이터의 입력

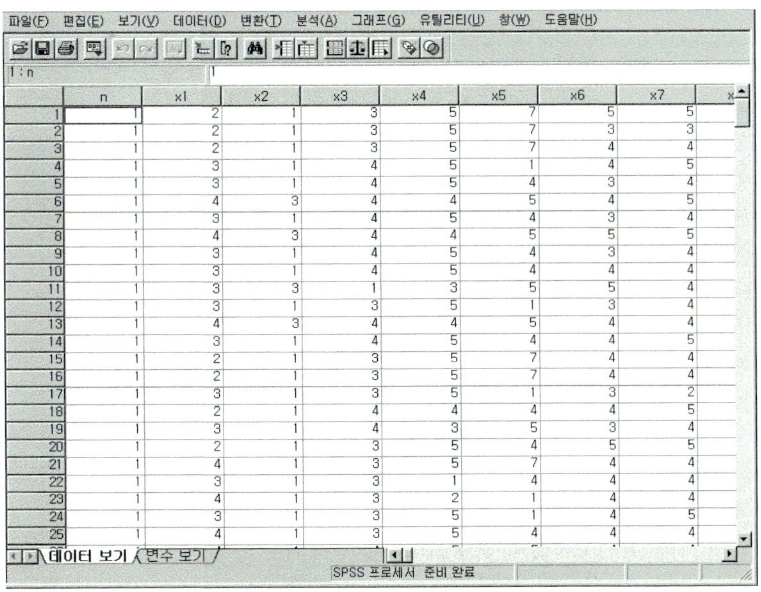

	n	x1	x2	x3	x4	x5	x6	x7
1	1	2	1	3	5	7	5	5
2	1	2	1	3	5	7	3	3
3	1	2	1	3	5	7	4	4
4	1	3	1	4	5	1	4	5
5	1	3	1	4	5	4	3	4
6	1	4	3	4	4	5	4	5
7	1	3	1	4	5	4	3	4
8	1	4	3	4	4	5	5	5
9	1	3	1	4	5	4	3	4
10	1	3	1	4	5	4	4	4
11	1	3	3	1	3	5	5	4
12	1	3	1	3	5	1	3	4
13	1	4	3	4	4	5	4	4
14	1	3	1	4	5	4	4	5
15	1	2	1	3	5	7	4	4
16	1	2	1	3	5	7	4	4
17	1	3	1	3	5	1	3	2
18	1	2	1	4	4	4	4	5
19	1	3	1	4	3	5	3	4
20	1	2	1	3	5	4	5	5
21	1	4	1	3	5	7	4	4
22	1	3	1	3	1	4	4	4
23	1	4	1	3	2	1	4	4
24	1	3	1	3	5	1	4	5
25	1	4	1	3	5	4	4	4

여기서 화면상단의 분석(A)메뉴를 누르고 데이터 축소(D)를 지정하고 요인분석(E)를 클릭하면 다음의 [그림 15-2]와 같이 나타난다. 여기서 요인분석 대상의 변수(x6에서 x19까지)를 지정하여 오른쪽 변수상자에다 이동시키면 [그림 15-3]과 같이 된다. 여기서 화면의 하단에 있는 기술통계(D)단추를 클릭하여 분석하고자 하는 통계량과 상관행렬을 지정하면 [그림 15-4]와 같이 된다.

그림 15-2 요인분석의 초기화면

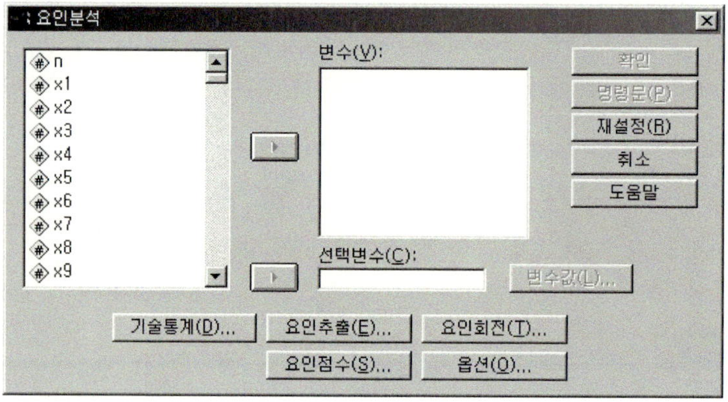

그림 15-3 요인분석 대상 변수의 지정

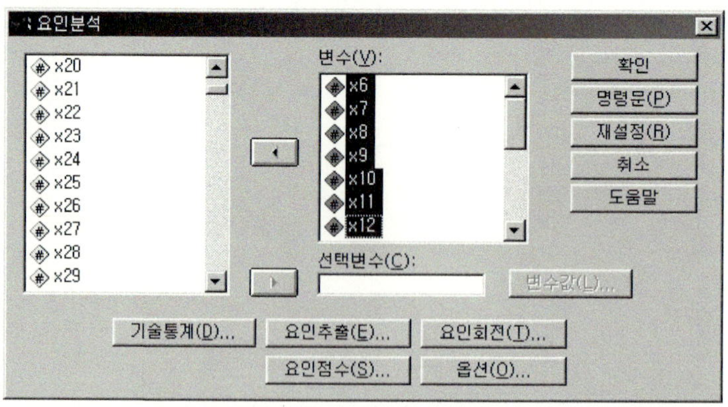

그림 15-4 기술통계량의 선택

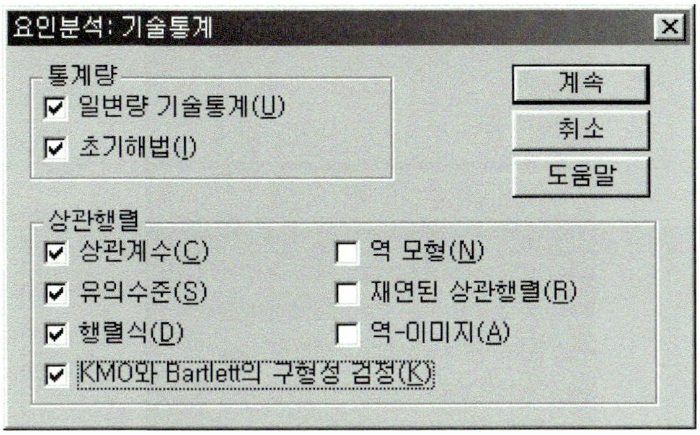

여기서 계속단추를 누르고 화면의 하단에 있는 요인추출단추를 클릭하여 분석하고자 하는 내용과 추출항목을 지정하면 [그림 15-5]와 같이 된다. 여기서는 직각회전법인 주성분분석으로 지정하였다. 그 이유는 앞선 이론적 측면에서 설명한 바와 같이 연구의 특성에 맞기 때문이다.

그림 15-5 요인추출

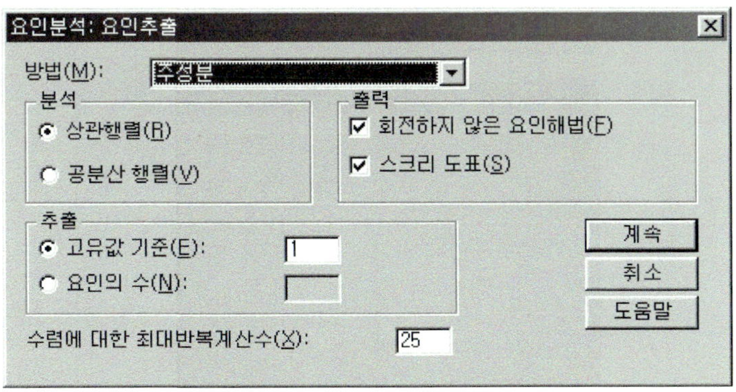

다시 계속단추를 누르고 화면의 하단에 있는 요인회전(T)단추를 클릭하여 배리맥스회전을 지정하고 출력을 회전해법과 적재값 도표를 지정하면 [그림 15-6]과 같이 된다.

그림 15-6 요인의 회전

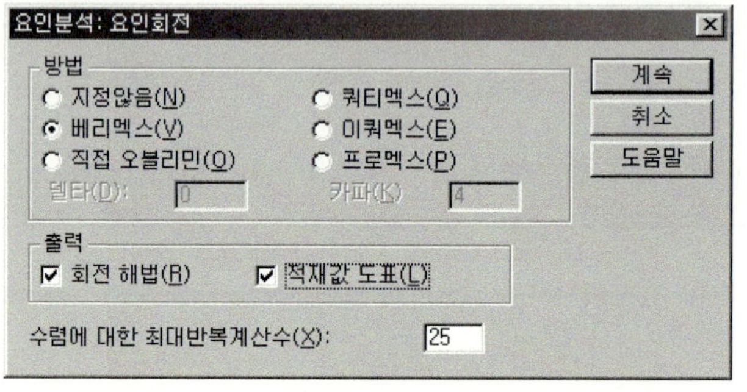

계속버튼을 누르고 화면하단의 요인점수(S)버튼을 클릭하여 요인점수를 회귀분석을 위한 변수로 저장하면 다음의 [그림 15-7]과 같이 된다. 단, 회귀분석이나 기타 방법이 필요하지 않으면 다음 과정으로 넘어가면 된다.

그림 15-7 요인점수

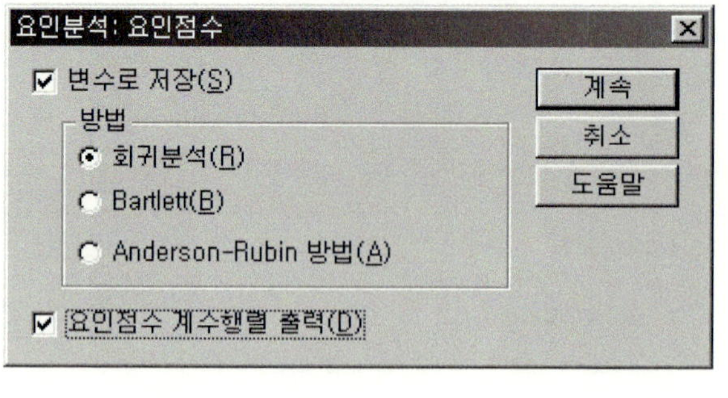

다시 계속버튼을 누르고 옵션(O)단추를 클릭하여 결측값과 계수출력형식을 지정하면 [그림 15-8]과 같이 된다.

그림 15-8 옵션

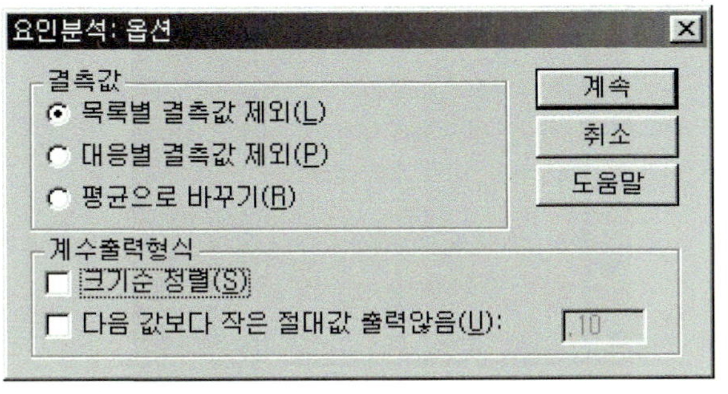

여기서 계속단추를 누르고 확인버튼을 누르면 출력결과가 [그림 15-9]에서부터 [그림 15-15]까지 나타난다.

[그림 15-9]에 나타낸 기술통계량과 상관행렬에서 분석대상 변수의 평균과 표준편차를 알 수 있으며 상관행렬을 보면 각 변수들 간의 상관관계가 모두 유의수준 1%에서 유의성이 있는 것을 알 수 있다. 일부 변수간에는 매우 높은 상관관계가 있는 반면 다른 일부 변수간(예컨대 x6과 x15)에는 매우 낮은 상관관계가 있음을 알 수 있다. 이는 앞서 이론적 측면에서 설명한 바와 같이 일부 변수들 간에 높은 상관관계를 보이고 다른 변수들과는 낮은 상관관계를 보이면 몇 개의 공통요인으로 그룹핑될 수 있기 때문에 요인분석에 적합하다고 할 수 있다는 것을 의미한다고 볼 수 있다.

그림 15-9 출력결과의 기술통계량과 상관행렬

기술통계량

	평균	표준편차	분석수
X6	3.76	.88	336
X7	4.02	.92	336
X8	3.73	.90	336
X9	3.51	.89	336
X10	3.26	.88	336
X11	3.34	.84	336
X12	3.43	.81	336
X13	3.41	.81	336
X14	3.34	.84	336
X15	3.36	.76	336
X16	3.31	.84	336
X17	3.29	.88	336
X18	3.28	.84	336
X19	3.35	.84	336

상관행렬a

		X6	X7	X8	X9	X10	X11
상관계수	X6	1.000	.650	.474	.353	.420	.444
	X7	.650	1.000	.510	.398	.373	.399
	X8	.474	.510	1.000	.573	.373	.444
	X9	.353	.398	.573	1.000	.503	.493
	X10	.420	.373	.373	.503	1.000	.624
	X11	.444	.399	.444	.493	.624	1.000
	X12	.410	.343	.296	.417	.458	.533
	X13	.400	.351	.273	.360	.408	.472
	X14	.315	.290	.220	.352	.413	.419
	X15	.174	.165	.179	.235	.248	.258
	X16	.292	.221	.251	.405	.369	.356
	X17	.240	.255	.176	.295	.269	.388
	X18	.262	.222	.225	.365	.286	.332
	X19	.325	.266	.246	.259	.297	.356
유의확률 (한쪽)	X6		.000	.000	.000	.000	.000
	X7	.000		.000	.000	.000	.000
	X8	.000	.000		.000	.000	.000
	X9	.000	.000	.000		.000	.000
	X10	.000	.000	.000	.000		.000
	X11	.000	.000	.000	.000	.000	
	X12	.000	.000	.000	.000	.000	.000
	X13	.000	.000	.000	.000	.000	.000
	X14	.000	.000	.000	.000	.000	.000
	X15	.001	.001	.001	.000	.000	.000
	X16	.000	.000	.000	.000	.000	.000
	X17	.000	.000	.001	.000	.000	.000
	X18	.000	.000	.000	.000	.000	.000
	X19	.000	.000	.000	.000	.000	.000

a. 행렬식 = 2.496E-03

Kaise-Meyer-Olkin(KMO)측도는 변수들 간의 상관관계가 다른 변수들에 의해 설명되는 정도를 나타내는 것으로 일반적으로 KMO값이 0.7 이상이면 요인분석을 위한 변수선정이 적합한 것으로 판단한다. 여기서는 0.891로 나타났으므로 변수

선택은 문제가 없는 것으로 판단할 수 있다. Bartlett의 구형성 검정은 요인분석 모형의 적합성 여부를 판단하는 것으로 상관관계행렬이 단위행렬인지 여부를 검정하기 위한 것이다. 14개의 변수에 대한 검정의 카이제곱값이 1974.753이고 유의확률이 0.000으로 상관관계행렬이 단위행렬이 아닌 것으로 입증되었으므로 요인분석의 적용이 적합하고 공통요인이 존재한다고 할 수 있다.

그림 15-10 KMO와 Bartlett의 검정 및 공통성

KMO와 Bartlett의 검정

표준형성 적절성의 Kaiser-Meyer-Olkin 측도.		.891
Bartlett의 구형성 검정	근사 카이제곱	1974.753
	자유도	91
	유의확률	.000

공통성

	초기	추출
X6	1.000	.587
X7	1.000	.601
X8	1.000	.606
X9	1.000	.523
X10	1.000	.515
X11	1.000	.577
X12	1.000	.536
X13	1.000	.525
X14	1.000	.481
X15	1.000	.261
X16	1.000	.563
X17	1.000	.565
X18	1.000	.611
X19	1.000	.529

추출 방법: 주성분 분석.

공유치(공통분산치; 공통변량; 공통요인분산; 공통성: Communality)는 추출된 모든 요인에 의해 설명되는 해당변수의 분산비율로서 해당변수의 모든 요인부하량을 제곱하여 합한 값으로 공유치가 낮은 변수는 요인분석에서 제외시키는 것이 좋다. 일반적으로 공유치가 0.4 이상이면 적합하다고 판단하는데 여기서는 x15가 0.261로서 매우 낮으므로 x15를 분석대상에서 제외시키는 것이 타당하다고 할 수 있다.

그림 15-11 설명된 총분산(고유치)

설명된 총분산

성분	초기 고유값			추출 제곱합 적재값			회전 제	
	전체	% 분산	% 누적	전체	% 분산	% 누적	전체	%
1	5.880	42.003	42.003	5.880	42.003	42.003	3.962	
2	1.600	11.429	53.433	1.600	11.429	53.433	3.518	
3	.976	6.971	60.404					
4	.826	5.902	66.306					
5	.807	5.762	72.068					
6	.633	4.522	76.590					
7	.537	3.837	80.426					
8	.508	3.626	84.052					
9	.476	3.400	87.452					
10	.444	3.168	90.621					
11	.391	2.794	93.415					
12	.344	2.459	95.874					
13	.308	2.197	98.070					
14	.270	1.930	100.000					

추출 방법: 주성분 분석.

현재의 설명된 총분산을 보면 추출된 2개 요인의 고유치는 각각 5.880, 1.600으로서 요인추출 기준으로 지정한 고유치 1.0 이상인 요인만 추출된 것을 알 수 있다. 요인 1은 42.003%를 설명하고, 요인 2는 11.429%를 설명함으로 전체 53.433%의 설명력을 갖는다고 할 수 있다. 그러나 공유치가 매우 낮은 x15를 분석대상에서 제외시키면 전체 설명력은 높아질 수 있다.

다음의 [그림 15-12]이 x15를 분석대상에서 제외한 다음의 KMO와 Bartllett 검정 및 공통성과 설명된 총분산의 출력결과를 나타낸 것이다.

그림 15-12 새로운 KMO와 Bartlett의 검정 및 공통성과 설명된 총분산

KMO와 Bartlett의 검정

표준형성 적절성의 Kaiser-Meyer-Olkin 측도.		.887
Bartlett의 구형성 검정	근사 카이제곱	1899.934
	자유도	78
	유의확률	.000

공통성

	초기	추출
X6	1.000	.582
X7	1.000	.595
X8	1.000	.607
X9	1.000	.525
X10	1.000	.517
X11	1.000	.578
X12	1.000	.533
X13	1.000	.534
X14	1.000	.478
X16	1.000	.541
X17	1.000	.596
X18	1.000	.636
X19	1.000	.552

추출방법 : 주성분 분석

KMO와 Bartllett의 구형성 검정값이 x15가 투입된 경우 보다 다소 낮지만 요구조건을 충족시킴으로 상관관계행렬이 단위행렬이 아닌 것으로 입증되었으므로 요인분석의 적용이 적합하고 공통요인이 존재한다고 할 수 있다. 공유치는 0.4 이상이 되어 적합한 것으로 판단할 수 있다.

[그림 15-13]에 나타낸 바와 같이 x15를 제외한 다음의 분석결과 요인 1의 설명력은 43.843%이고 요인 2의 설명력은 12.113%로서 전체 55.956%의 설명력을 나타내므로 x15를 투입하였을 때 보다 전체 설명력은 높아짐을 알 수 있다.

그림 15-13 x5를 제외한 설명된 총분산(고유치)

설명된 총분산

성분	초기 고유값			추출 제곱합 적재값			회전 제	
	전체	% 분산	% 누적	전체	% 분산	% 누적	전체	
1	5.700	43.843	43.843	5.700	43.843	43.843	3.768	
2	1.575	12.113	55.956	1.575	12.113	55.956	3.507	
3	.923	7.101	63.057					
4	.823	6.331	69.388					
5	.673	5.179	74.567					
6	.537	4.134	78.701					
7	.519	3.990	82.691					
8	.486	3.738	86.430					
9	.447	3.436	89.865					
10	.393	3.021	92.886					
11	.345	2.653	95.540					
12	.309	2.373	97.913					
13	.271	2.087	100.000					

추출 방법: 주성분 분석.

[그림 15-14]는 스크리검정 결과를 나타낸 것이다.

그림 15-14 요인의 스크리 도표

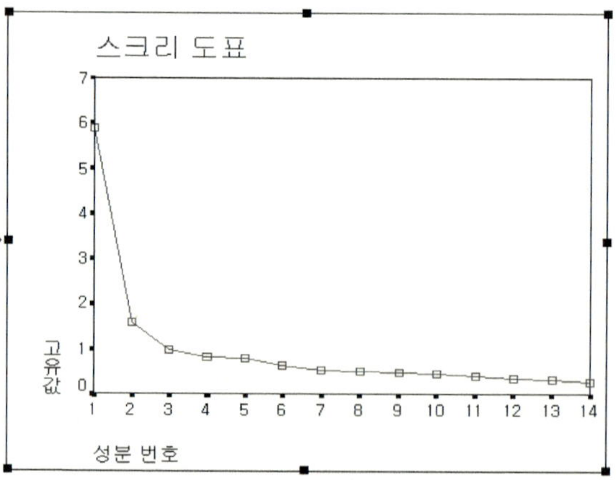

이것은 각 요인의 고유치를 Y축, 요인의 수를 X축으로 하여 도표화한 것으로 요인의 수가 증가할수록 고유치 값이 점점 줄어들다가 일정수준에 이르면 X축과

평행을 이루게 된다. X축과 평행을 이루기 직전의 요인의 수가된다. 논자가 최소 고유치 기준에 의한 요인수를 지정하였음으로 고유치가 1.0 이상인 요인수는 2개이다.

그림 15-15 회전된 성분행렬

회전된 성분행렬a

	성분	
	1	2
X18	.791	.107
X17	.766	9.789E-02
X19	.726	.160
X16	.702	.221
X13	.627	.375
X14	.618	.309
X12	.585	.437
X8	6.281E-02	.777
X7	.112	.763
X6	.189	.739
X9	.301	.659
X11	.406	.643
X10	.334	.637

요인추출 방법: 주성분 분석.
회전 방법: Kaiser 정규화가 있는 베리멕스.
a. 3 반복계산에서 요인회전이 수렴되었습니다.

성분 변환행렬

성분	1	2
1	.729	.684
2	-.684	.729

요인추출 방법: 주성분 분석.
회전 방법: Kaiser 정규화가 있는 베리멕스.

배리맥스법에 의한 3번의 반복계산 후에 수렴된 성분행렬이 [그림 15-15]이다. 13개 변수가 2개의 요인으로 그룹핑 됨을 알 수 있다. 요인 1에는 x12에서 x19까지가 그룹핑되고, 요인 2에는 x6에서 x11까지가 그룹핑 됨을 알 수 있다.

그림 15-16 성분점수 계수행렬과 공분산행렬

성분점수 계수행렬

	성분	
	1	2
X6	-.096	.267
X7	-.131	.295
X8	-.154	.312
X9	-.033	.207
X10	-.015	.191
X11	.011	.177
X12	.128	.049
X13	.159	.014
X14	.171	-.012
X16	.224	-.068
X17	.277	-.134
X18	.284	-.136
X19	.247	-.099

요인추출 방법: 주성분 분석.
회전 방법: Kaiser 정규화가 있는 베리멕스.

요인 점수.

성분점수 공분산행렬

성분	1	2
1	1.000	.000
2	.000	1.000

요인추출 방법: 주성분 분석.
회전 방법: Kaiser 정규화가 있는 베리멕스.

[그림 15-16]은 성분점수 계수행렬과 공분산행렬을 나타낸 것이다. 요인점수를 이용하여 회귀분석이나 기타 필요한 분석을 하기 위해서는 요인점수를 변수로 저장하는 명령([그림 15-7] 참조)을 주어야 한다. 그러면 요인 1의 점수는 FAC1으로 저장되고, 요인 2의 점수는 FAC2로 저장된다.

예컨대 FAC1= (−0.096x6) + (−0.131x7) + (−0.154x8) + (−0.033x9) + (−0.015x10) + (0.011x11) +.........................+ (0.247x19)가 된다.

FAC2= (0.267x6) + (0.295x7) + (0.312x8) + (0.207x9) + (0.191x10) + (0.177x11) +...............................+ (−0.099x19)가 된다.

회귀분석을 할 때 독립변수로 이들 요인점수를 이용한다.

지금까지 실시한 요인분석결과를 최종 보고서로 나타내면 다음의 〈표 15-1〉과 같이 된다.

〈표 15-1〉 구성개념타당도 검정을 위한 요인분석결과

변수	요인 1	요인 2	공유치 (Communality)
x6	0.189	0.739	0.582
x7	0.112	0.763	0.595
x8	6.281E-02	0.777	0.607
x9	0.301	0.659	0.525
x10	0.334	0.637	0.517
x11	0.406	0.643	0.578
x12	0.585	0.437	0.533
x13	0.627	0.375	0.534
x14	0.618	0.309	0.478
x16	0.702	0.221	0.541
x17	0.766	9.789E-02	0.596
x18	0.791	0.107	0.636
x19	0.726	0.160	0.552
고유치	5.700	1.575	7.275
분산비율	43.843	12.113	
누적 분산비율	43.843	55.956	

여기서 각 변수의 공유치는 추출된 요인에 의해 설명되는 비율로서 예컨대 x6의 공유치는 다음과 같이 계산된다.

x6의 공유치 = $(0.189)^2 + (0.739)^2 = 0.582$가 되어 이들 2개의 요인으로 58.2%를 설명하고 나머지 41.8%는 이들 2개의 요인으로 설명되지 않는다는 것을 의미한다. 일반적으로 공유치가 0.4 이하이면 그 변수는 분석에서 제외시키는 것이 좋다.

투입된 13개의 변수는 두 개의 요인으로 그룹핑되는데 요인 1은 x12에서 x19까지로 구성되고, 요인 2는 x6에서 x11까지로 구성된다. 요인 1의 고유치는 5.700으

로 43.843%의 설명력을 가지고, 요인 2의 고유치는 1.575로 12.113%의 설명력을 갖는다. 각 고유치를 변수의 수로 나눈 값이 각 요인의 분산비율이 되며, 공유치의 합과 고유치의 합은 일치하고 이 값을 변수의 수로 나눈 값이 요인의 결정계수로서 전체 설명력을 나타내는 누적 분산비율과 일치한다.(여기서는 다소 차이가 나는 것은 소수점 자리의 처리에 의한 것임)

2 신뢰성 검정

신뢰도는 측정도구에 의해 산출된 자료의 전체변량에 대한 실제변량의 비율로서 안전성(stability), 예측가능성(predictability), 의존가능성(dependability), 정확성(accuracy), 정밀성(precision)의 정도를 의미한다. 요인분석으로 그룹핑된 변수들의 신뢰계수를 구하여 이들 요인에 대한 신뢰성의 척도로 삼는데, 이들 요인을 새로운 변수로 이용할 수 있는지 여부를 판단하는 기준은 신뢰계수가 된다. 사회과학에서 가장 많이 이용하는 신뢰계수는 cronbach α로서 일반적으로 α가 0.6 이상이면 신뢰성이 있다고 판단한다. cronbach α는 다음과 같이 구할 수 있다.

$$\text{Cronbach } \alpha = k\{(E(\text{Cov}) \;/\; E(\text{Var})\} \;/\{1 + (k-1)E(\text{Cov}) \;/E(\text{Var})\}$$

여기서 k는 변수의 수, E(Cov)는 변수들 간의 공분산의 평균, E(Var)는 변수들의 분산의 평균이다. 한편 표준화된 신뢰계수 α는 다음과 같이 구할 수 있다.

$$\alpha = kr \;/\; \{1 + (k-1)r\},$$

여기서 k는 변수의 수, r은 변수들에 대한 평균상관계수이다.

예제 15-2

〈예제 15-1〉의 문제에서 분류된 2개의 요인에 대한 신뢰도를 검정하라.

먼저 요인 1로 분류된 변수들에 대한 신뢰도를 구하기 위해서는 분석(A)메뉴에서 척도화분석(A)메뉴를 선택하고 신뢰도분석(R)을 선택하면 신뢰도분석의 대화상자가 나타난다. 그러면 요인 1로 그룹핑된 변수를 지정하여 오른쪽 창으로 옮기면 다음의 [그림 15-17]과 같이 된다.

그림 15-17 신뢰도분석을 위한 변수의 선택

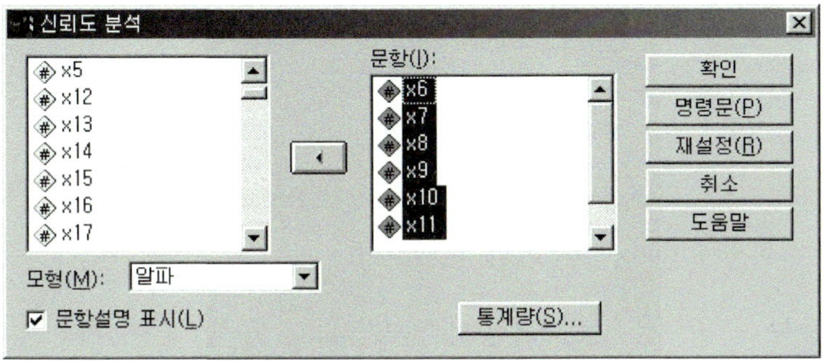

여기서 통계량버튼을 누르고 필요한 통계량을 지정하면 다음의 [그림 15-18]과 같이 된다.

그림 15-18 통계량의 선택

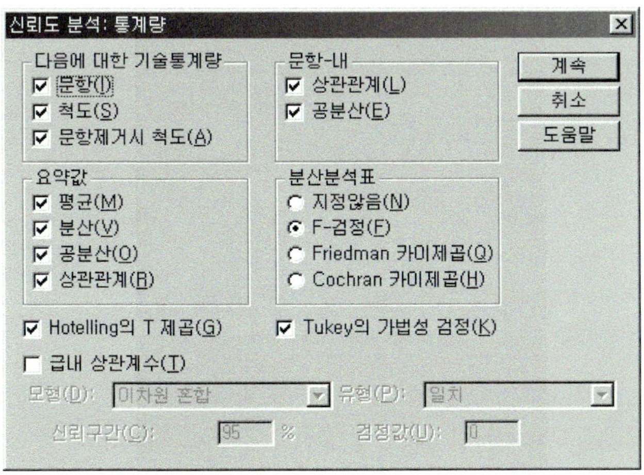

여기서 계속버튼을 누르고 확인버튼을 누르면 출력결과가 나타나는데 출력결과의 일부는 생략하고 여기서는 [그림 15-19]와 같이 분산분석의 결과만을 나타내었다.

여기서 People은 표본을 나타내고, Measure는 변수를 나타낸다. 분산의 원천(source of variance)을 표본간 분산(Between People)과 표본 내 분산(Within People)으로 분할하고, 표본 내 분산을 변수간 분산(Between Measure)과 잔차(Residual)로 분할한 결과이므로 두 가지 F 값에 대한 유의성 여부를 확인하여야 한다. 첫 번째는 F=(MSB/MSR)=(27.625/0.4178)=66.1145가 되어 Prob.=0.000이므로 '각 변수들 간의 평균은 같다'는 귀무가설은 기각되어 각 변수들 간의 평균은 같다고 할 수 없다. (분산분석표를 보는 방법은 제11장을 참고로 할 것) 두 번째는 F =(MSN/MSR)= (0.5509/0.4178)=1.3187이 되어 Prob.=0.2510이므로 '각 변수들 간의 상호작용은 없다'는 귀무가설이 채택된다.

그림 15-19 요인 1의 신뢰도분석 결과의 일부인 분산분석

```
R E L I A B I L I T Y   A N A L Y S I S  -  S C A L E  (A L P H A)


                    Analysis of Variance

Source of Variation     Sum of Sq.      DF      Mean Square     F         Prob.

Between People           879.3571       335       2.6249
Within People            838.0000      1680        .4988
  Between Measures       138.1250         5      27.6250     66.1145    .0000
  Residual               699.8750      1675        .4178
    Nonadditivity           .5509         1        .5509      1.3187    .2510
    Balance              699.3241      1674        .4178
Total                   1717.3571      2015        .8523
     Grand Mean        3.6012

Tukey estimate of power to which observations
must be raised to achieve additivity          =       .6556

Hotelling's T-Squared =    213.9073        F =     42.2706      Prob. =     .0000
  Degrees of Freedom:               Numerator =     5      Denominator =      331

Reliability Coefficients      6 items

Alpha =   .8408         Standardized item alpha =   .8411
```

따라서 각 변수들 간의 평균은 다르나 상호작용은 없다고 할 수 있다. Tukey 통계량은 분석에 포함된 변수들의 합이나 평균을 이용하여 새로운 변수로 만들어도 되는지 여부를 나타내 주는 것으로 $Y = X^k$에서 k이다. 이 값이 1.0에 가까울수록 각 변수들의 합이나 평균을 이용하여 새로운 변량을 만들 수 있다. Hotelling's T-Squared는 각 변수들 간의 평균이 동일한지 여부를 검정하는 것으로 F=42.2706 이며 Prob.=0.000이므로 각 변수들 간의 평균은 동일하다는 귀무가설이 기각되고 각 변수들 간의 평균은 같지 않다는 대립가설이 채택된다. 이것은 앞에서 설명한 첫 번째의 F값에 대한 해석과 같은 결과가 된다.

신뢰계수는 6개의 변수에 대해 α=0.8408이고, 표준화된 항목의 α=0.8411이되어 신뢰성이 있다고 판단하며, 전체 항목을 하나의 척도로 하여 분석할 수도 있다고 판단할 수 있다.

다음은 요인 2로 분류된 변수들에 대한 신뢰도를 구하기 위해서는 요인 1로 분류된 변수들에 대한 신뢰도를 구한 방법과 동일한 과정을 거치면 된다. 다음의 [그림 15-20]은 신뢰도분석을 위한 변수를 선택한 화면이다.

그림 15-20 신뢰도분석을 위한 변수의 선택

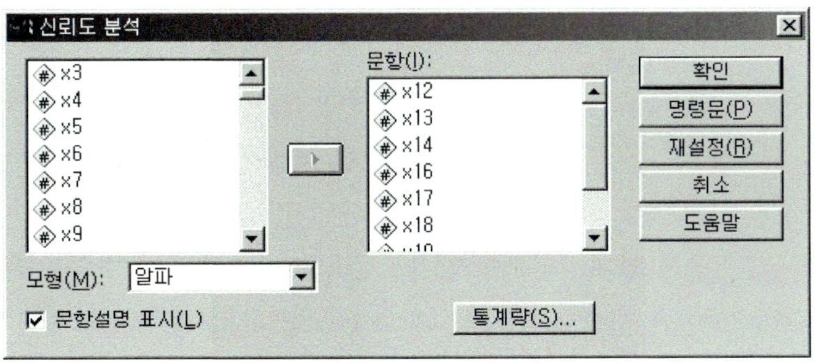

통계량의 선택도 앞선 방법과 동일한 과정을 거치면 된다. 출력결과를 일부 생략하고 분산분석의 결과만을 나타낸 것이 다음의 [그림 15-21]과 같다.

그림 15-21 요인 2의 신뢰도분석 결과의 일부인 분산분석

```
R E L I A B I L I T Y   A N A L Y S I S  -  S C A L E  (A L P H A)


                    Analysis of Variance

Source of Variation     Sum of Sq.     DF       Mean Square     F        Prob.

Between People           882.6798      335        2.6349
Within People            765.4286     2016         .3797
  Between Measures         7.2543        6        1.2090      3.2053   .0039
  Residual               758.1743     2010         .3772
    Nonadditivity           1.1262       1        1.1262      2.9886   .0840
    Balance               757.0481    2009         .3768
Total                   1648.1084     2351         .7010
     Grand Mean            3.3431


Tukey estimate of power to which observations
must be raised to achieve additivity         =      3.1502


Hotelling's T-Squared =     15.8902        F =      2.6088       Prob. =    .0175
  Degrees of Freedom:             Numerator =      6       Denominator =      330


Reliability Coefficients       7 items

Alpha =    .8568           Standardized item alpha =    .8570
```

두 가지 F 값에 대한 유의성 여부를 확인하여야 하는데 그 첫째 F =(MSB/MSR) = (1.2090/0.3772) =3.2053이 되어 Prob.=0.0039이므로 '각 변수들 간의 평균은 같다' 는 귀무가설은 기각되어 각 변수들 간의 평균은 같다고 할 수 없다. 두 번째 F = (MSN/MSR) =(1.1262/0.3772)=2.9886이 되어 Prob.=0.084이므로 '각 변수들간의 상호작용은 없다' 는 귀무가설이 채택된다. 따라서 각 변수들 간의 평균은 다르나 상호작용은 없다고 할 수 있다. Tukey 통계량이 3.1502가 되어 각 변수의 값을 세제곱하여 더하여 새로운 변수로 만들 수 있다. Hotelling's T-Squared는 각 변수들 간의 평균이 동일한지 여부를 검정하는 것으로 F=2.6088이며 Prob.=0.0175이므로 각 변수들 간의 평균은 동일하다는 귀무가설이 5% 수준에서 기각되고 각 변수들 간의 평균은 같지 않다는 대립가설이 채택된다. 이것은 앞에서 설명한 첫 번째의 F값에 대한 해석과 같은 결과가 된다.

신뢰계수는 7개의 변수에 대해 α=0.8568이고, 표준화된 항목의 α=0.8570이 되어 신뢰성이 있다고 판단하며, 전체 항목을 하나의 척도로 하여 분석할 수도 있다고 판단할 수 있다.

이상과 같이 분석한 요인분석 결과와 신뢰도분석 결과를 하나의 표로 요약 정리하여 다음의 〈표 15-2〉와 같이 나타낼 수 있다.

〈표 15-2〉 요인분석과 신뢰도분석의 결과

변수	요인 1	요인 2	공유치 (Communality)
x6	0.189	0.739	0.582
x7	0.112	0.763	0.595
x8	6.281E-02	0.777	0.607
x9	0.301	0.659	0.525
x10	0.334	0.637	0.517
x11	0.406	0.643	0.578
x12	0.585	0.437	0.533
x13	0.627	0.375	0.534
x14	0.618	0.309	0.478
x16	0.702	0.221	0.541
x17	0.766	9.789E-02	0.596
x18	0.791	0.107	0.636
x19	0.726	0.160	0.552
고유치	5.700	1.575	7.275
분산비율	43.843	12.113	
누적 분산비율	43.843	55.956	
신뢰계수 α	0.8568	0.8408	

3 상관관계분석

상관관계분석은 분석대상 변수들 간의 관련성 여부를 파악하기 위한 것으로 상관계수 r로서 그 관련성의 여부와 강도의 척도로 삼는다. 상관관계분석에서 주의해야 할 것은 변수들 간의 인과관계를 파악할 때 어떤 하나의 변수와 다른 하나의 변수간에 높은 상관관계가 있다고 하여 단순한 결론을 내릴 것이 아니라 어떤 하나의 변수는 다른 하나의 변수 외에도 여타 다른 변수들과도 상관관계를 가지는지 여부를 고려하여야 한다는 점이다. 예컨대 여름철 에어컨의 판매량은 기온 외에도 습도와도 관계가 있다는 점이다. 단순히 기온만 높다고 해서 에어컨의 판매량이 증가하는 것이 아니라 기온이 그리 높지 않더라도 습도가 높으면 에어컨의 판매량은 증가할 수 있을 것이라는 점이다.

사회과학의 질문지법에 의한 연구에서 구체적인 실증분석에 앞서 요인분석과 신뢰도분석 및 상관관계분석을 실시하여야 하는데 여기서 상관관계분석의 궁극적인 목적은 투입되는 전체변수, 즉 분석대상이 되는 전체변수들 간의 상관관계분석을 통하여 전반적인 관계를 파악하고, 회귀분석을 할 때 투입될 독립변수들 간의 높은 자기 상관관계로 인한 다중공선성을 유발시킬 가능성 여부를 사전에 점검하는 것이다. 투입될 독립변수들 간의 높은 상관관계가 있을 경우에는 이들 개별변수를 독립변수로 투입할 것이 아니라 앞서 고려한 요인으로 분류된 각 요인의 요인점수(factor score)를 이용하거나 또는 각 요인측정치의 평균척도를 이용하는 것이 바람직 하다.

4 회귀검정

여기서는 다중회귀분석을 기준으로 설명하고자 한다. 다중회귀분석은 두 개 이상의 독립변수들이 하나의 종속변수에 미치는 영향을 분석하는 방법이다. 독립변수(independent variable)를 설명변수 또는 예측변수, 회귀변수라고도 하며, 종속변수(dependent variable)를 반응변수 또는 피회귀변수라고도 한다. 회귀모형은 다음과 같은 가정을 전제로 하며, 특히 회귀분석시에는 투입되는 독립변수들 간의 높은 자기상관에 따른 다중공선성 문제를 고려하여야 한다. 회귀분석 결과에 대한 보고서형식과 회귀모형의 타당성 여부의 확인, 다중결정계수 R^2와 수정된 결정계수 $AdjR^2$에 대한 해석, 일반회귀계수 bi와 표준화된 회귀계수 β_i의 비교와 이에 대한 가설검정, 추가되는 독립변수의 통계적 유의성 검정을 정확히 하여 종합적인 결론을 내려야 한다.

1) 회귀모형의 가정

회귀모형은 다음과 같은 가정을 전제로 한다.

첫째, 각 독립변수의 x_i값은 이미 알려져 있다.

둘째, 오차(잔차)항의 평균은 0이며 분산 σ^2인 정규분포를 이룬다. 이 조건이 충족되지 않으면 추정방정식 Y의 절편이 불편추정치가 될 수 없다.

셋째, 오차(잔차)항의 분산은 독립변수와 상호 독립적이다. 즉, 독립변수가 변하여도 동일한 분산(동분산성)을 유지한다. 이 조건이 충족되지 않으면 최소자승법(OLS)에 의한 추정치는 불편추정치이지만 가설검정과 신뢰구간을 신뢰할 수 없다.

넷째, 오차(잔차)항들은 상호 독립적이다. 이 조건이 충족되지 않으면 추정치는 불편추정치이지만 가설검정과 신뢰구간은 신뢰할 수 없고 추정회귀모형은 실제보다 가장되어 나타난다.

2) 다중공선성의 확인

다중공선성(multicollinearity)이란 독립변수들 사이에 선형관계가 존재하는 경우로서 선형관계란 한 독립변수가 다른 독립변수들의 선형조합으로 표시될 수 있는 것을 말한다. 즉, 선형모델 $y = \beta X + \epsilon$에서 X에 완벽한 선형관계(perfect linear dependency)가 존재하면 회귀방정식의 해를 구할 수 없다. 하나의 독립변수가 다른 독립변수들의 선형조합으로 표시될 수 있을 때에는 완전선형성(perfect linearity)이라 하나, 대부분의 경우 완벽한 선형조합이 아닌 완벽에 가까운 선형조합(nearly perfect linearity)으로 나타날 때 이를 공선성(collinearity)이라 하고, 여러 개의 변수 사이의 공선성을 다중공선성이라 한다.

(1) 다중공선성의 원인

첫째, 하나의 독립변수가 모집단의 일부만을 측정하고, 또 다른 독립변수가 다른 일부를 측정한 결과일 때 발생하는데 이러한 결과는 주로 표본을 제대로 추출하지 못했거나 또는 잘못된 표본조사방법에서 기인한다.

둘째, 모형의 선택으로 다항회귀모형(polynomial model)이나 독립변수의 값에 따라 기울기가 바뀌는 회귀모형(shifting slope model)의 경우, 다중공선성이 내재해 있기 쉽다. 이러한 모델의 경우 대부분 독립변수는 시간일 경우가 많고, 또한 상호작용항(interaction term)이 포함되기 때문이다. 시계열자료(time series data)인 경우 자기상관문제와 함께 종종 문제가 된다.

셋째, 변수의 수가 자료의 수보다 많을 경우로서 의학자료의 분석(medical research)이나, 인력선발의 경우 가끔 발생하나 사회과학의 연구에서는 그리 흔치 않으나 분석자료의 수와 독립변수의 수의 비율이 작은 경우 다중공선성에 주의하여야 한다.

(2) 다중공선성이 추정치에 미치는 효과

첫째, 다중공선성이 존재하는 경우 연구자가 당면하는 가장 큰 문제는 최소제곱 추정치의 분산이 매우 크고 고유치(eigenvalues)의 값이 작아져 최소제곱 추정치는 최적 선행 불편 추정치(best linear unbiased estimate)라고 할 수 있지만 모집단에서의 모수와는 큰 차이가 있을 수 있다. 따라서 일부 최소제곱 추정치는 과대 추정치가 되는 경우가 있고 그 부호(Sign)도 이론적인 근거와는 반대로 나타나는 경우도 흔히 발생한다.

둘째, 분산확대지수(VIF : variance inflation factor = $1/(1-r_i^2)$가 커지기 때문에 회귀계수의 표준오차가 과대 계상되는 경향이 생기기에 표본의 일부가 바뀌는 경우 자료의 조그마한 변화도 최소제곱 추정치에 크게 영향을 미칠 수 있다. 실제로 자료의 끝자리 수만을 바꾼 경우 최소제곱 추정치에 급격한 변화를 초래한 경우를 보고한 연구 결과도 있다.

셋째, 회귀분석모형으로부터 한 독립변수를 추가하거나 제거하는 경우 개별 독립변수의 추정치($\hat{\beta}_i$)가 매우 급격히 변화할 수 있다.

넷째, 다중공선성이 있는 경우, 자료의 추가 또는 일부 삭제가 개별 독립변수의 추정치($\hat{\beta}_i$)의 값에 큰 변화를 초래할 수 있다.

따라서 결론적으로 다중공선성이 존재하는 경우 각 독립변수의 개별 중요성을 판단하는 것은 무리라고 할 수 있다.

(3) 예측치에 미치는 효과

다중공선성이 존재하는 경우 예측치에는 다음과 같은 영향을 미친다.

예측의 범위가 모델을 만든 범위 내에 있으며 예측범위 내에도 같은 형태의 다중공선성이 존재한다고 볼 수 있을 때, 예측치는 그리 나쁘지 않으며 상당히 정확한 편이다. 그러나 회귀모형의 범위 밖의 예측치는 불안정할 수밖에 없다. 이러한 경우 추가적인 자료의 수집이 최선의 방법이나 불가능하다면 다음에 설명하는 보완방법을 강구하여야 한다.

(4) 모집단계수의 가설검정 및 독립변수의 선택에 미치는 영향

다중공선성이 존재하는 경우, 가설검정 및 변수선택에 미치는 영향은 분산확대지수가 매우 커지고 따라서 기울기의 표준오차도 커지기 때문에 개별 변수의 중요성을 나타내는 t-통계량이 실제보다 적게 나타나기에 독립변수가 유의적이라고 판별되기가 쉽지 않다. 개별 독립변수의 추정치($\hat{\beta}_i$)도 과대하게 계산되므로 이의 해석 또한 매우 어려워진다.

3) 다중공선성의 진단방법

일반적으로 개별 독립변수의 회귀계수 b_j의 t-값은 대체적으로 낮으나, 전체의

회귀모형의 F-값이나 r^2가 높을 때, 다중공선성이 존재한다고 할 수 있으나 이러한 결과는 독립변수간에 전혀 상관관계가 없는 경우에도 발생할 수 있다. 또한 독립변수들 간의 단순상관계수를 관찰하는 것이 일반적으로 알려진 진단방법이나, 두 독립변수들 간의 상관관계가 높을 때(보통 $|r| \geq 0.70$)에도 다중공선성이 존재하지 않는 것은 아니나 한 독립변수가 세 개 이상의 다른 독립변수들과 높은 다중공선성을 가질 때 이들 간의 단순상관계수는 낮게 나타나는 경우가 있어 이를 진단해 내지 못할 수 있을 뿐만 아니라, 두 변수 사이의 높은 단순상관계수는 다중공선성이 존재한다고 진단할 수 있는 필요조건도 충분조건도 아니다. 따라서 단순상관계수는 연구의 초기 단계에서 다중공선성의 진단을 위한 예비검사로서만 사용되어야 한다.

(1) 분산확대지수의 이용

다중공선성을 진단하기 위한 방법으로 사용될 수 있는 것 중의 하나가 분산확대지수(VIF)이다. 분산확대지수는 $(X'X)^{-1}$행렬의 대각선상의 값들이다. 이러한 대각선상의 값들은 회귀계수($\hat{\beta}_i$)의 분산(표준오차의 제곱)에 영향을 미치기 때문에 분산확대지수라고 하는데 이는 각 개별 독립변수를 종속변수로 하고 다른 나머지 변수들을 독립변수로 하여 구한 다중결정계수(R_j^2)로부터 계산된 허용오차(tolerance : $1-R_j^2$의 값)의 역수인$(1-R_j^2)^{-1}$의 값이다.

각 개별 독립변수의 다른 독립변수들과의 다중결정계수로부터 계산되는 VIF의 값이 크면 클수록 다중공선성이 더욱 의심된다. 즉, R_j^2의 값이 1.0에 가까울 때, $(1-R_j^2)$의 값은 작아지고 따라서 VIF의 값은 역으로 커지게 된다. 이러한 분산확대지수가 앞에서 설명한 단순상관계수와 크게 다른 점은 단지 두 변수 간의 상관관계가 아닌 다른 모든 독립변수들과의 공선성의 척도를 제공해 준다는 점이다. 또한 이러한 VIF의 제곱근은 개별 독립변수의 중요성의 판정기준으로도 사용할 수 있다. 일반적으로 VIF가 10보다 작으면 다중공선성 문제가 없다고 보아도 좋다고하나 반드시 그렇다고는 할 수 없다.

4) 다중공선성을 줄이는 방법

회귀검정에 투입되는 독립변수들의 다중공선성을 줄이는 방법에는 여러 가지가 있지만 일반적으로 요인분석에 의한 요인점수(factor score)를 주로 이용하거나 또는 각 요인측정치의 평균척도를 많이 사용한다.

5) 회귀분석의 예

앞서 다룬 예제를 이용하여 회귀분석을 하면 먼저 요인분석을 할 때 요인점수를 저장하고 요인분석이 끝나면 이들 각 요인점수를 회귀의 독립변수로 활용할 수 있다. 여기서는 regression factor score 1과 2를 독립변수로 활용하며, 종속변수는 x113 to x115의 factor score를 이용하였다. 이렇게 하여 회귀분석을 실시한 결과는 다음의 [그림 15-22]와 같으며 종속변수에 대한 히스토그램과 회귀표준화 잔차의 정규 P-P도표는 [그림 15-23]과 같다.

먼저 도출된 결과를 일반적인 보고서 형식으로 다음과 같이 나타낼 수 있다.

$$y = -3.64E-17 + 0.335X1 + 0.170X2$$

Se	(0.051)	(0.051)	(0.051)
t	(0.000)	(6.595)	(3.347)
p	(1.000)	(0.000)	(0.001)
VIF		1.0	1.0

$R^2 = 0.141$ Adj R^2=0.136

F = 27.349 (0.000)

그림 15-22 회귀검정결과의 출력

모형 요약[b]

모형	R	R 제곱	수정된 R 제곱	추정값의 표준오차	통계량 변화량				
					R 제곱 변화량	F 변화량	자유도1	자유도2	유의확률 F 변화량
1	,376[a]	,141	,136	,9295570	,141	27,349	2	333	,000

a. 예측값: (상수), REGR factor score 2 for analysis 1 , REGR factor score 1 for analysis 1

b. 종속변수: REGR factor score 1 for analysis 2

분산분석[b]

모형		제곱합	자유도	평균제곱	F	유의확률
1	선형회귀분석	47,263	2	23,631	27,349	,000[a]
	잔차	287,737	333	,864		
	합계	335,000	335			

계수

모형		비표준화 계수		표준화 계수	t	유의확률	공선성 통계량	
		B	표준오차	베타			공차한계	VIF
1	(상수)	-3,64E-17	,051		,000	1,000		
	REGR factor score 1 for analysis 1	,335	,051	,335	6,595	,000	1,000	1,000
	REGR factor score 2 for analysis 1	,170	,051	,170	3,347	,001	1,000	1,000

공선성 진단[a]

모형	차원	고유값	상태지수	분산비율		
				(상수)	REGR factor score 1 for analysis 1	REGR factor score 2 for analysis 1
1	1	1,000	1,000	,31	,00	,69
	2	1,000	1,000	,00	1,00	,00
	3	1,000	1,000	,69	,00	,31

먼저 투입되는 독립변수들 간의 자기상관에 따른 다중공선성의 여부를 파악하기 위해 분산확대지수(VIF)를 구한 결과 모두 1.0으로 낮게 나타나 다중공선성 문제가 없으므로 회귀검정을 실행할 수 있다. 여기서 *y*는 종속변수로서 *x*113 to *x*115를 하나의 요인으로 분류한 변수이며, *X*1은 요인 1를, *X*2는 요인 2를 나타내는 독립변수이다. 분석 결과 *F*값은 27.349(회귀의 평균제곱/잔차의 평균제곱)로 1%

유의수준에서 유의적인 것으로 나타나 회귀모형은 타당성이 있는 것으로 판단할 수 있다. 독립변수 전체가 종속변수에 대한 설명력을 나타내는 R^2 = 0.141로서 14%의 설명력을 나타내고 있다.

개별독립변수의 종속변수에 대한 설명력의 유의성을 나타내는 t=6.595, t=3.347로서 모두 유의적인 것으로 나타났으며, 베타값의 크기가 요인 1인 $X1$의 값이 0.335이고 요인 2인 $X2$의 값이 0.170으로 나타나 $X1$, $X2$의 순으로 종속변수에 유의적인 영향을 미친다고 할 수 있다. 이것은 $X1$요인과 $X2$요인을 강화할수록 y가 원하는 방향으로 증가될 수 있다는 것을 의미한다.

다음의 [그림 15-23]은 히스토그램과 회귀표준화 잔차의 정규 P-P도표를 나타낸 것이다.

그림 15-23 히스토그램과 회귀표준화된 차의 정규P-P도표

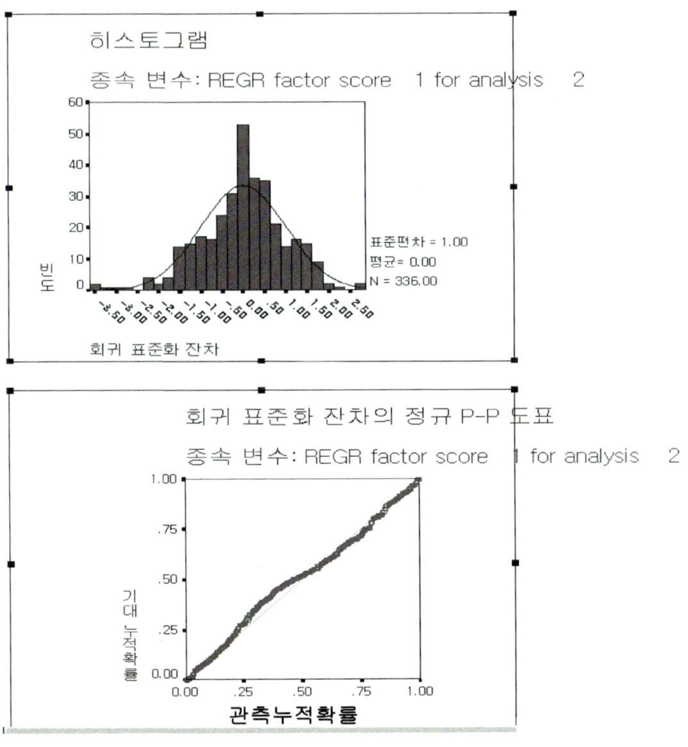

분석결과 표준화된 잔차의 분포가 정규분포를 띠고 있다는 것을 알 수 있으며 또한 표준화된 잔차들이 기대되는 회귀직선상에 분포되어 있어 정규분포선상에 표준화된 잔차들이 상당히 근접해 있어 어느 정도의 예측력을 지닌다고 판단할 수 있다.

5 t-검정

t-검정은 두 모집단간의 평균치 차이에 대한 검정으로 독립표본의 경우인 *t*-검정과 비독립표본에 대한 쌍체 *t*-검정(paired sample t-test)이 있다. 이에 대한 설명은 제8장을 참조하면 된다.

6 ANOVA-검정

분산분석은 다수의 모집단간에 평균에서 차이를 보이는지 여부를 검정하는 절차로서 일원분산분석(one-way ANOVA)과 이원분산분석(two-way ANOVA)이 있다. 일원분산분석은 처리수준만이 있는 경우의 분석이고, 이원분산분석은 처리수준과 블록의 이원분류기획으로 실험설계된 확률화된 완전블록설계(randomized complete block design)된 문제의 분석절차이다. 이원분산분석에는 반복이 없는 설계의 경우와 반복이 있는 경우의 설계로 구분할 수 있다. 반복이 없는 경우의 분석에서는 General Factorial Model을 사용자정의(Custom)로 지정하여 주고, 항 설정에서 주효과(Main effects)를, 제곱합(Sum of squares)에서 Type 1을 지정하여 준다. 반복이 있는 경우의 설계(팩토리얼 설계)에서는 General Factorial Model을 완전요인모형(Full factorial)으로 지정하여 주고, 항 설정에서 상호작용효과(interaction)를, 제곱합(Sum of squares)에서 Type III을 지정하여 준다. 사후검정은 여러 방법들이 있지만 일반적으로 세프검정(Scheffe)과 Duncan(D)검정을 주로 실행한다. 이들에 대한 구체적인 설명과 예는 제10장을 참조하면 된다.

7 군집분석

군집분석은 동질적인 집단이나 군집을 분류하는 데 목적을 두는 것으로 여기서는 요인분석을 통하여 구한 요인점수(factor score)변수들을 이용하여 군집분석을 실행하고, 그 결과를 이용하여 각 군집간의 차이검정과 성과변수에 대한 차이검정을 위한 일원분산분석의 실행과 그 결과보고서 작성에 대하여 설명하고자 한다.

1) 요인분석의 실행

앞서 요인분석에서 이용한 선행연구데이터를 사용하여 X92에서부터 X106까지를 요인분석하여 그 결과에 대한 요인점수를 저장한다. 요인분석의 실행과정은 앞서 설명한 절차에 따르면 되고, 다음의 [그림 15-24]는 요인분석결과 회전된 성분행렬을 나타낸 것이다. 이들 3요인의 요인점수와 군집분석을 이용하여 각 요인간의 군집에 따라 어떠한 차이가 있는지를 요인점수를 종속변수로 하고 군집을 독립변수로 하여 분석할 수 있다.

그림 15-24 요인분석결과 회전된 성분행렬

회전된 성분행렬a

	성분		
	1	2	3
X92	.760	3.319E-02	.254
X93	.729	.244	.190
X94	.589	.381	.297
X95	.716	.278	.196
X96	.652	.351	.240
X97	.660	.251	.167
X98	.465	.590	.137
X99	.280	.694	7.323E-02
X100	9.935E-02	.727	.303
X101	.259	.681	.213
X102	.240	.644	.346
X103	.163	.332	.667
X104	.222	.175	.732
X105	.234	.151	.793
X106	.230	.161	.583

요인추출 방법: 주성분 분석.
회전 방법: Kaiser 정규화가 있는 베리멕스.
a. 7 반복계산에서 요인회전이 수렴되었습니다.

성분 변환행렬

성분	1	2	3
1	.645	.574	.504
2	-.682	.136	.718
3	.343	-.808	.479

요인추출 방법: 주성분 분석.
회전 방법: Kaiser 정규화가 있는 베리멕스.

2) 군집분석의 실행

X92에서부터 X106까지의 변수에 대한 군집분석은 다음과 같은 절차에 따라 실행한다. 먼저 메뉴의 분석에서 분류분석을 선택하고 다시 계층적 군집분석을 선택한 다음 분석대상변수(X92에서부터 X106)를 선택하여 오른쪽 창에다 옮기면 다음의 [그림 15-25]와 같이 된다. 여기서 화면 하단에 있는 통계량을 선택하면 [그림 15-26]과 같이 나타난다. 다시 계속버턴을 누르고 도표단추를 선택하면 [그림 15-27]과 같이 나타난다. 계속버턴을 누르고 군집분석의 방법을 선택하게 되는데 다수의 방법이 있지만 일반적으로 워드방식(Ward's method)을 많이 사용한다. 이 방법은 모든 변수들의 군집평균을 계산하여 군집 내 제곱거리의 전반적인 합에서 가장 작은 증가를 가지는 군집군들을 결합하는 방식이다. [그림 15-28]은 군집분석방법을 나타낸 것이다. 다시 계속버턴을 누르고 저장버턴을 누르면 군집분석결과를 새로운 변수로 저장하게 된다. 이를 나타낸 것이 [그림 15-29]이다. 그리고 계속버턴을 누르고 확인버턴을 누르면 군집분석의 결과를 확인할 수 있다. 여기서는 분량이 너무 많아 생략하기로 한다. 이러한 분석 결과를 이용하여 다양한 통계검정을 실행할 수 있다.

그림 15-25 군집분석을 위한 데이터입력

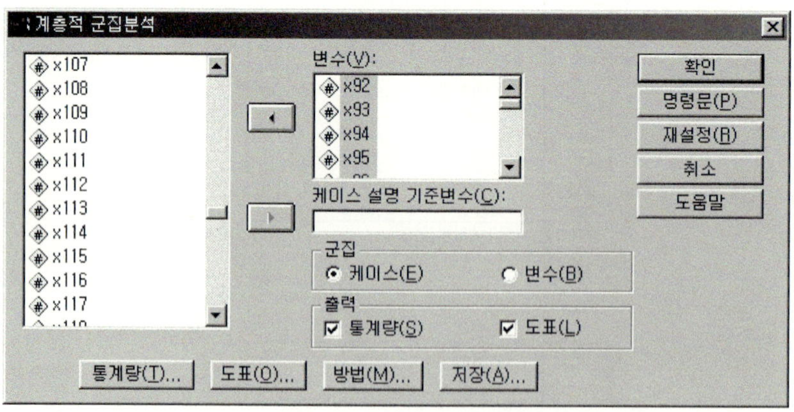

그림 15-26 통계량의 선택

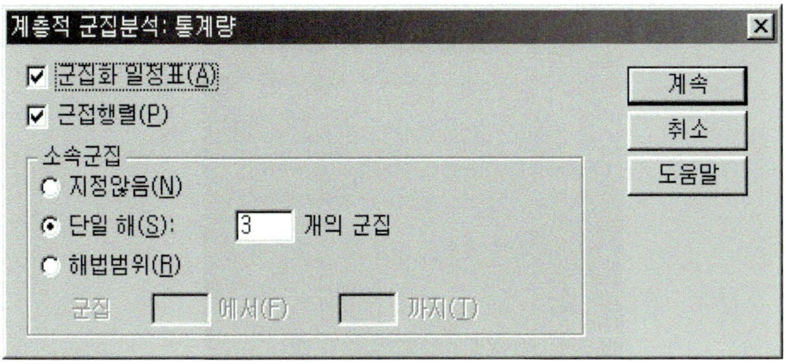

그림 15-27 군집분석의 도표

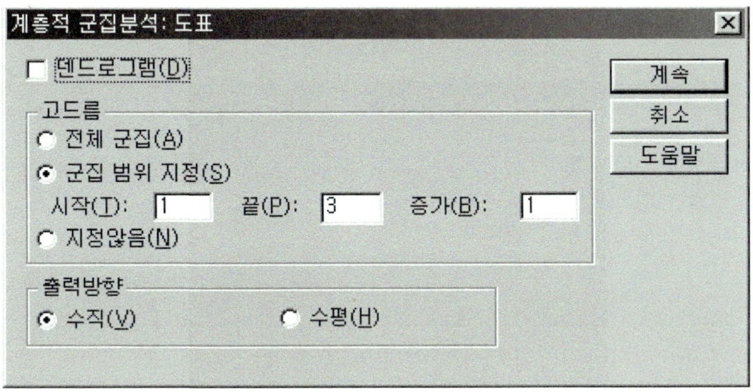

그림 15-28 군집분석방법의 선택

그림 15-29 군집분석결과의 변수로 저장

3) 요인분석과 군집분석의 결과를 이용한 집단간의 차이검정

일원분산분석을 실행하기 위해 매뉴에서 평균비교를 선택하고 다음으로 일원분산분석을 선택한 다음 요인분석결과 이미 저장되어 있는 요인점수(fac 1, fac 2, fac 3)를 종속변수의 창에다 옮기고 군집분석 결과인 Ward method (CLU3-1)을 요인변수 창에다 옮기면 [그림 15-30]과 같이 된다. 여기서 화면 하단에 있는 대비버턴을 누르면 [그림 15-31]과 같이 된다. 계속버턴을 누르고 사후분석을 선택하여

Duncan(D)를 선택하고 Dunnett의 T3(3)을 클릭하면 [그림 15-32]와 같이 된다. 다시 계속버턴을 누르고 옵션메뉴를 선택하여 필요한 통계량을 지정하면 [그림 15-33]과 같이 된다. 다시 계속버턴을 누르고 확인버턴을 누르면 분석결과가 [그림 15-34]와 [그림 15-35]와 같이 나타난다.

그림 15-30 분산분석을 위한 변수입력

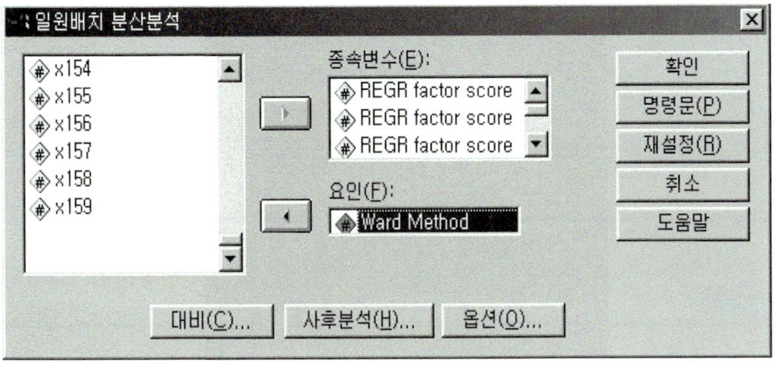

그림 15-31 분산분석 : 대비

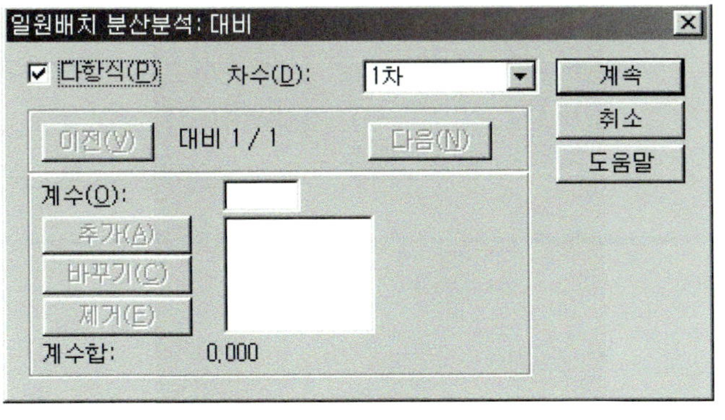

그림 15-32 사후분석의 선택

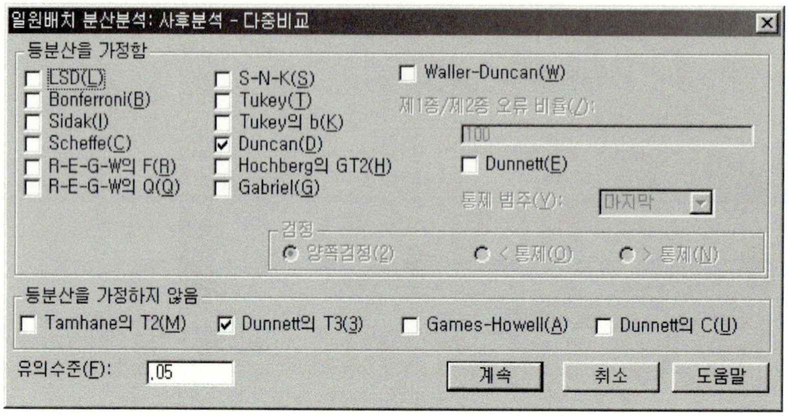

그림 15-33 옵션의 선택

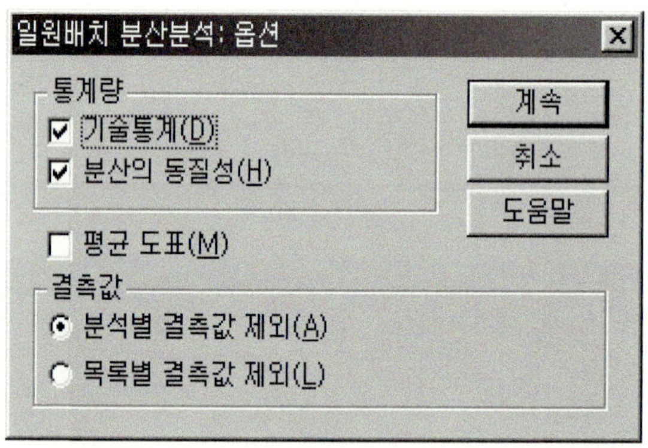

그림 15-34 분석결과 –기술통계량

기술통계

		N	평균	표준편차	표준오차	평균에 대한 95% 신뢰구간 하한값	평균에 대한 95% 신뢰구간 상한값
REGR factor score 1 for analysis 1	1	164	-8,40E-02	,9021116	7,044E-02	-,2230516	5,515E-02
	2	54	-,8725070	,8161512	,1110641	-1,0952734	-,6497406
	3	118	,5159633	,8933188	8,224E-02	,3530979	,6788287
	합계	336	-2,11E-17	1,0000000	5,455E-02	-,1073125	,1073125
REGR factor score 2 for analysis 1	1	164	-,1412977	,7991750	6,241E-02	-,2645243	-1,81E-02
	2	54	-1,1238546	1,0132182	,1378815	-1,4004100	-,8472993
	3	118	,7106862	,6229712	5,735E-02	,5971093	,8242632
	합계	336	1,692E-16	1,0000000	5,455E-02	-,1073125	,1073125
REGR factor score 3 for analysis 1	1	164	-8,73E-02	,8570706	6,693E-02	-,2194592	4,485E-02
	2	54	-,7088322	,9835007	,1338375	-,9772762	-,4403882
	3	118	,4457207	,9791628	9,014E-02	,2672046	,6242367
	합계	336	-6,34E-17	1,0000000	5,455E-02	-,1073125	,1073125

그림 15-35 분석결과 –분산분석

분산분석

				제곱합	자유도	평균제곱	F	유의확률
core 3	집단-간	(조합됨)		73,678	2	36,839	46,944	,000
		선형항	가중되지 않음	24,698	1	24,698	31,472	,000
			가중됨	20,214	1	20,214	25,758	,000
			편차	53,465	1	53,465	68,129	,000
	집단-내			261,322	333	,785		
	합계			335,000	335			
core 3	집단-간	(조합됨)		131,078	2	65,539	107,023	,000
		선형항	가중되지 않음	49,813	1	49,813	81,343	,000
			가중됨	41,553	1	41,553	67,855	,000
			편차	89,525	1	89,525	146,192	,000
	집단-내			203,922	333	,612		
	합계			335,000	335			
core 3	집단-간	(조합됨)		51,825	2	25,912	30,472	,000
		선형항	가중되지 않음	19,497	1	19,497	22,928	,000
			가중됨	16,240	1	16,240	19,097	,000
			편차	35,585	1	35,585	41,846	,000
	집단-내			283,175	333	,850		
	합계			335,000	335			

다중 비교

	(I) Ward Method	(J) Ward Method	평균차 (I-J)	표준오차	유의확률	95% 신뢰 하한값
Dunnett T3	1	2	,7885540*	,1389873	,000	,4693230
		3	-,5999162*	,1069369	,000	-,8601273
	2	1	-,7885540*	,1389873	,000	-1,1077850
		3	-1,3884702*	,1455433	,000	-1,7232731
	3	1	,5999162*	,1069369	,000	,3397052
		2	1,3884702*	,1455433	,000	1,0536674
Dunnett T3	1	2	,9825569*	,1227777	,000	,6133454
		3	-,8519840*	9,447E-02	,000	-1,0555390
	2	1	-,9825569*	,1227777	,000	-1,3517684
		3	-1,8345409*	,1285691	,000	-2,1992775
	3	1	,8519840*	9,447E-02	,000	,6484289
		2	1,8345409*	,1285691	,000	1,4698042
Dunnett T3	1	2	,6215267*	,1446822	,000	,2569757
		3	-,5330262*	,1113185	,000	-,8029799
	2	1	-,6215267*	,1446822	,000	-,9860778
		3	-1,1545529*	,1515067	,000	-1,5460399
	3	1	,5330262*	,1113185	,000	,2630725
		2	1,1545529*	,1515067	,000	,7630660

균차가 큽니다.

4) 보고서작성과 해석

이상의 분석결과를 토대로 다음의 〈표 15-3〉과 같이 보고서를 작성한다.

〈표 15-3〉 각 요인의 군집에 따른 차이검정

**P〈0.001

요인	군집분류			사후검정(던넷다중범위검정)			F값	P-Value
	1(n=164)	2(n=54)	3(n=118)	1-2	1-3	2-3		
요인 1	-0.0840	-0.8725	0.5159	**	**	**	46.944	0.000
요인 2	-0.1413	-1.1239	0.7107	**	**	**	107.023	0.000
요인 3	-0.0873	-0.7088	0.4457	**	**	**	30.472	0.000
	A군	B군	C군					

분석결과 각 요인별 군집간의 차이를 검정하는 F값에 대한 P-value가 모두 유의수준 0.1%에서 유의적이므로 각 요인별 군집간에는 유의적인 차이가 남을 알 수 있다. 또한 사후검정결과도 모두 유의적인 차이가 있는 것으로 나타났다. 군집 1은 요인 1(A군)에 비교적 역점을 두고, 군집 2는 요인 3(B군)에 비교적 역점을 두며, 그리고 군집 3은 요인 2(C군)에 가장 역점을 두면서 요인 1과 요인 3에도 많은 역점을 두는 것으로 나타났다.

5) 각 군집간의 성과에 대한 차이검정

위에서 분석한 각 군집간에 성과(Y)에서 차이를 보이는지 여부를 검정하기 위해 일원분산분석을 이용하는데 분석과정과 절차는 앞서 설명한 것과 동일하다. Y를 종속변수에다 옮기고 군집분석 결과인 Ward method(Clus3)를 요인변수 창에다 옮기면 [그림 15-36]과 같이 된다. 분산분석 결과는 [그림 15-37]과 같이 나타난다.

그림 15-36 분산분석을 위한 변수입력

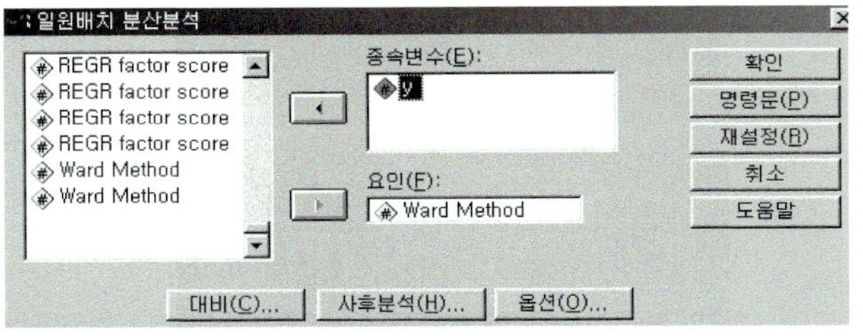

그림 15-37 분산분석 결과

Y

	N	평균	표준편차	표준오차	평균에 대한 95% 신뢰구간		최소값
					하한값	상한값	
1	164	3,0020	,6282	4,906E-02	2,9052	3,0989	1,00
2	54	2,5000	,6100	8,301E-02	2,3335	2,6665	1,00
3	118	3,3220	,6737	6,202E-02	3,1992	3,4449	1,00
합계	336	3,0337	,6965	3,800E-02	2,9590	3,1085	1,00

분산의 동질성에 대한 검정

Y

Levene 통계량	자유도1	자유도2	유의확률
,353	2	333	,703

분산분석

Y

			제곱합	자유도	평균제곱	F	유의확률
집단-간	(조합됨)		25,356	2	12,678	30,782	,000
	선형항	가중되지 않음	7,027	1	7,027	17,062	,000
		가중됨	5,579	1	5,579	13,545	,000
		편차	19,777	1	19,777	48,018	,000
집단-내			137,151	333	,412		
합계			162,507	335			

사후검정

다중 비교

종속변수: Y

	(I) Ward Method	(J) Ward Method	평균차 (I-J)	표준오차	유의확률	9
						하한
Dunnett T3	1	2	,5020*	,1007	,000	,2
		3	-,3200*	7,747E-02	,000	-,5
	2	1	-,5020*	,1007	,000	-,7
		3	-,8220*	,1054	,000	-1,0
	3	1	,3200*	7,747E-02	,000	,1
		2	,8220*	,1054	,000	,5

*. ,05 수준에서 평균차가 큽니다.

동일 집단군

Y

	Ward Method	N	유의수준 = ,05에 대한 부집단		
			1	2	3
Duncan[a,b]	2	54	2,5000		
	1	164		3,0020	
	3	118			3,3220
	유의확률		1,000	1,000	1,000

동일 집단군에 있는 집단에 대한 평균이 표시됩니다.

a. 조화평균 표본 크기 = 90,660을(를) 사용

b. 집단 크기가 같지 않습니다. 집단크기의 조화평균이 사용됩니다. 제1종 오류 수준은 보장할 수 없습니다.

**** 보고서작성과 해석 ****

이러한 분석결과를 토대로 다음의 〈표 15-4〉와 같이 보고서를 작성할 수 있다.

〈표 15-4〉 각 군집간의 성과에 대한 차이검정

***P〈0.001

성과변수	군집1	군집2	군집3	전체평균	F 값	P-value	사후검정
Y	A군	B군	C군				
	3.002 (n=164)	2.500 (n=54)	3.322 (n=118)	3.034	30.782	0.000	1-2 *** 1-3 *** 2-3 ***

분석결과 A군의 평균이 3.002, B군의 평균이 2.500, C군의 평균이 3.332로 나타나 각 군집간에 성과에 있어서 유의작인 차이가 있으며, C군의 성과가 가장 높게 나타났고, 다음으로 A군, B군 순으로 나타났다.

8 판별분석

판별분석(Discriminant Analysis)은 정량적 자료로 측정된 독립변수(예측변수)와 명목척도(비정량적)로 측정된 집단을 나타내는 종속변수를 이용하여 종속변수 집단간의 중복을 최소화하는 독립변수들의 선행판별식을 찾아내는 것으로, 여기서 각 집단은 다변량 정규모집단에서 추출된 표본이어야 하며 모집단의 공분산행렬은 동일하다고 가정한다.

판별분석의 목적은 각 대상들의 소속 집단을 파악하는 판별식을 찾고, 표본의 대상을 집단으로 분류하는데 영향력이 큰 독립변수를 찾아내며, 각 집단간에 통계적으로 유의적인 차이가 있는지 여부를 확인하고, 그 차이를 설명할 수 있는 독립변수를 찾아 그 의미를 부여하며, 판별식을 이용하여 새로운 대상을 어느 집단으로 분류할 것인가를 예측하는데 있다.

판별분석의 절차는 먼저 판별함수를 도출하고, 판별함수의 타당성을 검정하며, 검정된 판별함수를 해석하고, 판별함수를 이용하여 예측을 하는 것이다. 그 순서는 다음과 같다.

1) 변수입력

판별분석은 다음과 같은 순서로 실행한다. 먼저 SPSS의 분석메뉴에서 분류분석(Y)을 선택하고 다시 판별분석(D)을 선택하면 다음의 [그림 15-38]과 같이 나타난다.

그림 15-38 판별분석 변수입력 준비단계

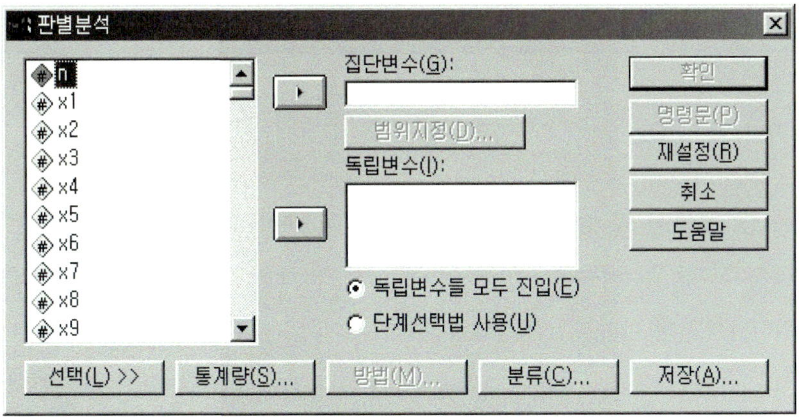

이와 같이 변수입력의 준비단계가 되면 여기서 명목척도로 측정된 종속변수를 집단변수 창에다 옮기고 집단의 범위를 지정하여야 하는데, 범위지정(D)메뉴를 클릭하여 최소범위와 최대범위를 입력하면 된다. 예컨대 집단이 둘이면 최소범위에 1을 입력하고 최대범위에 2를 입력하면 된다. 그리고 정량적 자료로 측정된 독립변수를 독립변수의 창에다 옮기면 변수입력이 끝난다. 그러면 다음의 [그림 15-39]와 같이 된다.

그림 15-39 변수입력의 완료

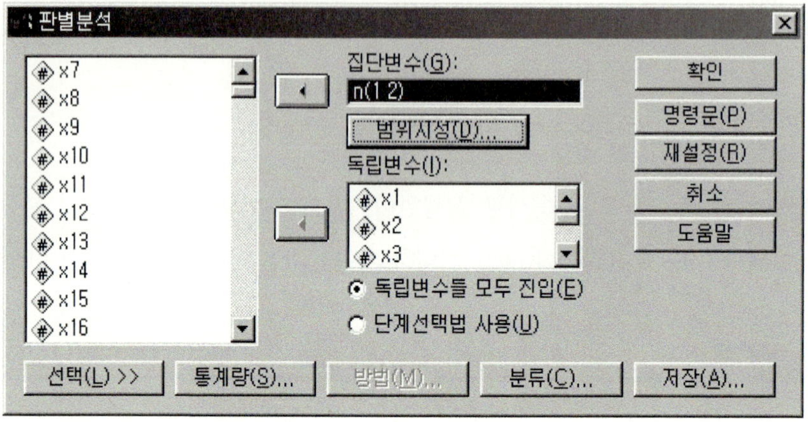

2) 판별분석 선택

다음으로 조사된 케이스 중 일부에 대해서만 판별분석을 하고자 하면 화면 하단에 있는 선택(L)〉〉메뉴를 클릭하여 선택하고자 하는 변수를 선택변수 창(T)에다 옮기고 값(V)의 메뉴를 선택하여 선택변수의 값을 부여한다. 그리고 계속버턴을 클릭한다. 그러나 모든 케이스를 판별분석의 대상으로 할 경우에는 선택(L)〉〉메뉴를 열 필요가 없다. 계속버턴을 누른다.

3) 통계량의 선택

다음은 화면 하단에 있는 통계(S)메뉴를 선택하여 필요한 통계량을 지정한다. 그리고 계속버턴을 누른다.

4) 방법(M)의 선택

그리고 방법을 선택하기 전에 메뉴에서 단계선택법 상용(U)메뉴를 선택한 다음

방법(M)메뉴를 클릭한다. 단계선택법에서 Wilk의 람다(W)를 지정하고 출력은 단계요약(Y)과 대응별 거리에 대한 F(D)를 지정한다. 기준은 그대로 한다. 계속버턴을 클릭한다.

5) 분류(C)의 선택

분류(C)메뉴를 선택한 다음 사전확률에서 모든 집단이 동일(A)을 지정하고 출력은 각 케이스에 대한 결과(E)와 요약표(U)를 지정한다. 그리고 결측값을 평균으로 대체(R)를 지정하고, 공분산행렬 사용에서는 집단-내(W)를 지정하고 도표는 모두 지정한다. 그리고 계속버턴을 누른다.

6) 저장(A)의 선택

다음으로 저장메뉴를 선택하여 새 변수로 저장을 하는데 예측 소속집단(P)과 판별점수(D), 집단소속 확률(R)메뉴를 지정한 다음 계속버턴을 누르고 최종 확인버턴을 누르면 결과물이 출력된다.

이러한 과정과 예는 본 교재에서는 생략하기로 한다.

부록 1

A. 난수표

Column

Line	1-5	6-10	11-15	16-20	21-25	26-30	30-35
1	39591	16834	74151	92027	24670	36665	00770
2	46304	00370	30420	03883	94648	89428	41583
3	99547	47887	81085	64933	66279	80432	65793
4	06743	50993	98603	38452	87890	94624	69721
5	69568	06483	28733	37867	07936	98710	98539
6	91240	18312	17441	01929	18163	69201	31211
7	97458	14229	12063	59611	32249	90466	33216
8	35249	38646	34475	72417	60514	69257	12489
9	38980	46600	11759	11900	46743	27860	77940
10	10750	52745	38749	87365	58959	53731	89295
11	36247	27850	73958	20673	37800	63835	71051
12	70994	66986	99744	72438	01174	42159	11392
13	99638	94702	11463	18148	81386	80431	90628
14	72055	15774	43857	99805	10419	76939	25993
15	24038	65541	85788	55835	38835	59399	13790
16	74976	14631	35908	28221	39470	91548	12854
17	35553	71628	70189	26436	63407	91178	90348
18	35676	12797	51434	82976	42010	26344	92920
19	74815	67523	72985	23183	02446	63594	98924
20	45246	88048	65173	50989	91060	89894	36036
21	76509	47069	86378	41797	11910	49672	88575
22	19689	90332	04315	21358	97248	11188	39062
23	42751	35318	97513	61537	54955	08159	00337
24	11946	22681	45045	13964	57517	59419	58045
25	96518	48688	20996	11090	48396	57177	83867
26	35726	58643	76869	84622	39098	36083	72505
27	39737	42750	48968	70536	84864	64952	38404
28	97025	66492	56177	04049	80312	48028	26408
29	62814	08075	09788	56350	76787	51591	54509
30	25578	22950	15227	83291	41737	59599	96191
31	68763	69576	88991	49662	46704	63362	56625
32	17900	00813	64361	60725	88974	61005	99709
33	71944	60227	63551	71109	05624	43836	58254
34	54684	93691	85132	64399	29182	44324	14491
35	25946	27623	11258	65204	52832	50880	22273
36	01353	39318	44961	44972	91766	90262	56073
37	99083	88191	27662	99113	51774	35571	99884
38	52021	45406	37945	75234	24327	86978	22644
39	78755	47744	43776	83098	03225	14281	83637
40	25282	69106	59180	16257	22810	43609	12224
41	11959	94202	02743	86847	79725	51811	12998
42	11644	13792	98190	01424	30078	28197	55583
43	06307	97912	68110	59812	95448	43244	31262
44	76285	75714	89585	99296	52640	46518	55486
45	55322	07598	39600	60866	63007	20007	66819
46	78017	90928	90220	92503	83375	26986	74399
47	44768	43342	20696	26331	43140	69744	82928
48	25100	19336	14605	86603	51680	97678	24261
49	83612	46623	62876	85197	07824	91392	58317
50	41347	81666	82961	60413	71020	83658	02415

B. 누적이항확률분포표

$$P(X \leqq c) = \sum_{\chi=0}^{c} p(\chi)$$

(a) n=5

	P													
C	0.01	0.05	0.10	0.20	0.30	0.40	0.50	0.60	0.70	0.80	0.90	0.95	0.99	C
0	.951	.774	.590	.328	.168	.078	.031	.010	.002	.000	.000	.000	.000	0
1	.999	.977	.919	.737	.528	.337	.188	.087	.031	.007	.000	.000	.000	1
2	1.000	.999	.991	.942	.837	.683	.500	.317	.163	.058	.009	.001	.000	2
3	1.000	1.000	1.000	.993	.969	.913	.812	.663	.472	.263	.081	.023	.001	3
4	1.000	1.000	1.000	1.000	.998	.990	.969	.922	.832	.672	.410	.226	.049	4

(b) n=10

	P													
C	0.01	0.05	0.10	0.20	0.30	0.40	0.50	0.60	0.70	0.80	0.90	0.95	0.99	C
0	.904	.599	.349	.107	.028	.006	.001	.000	.000	.000	.000	.000	.000	0
1	.996	.914	.736	.376	.149	.046	.011	.002	.000	.000	.000	.000	.000	1
2	1.000	.988	.930	.678	.383	.167	.055	.012	.002	.000	.000	.000	.000	2
3	1.000	.999	.987	.879	.650	.382	.172	.055	.011	.001	.000	.000	.000	3
4	1.000	1.000	.998	.967	.850	.633	.377	.166	.047	.006	.000	.000	.000	4
5	1.000	1.000	1.000	.994	.953	.834	.623	.367	.150	.033	.002	.000	.000	5
6	1.000	1.000	1.000	.999	.989	.945	.828	.618	.350	.121	.013	.001	.000	6
7	1.000	1.000	1.000	1.000	.998	.988	.945	.833	.617	.322	.070	.012	.000	7
8	1.000	1.000	1.000	1.000	1.000	.998	.989	.954	.851	.624	.264	.086	.004	8
9	1.000	1.000	1.000	1.000	1.000	1.000	.999	.994	.972	.893	.651	.401	.096	9

(c) n=15

	P													
C	0.01	0.05	0.10	0.20	0.30	0.40	0.50	0.60	0.70	0.80	0.90	0.95	0.99	C
0	.860	.463	.206	.035	.005	.000	.000	.000	.000	.000	.000	.000	.000	0
1	.990	.829	.549	.167	.035	.005	.000	.000	.000	.000	.000	.000	.000	1
2	1.000	.964	.816	.398	.127	.027	.004	.000	.000	.000	.000	.000	.000	2
3	1.000	.995	.944	.648	.297	.091	.018	.002	.000	.000	.000	.000	.000	3
4	1.000	.999	.987	.836	.515	.217	.059	.009	.001	.000	.000	.000	.000	4
5	1.000	1.000	.998	.939	.722	.403	.151	.034	.004	.000	.000	.000	.000	5
6	1.000	1.000	1.000	.982	.869	.610	.304	.095	.015	.001	.000	.000	.000	6
7	1.000	1.000	1.000	.996	.950	.787	.500	.213	.505	.004	.000	.000	.000	7
8	1.000	1.000	1.000	.999	.958	.905	.696	.390	.131	.018	.000	.000	.000	8
9	1.000	1.000	1.000	1.000	.996	.996	849	.597	.278	.061	.002	.000	.000	9
10	1.000	1.000	1.000	1.000	.999	.991	.941	.783	.485	.164	.013	.001	.000	10
11	1.000	1.000	1.000	1.000	1.000	.998	.982	.909	.703	.352	.056	.005	.000	11
12	1.000	1.000	1.000	1.000	1.000	1.000	.996	.973	.873	.602	.184	.036	.000	12
13	1.000	1.000	1.000	1.000	1.000	1.000	1.000	.995	.965	.833	.451	.171	.010	13
14	1.000	1.000	1.000	1.000	1.000	1.000	1.000	1.000	.995	.965	.794	.537	.140	14

(d) n=20

C	0.01	0.05	0.10	0.20	0.30	0.40	0.50	0.60	0.70	0.80	0.90	0.95	0.99	C
0	.818	.358	.122	.012	.001	.000	.000	.000	.000	.000	.000	.000	.000	0
1	.983	.736	.392	.069	.008	.001	.000	.000	.000	.000	.000	.000	.000	1
2	.999	.925	.677	.206	.035	.004	.000	.000	.000	.000	.000	.000	.000	2
3	1.000	.984	.867	.411	.107	.016	.001	.000	.000	.000	.000	.000	.000	3
4	1.000	.997	.957	.630	.238	.051	.006	.000	.000	.000	.000	.000	.000	4
5	1.000	1.000	.989	.804	.416	.126	.021	.002	.000	.000	.000	.000	.000	5
6	1.000	1.000	.998	.913	.608	.250	.058	.006	.000	.000	.000	.000	.000	6
7	1.000	1.000	1.000	.968	.772	.416	.132	.021	.001	.000	.000	.000	.000	7
8	1.000	1.000	1.000	.990	.887	.596	.252	.057	.005	.000	.000	.000	.000	8
9	1.000	1.000	1.000	.997	.952	.755	.412	.128	.017	.001	.000	.000	.000	9
10	1.000	1.000	1.000	.999	.983	.872	.588	.245	.048	.003	.000	.000	.000	10
11	1.000	1.000	1.000	1.000	.995	.943	.748	.404	.113	.010	.000	.000	.000	11
12	1.000	1.000	1.000	1.000	.999	.979	.868	.584	.228	.032	.000	.000	.000	12
13	1.000	1.000	1.000	1.000	1.000	.994	.942	.750	.392	.087	.002	.000	.000	13
14	1.000	1.000	1.000	1.000	1.000	.998	.979	.874	.584	.196	.011	.000	.000	14
15	1.000	1.000	1.000	1.000	1.000	1.000	.994	.949	.762	.370	.043	.003	.000	15
16	1.000	1.000	1.000	1.000	1.000	1.000	.999	.984	.893	.589	.133	.016	.000	16
17	1.000	1.000	1.000	1.000	1.000	1.000	1.000	.996	.965	.794	.323	.075	.001	17
18	1.000	1.000	1.000	1.000	1.000	1.000	1.000	.999	.992	.931	.608	.264	.017	18
19	1.000	1.000	1.000	1.000	1.000	1.000	1.000	1.000	.999	.988	.878	.642	.182	19

(e) n=25

C	0.01	0.05	0.10	0.20	0.30	0.40	0.50	0.60	0.70	0.80	0.90	0.95	0.99	C
0	.778	.277	.072	.004	.000	.000	.000	.000	.000	.000	.000	.000	.000	0
1	.974	.642	.271	.027	.002	.000	.000	.000	.000	.000	.000	.000	.000	1
2	.998	.873	.537	.098	.009	.000	.000	.000	.000	.000	.000	.000	.000	2
3	1.000	.966	.764	.234	.033	.002	.000	.000	.000	.000	.000	.000	.000	3
4	1.000	.993	.902	.421	.090	.009	.000	.000	.000	.000	.000	.000	.000	4
5	1.000	.999	.967	.617	.193	.029	.002	.000	.000	.000	.000	.000	.000	5
6	1.000	1.000	.991	.780	.341	.074	.007	.000	.000	.000	.000	.000	.000	6
7	1.000	1.000	.998	.891	.512	.154	.022	.001	.000	.000	.000	.000	.000	7
8	1.000	1.000	1.000	.953	.677	.274	.054	.004	.000	.000	.000	.000	.000	8
9	1.000	1.000	1.000	.983	.811	.425	.115	.013	.000	.000	.000	.000	.000	9
10	1.000	1.000	1.000	.994	.902	.586	.212	.034	.002	.000	.000	.000	.000	10
11	1.000	1.000	1.000	.998	.956	.732	.345	.078	.006	.000	.000	.000	.000	11
12	1.000	1.000	1.000	1.000	.983	.846	.500	.154	.017	.000	.000	.000	.000	12
13	1.000	1.000	1.000	1.000	.994	.922	.655	.268	.044	.002	.000	.000	.000	13
14	1.000	1.000	1.000	1.000	.998	.966	.788	.414	.098	.006	.000	.000	.000	14
15	1.000	1.000	1.000	1.000	1.000	.987	.885	.575	.189	.017	.000	.000	.000	15
16	1.000	1.000	1.000	1.000	1.000	.996	.946	.726	.323	.047	.000	.000	.000	16
17	1.000	1.000	1.000	1.000	1.000	.999	.978	.846	.488	.109	.002	.000	.000	17
18	1.000	1.000	1.000	1.000	1.000	1.000	.993	.926	.659	.220	.009	.000	.000	18
19	1.000	1.000	1.000	1.000	1.000	1.000	.998	.971	.807	.383	.033	.001	.000	19
20	1.000	1.000	1.000	1.000	1.000	1.000	1.000	.991	.910	.579	.098	.007	.000	20
21	1.000	1.000	1.000	1.000	1.000	1.000	1.000	.998	.967	.766	.236	.034	.000	21
22	1.000	1.000	1.000	1.000	1.000	1.000	1.000	1.000	.991	.902	.463	.127	.002	22
23	1.000	1.000	1.000	1.000	1.000	1.000	1.000	1.000	.998	.973	.729	.358	.026	23
24	1.000	1.000	1.000	1.000	1.000	1.000	1.000	1.000	1.000	.996	.928	.723	.222	24

C. 누적포아송확률분포표

$$P(x \leq c) = \sum_{\chi=0}^{c} \frac{\lambda^x e^{-\lambda}}{\chi!} (\lambda : \text{평균})$$

	λ										
C	.10	.20	.30	.40	.50	.60	.70	.80	.90	1.00	C
0	.905	.819	.741	.670	.607	.549	.497	.449	.407	.368	0
1	.995	.982	.963	.938	.910	.878	.844	.809	.772	.736	1
2	1.000	.999	.996	.992	.986	.977	.966	.953	.937	.920	2
3	1.000	1.000	1.000	.999	.998	.997	.994	.991	.987	.981	3
4	1.000	1.000	1.000	1.000	1.000	1.000	.999	.999	.998	.996	4
5	1.000	1.000	1.000	1.000	1.000	1.000	1.000	1.000	1.000	.999	5
6	1.000	1.000	1.000	1.000	1.000	1.000	1.000	1.000	1.000	1.000	6
7	1.000	1.000	1.000	1.000	1.000	1.000	1.000	1.000	1.000	1.000	7

	λ										
C	1.10	1.20	1.30	1.40	1.50	1.60	1.70	1.80	1.90	2.00	C
0	.333	.301	.273	.247	.223	.202	.183	.165	.150	.135	0
1	.699	.663	.627	.592	.558	.525	.493	.463	.434	.406	1
2	.900	.879	.857	.833	.809	.783	.757	.731	.704	.677	2
3	.974	.966	.957	.946	.934	.921	.907	.891	.875	.857	3
4	.995	.992	.989	.986	.981	.976	.970	.964	.956	.947	4
5	.999	.998	.998	.997	.996	.994	.992	.990	.987	.983	5
6	1.000	1.000	1.000	.999	.999	.999	.998	.997	.997	.995	6
7	1.000	1.000	1.000	1.000	1.000	1.000	1.000	1.000	.999	.999	7
8	1.000	1.000	1.000	1.000	1.000	1.000	1.000	1.000	1.000	1.000	8
9	1.000	1.000	1.000	1.000	1.000	1.000	1.000	1.000	1.000	1.000	9

	λ										
C	2.10	2.20	2.30	2.40	2.50	2.60	2.70	2.80	2.90	3.00	C
0	.122	.111	.100	.091	.082	.074	.067	.061	.055	.050	0
1	.380	.355	.331	.308	.287	.267	.249	.231	.215	.199	1
2	.650	.623	.596	.570	.544	.518	.494	.469	.446	.423	2
3	.839	.819	.799	.779	.758	.736	.714	.692	.670	.647	3
4	.938	.928	.916	.904	.891	.877	.863	.848	.832	.815	4
5	.980	.975	.970	.964	.958	.951	.943	.935	.926	.916	5
6	.994	.993	.991	.988	.986	.983	.979	.976	.971	.966	6
7	.999	.998	.997	.997	.996	.995	.993	.992	.990	.988	7
8	1.000	1.000	.999	.999	.999	.999	.998	.998	.997	.996	8
9	1.000	1.000	1.000	1.000	1.000	1.000	.999	.999	.999	.999	9
10	1.000	1.000	1.000	1.000	1.000	1.000	1.000	1.000	1.000	1.000	10
11	1.000	1.000	1.000	1.000	1.000	1.000	1.000	1.000	1.000	1.000	11
12	1.000	1.000	1.000	1.000	1.000	1.000	1.000	1.000	1.000	1.000	12

	λ										
C	3.10	3.20	3.30	3.40	3.50	3.60	3.70	3.80	3.90	4.00	C
0	.045	.041	.037	.033	.030	.027	.025	.022	.020	.018	0
1	.185	.171	.159	.147	.136	.126	.116	.107	.099	.092	1
2	.401	.380	.359	.340	.321	.303	.285	.269	.253	.238	2
3	.625	.603	.580	.358	.537	.515	.494	.473	.453	.433	3
4	.798	.781	.763	.744	.725	.706	.687	.668	.648	.629	4
5	.906	.895	.883	.871	.858	.844	.830	.816	.801	.785	5
6	.961	.955	.949	.942	.935	.927	.918	.909	.899	.889	6
7	.986	.983	.980	.977	.973	.969	.965	.960	.955	.949	7
8	.995	.994	.993	.992	.990	.988	.986	.984	.981	.979	8
9	.999	.998	.998	.997	.997	.996	.995	.994	.993	.992	9
10	1.000	1.000	.999	.999	.999	.999	.998	.998	.998	.997	10
11	1.000	1.000	1.000	1.000	1.000	1.000	1.000	.999	.999	.999	11
12	1.000	1.000	1.000	1.000	1.000	1.000	1.000	1.000	1.000	1.000	12
13	1.000	1.000	1.000	1.000	1.000	1.000	1.000	1.000	1.000	1.000	13
14	1.000	1.000	1.000	1.000	1.000	1.000	1.000	1.000	1.000	1.000	14

	λ										
C	4.50	5.00	5.50	6.00	6.50	7.00	7.50	8.00	8.50	9.00	C
0	.011	.007	.004	.002	.002	.001	.001	.000	.000	.000	0
1	.061	.040	.027	.017	.011	.007	.005	.003	.002	.001	1
2	.174	.125	.088	.062	.043	.030	.020	.014	.009	.006	2
3	.342	.265	.202	.151	.112	.082	.059	.042	.030	.021	3
4	.532	.440	.358	.285	.224	.173	.132	.100	.074	.055	4
5	.703	.616	.529	.446	.369	.301	.241	.191	.150	.116	5
6	.831	.762	.686	.606	.527	.450	.378	.313	.256	.207	6
7	.913	.867	.809	.744	.673	.599	.525	.453	.386	.324	7
8	.960	.932	.894	.847	.792	.729	.662	.593	.523	.456	8
9	.983	.968	.946	.916	.877	.830	.776	.717	.653	.587	9
10	.993	.986	.975	.957	.933	.901	.862	.816	.763	.706	10
11	.998	.995	.989	.980	.966	.947	.921	.888	.849	.803	11
12	.999	.998	.996	.991	.984	.973	.957	.936	.909	.876	12
13	1.000	.999	.998	.996	.993	.987	.978	.966	.949	.926	13
14	1.000	1.000	.999	.999	.997	.994	.990	.983	.973	.959	14
15	1.000	1.000	1.000	1.000	.999	.998	.995	.992	.986	.978	15
16	1.000	1.000	1.000	1.000	1.000	.999	.998	.996	.993	.989	16
17	1.000	1.000	1.000	1.000	1.000	1.000	.999	.998	.997	.995	17
18	1.000	1.000	1.000	1.000	1.000	1.000	1.000	.999	.999	.998	18
19	1.000	1.000	1.000	1.000	1.000	1.000	1.000	1.000	.999	.999	19
20	1.000	1.000	1.000	1.000	1.000	1.000	1.000	1.000	1.000	1.000	20
21	1.000	1.000	1.000	1.000	1.000	1.000	1.000	1.000	1.000	1.000	21
22	1.000	1.000	1.000	1.000	1.000	1.000	1.000	1.000	1.000	1.000	22

D. 표준정규분포표

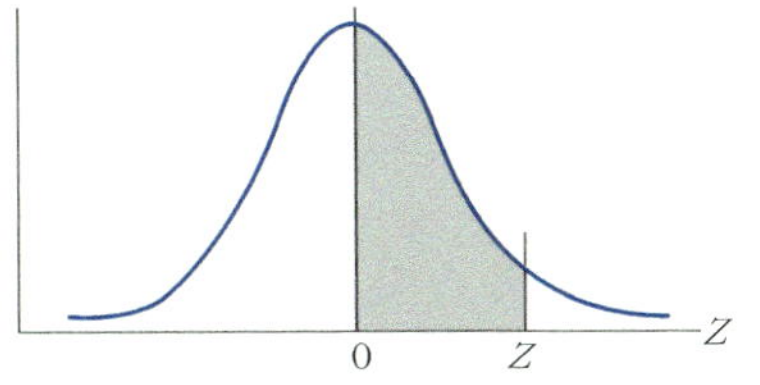

Z	.00	.01	.02	.03	.04	.05	.06	.07	.08	.09
.00	.0000	.0040	.0080	.0120	.0160	.0199	.0239	.0279	.0319	.0359
.10	.0398	.0438	.0478	.0517	.0557	.0596	.0636	.0675	.0714	.0753
.20	.0793	.0832	.0871	.0910	.0948	.0987	.1026	.1064	.1103	.1141
.30	.1179	.1217	.1255	.1293	.1331	.1368	.1406	.1443	.1480	.1517
.40	.1554	.1591	.1628	.1664	.1770	.1736	.1772	.1808	.1844	.1879
.50	.1915	.1950	.1985	.2019	.2054	.2088	.2123	.2157	.2190	.2224
.60	.2257	.2291	.2324	.2357	.2389	.2422	.2454	.2486	.2517	.2549
.70	.2580	.2611	.2642	.2673	.2703	.2734	.2764	.2793	.2823	.2852
.80	.2881	.2910	.2939	.2967	.2995	.3023	.3051	.3078	.3106	.3133
.90	.3159	.3186	.3212	.3238	.3264	.3289	.3315	.3340	.3365	.3389
1.00	.3413	.3438	.3461	.3485	.3508	.3531	.3554	.3577	.3599	.3621
1.10	.3643	.3665	.3686	.3708	.3729	.3749	.3770	.3790	.3810	.3830
1.20	.3849	.3869	.3888	.3907	.3925	.3944	.3962	.3980	.3997	.4015
1.30	.4032	.4049	.4066	.4082	.4099	.4115	.4131	.4147	.4162	.4177
1.40	.4192	.4207	.4222	.4236	.4251	.4265	.4279	.4292	.4306	.4319
1.50	.4332	.4345	.4357	.4370	.4382	.4394	.4406	.4418	.4429	.4441
1.60	.4452	.4463	.4474	.4484	.4495	.4505	.4515	.4525	.4535	.4545
1.70	.4554	.4564	.4573	.4582	.4591	.4599	.4608	.4616	.4625	.4633
1.80	.4641	.4649	.4656	.4664	.4671	.4678	.4686	.4693	.4699	.4706
1.90	.4713	.4719	.4726	.4732	.4738	.4744	.4750	.4756	.4761	.4767
2.00	.4772	.4778	.4783	.4788	.4793	.4798	.4803	.4808	.4812	.4817
2.10	.4821	.4826	.4830	.4834	.4838	.4842	.4846	.4850	.4854	.4857
2.20	.4861	.4864	.4868	.4871	.4875	.4878	.4881	.4884	.4887	.4890
2.30	.4893	.4896	.4898	.4901	.4904	.4906	.4909	.4911	.4913	.4916
2.40	.4918	.4920	.4922	.4925	.4927	.4929	.4931	.4932	.4934	.4936
2.50	.4938	.4940	.4941	.4943	.4945	.4946	.4948	.4949	.4951	.4952
2.60	.4953	.4955	.4956	.4957	.4959	.4960	.4961	.4962	.4963	.4964
2.70	.4965	.4966	.4967	.4968	.4969	.4970	.4971	.4972	.4973	.4974
2.80	.4974	.4975	.4976	.4977	.4977	.4978	.4979	.4979	.4980	.4981
2.90	.4981	.4982	.4982	.4983	.4984	.4984	.4985	.4985	.4986	.4986
3.00	.4987	.4987	.4987	.4988	.4988	.4989	.4989	.4989	.4990	.4990
3.10	.4990	.4991	.4991	.4991	.4992	.4992	.4992	.4992	.4993	.4993
3.20	.4993	.4993	.4994	.4994	.4994	.4994	.4994	.4995	.4995	.4995
3.30	.4995	.4995	.4995	.4996	.4996	.4996	.4996	.4996	.4996	.4997
3.40	.4997	.4997	.4997	.4997	.4997	.4997	.4997	.4997	.4997	.4998
3.50	.4998	.4998	.4998	.4998	.4998	.4998	.4998	.4998	.4998	.4998
3.60	.4998	.4998	.4999	.4999	.4999	.4999	.4999	.4999	.4999	.4999
3.70	.4999	.4999	.4999	.4999	.4999	.4999	.4999	.4999	.4999	.4999
3.80	.4999	.4999	.4999	.4999	.4999	.4999	.4999	.4999	.4999	.4999

E. t 분포표

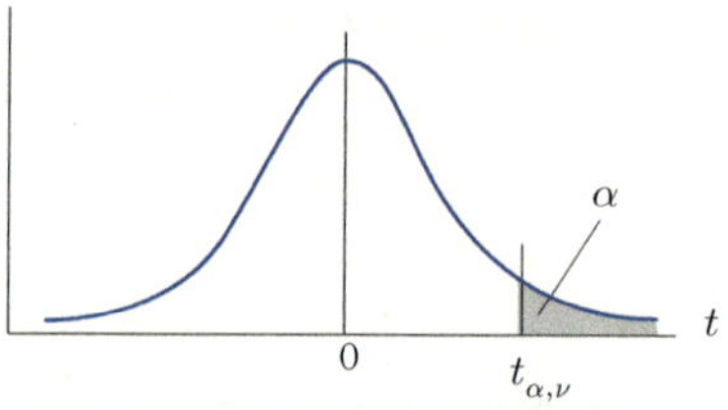

Degrees of Freedom ν	t.10	t.05	t.025	t.01	t.005
1	3.078	6.314	12.706	31.821	63.657
2	1.886	2.920	4.303	6.965	9.925
3	1.638	2.353	3.182	4.541	5.841
4	1.533	2.132	2.776	3.747	4.604
5	1.476	2.015	2.571	3.365	4.032
6	1.440	1.943	2.447	3.143	3.707
7	1.415	1.895	2.365	2.998	3.499
8	1.397	1.860	2.306	2.896	3.355
9	1.383	1.833	2.262	2.821	3.250
10	1.372	1.812	2.228	2.764	3.169
11	1.363	1.796	2.201	2.718	3.106
12	1.356	1.782	2.179	2.681	3.055
13	1.350	1.771	2.160	2.650	3.012
14	1.345	1.761	2.145	2.624	2.977
15	1.341	1.753	2.131	2.602	2.947
16	1.337	1.746	2.120	2.583	2.921
17	1.333	1.740	2.110	2.567	2.898
18	1.330	1.734	2.101	2.552	2.878
19	1.328	1.729	2.093	2.539	2.861
20	1.325	1.725	2.086	2.528	2.845
21	1.323	1.721	2.080	2.518	2.831
22	1.321	1.717	2.074	2.508	2.819
23	1.319	1.714	2.069	2.500	2.807
24	1.318	1.711	2.064	2.492	2.797
25	1.316	1.708	2.060	2.485	2.787
26	1.315	1.706	2.056	2.479	2.779
27	1.314	1.703	2.052	2.473	2.771
28	1.313	1.701	2.048	2.467	2.763
29	1.311	1.699	2.045	2.462	2.756
30	1.310	1.697	2.042	2.457	2.750
40	1.303	1.684	2.021	2.423	2.704
60	1.296	1.671	2.000	2.390	2.660
120	1.289	1.658	1.980	2.358	2.617
∞	1.282	1.645	1.960	2.326	2.576

F. *F*분포표

F Values When α = 0.05

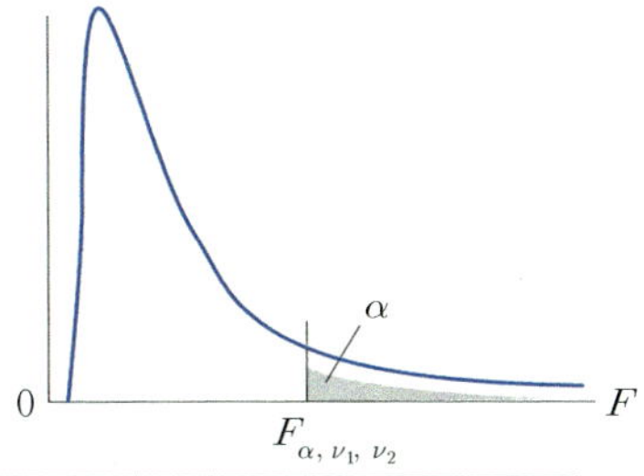

v_2 \ v_1	1	2	3	4	5	6	7	8	9
1	161.45	199.50	215.71	224.58	230.16	233.99	236.77	238.88	240.54
2	18.513	19.000	19.164	19.247	19.296	19.330	19.353	19.371	19.385
3	10.128	9.5521	9.2766	9.1172	9.0135	8.906	8.8868	8.8452	8.8123
4	7.7086	6.9443	6.5914	6.3883	6.2560	6.1631	6.0942	6.0140	5.9988
5	6.6079	5.7861	5.4095	5.1922	5.0503	4.9503	4.8759	4.8183	4.7725
6	5.9874	5.1433	4.7571	4.5337	4.3874	4.2839	4.2066	4.1468	4.0990
7	5.5914	4.7374	4.3468	4.1203	3.9715	3.8660	3.7870	3.7257	3.6767
8	5.3177	4.4590	4.0662	3.9378	3.6875	3.5806	3.5005	3.4381	3.3881
9	5.1174	4.2565	3.8626	3.6331	3.4817	3.3738	3.2927	3.2296	3.1789
10	4.9646	4.1028	3.7083	3.4780	3.3258	3.2172	3.1355	3.0717	3.0204
11	4.8443	3.9823	3.5874	3.3567	3.2039	3.0946	3.0123	2.9480	2.8962
12	4.7472	3.8853	3.4903	3.2592	3.1059	2.9961	2.9134	2.8486	2.7964
13	4.6672	3.8056	3.4105	3.1791	3.0254	2.9156	2.8321	2.7669	2.7144
14	4.6001	3.7389	3.3439	3.1122	2.9582	2.8477	2.7642	2.6987	2.6458
15	4.5431	3.6823	3.2874	3.0556	2.9013	2.7905	2.7066	2.6408	2.5876
16	4.4940	3.6337	3.2389	3.0069	2.8524	2.7412	2.6572	2.5911	2.5377
17	4.4513	3.5915	3.1968	2.9647	2.8100	2.6987	2.6143	2.5480	2.4943
18	4.4139	3.5546	3.1599	2.9277	2.7729	2.6613	2.5767	2.5102	2.4563
19	4.3808	3.5219	3.1274	2.8951	2.7401	2.6283	2.5435	2.4768	2.4227
20	4.3513	3.4928	3.0984	2.8661	2.7109	2.5990	2.5140	2.4471	2.3928
21	4.3248	3.4668	3.0725	2.8401	2.6848	2.5757	2.4876	2.4205	2.3661
22	4.3009	3.4434	3.0491	2.8167	2.6613	2.5491	2.4638	2.3965	2.3419
23	4.2793	3.4221	3.0280	2.7955	2.6400	2.5277	2.4422	2.3748	2.3201
24	4.2597	3.4028	3.0088	2.7763	2.6207	2.5082	2.4226	2.3551	2.3002
25	4.2417	3.3852	2.9912	2.7587	2.6030	2.4904	2.4047	2.3371	2.2821
26	4.2252	3.3690	2.9751	2.7426	2.5868	2.4741	2.3883	2.3205	2.2655
27	4.2100	3.3541	2.9604	2.7278	2.5719	2.4591	2.3732	2.3053	2.2501
28	4.1960	3.3404	2.9467	2.7141	2.5581	2.4453	2.3593	2.2913	2.2360
29	4.1830	3.3277	2.9340	2.7014	2.5454	2.4324	2.3463	2.2782	2.2229
30	4.1709	3.3158	2.9223	2.6896	2.5336	2.4205	2.3343	2.2662	2.2107
40	4.0848	3.2317	2.8387	2.6060	2.4495	2.3359	2.2490	2.1802	2.1240
60	4.0012	3.1504	2.7581	2.5252	2.3683	2.2540	2.1665	2.0970	2.0401
120	3.9201	3.0718	2.6802	2.4472	2.2900	2.1750	2.0867	2.0164	1.9588
∞	3.8415	2.9957	2.6049	2.3719	2.2141	2.0986	2.0096	1.9384	1.8799

F Values When α = .05

v_2 \ v_1	10	12	15	20	24	30	40	60	120	∞
1	241.88	243.91	245.95	248.01	249.05	250.09	251.14	252.20	253.25	254.32
2	19.396	19.413	19.429	19.446	19.454	19.462	19.471	19.479	19.487	19.496
3	8.7855	8.7446	8.7029	8.6602	8.6385	8.6466	8.5944	8.5720	8.5494	8.5265
4	5.9644	5.9117	5.8578	5.8025	5.7744	5.7459	5.7170	5.6878	5.6581	5.6281
5	4.7351	4.6777	4.6188	4.5581	4.5272	4.4957	4.4638	4.4314	4.3984	4.3650
6	4.0600	3.9999	3.9381	3.8742	3.8415	3.8082	3.7746	3.7398	3.7047	3.6688
7	3.6365	3.5747	3.5108	3.4445	3.4105	3.3758	3.3404	3.3043	3.2674	3.2298
8	3.3472	3.2840	3.2184	3.1503	3.1152	3.0794	3.0428	3.0053	2.9669	2.9276
9	3.1373	3.0729	3.0061	2.9365	2.9005	2.8637	2.8259	2.7872	2.7475	2.7067
10	2.9782	2.9130	2.8450	2.7740	2.7372	3.6996	2.6609	2.6211	2.5801	2.5379
11	2.8536	2.7876	2.7186	2.6464	2.6090	2.5705	2.5309	2.4901	2.4480	2.4045
12	2.7534	2.6866	2.6169	2.5436	2.5055	2.4663	2.4259	2.3842	2.3410	2.2962
13	2.6710	2.6037	2.5331	2.4589	2.4202	2.3803	2.3392	2.2966	2.2524	2.2064
14	2.6021	2.5342	2.4630	2.3879	2.3487	2.3082	2.2664	2.2230	2.1778	2.1307
15	2.5437	2.4753	2.4035	2.3275	2.2878	2.2468	2.2043	2.1601	2.1141	2.0658
16	2.4935	2.4247	2.3522	2.2756	2.2354	2.1938	2.1507	2.1058	2.0589	2.0096
17	2.4499	2.3807	2.3077	2.2304	2.1898	2.1477	2.1040	2.0584	2.0107	1.9604
18	2.4117	2.3421	2.2686	2.1906	2.1497	2.1071	2.0629	2.0166	1.9681	1.9168
19	2.3779	2.3080	2.2341	2.1555	2.1141	2.0712	2.0264	1.9796	1.9302	1.8780
20	2.3479	2.2776	2.2033	2.1242	2.0825	2.0391	1.9938	1.9464	1.8963	1.8432
21	2.3210	2.2504	2.1757	2.0960	2.0540	2.0102	1.9645	1.9165	1.8657	1.8117
22	2.2967	2.2258	2.1508	2.0707	2.0283	1.9842	1.9380	1.8895	1.8380	1.7831
23	2.2747	2.2036	2.1282	2.0476	2.0050	1.9605	1.9139	1.8649	1.8128	1.5750
24	2.2547	2.1834	2.1077	2.0267	1.9838	1.9390	1.8920	1.8424	1.7897	1.7331
25	2.2365	2.1649	2.0889	2.0075	1.9643	1.9192	1.8718	1.8217	1.7684	1.7110
26	2.2197	2.1479	2.0716	1.9898	1.9464	1.9010	1.8533	1.8027	1.7488	1.6906
27	2.2043	2.1323	2.0558	1.9736	1.9299	1.8842	1.8361	1.7851	1.7307	1.6717
28	2.1900	2.1179	2.0411	1.9586	1.9147	1.8687	1.8203	1.7689	1.7138	1.6541
29	2.1768	2.1045	2.0275	1.9446	1.9905	1.8543	1.8055	1.7537	1.6981	1.6377
30	2.1646	2.0921	2.0148	1.9317	1.8874	1.8409	1.7918	1.7396	1.6835	1.6223
40	2.0772	2.0035	1.9245	1.8389	1.7929	1.7444	1.6928	1.6373	1.5766	1.5809
60	1.9926	1.9174	1.8364	1.7480	1.7001	1.6491	1.5943	1.5343	1.4673	1.3893
120	1.9105	1.8337	1.7505	1.6587	1.6084	1.5543	1.4952	1.4290	1.3519	1.2539
∞	1.8307	1.7522	1.6664	1.5705	1.5173	1.4591	1.3940	1.3180	1.2214	1.0000

F Values When α = .025

v_2 \ v_1	1	2	3	4	5	6	7	8	9
1	647.79	799.50	864.16	899.58	921.85	937.11	948.22	956.66	963.28
2	38.506	39.000	39.165	39.248	29.298	39.331	39.355	39.373	39.387
3	17.443	16.044	15.439	15.101	14.885	14.735	14.624	14.540	14.473
4	12.218	10.649	9.9792	9.6045	9.3645	9.1973	9.0741	8.9796	8.9047
5	10.007	8.4336	7.7636	7.2879	7.1464	6.9777	6.8531	6.7572	6.6810
6	8.8131	7.2598	6.5988	6.2272	5.9876	5.8197	5.6955	5.5996	5.5234
7	8.0727	6.5415	5.8898	5.5226	5.2852	5.1186	4.9949	4.8994	4.8232
8	7.5709	6.0595	5.4160	5.0526	4.8173	4.6517	4.5286	4.4332	4.3572
9	7.2093	5.7147	5.0781	4.7181	4.4844	4.3197	4.1971	4.1020	4.0260
10	6.9367	5.4564	4.8256	4.4683	4.2361	4.0721	3.9498	3.8549	3.7790
11	6.7241	5.2559	4.6300	4.2751	4.0440	3.8807	3.7586	3.6638	35879
12	6.5538	5.0959	4.4742	4.1212	3.8911	3.7283	3.6065	3.5118	3.4358
13	6.4143	4.9653	4.3472	3.9959	3.7667	3.6043	3.4827	3.3880	3.3120
14	6.2979	4.8567	4.2417	3.8919	3.6634	3.5014	3.3799	3.2853	3.2093
15	6.1995	4.7650	4.1528	3.8043	3.5764	3.4147	3.2934	3.1987	3.1227
16	6.1151	4.6867	4.0768	3.7294	3.5021	3.3406	3.2194	3.1248	3.0488
17	6.0420	4.6189	4.0112	3.6648	3.4379	3.2767	3.1556	3.0610	2.9849
18	5.9781	4.5597	3.9539	3.6083	3.3820	3.2209	3.0999	3.0053	2.9291
19	5.9216	4.5075	3.9034	3.5587	3.3327	3.1718	3.0509	2.9563	2.8800
20	5.8715	4.4613	3.8587	3.5147	3.2891	3.1283	3.0074	2.9128	2.8365
21	5.8266	4.4199	3.8188	3.4754	3.2501	3.0895	2.9686	2.8740	2.7977
22	5.7863	4.3828	3.7829	3.4401	3.2151	3.0546	2.9338	2.8392	2.7628
23	5.7498	4.3492	3.7505	3.4083	3.1835	3.0232	2.9024	2.8077	2.7313
24	5.7167	4.3187	3.7211	3.3794	3.1548	2.9946	2.8738	2.7791	2.7027
25	5.6864	4.2909	3.6943	3.3530	3.1287	2.9685	2.8478	2.7531	2.6766
26	5.6586	4.2655	3.6697	3.3289	3.1048	2.9447	2.8240	2.7293	2.6528
27	5.6331	4.2421	3.6472	3.3067	3.0828	2.9228	2.8021	2.7074	2.6309
28	5.6096	4.2205	3.6264	3.2863	3.0625	2.9027	2.7820	2.6872	2.6106
29	5.5878	4.2006	3.6072	3.2674	3.0438	2.8840	2.7633	2.6686	2.5919
30	5.5675	4.1821	3.5894	3.2499	3.0265	2.8667	2.7460	2.6513	2.5746
40	5.4239	4.0510	3.4633	3.1261	2.9037	2.7444	2.6238	2.5289	2.4519
60	5.2857	3.9253	3.3425	3.0077	2.7863	2.6274	2.5068	2.4117	2.3344
120	5.1524	3.8046	3.2270	2.8943	2.6740	2.5154	2.3948	2.2994	2.2217
∞	5.0239	3.6889	3.1161	2.7858	2.5665	2.4082	2.2875	2.1918	2.1136

F Values When α = .025

v_2 \ v_1	10	12	15	20	24	30	40	60	120	∞
1	968.63	976.71	984.87	993.10	997.25	1001.4	1005.6	1009.8	1014.0	1018.3
2	39.398	39.415	39.431	39.448	39.456	39.465	39.473	39.481	39.490	39.498
3	14.419	14.337	14.253	14.167	14.124	14.081	14.037	1.3.992	13.947	13.902
4	8.8439	8.7512	8.6565	8.5599	8.5109	8.4613	8.4111	8.3604	8.3092	8.2573
5	6.6192	6.5246	6.4227	6.3285	6.2780	6.2269	6.1751	6.1225	6.0693	6.0153
6	5.4613	5.3662	5.2687	5.1684	5.1172	5.0652	5.0125	4.9589	4.9045	4.8491
7	4.7611	4.6658	4.5678	4.4667	4.4150	4.3624	4.3089	4.2544	4.1987	4.1423
8	4.2951	4.1997	4.1012	3.9995	3.9472	3.8940	3.8398	3.7844	3.7279	3.6702
9	3.9639	3.8682	3.7694	3.6669	3.6142	3.5604	3.5005	3.4493	3.3918	3.3329
10	3.7168	3.6209	3.5217	3.4186	3.3654	3.3110	3.2554	3.1984	3.1399	3.0798
11	3.5257	3.4296	3.3299	3.2261	3.1725	3.1176	3.0613	3.0035	2.9441	2.8828
12	3.3736	3.2773	3.1772	3.0728	3.0187	2.9633	2.9063	2.8478	2.7874	2.7249
13	3.2497	3.1532	3.0527	2.9477	2.8932	2.8373	2.7797	2.7204	2.6590	2.5955
14	3.1469	3.0501	2.9493	2.8437	2.7888	2.7324	2.6742	2.6142	2.5519	2.4872
15	3.0602	2.9633	2.8621	2.7559	2.7006	2.6437	2.5850	2.5242	2.4611	2.3953
16	2.9862	2.8890	2.7875	2.6808	2.6252	2.5678	2.5085	2.4471	2.3831	2.3163
17	2.9222	2.8249	2.7230	2.6158	2.5598	2.5021	2.4422	2.3801	2.3153	2.2474
18	2.8664	2.7689	2.6667	2.5590	2.5027	2.4445	2.3842	2.3214	2.2558	2.1869
19	2.8173	2.7196	2.6171	2.5089	2.4523	2.3937	2.3329	2.2695	2.2032	2.1333
20	2.7737	3.6758	2.5731	2.4645	2.4076	2.3486	2.2873	2.2234	2.1562	2.0853
21	2.7348	2.6368	2.5338	2.4247	2.3675	2.3082	2.2465	2.1819	2.1141	2.0422
22	2.6998	2.6017	2.4984	2.3890	2.3315	2.2718	2.2097	2.1446	2.0760	2.0032
23	2.6682	2.5699	2.4665	2.3567	2.2989	2.2389	2.1763	2.1107	2.0415	1.9677
24	2.6396	2.5412	2.4374	2.3273	2.2693	2.2090	2.1460	2.0799	2.0099	1.9353
25	2.6135	2.5149	2.4110	2.3005	2.2422	2.1816	2.1183	2.0517	1.9811	1.9055
26	2.5895	2.4909	2.3867	2.2759	2.2174	2.1565	2.0928	2.0257	1.9545	1.8781
27	2.5676	2.4688	2.3644	2.2533	2.1946	2.1334	2.0693	2.0018	1.9299	1.8527
28	2.5473	2.4484	2.3438	2.2324	2.1735	2.1121	2.0477	1.9796	1.9072	1.8291
29	2.5286	2.4295	2.3248	2.2131	2.1540	2.0923	2.0276	1.9591	1.8861	1.8072
30	2.5112	2.4120	2.3072	2.1952	2.1359	2.0739	2.0089	1.9400	1.8664	1.7867
40	2.3882	2.2882	2.1819	2.0677	2.0069	1.9429	1.8752	1.8028	1.7242	1.6371
60	2.2702	2.1692	2.0613	1.9445	1.8817	1.8152	1.7440	1.6668	1.5810	1.4822
120	2.1570	2.0548	1.9450	1.8249	1.7597	1.6899	1.6141	1.5299	1.4327	1.3104
∞	2.0483	1.9447	1.8326	1.7085	1.6402	1.5660	1.4835	1.3883	1.2684	1.0000

F Values When α = .01

v_2 \ v_1	1	2	3	4	5	6	7	8	9
1	4052.2	4999.5	5403.3	5624.6	5763.7	5859.0	5928.3	5981.6	6022.5
2	98.503	99.000	99.166	99.249	99.299	99.332	99.356	99.374	99.388
3	34.116	30.817	29.457	28.710	28.237	27.911	27.672	27.489	27.345
4	21.198	18.000	16.694	15.977	15.522	15.207	14.976	14.799	14.659
5	16.258	13.274	12.060	11.392	10.967	10.672	10.456	10.289	10.158
6	13.745	10.925	9.7795	9.1483	8.7459	8.4661	8.2600	8.1016	7.9761
7	12.246	9.5466	8.4513	7.8467	7.4604	7.1914	6.9928	6.8401	6.7188
8	11.259	8.6491	7.5910	7.0060	6.6318	6.3707	6.1776	6.0289	5.9106
9	10.561	8.0215	6.9919	6.4221	6.0569	5.8018	5.6129	5.4671	5.3511
10	10.044	7.5594	6.5523	5.9943	5.6363	5.3858	5.2001	5.0567	4.9424
11	9.6460	7.2057	6.2167	5.6683	5.3160	5.0692	4.8861	4.7445	4.6315
12	9.3302	6.9266	5.9526	5.4119	5.0643	4.8206	4.6395	4.4994	4.3875
13	9.0738	6.7010	5.7394	5.2053	4.8616	4.6204	4.4410	4.3021	4.1911
14	8.8616	6.5149	5.5639	5.0354	4.6950	4.4558	4.2779	4.1399	4.0297
15	8.6831	6.3589	5.4170	4.8932	4.5556	4.3183	4.1415	4.0045	3.8948
16	8.5310	6.2262	5.2922	4.7726	4.4374	4.2016	4.0259	3.8896	3.7804
17	8.3997	6.1121	5.1850	4.6690	4.3359	4.1015	3.9267	3.7910	3.6822
18	8.2854	6.0129	5.0919	4.5790	4.2479	4.0146	3.8406	3.7054	3.5971
19	8.1850	5.9259	5.0103	4.5003	4.1708	3.9386	3.7653	3.6305	3.5225
20	8.0960	5.8489	4.9382	4.4307	4.1027	3.8714	3.6987	3.5644	3.4567
21	8.0166	5.7804	4.8740	4.3688	4.0421	3.8117	3.6396	3.5056	3.3981
22	7.9454	5.7190	4.8166	4.3134	3.9880	3.7583	3.8567	3.4530	3.3458
23	7.8811	5.6637	4.7649	4.2635	3.9392	3.7102	3.5390	3.4057	3.2986
24	7.8229	5.6136	4.7181	4.2184	3.8951	3.6667	3.4959	3.3629	3.2560
25	7.7698	5.5680	4.6755	4.1774	3.8550	3.6272	3.4568	3.3239	3.2172
26	7.7213	5.5263	4.6366	4.1400	3.8183	3.5911	3.4210	3.2884	3.1818
27	7.6767	5.4881	4.6009	4.1056	3.7848	3.5580	3.3882	3.2558	3.1494
28	7.6356	5.4529	4.5681	4.0740	3.7539	3.5276	3.3581	3.2259	3.1195
29	7.5976	5.4205	4.5378	4.0449	3.7254	3.4995	3.3302	3.1982	3.0920
30	7.5625	5.3904	4.5097	4.0179	3.6990	3.4735	3.3045	3.1726	3.0665
40	7.3141	5.1785	4.3126	3.8283	3.5138	3.2910	3.1238	2.9930	2.8876
60	7.0771	4.9774	4.1259	3.6491	3.3389	3.1187	2.9530	2.8233	2.7185
120	6.8510	4.7865	3.9493	3.4796	3.1735	2.9559	2.7918	2.6629	2.5586
∞	6.6349	4.6052	3.7816	3.3192	3.0173	2.8020	2.6393	2.5113	2.4073

F Values When α *= .01*

V_2 \ V_1	10	12	15	20	24	30	40	60	120	∞
1	6055.8	6106.3	6157.3	62087	6234.6	6260.7	6286.8	6313.0	6339.4	6366.0
2	99.399	99.416	99.432	99449	99.458	99.466	99.474	99.483	99.491	99.501
3	27.229	27.052	26872	26.690	26.598	26.505	26.411	26.316	26.221	26.125
4	14.546	14.374	14.198	14.020	13.929	13.838	13.745	13.652	13.558	13.463
5	10.051	9.8883	9.7222	9.5527	9.4665	9.3793	9.2912	9.2020	9.1118	9.0204
6	7.8741	7.7183	7.5590	7.3958	7.3127	7.2285	7.1432	7.5068	6.9690	6.8801
7	6.6201	6.4691	6.3143	6.1554	6.0743	5.9921	5.9084	5.8236	5.7372	5.6495
8	5.8143	5.6668	5.5151	5.3591	5.2793	5.1981	5.1156	5.0316	4.9460	4.8588
9	5.2565	5.1114	4.9621	4.8080	4.7290	4.6486	4.5667	4.4831	4.3978	4.3105
10	4.8492	4.7059	4.5582	4.4054	4.3269	4.2469	4.1653	4.0819	3.9965	3.9090
11	4.5393	4.3974	4.2509	4.0990	4.0209	3.9411	3.8596	3.7761	3.6904	3.6025
12	4.2961	4.1553	4.0096	3.8584	3.7805	3.7008	3.6192	3.5355	3.4494	3.3608
13	4.1003	3.9603	3.8154	3.6646	3.5868	3.5070	3.4253	3.3413	3.2548	3.1654
14	3.9394	3.8001	3.6557	3.5052	3.4274	3.3476	3.2656	3.1813	3.0942	3.0040
15	3.8049	3.6662	3.5222	3.3719	3.2940	3.2141	3.1319	3.0471	2.9595	2.8684
16	3.6909	3.5527	3.4089	3.2588	3.1808	3.1007	3.0182	2.9330	2.8447	2.7528
17	3.5931	3.4552	3.3117	3.1612	3.0835	3.0032	2.9205	2.8348	2.7459	2.6530
18	3.5082	3.3706	3.2273	3.0771	2.9990	2.9185	2.8354	2.7493	2.6597	2.5660
19	3.4338	3.2965	3.1533	3.0031	2.9249	2.8422	2.7608	2.6742	2.5839	2.4893
20	3.3682	3.2311	3.0880	2.9377	2.8594	2.7785	2.6947	2.6077	2.5168	2.4212
21	3.3098	3.1729	3.0299	2.8796	2.8011	2.7200	2.6359	2.5484	2.4568	2.3603
22	3.2576	3.1209	2.9780	2.8274	2.7488	2.6675	2.5831	2.4951	2.4029	2.3055
23	3.2106	3.0740	2.9311	2.7805	2.7017	2.6202	2.5355	2.4771	2.3542	2.2559
24	3.1681	3.0316	2.8887	2.7380	2.6591	2.5773	2.4923	2.4035	2.3099	2.2107
25	3.1294	2.9931	2.8502	2.6993	2.6203	2.5383	2.4530	2.3637	2.2695	2.1694
26	3.0941	2.9579	2.8150	2.6640	2.5848	2.5026	2.4170	2.3273	2.2325	2.1315
27	3.0618	2.9256	2.7827	2.6316	2.5522	2.4699	2.3840	2.2938	2.1984	2.0965
28	3.0320	2.8959	2.7530	2.6017	2.5223	2.4397	2.3535	2.2629	2.1670	2.0642
29	3.0045	2.8685	2.7256	2.5742	2.4946	2.4118	2.3253	2.2344	2.1378	2.0342
30	2.9791	2.8431	2.7002	2.5487	2.4689	2.3860	2.2992	2.2079	2.1107	2.0062
40	2.8005	2.6648	2.5216	2.3689	2.2880	2.2034	2.1142	2.0194	1.9172	1.8047
60	2.6318	2.4961	2.3523	2.1978	2.1154	2.0285	1.9360	1.8363	1.7263	1.6006
120	2.4721	2.3363	2.1915	2.0346	1.9500	1.8600	1.7628	1.6557	1.5330	1.3805
∞	2.3209	2.1848	2.0385	1.8783	1.7808	1.6964	1.5923	1.4730	1.3246	1.0000

G. χ^2 분포표

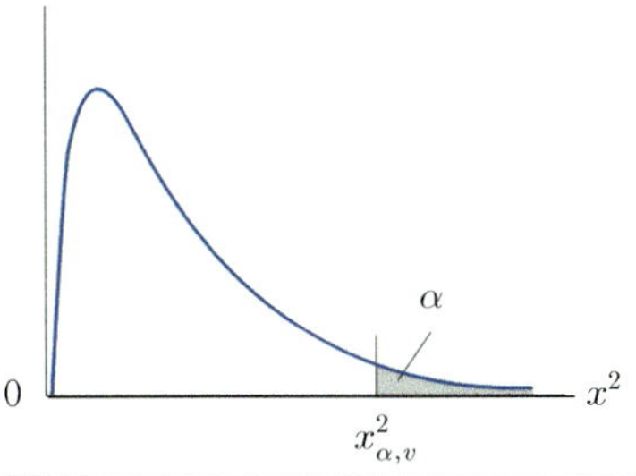

Degrees of Freedom v	$\chi^2_{.100}$	$\chi^2_{.050}$	$\chi^2_{.025}$	$\chi^2_{.010}$	$\chi^2_{.005}$
1	2.71	3.84	5.02	6.63	7.88
2	4.61	5.99	7.38	9.21	10.60
3	6.25	7.81	9.35	11.34	12.84
4	7.78	9.49	11.14	13.28	14.86
5	9.24	11.07	12.83	15.09	16.75
6	10.64	12.59	14.45	16.81	18.55
7	12.02	14.07	16.01	18.48	20.28
8	13.36	15.51	17.53	20.09	21.96
9	14.68	16.92	19.02	21.67	23.59
10	15.99	18.31	20.48	23.21	25.19
11	17.28	19.68	21.92	24.72	26.76
12	18.55	21.03	23.34	26.22	28.30
13	19.81	22.36	24.74	27.69	29.82
14	21.06	23.68	26.12	29.14	31.32
15	22.31	25.00	27.49	30.58	32.80
16	23.54	26.30	28.85	32.00	34.27
17	24.77	27.59	30.19	22.41	35.72
18	25.99	28.87	31.53	34.81	37.16
19	27.20	30.14	32.85	36.19	38.58
20	28.41	31.41	34.17	37.57	40.00
21	29.62	32.67	35.48	38.93	41.40
22	30.81	33.92	36.78	40.29	42.80
23	32.01	35.17	38.08	41.64	44.18
24	33.20	36.42	39.36	42.98	45.56
25	34.38	37.65	40.65	44.31	46.93
26	35.56	38.89	41.92	45.64	48.29
27	36.74	40.11	43.19	46.96	49.64
28	37.92	41.34	44.46	48.28	50.99
29	39.09	42.56	45.72	49.59	52.34
30	40.26	43.77	46.98	50.89	53.67
40	51.81	55.76	59.34	63.69	66.77
50	63.17	67.50	71.42	76.15	79.49
60	74.40	79.08	83.30	88.38	91.95
70	85.53	90.53	95.02	100.43	104.22
80	96.58	101.88	106.63	112.33	116.32
90	107.60	113.14	118.14	124.12	128.30
100	118.50	124.34	129.56	135.81	140.17

부 록 2

[설 문 지]

1. 〈관광호텔 노사관계에 관한 설문조사〉

아래의 각 항목들은 호텔생활에 관련된 귀하의 생각에 관한 것들입니다. 생각하시고 정도를 아래(예)처럼 ✓표시를 해 주십시오.

(예) 홍길동은 나쁜 사람이라고 생각하십니까?
이 문항에서 만일 "별로 그렇지 않다"라고 생각하시면 아래와 같이 표시해 주시면 됩니다.

전혀 그렇지 않다	별로 그렇지 않다	그저 그렇다	대체로 그렇다	아주 그렇다
1	2 ✓	3	4	5

다음 문항들은 귀사의 조직특성에 관한 것입니다. 귀하의 견해와 일치하는 번호에 ✔로 해주세요

	전혀 그렇지 않다	별로 그렇지 않다	그저 그렇다	대체로 그렇다	아주 그렇다
1. 내가 받는 임금수준은 동료들과 비교해 볼 때 공정한 편이다.	1	2	3	4	5
2. 내가 회사로부터 받는 전체적인 보상은 적절한 편이다.	1	2	3	4	5
3. 우리 호텔은 복지향상을 위해 관리자들과 노조(종업원)와 대화를 자주 한다.	1	2	3	4	5
4. 우리 호텔의 봉사로는 기본급화 되어있다.	1	2	3	4	5
5. 우리 호텔의 복지후생시설(기숙사, 휴게실, 식당 등)은 적절한 편이다.	1	2	3	4	5

	전혀 그렇지 않다	별로 그렇지 않다	그저 그렇다	대체로 그렇다	아주 그렇다
6. 우리 호텔 내의 승진에 적용하는 기준은 모든 사람에게 공정하다.	1	2	3	4	5
7. 우리 호텔의 승진 기회는 타 호텔의 승진기회보다 많다.	1	2	3	4	5
8. 우리 호텔의 종업원들을 타업장으로 이동시킬 경우 종업원들의 의견을 듣는다.	1	2	3	4	5
9. 나의 근무시간은 적당하다.	1	2	3	4	5
10. 나는 연장근무 문제로 상사와 대화를 자주 한다.	1	2	3	4	5
11. 나는 안전한 환경에서 일한다.	1	2	3	4	5
12. 내가 맡고 있는 업무수행의 양은 적절한 편이다.	1	2	3	4	5
13. 나는 업무수행에 있어서 어려움을 느끼지 않는다.	1	2	3	4	5
14. 나는 업무수행 결과에 대하여 나의 상사나 동료로부터 칭찬을 자주 듣는다.	1	2	3	4	5
15. 나는 우리의 부서에서 계획, 예정했던 목표를 달성하는데 나의 기여도가 크다.	1	2	3	4	5
16. 우리 부서의 업무와 관련된 나의 제안을 상사는 잘 받아들인다.	1	2	3	4	5

	전혀 그렇지 않다	별로 그렇지 않다	그저 그렇다	대체로 그렇다	아주 그렇다
17. 나의 일을 열심히 하기 위해 상사에게 업무에 관해 여쭈어 보기도 한다.	1	2	3	4	5
18. 나는 친구에게 내가하는 일을 추천하고 싶을 때가 있다.	1	2	3	4	5
19. 내가 하는 업무를 자랑스럽게 생각한다.	1	2	3	4	5
20. 내가 하는 일은 흥미롭고 도전해 볼만한 일이다.	1	2	3	4	5
21. 나는 우리 호텔에 대한 긍지와 자부심이 강하다.	1	2	3	4	5
22. 우리 호텔의 장기적 성장을 위해서 현재 나의 이익을 희생할 수 있다.	1	2	3	4	5
23. 나는 호텔에서 근무하는 것을 다른 친구들에게 자랑스럽게 이야기 한다.	1	2	3	4	5
24. 우리 호텔에 도움이 될만한 지식이나 정보가 있을 때 이를 실행에 옮기기 위해 나의 상사에게 건의한다.	1	2	3	4	5
25. 나의 상사는 내가 업무수행 과정에서 실수를 했을 경우 실수를 되풀이 하지 않도록 돕고 더욱 더 노력하도록 격려 해준다.	1	2	3	4	5
26. 나의 상사는 나에게 친근감을 가지고 있다.	1	2	3	4	5
27. 나의 상사는 종업원들의 의견을 존중해 준다.	1	2	3	4	5

	전혀 그렇지 않다	별로 그렇지 않다	그저 그렇다	대체로 그렇다	아주 그렇다
28. 나의 상사는 종업원들의 개인적인 문제에 진지하게 대해 준다.	1	2	3	4	5
29. 내가 직무에 어려운 일이 있을 때 나의 상사는 적극 도와 준다.	1	2	3	4	5
30. 나의 상사는 종업원들이 업무에 대한 신뢰감을 갖도록 한다.	1	2	3	4	5
31. 나의 상사는 경쟁 호텔에 대한 분석을 잘 한다.	1	2	3	4	5
32. 나의 상사는 내가 직무를 잘 수행할 수 있도록 실무교육을 시킨다.	1	2	3	4	5
33. 나의 상사는 업무에 대한 판단력이 있다고 생각한다.	1	2	3	4	5
34. 우리 호텔은 종업원 채용시에 해당 부서장의 추천을 받아서 채용하려고 한다.	1	2	3	4	5
35. 우리 호텔은 여러 가지 경영방침에 대하여 자유롭게 종업원들과 의견을 나눈다.	1	2	3	4	5
36. 우리 호텔은 노사간에 가족적인 분위기에서 노사문제를 해결하려고 노력하고 있다.	1	2	3	4	5

귀 호텔의 노사관계에 관한 질문입니다. 귀하의 생각과 일치하는 번호에 ✔로 해주십시오.

	전혀 그렇지 않다	별로 그렇지 않다	그저 그렇다	대체로 그렇다	아주 그렇다
37. 우리 호텔은 임금결정방법이 공정하다.	1	2	3	4	5

	전 혀 그렇지 않다	별 로 그렇지 않다	그 저 그렇다	대체로 그렇다	아 주 그렇다
38. 우리 호텔은 직급 또는 직위간의 임금차이가 적절하다.	1	2	3	4	5
39. 우리 호텔의 복지제도(수당, 퇴직금, 의료제도 등)에 만족한다.	1	2	3	4	5
40. 나는 우리 호텔에서 종업원에 대한 취미, 오락활동 등의 단체모임에 대한 후원 정도에 만족한다.	1	2	3	4	5
41. 우리 호텔은 상벌제도가 공정하다.	1	2	3	4	5
42. 우리 호텔과 대등한 임금, 직무가 있어도 옮기지 않는다.	1	2	3	4	5
43. 나는 결근하는 횟수가 다른 동료와 비교하면 적다.	1	2	3	4	5
44. 우리 호텔은 근무 분위기가 좋다.	1	2	3	4	5
45. 나는 업무와 관계없이 동료와 자주 어울린다.	1	2	3	4	5
46. 내가 바쁘거나 어려울 때 동료가 잘 도와 준다.	1	2	3	4	5
47. 나는 일을 통해 성취감을 느낀다.	1	2	3	4	5
48. 현재의 업무에 나의 능력을 충분히 발휘할 수 있다.	1	2	3	4	5
49. 상사가 나의 능력을 인정하기 때문에 의욕을 가지고 일한다.	1	2	3	4	5

	전 혀 그렇지 않다	별 로 그렇지 않다	그 저 그렇다	대체로 그렇다	아 주 그렇다
50. 나의 상사는 통솔력이 있다.	1	2	3	4	5
51. 나의 상사는 종업원들의 애로사항을 잘 이해하여 준다.	1	2	3	4	5
52. 우리 호텔은 전반적인 정책에 대해서 잘 알려준다.	1	2	3	4	5
53. 우리 호텔은 경영정책 수립시에 종업원들의 의견을 충분히 반영한다.	1	2	3	4	5
54. 우리 호텔은 여러 가지 직무에 관해 종업원들이 자유롭게 자신의 의견을 말할 수 있다.	1	2	3	4	5
55. 나의 상사는 종업원들과의 의사소통을 잘한다.	1	2	3	4	5
56. 우리 호텔은 노사문제가 있을 때 파업 등 극단적인 행동을 하지 않고 노사협상을 통해 해결한다.	1	2	3	4	5
57. 우리 호텔은 노사간에 정기적으로 만나 대화를 한다.	1	2	3	4	5
58. 우리 호텔은 노사관계가 민주적으로 처리되고 있다.	1	2	3	4	5
59. 우리 호텔은 경영과 관련하여 비정기적으로 노사간에 의사소통이 활발하게 이루어지는 편이다.	1	2	3	4	5
60. 우리 호텔은 노동조합을 인정하고 노조활동을 보장한다.	1	2	3	4	5

61. 노조의 존재유무 : 노조유(　　), 노조무(　　)

2. 〈승용차 및 판매원에 대한 만족도 설문 조사〉

★★★제품에 대한 질문은 귀하께서 소유하고 계신 승용차 1대를 기준으로 하시고, 판매원에 대한 질문은 자동차 구입시 거래한 판매원을 기준으로 답변해 주시기 바랍니다.

〈제품의 중요도〉

귀하께서 승용차를 구매할 때 가장 중요하게 여기는 요인은 무엇입니까? 중요하게 여기시는 내용을 아래 보기를 참고하여 순서대로 답변해 주십시오.

1위:	2위:	3위:	4위:
5위:	6위:	7위:	8위:

보기┌ ① 안정성 ② 엔진성능 ③ 운행경제성 ④ 외형
　　└ ⑤ 편리성 ⑥ 제조기업의 신뢰성 ⑦ 가격 ⑧ 사회적 지위

〈제품 및 서비스 특성〉

★ 다음은 승용차의 제품 관련만족도를 알아보기 위한 문제입니다. 아래의 각 문항에 대하여 귀하께서 느끼시는 제품특성에 관한 만족도에 대해 보기와 같이 해당점수에 ✓표 해주십시오.

보기

	매 우 만족함	✓	보통 정도 만 족 함		전 혀 만족치않음
현재의 승용차에 대해 만족하는 정도	(5)	(4)	(3)	(2)	(1)

1. 제품의 품질특성에 대한 만족도

1) 제품의 품질특성	만족하는 정도
① 보호장치, 완충장치, 오동작 방지장치 등과 같은 차량의 안정성	5 — 4 — 3 — 2 — 1
② 고속력, 가속력, 엔진성능 등과 같은 하드적 성능	5 — 4 — 3 — 2 — 1
③ 계기의 위치 및 조작방법에 대한 편리성	5 — 4 — 3 — 2 — 1
④ 내부공간 승차감과 같은 편안함	5 — 4 — 3 — 2 — 1

2. 제품의 가격 및 경제적 특성에 대한 만족도

2) 제품의 가격 및 경제적 특성	만족하는 정도
① 수리비, 연료비, 중고차 가격 등과 같은 운행 경제성	5 — 4 — 3 — 2 — 1
② 차량의 가격	5 — 4 — 3 — 2 — 1
③ 판매조건 및 대금지불조건	5 — 4 — 3 — 2 — 1

3. 제품의 소프트특성에 대한 만족도

3) 제품의 소프트적 특성	만족하는 정도
① 크기 격조 같은 승용차의 외형	5 — 4 — 3 — 2 — 1
② 품위 신분을 나타내는 사회성	5 — 4 — 3 — 2 — 1
③ 스타일 및 유행성	5 — 4 — 3 — 2 — 1
④ 보급의 정도	5 — 4 — 3 — 2 — 1
⑤ 여러 옵션의 장착(CD, 고급시트)	5 — 4 — 3 — 2 — 1
⑥ 브랜드 및 회사명칭	5 — 4 — 3 — 2 — 1
⑦ 모델의 개량	5 — 4 — 3 — 2 — 1

4. 물적 서비스 특성에 대한 만족도

4) 물적 서비스의 특성	만족하는 정도
① 판매후 서비스 특성	5 — 4 — 3 — 2 — 1
② 소비자 교육 차량사용법설명	5 — 4 — 3 — 2 — 1
③ A/S기간 내구성 보증제도	5 — 4 — 3 — 2 — 1
④ 대리점의 고객상담 및 휴식시설	5 — 4 — 3 — 2 — 1

★★판매원의 특성 - 승용차구입시 거래하신 판매원을 기준으로 답변해 주십시오.

1. 고객 지향적 행동

1) 판매원은 질 좋은 서비스를 제공하기 위해 노력하였습니까?
① 전혀 그렇지 않다　② 약간 그렇다　③ 보통 정도이다
④ 많이 그렇다　⑤ 매우 그렇다

2) 판매원은 승용차의 장단점에 대하여 자세하게 설명하였습니까?
① 전혀 그렇지 않다　② 약간 그렇다　③ 보통 정도이다
④ 많이 그렇다　⑤ 매우 그렇다

3) 구매조건 및 보증조건 등에 관한 자세한 설명이 있었습니까?
① 전혀 그렇지 않다　② 약간 그렇다　③ 보통 정도이다
④ 많이 그렇다　⑤ 매우 그렇다

4) 고객의 이익을 첫 번째로 두고 행동하였습니까?
① 전혀 그렇지 않다　② 약간 그렇다　③ 보통 정도이다
④ 많이 그렇다　⑤ 매우 그렇다

5) 고객의 문제점을 해결해 주기 위한 노력을 하였습니까?
① 전혀 그렇지 않다 ② 약간 그렇다 ③ 보통 정도이다
④ 많이 그렇다 ⑤ 매우 그렇다

2. 판매원으로서의 능력

1) 기술이나 제품적 특성에 대하여 많이 표현하였습니까?
① 전혀 그렇지 않다 ② 약간 그렇다 ③ 보통 정도이다
④ 많이 그렇다 ⑤ 매우 그렇다

2) 전문가로서 자신 있게 승용차의 특성을 설명하였습니까?
① 전혀 그렇지 않다 ② 약간 그렇다 ③ 보통 정도이다
④ 많이 그렇다 ⑤ 매우 그렇다

3) 판매원은 판매경력이 많은 사람이였습니까?
① 전혀 그렇지 않다 ② 약간 그렇다 ③ 보통 정도이다
④ 많이 그렇다 ⑤ 매우 그렇다

4) 호감을 줄 수 있는 용모나 언어를 구사하였습니까?
① 전혀 그렇지 않다 ② 약간 그렇다 ③ 보통 정도이다
④ 많이 그렇다 ⑤ 매우 그렇다

★★ 환경 및 상황특성

1. 기업 이미지

1) 사용하고 계시는 승용차회사의 재무적 안정성은 어떠하다고 보십니까?
① 매우 나쁘다 ② 나쁘다 ③ 보통이다
④ 좋다 ⑤ 매우 좋다

2) 사용하고 계시는 승용차회사의 성장, 발전성은 어떠하다고 보십니까?
① 매우 나쁘다 ② 나쁘다 ③ 보통이다
④ 좋다 ⑤ 매우 좋다

3) 사용하고 계시는 승용차회사의 기술수준은 어떠하다고 보십니까?
① 매우 나쁘다 ② 나쁘다 ③ 보통이다
④ 좋다 ⑤ 매우 좋다

4) 사용하고 계시는 승용차회사의 사회에 대한 봉사정도는 어떠하다고 보십니까?
① 매우 나쁘다 ② 나쁘다 ③ 보통이다
④ 좋다 ⑤ 매우 좋다

2. 구전

1) 자동차에 관한 지식이 많은 사람으로부터 사용하고 계시는 승용차가 좋다는 이야기를 들은 적이 있습니까?
① 전혀 없다 ② 1번 있다 ③ 2번 있다
④ 3번 있다 ⑤ 4 번 이상 들었다

2) 동일 품목의 승용차 사용자로부터 제품에 대하여 좋다는 이야기를 들은 적이 있습니까?
① 전혀 없다 ② 1번 있다 ③ 2번 있다
④ 3번 있다 ⑤ 4번 이상 들었다

3) 다른 회사승용차의 사용자로부터 자기 승용차에 대한 불만을 들은 적이 있습니까?
① 전혀 없다 ② 1번 있다 ③ 2번 있다
④ 3번 있다 ⑤ 4번 이상 들었다

3. 하부 구조

1) 자동차전문지로부터 제품이 좋다는 이야기를 들은 적이 있습니까?
① 전혀 없다 ② 1번 있다 ③ 2번 있다
④ 3번 있다 ⑤ 4번 이상 들었다

2) 뉴스, 신문 등을 통하여 현재의 승용차에 대한 좋은 평가를 본적이 있습니까?
① 전혀 없다 ② 1번 있다 ③ 2번 있다
④ 3번 있다 ⑤ 4번 이상 들었다

3) 구매과정에서 긍정적인 여향을 미치거나, 소비자 문제를 해결하는 사람이 얼마나 많이 있다고 보십니까?
① 없다 ② 조금 있다 ③ 보통 정도 있다
④ 많다 ⑤ 매우 많다

★★ 고객-판매원의 상호행동

1. 대화의 질

1) 판매원 자신의 배경 및 가족사황 등을 들은 적이 있습니까?
① 전혀 없다 ② 1번 있다 ③ 2번 있다
④ 3번 있다 ⑤ 4번 이상 들었다

2)판매원 자신의 직업의 만족도를 이야기 들은 적이 었습니까?
① 전혀 없다 ② 1번 있다 ③ 2번 있다
④ 3번 있다 ⑤ 4번 이상 들었다

3) 판매원에게 자신의 가치 신념을 이야기 한 적이 있습니까?
① 전혀 없다 ② 1번 있다 ③ 2번 있다
④ 3번 있다 ⑤ 4번 이상 들었다

4) 판매원에게 다른 판매원의 불만족을 이야기 한 적이 있습니까?
① 전혀 없다 ② 1번 있다 ③ 2번 있다
④ 3번 있다 ⑤ 4번 이상 들었다

5) 판매원에게 자신의 경제적 상태를 이야기 한 적이 있습니까?
① 전혀 없다 ② 1번 있다 ③ 2번 있다
④ 3번 있다 ⑤ 4번 이상 들었다

2. 접촉빈도

1) 판매원, 혹은 동일회사의 직원과 자주 만나는 편입니까?
① 전혀 만나지 않는다 ② 가끔 만난다 ③ 보통으로 만난다
④ 자주 만난다 ⑤ 매우 자주 만난다

2) 판매원에게 감사카드, 생일 축하카드, 기타선물을 몇번이나 받았습니까?
① 없다 ② 1번 ③ 2번
④ 3번 ⑤ 4번

3) 감사 및 안부전화를 주고 받은 적이 있습니까?
① 없다 ② 1번 ③ 2번
④ 3번 ⑤ 4번

4) 만약 그 판매원을 소개해 준 사람이 있었다면 그 사람과 판매원의 관계는 어떠하였습니까?
① 전혀 모르는 관계 ② 조금 아는 관계 ③ 보통으로 아는 관계
④ 잘 아는 관계 ⑤ 매우 잘 아는 관계

3. 규범

1) 판매원의 구매자 서로간에 판매조건 및 기타 서비스에 대한 융통성이 있었습니까?
① 전혀 그렇지 않다 ② 약간 그렇다 ③ 보통 정도이다
④ 많이 그렇다 ⑤ 매우 그렇다

2) 서로간에 유용한 정보를 교환했거나 교환하고 있는 정도는?
① 전혀 없다 ② 약간 있다 ③ 보통 정도이다
④ 많이 있다 ⑤ 매우 많다

3) 승용차선택에 대한 양자간에 공동 책임을 느끼는 정도는?
① 전혀 없다 ② 약간 있다 ③ 보통 정도이다
④ 많이 있다 ⑤ 매우 많다

★★ 고객-판매원 상호관계의 정도

1. 신뢰

1) 판매원은 약속을 지킬려고 노력하였습니까?
① 전혀 그렇지 않다 ② 약간 그렇다 ③ 보통 정도이다
④ 많이 그렇다 ⑤ 매우 그렇다

2) 판매원은 그의 이익보다 구매자의 이익을 위에 두었습니까?
① 전혀 그렇지 않다 ② 약간 그렇다 ③ 보통 정도이다
④ 많이 그렇다 ⑤ 매우 그렇다

3) 판매원은 믿을만 했습니까?
① 전혀 그렇지 않다 ② 약간 그렇다 ③ 보통 정도이다
④ 많이 그렇다 ⑤ 매우 그렇다

4) 판매원은 의사결정에 중요한 영향력을 행사하는 정보를 제공하였습니까?
① 전혀 그렇지 않다 ② 약간 그렇다 ③ 보통 정도이다
④ 많이 그렇다 ⑤ 매우 그렇다

5) 판매원은 정직하였습니까?
① 전혀 그렇지 않다 ② 약간 그렇다 ③ 보통 정도이다
④ 많이 그렇다 ⑤ 매우 그렇다

2. 판매원의 역할에 대한 만족

1) 판매원의 고객지향성에 대한 만족도는 어느 정도 입니까?
① 전혀 만족치 않음 ② 약간 만족 ③ 보통
④ 많이 만족 ⑤ 매우 만족

2) 판매원의 능력에 대한 종합적인 만족도는 어느 정도입니까?
① 전혀 만족치 않음 ② 약간 만족 ③ 보통
④ 많이 만족 ⑤ 매우 만족

★★ 종합관계지속성

1. 제품관계지속성

1) 승용차를 교환할 때 같은 회사제품을 구매하시겠습니까?
① 전혀 그렇지 않다 ② 약간 그렇다 ③ 보통 정도이다
④ 많이 그렇다 ⑤ 매우 그렇다

2) 주변에 승용차를 구입하는 사람이 있으면 같은 판매원을 소개하시겠습니까?
① 전혀 그렇지 않다 ② 약간 그렇다 ③ 보통 정도이다
④ 많이 그렇다 ⑤ 매우 그렇다

2. 판매원관계자지속성

1) 승용차를 교환할 때 같은 판매원에게서 구매하시겠습니까?
① 전혀 그렇지 않다 ② 약간 그렇다 ③ 보통 정도이다
④ 많이 그렇다 ⑤ 매우 그렇다

2) 주변에 승용차를 구입하는 사람이 있으면 같은 승용차를 권유하시겠습니까?
① 전혀 그렇지 않다 ② 약간 그렇다 ③ 보통 정도이다
④ 많이 그렇다 ⑤ 매우 그렇다

★★ 고객의 특성

1. 성향 패턴-가치 소망 성향 욕구

1) 귀하께서 일상생활에 대하여 만족하고 있는 정도는 어떠하십니까?
① 매우 불만 ② 불만족 ③ 보통
④ 만족 ⑤ 매우 만족

2) 귀하의 성격은 어떠하십니까?
① 매우 소극적 ② 소극적 ③ 보통
④ 적극적 ⑤ 매우 적극적

3) 귀하의 보수성향은 어떠하십니까?
① 매우 소극적 ② 소극적 ③ 보통
④ 적극적 ⑤ 매우 적극적

4) 귀하의 자율성은 어떠하십니까?
① 매우 의존적 ② 의존적 ③ 보통
④ 자율적 ⑤ 매우 자율적

2. 고객의 전문성-사용경험 및 차량에 대한 지식

1) 승용차의 광고접촉도는?
① 전혀 안봄 ② 거의 안봄 ③ 보통임
④ 많이 봄 ⑤ 관심을 가지고 많이 봄

2) 승용차에 대한 대화의 정도는?
① 전혀 않는다 ② 거의 않는다 ③ 보통이다
④ 많이 한다 ⑤ 매우 많이 한다

3) 승용차의 구조 및 기능에 대하여 아시는 정도는 어떠하십니까?
① 거의 없다 ② 적다 ③ 보통이다
④ 많다 ⑤ 아주 많다

4) 연간 주행거리는?
① 10,000㎞ ② 10,000㎞ ~ 15,000㎞ ③ 15,000㎞ ~ 20,000㎞
④ 20,000㎞ ~ 25,000㎞ ⑤ 25,000㎞

3. 지 위

1) 귀하의 승용차 크기는 어떠하십니까?
① 경승용차 ② 소형승용차 ③ 중형승용차
④ 대형승용차

2) 귀하의 월 소득은?
① 50만원 이하 ② 50만원~100만원 ③ 100만원~150만원
④ 150만원~200만원 ⑤ 200만원 이상

4. 인구통계적 특성

1) 성별
① 남성 ② 여성

2) 귀하의 연령은 몇세입니까?
① 20대 ② 30대 ③ 40대
④ 50대 이상

3) 귀하의 직업은 무엇입니까?
① 공무원 ② 회사원 ③ 공업
④ 상업 ⑤ 농업 ⑥ 기타 (　　)

5) 귀하의 학력은 무엇입니까?
① 종졸 이하 ② 고졸 ③ 대졸

6) 어느 기업의 승용차를 사용하고 계십니까?
① 현대자동차 ② 대우자동차 ③ 기아자동차

3. 〈보험서비스에 관한 설문지 조사〉

응답요령은 다음과 같습니다.
다음의 각 항목에 매우 동의 하시면 5번에, 동의 하시면 4번에, 동의하지 않으면 2번에, 매우 동의하지 않으면 1번에 표시해 주시면 됩니다.
이 질문에 정답이 없으며, 본 설문지의 목적은 보험사에서 어떤 수준의 서비스를 제공해주는가를 알기 위함입니다.

Ⅰ. 다음은 보험사와 관련된 귀하의 생각을 묻는 질문입니다.

	전혀 동의 하지 않는다				매우 동의한다
1. 보험사의 건물은 현대적인 건물일 것이다	1	2	3	4	5
2. 보험사의 시설과 장식물의 배치는 훌륭할 것이다	1	2	3	4	5
3. 보험사의 직원은 깔금한 외모와 단정한 복장일 것이다	1	2	3	4	5
4. 서비스와 관련된 여러 가지 자료들이 잘 정리되어 있을 것이다	1	2	3	4	5
5. 보험사에서는 약속한 서비스를 잘 지켜 줄 것이다	1	2	3	4	5
6. 보험사는 귀하에게 문제가 생겼울 때 성심성의를 다 할 것이다	1	2	3	4	5
7. 보험사는 한 번에 서비스를 올바르게 수행해 줄 것이다	1	2	3	4	5
8. 보험사의 직원은 약속한 시간에 서비스를 제공해 줄 것이다	1	2	3	4	5
9. 보험사에서는 귀하께 실수를 저지르지 않을 것이다	1	2	3	4	5
10. 보험사의 직원들은 항상 서비스의 제공시간을 정확하게 알려줄 것이다	1	2	3	4	5
11. 보험사의 직원들은 신속하게 서비스를 제공해 줄 것이다	1	2	3	4	5
12. 보험사의 직원들은 항상 귀하를 도울 준비가 되어 있을 것이다	1	2	3	4	5

	전혀 동의 하지 않는다				매우 동의한다
13. 보험사의 직원이 바쁠 때에도 귀하의 요구에 잘 응해 줄 것이다	1	2	3	4	5
14. 보험사의 직원들이 행동은 귀하에게 신뢰감을 줄 것이다.	1	2	3	4	5
15. 보험사와의 거래시 귀하에게 안전하고 만족감을 느낄 수 있도록 해줄 것이다	1	2	3	4	5
16. 보험사의 직원은 항상 친절하고 예의를 지킬 것이다	1	2	3	4	5
17. 직원은 항상 귀하의 질문에 응답할 수 있는 전문지식을 갖추고 있을 것이다	1	2	3	4	5
18. 직원은 고객 개개인에 대한 개별적인 관심을 보여 줄 것이다	1	2	3	4	5
19. 직원은 보험사와의 거래시 편리한 시간대를 조절할 수 있을 것이다	1	2	3	4	5
20. 보험회사가 귀하의 욕구가 무엇인지를 잘 알고 있을 것이다	1	2	3	4	5
21. 보험사에서는 귀하가 최대한 이익을 얻을 수 있도록 진심으로 노력해 줄 것이다	1	2	3	4	5
22. 보험사의 직원들은 고객들의 욕구를 올바르게 이해하고 있을 것이다	1	2	3	4	5

II. **다음은 거래하시는 보험사에 대한 질문입니다.**

	전혀 동의 하지 않는다				매우 동의한다
1. 보험사의 건물은 현대적인 건물일 것이다	1	2	3	4	5
2. 보험사의 시설과 장식물의 배치는 훌륭할 것이다	1	2	3	4	5
3. 보험사의 직원은 깔끔한 외모와 단정한 복장일 것이다	1	2	3	4	5

	전혀 동의 하지 않는다				매우 동의한다
4. 서비스와 관련된 여러 가지 자료들이 잘 정리되어 있을 것이다	1	2	3	4	5
5. 보험사에서는 약속한 서비스를 잘 지켜 줄 것이다	1	2	3	4	5
6. 보험사는 귀하에게 문제가 생겼을 때 성심성의를 다할 것이다	1	2	3	4	5
7. 보험사는 한 번에 시비스를 올바르게 수행해 줄 것이다	1	2	3	4	5
8. 보험사의 직원은 약속한 시간에 서비스를 제공해 줄 것이다	1	2	3	4	5
9. 보험사에서는 귀하께 실수를 저지르지 않을 것이다	1	2	3	4	5
10. 보험사의 직원들은 항상 서비스의 제공시간을 정확하게 알려줄 것이다	1	2	3	4	5
11. 보험사의 직원들은 신속하게 서비스를 제공해 줄 것이다	1	2	3	4	5
12. 보험사의 직원들은 항상 귀하를 도울 준비가 되어 있을 것이다	1	2	3	4	5
13. 보험사의 직원이 바쁠 때에도 귀하의 요구에 잘 응해 줄 것이다	1	2	3	4	5
14. 보험사의 직원들이 행동은 귀하에게 신뢰감을 줄 것이다.	1	2	3	4	5
15. 보험사와의 거래시 귀하에게 안전하고 만족감을 느낄 수 있도록 해줄 것이다	1	2	3	4	5
16. 보험사의 직원은 항상 친절하고 예의를 지킬 것이다	1	2	3	4	5
17. 직원은 항상 귀하의 질문에 응답할 수 있는 전문지식을 갖추고 있을 것이다	1	2	3	4	5

	전혀 동의 하지 않는다				매우 동의한다
18. 직원은 고객 개개인에 대한 개별적인 관심을 보여 줄 것이다	1	2	3	4	5
19. 직원은 보험사와의 거래시 편리한 시간대를 조절할 수 있을 것이다	1	2	3	4	5
20. 보험회사가 귀하의 욕구가 무엇인지를 잘 알고 있을 것이다	1	2	3	4	5
21. 보험사에서는 귀하가 최대한 이익을 얻을 수 있도록 진심으로 노력해 줄 것이다	1	2	3	4	5
22. 보험사의 직원들은 고객들의 욕구를 올바르게 이해하고 있을 것이다	1	2	3	4	5

Ⅲ. **다음은 기타의 사항입니다.**

1. 귀하가 현재 가입하고 있는 보험은 어떤 종류입니까?
① 보장성 ② 저축성 ③ 연금성
④ 기타

2. 귀하가 거래하는 보험사의 서비스 질은 어떠합니까?
① 매우 낮다 ② 낮다 ③ 보통이다
④ 높다 ⑤ 매우 높다

3. 귀하가 거래하고 있는 보험사에 대한 전반적인 만족도는 어떠합니까?
① 매우 불만이다 ② 불만이다 ③ 보통이다
④ 만족한다 ⑤ 매우 반복한다

4. 보험회사의 거래시 주로 누가 결정합니까?
① 남편 ② 아내 ③ 보통이다
④ 가족 전체 ⑤ 기타 (　　)

5. 귀하가 거래하는 보험회사는 아래에 나열한 특성을 어느 정도 갖고 있는지 평가해 주십시오.(해당번호에 ○ 표)

① 보험사 중심적이다 1 — 2 — 3 — 4 — 5 고객중심이다
② 사무적이다 1 — 2 — 3 — 4 — 5 인간적이다
③ 불성실하다 1 — 2 — 3 — 4 — 5 성실하다
④ 불친절하다 1 — 2 — 3 — 4 — 5 친절하다
⑤ 소극적이다 1 — 2 — 3 — 4 — 5 적극적이다
⑥ 보수적이다 1 — 2 — 3 — 4 — 5 진취적이다
⑦ 구식이다 1 — 2 — 3 — 4 — 5 현대식이다
⑧ 불편하다 1 — 2 — 3 — 4 — 5 편리하다
⑨ 느리다 1 — 2 — 3 — 4 — 5 신속하다

6. 모든 보험사들의 상품, 대출이자율, 예금이자율 등이 거의 비슷한데 반해 직원의 친절한 태도, 신속한 업무처리, 충분한 정보의 전달 등이 귀하의 보험에 대한 만족감을 좌우한다고 생각하십니까?
① 매우 아니다 ② 아니다 ③ 보통이다
④ 그렇다 ⑤ 매우 그렇다

7. 귀하의 보험서비스에 대해서 불평이나 불만을 느낄 때 어떻게 하셨습니까?
① 그 보험사와 거래를 중단하고 다른 보험사로 옮겼다
② 기분은 상하지만 귀찮아서 그냥 내버려두었다
③ 가족이나 친지들에게 시정을 요구했다
④ 보험사에 항의하고 시정을 요구했다
⑤ 기타 ( )

8. 앞으로 거래보험사가 귀하를 위해 가장 먼저 해야 할 일은 무엇이라고 생각하십니까?
① 고객에게 각종 정보제공(이자율, 서비스)
② 금융문제 결정시 필요한 조언과 상담 제공
③ 친절한 서비스 제공 유지
④ 새로운 보험상품개발
⑤ 기타 ( )

Ⅳ. 다음은 인구 통계적 사항에 관한 질문입니다.

1. 귀하의 성별은 무엇입니까?
① 남성 ② 여성

2. 귀하의 주거형태는 무엇입니까?
① 단독주택 ② 아파트
③ 주상복합 ④ 기타

3. 귀하의 연령은 몇 세입니까?
   ① 20대　　② 30대
   ③ 40대　　④ 50대 이상

4. 귀하의 직업은 무엇입니까?
   ① 학생　　② 가정주부　　③ 회사원
   ④ 전문직(교수, 의사 등)　　⑤ 공무원　　⑥ 사업가(자영업자)

5. 귀하는?
   ① 미혼　　② 독신
   ③ 6세 미만의 자녀를 가진 신혼부부
   ④ 6세에서 16세 미만의 자녀를 가진 중년부부
   ⑤ 16세 이상 30세 미만의 자녀를 가진 중년부부
   ⑥ 자녀가 모두 출가한 노년부부
   ⑦ 기타 (　　)

6. 귀하의 부양가족 수는?
   ① 1명 이하　　② 2명　　③ 3명
   ④ 4명　　⑤ 5명　　⑥ 6명 이상

7. 귀하의 학력은?
   ① 중졸 이하　　② 고졸
   ③ 대졸　　④ 대학원 이상

8. 귀하(댁)의 월평균 소득은?
   ① 100만원 이하　　② 100만원~150만원
   ③ 150만원~200만원　　④ 200만원 이상

9. 귀하의 종교는 무엇입니까?
   ① 기독교　　② 불교　　③ 천주교
   ④ 유교　　⑤ 무교　　⑥ 기타

4. 〈 그린마케팅에 대한 소비자의 태도에 관한 설문 조사 〉

Ⅰ. 환경보호 관심정도에 대한 설문입니다.

1. TV나 신문의 환경관련 기사를 관심있게 보십니까?
   ① 대단히 그렇다　② 그렇다　③ 그저 그렇다
   ④ 그렇지 않다　⑤ 전혀 그렇지 않다

2. '환경 친화적'이란 용어가 무엇을 뜻하는 것인지 알고 계십니까?
   ① 대단히 그렇다　② 그렇다　③ 그저 그렇다
   ④ 그렇지 않다　⑤ 전혀 그렇지 않다

3. 자신이 구입하여 사용하는 제품이 환경오염에 미치는 영향에 대하여 관심을 가지고 주의 깊게 행동하십니까?
   ① 대단히 그렇다　② 그렇다　③ 그저 그렇다
   ④ 그렇지 않다　⑤ 전혀 그렇지 않다

4. 자신은 환경보호에 관한 교육을 각급 학교나 교육기관 또는 직장으로부터 받은 적이 있어 누가 물으면 환경오염의 심각성에 대해 자세히 답해 줄 수 있습니까?
   ① 대단히 그렇다　② 그렇다　③ 그저 그렇다
   ④ 그렇지 않다　⑤ 전혀 그렇지 않다

5. 근래 경남지역과 부산지역에서는 대구지방의 위천공단 조성이 문제가 되고 있는데 수질 오염 문제의 심각성은 어느 정도라고 생각하십니까?
   ① 대단히 그렇다　② 그렇다　③ 그저 그렇다
   ④ 그렇지 않다　⑤ 전혀 그렇지 않다

6. 환경오염 방지를 위하여 환경관련 상품에 대해 부여하는 '환경 마크'제도를 더욱 확대 실시하여야 한다고 생각하십니까?
   ① 대단히 그렇다　② 그렇다　③ 그저 그렇다
   ④ 그렇지 않다　⑤ 전혀 그렇지 않다

7. 오늘날 소비용품이 가져다주는 혜택보다 그것을 소비하는데서 발생하는 환경공해가 더 문제이다.
   ① 대단히 그렇다　② 그렇다　③ 그저 그렇다
   ④ 그렇지 않다　⑤ 전혀 그렇지 않다

8. 나는 환경보호를 목적으로 하는 진정서에 서명 또는 시위에 참가할 용의가 있다.
① 대단히 그렇다 ② 그렇다 ③ 그저 그렇다
④ 그렇지 않다 ⑤ 전혀 그렇지 않다

Ⅱ. 환경제품의 인지도에 대한 설문입니다.

환경제품의 예 : 무공해, 썩는 비닐, 유아용 천기저귀, 재생노트, 절수형 양변기, CFC(오존층 파괴물질)불사용 헤어스프레이 등

9. 일반제품에 비하여 환경제품을 사용함으로써 지구환경개선에 도움이 된다고 생각하십니까?
① 대단히 그렇다 ② 그렇다 ③ 그저 그렇다
④ 그렇지 않다 ⑤ 전혀 그렇지 않다

10. 환경제품은 일반적인 제품에 비해 사용 후 소비자의 만족도가 높을 것이다.
① 대단히 그렇다 ② 그렇다 ③ 그저 그렇다
④ 그렇지 않다 ⑤ 전혀 그렇지 않다

11. 환경제품을 생산하는 기업의 이미지는 일반적인 제품을 생산하는 기업에 비해 소비자가 느끼는 기업 이미지가 좋을 것이다.
① 대단히 그렇다 ② 그렇다 ③ 그저 그렇다
④ 그렇지 않다 ⑤ 전혀 그렇지 않다

Ⅲ. 환경제품 구매행동에 관한 설문이다.

12. 캔이나 1회용 용기에는 제품보다 재활용이 가능한 병이나 유리용기에 든 제품을 선호한 다.
① 대단히 그렇다 ② 그렇다 ③ 그저 그렇다
④ 그렇지 않다 ⑤ 전혀 그렇지 않다

13. 각종 병을 모아서 가게에 반환한다.
① 대단히 그렇다 ② 그렇다 ③ 그저 그렇다
④ 그렇지 않다 ⑤ 전혀 그렇지 않다

14. 1회용 제품(면도기, 샴푸, 린스, 칫솔, 컵)을 사용하지 않는다.
① 대단히 그렇다 ② 그렇다 ③ 그저 그렇다
④ 그렇지 않다 ⑤ 전혀 그렇지 않다

Ⅳ. **환경제품 구매의도에 관한 질문입니다.**

15. 가격이 조금 비싸더라도 천연이나 그린이라고 적힌 제품이라면 기꺼이 구매하겠다.
 ① 대단히 그렇다　　② 그렇다　　③ 그저 그렇다
 ④ 그렇지 않다　　⑤ 전혀 그렇지 않다

16. 환경을 고려한 제품이라면 품질이나 만족도가 좀 떨어지더라도 기꺼이 구매하겠다.
 ① 대단히 그렇다　　② 그렇다　　③ 그저 그렇다
 ④ 그렇지 않다　　⑤ 전혀 그렇지 않다

17. 강이나 하천 바다를 오염시키지 않는 세제가 있다면 옷이 덜 하얗게 되더라도 그 세제를 구입하겠다.
 ① 대단히 그렇다　　② 그렇다　　③ 그저 그렇다
 ④ 그렇지 않다　　⑤ 전혀 그렇지 않다

18. 환경오염을 시킨 적이 있는 기업의 제품은 불편하더라도 사지 않겠다.
 ① 대단히 그렇다　　② 그렇다　　③ 그저 그렇다
 ④ 그렇지 않다　　⑤ 전혀 그렇지 않다

19. 플라스틱이나 비닐봉지 대신에 불편하더라도 종이 봉투를 사용하겠다.
 ① 대단히 그렇다　　② 그렇다　　③ 그저 그렇다
 ④ 그렇지 않다　　⑤ 전혀 그렇지 않다

Ⅴ. **다음은 일반적인 질문입니다.**

20. 귀하의 성별은?
 ① 남　　② 여

21. 귀하의 연령은?
 ① 20~30세　　② 31~40세대　　③ 41~50세
 ④ 51~60세　　④ 61세 이상

22. 귀하의 최종 학력은?
 ① 종졸 이하　　② 고졸　　③ 대졸
 ④ 대학원 이상

23. 귀하의 결혼 상태는?
 ① 기혼　　② 미혼

24. 귀하의 직업은?

① 자영업 ② 회사원(봉급 생활자, 공무원)

③ 주부 ④ 학생 ⑤ 기타

찾아보기

ㄱ

가중평균(weighted mean) 31
값(-value) 154
결정계수 253
결합그래프(combination charts) 9
결합확률(joint probability) 55
계급(class) 13
——의 경계치(class boundaries) 14
——의 상경계치(The upper boundary) 14
——의 수 14
——의 중앙치 14
——의 하경계치(The lower boundary) 14
계급구간(class interval or width) 13, 14
계절변동 335
계절지수(seasonal index) 350
고유치 360
공선성(collinearity) 288
공유치(공통분산치 ; 공통변량 ; 공통요인 분산 ; 공통성) 360
공통 모분산 211
공통요인 추출방법 358
공통추정분산(Pooled estimate of vasiance) 155
교차분석표 182
구간 추정치(interval estimate) 119
군집분석 357, 389
군집추출방법(cluster sampling) 102
군집평균 390
귀무가설(null hypothesis) 135
그룹 간 변동(SSB :Sum of squares between groups) 202
그룹 간 자유도 210
그룹 간 평균분산(MSB : Mean squares between groups) 198
그룹 내 변동(SSW :Sum of squares within groups) 202
그룹 내 자유도 210
기각역(rejection region) 142
기술 통계학(descriptive statistics) 29

ㄴ

난수표(random number table) 102
누적도수분포 16

ㄷ

다중결정계수 R^2 276
다중공선성(multicollinearity) 287
다중선형회귀 모델 269
다중회귀(multiple regression) 269
다중회귀분석 237
다항검정(multinomial test) 177
다항분포(multinomial distrition) 177
다항회귀모형(polynomial regression) 291
단계별 투입회귀 방정식 293
단순사상(simple event) 52
단순확률(simple probability) 56
단순확률표본(simple random sample) 102
단순회귀분석 237
대립가설(alternative hypothesis) 136
대칭분포 306
도수분포(frequency distributions) 13
도수분포표(frequency table) 13
독립사상(independent event) 58

ㅁ

막대그래프(bar charts) 7
맨-위트니(Man-Whitney) 검정 318
맨-위트니 비모수검정법 321
모수(parameter) 101, 103
모수법(parametric methods) 305
모집단(population) 4, 101
모평균(population mean) 30
무작위 시행(random trial) 51
무작위 실험(random experiment) 51

무한모집단(unfinite population) 101

ㅂ

반응변수 381
배리맥스회전 359
범위 35
범주적 자료 6
베르누이 시행 70
베이즈 정리 60
β 계수 299
변동계수(coefficient of variation) 44
변수(variable) 5
변수고유분산(unique variance) 358
부분집합 52
부호검정(sign test) 313
분산과 표준편차 37
분산분석(ANOVA) 195
분산분석표(ANOVA table) 212
분산비율 374
분산확대지수(VIF : variance inflation factor) 289, 290
분할표(contingency table) 177, 182
불규칙변동 335, 336
불편추정량(unbiased estimator) 117, 275
블록간 자승합(SSBL) 217
블록간 평균자승(MSBL) 218
비모수법(nonparametric methods) 305
비직각회전법 359

ㅅ

사상(event) 52
사후확률(posterior probability) 60
산술평균(arithmetic mean) 29
상관계수(correlation coefficient) 237, 258
상대도수분포(relative frequency distribution) 15
상대빈도법(relative frequency method) 52
상체(대응)표본 t-검정(paired sample t-test) 170
상호작용항(interaction term) 288
선형그래프 6
선형조합(nearly perfect linearity) 288
설명되는 변동 249
설명되지 않는 변동 249
설명되지 않은 변동(SSE)의 자유도 250
설명변수 381
수정된 결정계수(Adjusted R^2) 277
수평활식 339
순열(Permutation) 61
순환변동 335
스크리테스트 358
스페어맨의 순위상관(Spearman's rank correlation) 326
시계열(time series) 333
시계열 분석(time series analysis) 333, 334
시장조사 3
신뢰계수(confidence coefficient) 121, 374
신뢰구간(confidence interval) 119
신뢰수준(confidence level) 120

ㅇ

안전성(stability) 374
양적자료 6
양측검정 142
여사건(complement event) 56
연속확률변수(continuous random variable) 68
예측가능성(predictability) 374
예측변수 381
오차분산 358
완전선형성(perfect linearity) 288
완전요인모형 388
완전확률계획법(completely randomized design) 216
왜도 43
요인공통분산(common variance) 358
요인부하량 359, 360
요인분석 357
요인의 결정계수 360
요인점수(factor score) 357
우측검정(right sided test) 144
워드방식 390
원그래프(pie charts) 9
위험률 120
윌콕슨 부호 순위검정 306

윌콕슨 순위합 검정(Willoxon rank sum test) 319
유의수준(有意水準, level of significance) 120, 135, 136
유의차(有意差) 135
유의확률(significance probability) 154
유한모집단(finite population) 101
의존가능성(dependability) 374
이동평균법 337
이동평균비율법 353
이론적 확률분포(theoretical probability distribution) 68
이산확률변수(discrete random variable) 68
이산확률분포(discrete probability distribution) 68
이원분산분석 217, 388
이원분산분석표 218
2차 자료 6
이퀴맥스회전 359
이항확률근사치 90
이항확률분포(binomial probability distribution) 70
이항확률함수 72
일반회귀계수 299
일양확률밀도함수 81
일원분산분석(one-way ANOVA) 213, 388
1차 자료 6

ㅈ

자기상관문제 288
자료 5
——의 집합 13
자료 값(data value) 5
자승오차합(SSE) 217
자유도(degree of freedom) 123
자유분포법(distribution - free methods) 305
잔차 252
——의 제곱합(SSE) 254, 273
잔차분산(error variance) 358
장기추세 335
점추정치(point estimate) 117
정규분포 82
정규확률밀도함수 82
정규확률분포밀도함수 84
정밀성(precision) 374
정확성(accuracy) 374
제1종과오(type I error) 135
제2종과오(type II error) 136
제곱합 388
조건확률(conditional probability) 56
조합(Combination) 62
주관적 확률(subjective probalility) 53
주성분분석(principle component analysis) 358
주효과 388
중심극한정리(central limit theorem) 109
중앙값(median: Md) 31
지수평활법(exponential smoothing) 337, 339
지수평활식 339
지수확률분포(exponential probability distribution) 93
직각회전 359
직교교차 절차(orthogonal polynomial procedure) 291
질적자료 6
집단 내 평균분산(MSW : Mean squares within groups) 199
집단변수(group variable) 216
집단화된 막대그래프(grouped bar charts) 8
집중화 경향(central tendency) 29
집중화 경향치(measures of central tendency) 29
집합 51

ㅊ

채택역(acceptance region) 142
처리요소간의 자승합(SSTR : sum of squares between treatments) 217
처리요소간의 평균자승(MSTR) 218
처리요인(treatment factor) 216
체계적 분산 358
체계적 추출법(systematic sampling) 102
초기하 분포 76
총변동(SST : Sum of squares total groups) 203
총변동(SST)의 자유도 250
총변동량 254

총분산 198
총자유도 210
총제곱합(SST) 273
총편차제곱의 합 273
최빈값(mode) 33
최소 고유치 기준 358
최소분산불편추정량(minimum-variance unbiased estimator) 118
최소자승곡선 346
최소자승법(least squares method) 241
최적 선행 불편 추정치(best linear unbiased estimate) 288
최적추정량(best estimator) 118
추리통계학 4
추세(trends) 335
추세곡선 346
추정량(estimatior) 117
추정변동량 248
추정치(estimate) 117
———의 표준오차 252, 255
층별추출방법(stratified random sampling) 102

ㅋ

카이자승 통계량 177
쿼티맥스회전 359

ㅌ

통계량 103
통계적 추론 4
통계학 2
t 통계량 123

ㅍ

판별분석(Discriminant Analysis) 357, 398
팩토리얼 설계 224
편기(bias) 101
평균의 표준오차 105
평균자승오차(MSE) 218
평균제곱 변동 251
평균편차 35
평활기법 337
평활상수(smoothing constant) 339
포아송 분포(poisson distribution) 74
표본(sample) 4, 101
표본공간(sample space) 51
표본비율 112
———의 기대값 112
표본오차 252
표본추출 오차(sampling error) 101
표본평균(sample mean) 30
표준정규분포(standard normal distribution) 82, 84
표준화된 변수 87
표준화된 회귀계수 299
p-value 136, 154
피어슨(pearson)의 상관계수 325
피회귀변수 381

ㅎ

한계확률(marginal probability) 56
허용오차(tolerance) 290
확률 4
——의 개념 51
——의 곱셈법칙 57
확률밀도곡선 79
확률변수(random variable) 67, 68
확률분포(probability distribution) 67
확률추출법(random sampling) 5
확률화된 완전블록설계(randomized complete block design) 216, 388
회귀방정식 237
회귀변수 381
회귀분석 237
회귀의 제곱합 273
회귀자승합(SSR)의 자유도 250
회귀제곱합(SSR) 254
히스토그램 18

저자 소개

박철민

경남대학교 경영학과를 졸업하고 동 대학원에서 경영학석사와 박사학위를 취득하였으며 일본 쯔쿠바대학 사회공학계에서 2년간 연구자생활을 하였다. 경남대학교 산업경영연구소 간사와 창업보육관 경영지원실장 겸 보육전담교수, 창업보육관장, 학생처장, 경상대학장을 역임하였으며, 현재 동대학 기획조정처장이면서 e-비즈니스학과 교수로 재직하고 있다. 저서로는「전략적 생산운영관리」(삼영사, 1998),「경영통계의 이론과 실제」(형설, 2002),「현장중심의 설비관리」(형설, 2004)가 있으며, 주요 논문은 "일본기업의 연구개발과 설비투자에 대한 특성분석", "동시공학적 접근방법에 의한 신제품개발에 관한 경험적 연구" 등 다수가 있다. 대한민국 제조기업 경쟁력 강화위원(KMAC), 대기업과 중소기업 협력위원회 위원(중기청), 경남비즈니스로드맵작성 실무위원장(경남TP) 등을 역임하였다.

조용한

동국대학교 경영학과를 졸업하고, 동 대학원에서 석사학위를 취득한 후 동국대학교에서 공학박사를 수료하였다. Marketing certificated Prog. Warton School, UNIV. of Pennsylvania, ㈜ GMS Holdings 감사, 한국국제협력단(KOICA) 한베기술대학 설립사업 지원교수, 한국산업단지공단(KICOX) ECRC 컨설턴트, 한국표준협회(KSA) 원격교육위원을 역임하였으며 현재는 동국대학교 전산원 경영학과 교수로 재직하고 있다.

저자와의
협의하에
인지생략

사례분석을 이용한 **경영통계**

2015년 8월 20일 1판 1쇄 발행
2021년 3월 20일 1판 2쇄 발행

저 자 박 철 민 · 조 용 한
발행인 김 광 식
조 판 아 람 기 획

07285
발행처 서울특별시 영등포구 선유로3길 10, 617호
도서출판 **탑 북 스**
등 록 2009.12.21 제 2016-000101 호
전 화 02)365-2223 팩스 02)365-2224

정가 27,000 원

ISBN 979-11-85647-66-1-93320